In der Nähe eines späteren Jahrhunderts ist Nietzsche stets *unmöglich.* Er bleibt dabei, seine Gewähr allen Systemen und Großideologien zu versagen (wie dem Nationalsozialismus, dem Marxismus, der Psychoanalyse oder der Wissenschaftstheorie), die sich vergeblich bemüht haben, ihn zu annektieren und gerade von ihm das Zündpulver zu entfernen.

Das Ende der Hegel-Renaissance zeichnet sich ab. (Die Urangst der universitären Philosophie ist groß, ihren letzten „Großen" zu verlieren.) Das alte Schema, daß alles auf Hegel zuläuft im deutschen Idealismus, gilt nicht mehr; man fragt wieder nach der Eigenleistung Fichtes und besonders Schellings.

Nietzsche steht seine Zukunft noch bevor.

Gilles Deleuze
Nietzsche und die Philosophie

Aus dem Französischen übersetzt
von Bernd Schwibs

Rogner & Bernhard München

Reihe Passagen   Editor: Axel Matthes

Titel der Originalausgabe: *Nietzsche et la philosophie*, Presses Universitaires de France, Paris 1962 · Gesamtherstellung: Mohndruck, Gütersloh
Printed in Germany · ISBN 3 8077 0058 7

Erstes Kapitel

Das Tragische

1. Der Begriff der Genealogie

Das allgemeinste Vorhaben von Nietzsche ist dies: in die Philosophie die Begriffe von Sinn und Wert einzubringen. Es ist offenkundig, daß die moderne Philosophie zu großen Teilen von Nietzsche lebte und noch lebt. Doch möglicherweise nicht auf jene Art, die er sich gewünscht hätte. Nietzsche hat niemals verhehlt, daß die Philosophie des Sinns und der Werte eine Kritik zu sein habe. Darin gerade, daß Kant die wahre Kritik nicht geleistet hat, weil er deren Problem nicht in Begriffen von Werten zu stellen wußte, kann einer der Hauptantriebe des Werkes von Nietzsche ausgemacht werden. Nun brachte die Theorie der Werte innerhalb der modernen Philosophie doch auch neue konformistische Tendenzen und neue Unterwerfungen hervor. So hat selbst die Phänomenologie mittels ihres Apparates dazu beigetragen, die in ihr nachweisbare nietzschesche Inspiration dem modernen Konformismus anheimzugeben. Handelt es sich demgegenüber um Nietzsche selbst, dann haben wir von folgender Tatsache auszugehen: Die Philosophie der Werte, wie er sie begreift und entwirft, bildet die wahre Realisierung der Kritik, die einzige Weise, „mit dem Hammer" zu philosophieren. In der Tat implizierte der Begriff des Wertes eine *kritische* Umwälzung. Einerseits erscheinen oder geben sich die Werte wie Prinzipien: Eine Wertschätzung setzt Werte voraus, von deren Grundlage aus sie die Phänomene bewertet. Andererseits aber, und weitgehender, setzen wiederum die Werte Wertschätzungen, wertsetzende Gesichtspunkte voraus, denen ihr Wert sich selbst erst verdankt. Das kritische Problem ist dies: der Wert der Werte, die Wertschätzung, aus denen ihr Wert hervorgeht, folglich das Problem ihrer *Erschaffung*. Die Wertschätzung bestimmt sich als differentielles Element der entsprechenden Werte: ist kritisches und schaffendes Element in einem. Die auf ihr Element bezogenen Wertschätzungen bilden keine Werte, vielmehr Seins- und Existenzweisen derer, die urteilen und abschätzen, derart, daß sie den Werten als Prinzipien dienen, in bezug auf die jene urteilen. Deshalb haben wir stets die Glaubensüberzeugungen, Gefühle und Gedanken, die in Abhängigkeit von unserer Seinsweise oder unserem Lebensstil uns zustehen. Es gibt Dinge, die man nur unter der Bedingung sagen, fühlen oder begreifen, Werte, an die man nur unter der Bedingung glauben kann, daß man „niedrig" schätzt, „niedrig" lebt und denkt. Dies ist das Wesentliche: Das *Hohe* und das

Niedrige, das *Vornehme* und das *Gemeine* sind keine Werte, sondern stellen das differentielle Element dar, aus dem der Wert der Werte selbst sich erst ableitet.

Der kritischen Philosophie sind zwei voneinander nicht zu trennende Bewegungen eigen: jedes Ding und jede Herkunft von Wert auf Werte zu beziehen; aber auch diese Werte auf etwas zu beziehen, das gleichsam ihr Ursprung, ihre Herkunft*, ist und über ihren Wert entscheidet. Wir erkennen darin den zwiefachen Kampf, den Nietzsche geführt hat: gegen jene, die die Werte der Kritik entziehen und sich damit begnügen, die bestehenden Werte zu inventarisieren oder die Dinge im Namen herrschender Werte zu kritisieren – die „philosophischen Arbeiter" wie Kant und Schopenhauer[1]. Aber auch gegen jene, die die Werte respektieren oder kritisieren, indem sie sie aus einfachen, vorgeblich objektiven Tatsachen hervorgehen lassen – die Nützlichkeits-Menschen, die „Gelehrten"[2]. In beiden Fällen bewegt sich die Philosophie im *indifferenten* Element dessen, was für sich oder für alle steht. In einem wendet sich Nietzsche gegen die Idee der Begründung von oben, die die Werte gegenüber ihrer Herkunft indifferent läßt, wie gegen die Idee einer einfachen Kausalableitung oder eines platten Anfangs, die die indifferente Herkunft der Werte postuliert. Nietzsche entwickelt den neuartigen Begriff der Genealogie. Der Philosoph ist Genealoge, nicht Richter nach Art von Kant, nicht Mechaniker nach utilitaristischer Manier. Der Philosoph ist stets Hesiod. An die Stelle der Kantischen Allgemeinheit wie des den Utilitaristen teuren Prinzips der Ähnlichkeit setzt Nietzsche das Gefühl der Differenz oder der Distanz (differentielles Element). „Aus diesem *Pathos der Distanz* heraus haben sie das Recht, Werte zu schaffen, Namen der Werte auszuprägen, erst genommen: was ging sie die Nützlichkeit an!"[3]

Genealogie meint zugleich den Wert der Herkunft und die Herkunft der Werte. Sie steht zum absoluten Charakter der Werte ebenso in Gegensatz wie zu deren relativem oder nützlichem. Genealogie bezeichnet das differentielle Element der Werte, dem ihr Wert selbst entspringt. Sie meint demnach Herkunft oder Entstehung, aber auch Differenz oder Distanz in der Herkunft. Genealogie meint Vornehmheit und Niedrigkeit, Vornehmheit und Gemeinheit, Vornehmheit und Dekadenz in der Herkunft. Das Vornehme und das Gemeine, das Hohe und das Niedrige bilden derart das eigentlich genealogische oder kritische Element. So verstanden ist die Kritik

* (Zur Verwendung des Begriffs „Ursprung", „Herkunft" bei Nietzsche vgl. M. Foucault „Nietzsche, die Genealogie, die Historie", in M. Foucault, *Von der Subversion des Wissens*, München 1974. A. d. Ü.)

zugleich aber auch das Positivste. Das differentielle Element ist nicht Kritik des Werts der Werte, ohne nicht zugleich das positive Element einer Schöpfung zu sein. Deshalb wird die Kritik von Nietzsche nicht als *Reaktion*, sondern als *Aktion* begriffen. Der Rache, der Rankûne oder dem Ressentiment setzt Nietzsche die Aktivität der Kritik entgegen. Von Anfang bis Ende des Buches wird Zarathustra von seinem „Affen", seinem „Possenreißer", von seinem „bösen Geist" begleitet; aber der Affe unterscheidet sich von Zarathustra, wie die Rache und das Ressentiment sich von der Kritik unterscheiden. Seinem Affen gleich zu werden, dies verspürt er als eine der abscheulichsten Versuchungen, der er ausgesetzt war[4]. Die Kritik ist keine Re-aktion des Re-ssentiments, sondern der aktive Ausdruck eines aktiven Existenzmodus: Angriff und nicht Rache, natürliche Aggressivität einer Daseinsart, göttliche Bosheit, ohne welche die Perfektion nicht vorstellbar wäre[5]. Diese Daseinsart ist die des Philosophen, weil gerade er sich zum Ziel setzt, das differentielle Element als kritisches und schöpferisches zu handhaben, folglich als Hammer. Sie denken „niedrig", sagt Nietzsche von seinen Gegnern. Viel erwartet Nietzsche von dieser Konzeption der Genealogie: die neue Organisation der Wissenschaften, die neue Organisation der Philosophie, die Bestimmung der zukünftigen Werte.

2. Der Sinn

Niemals werden wir den Sinn von etwas erfassen (einem menschlichen, biologischen oder selbst physischen Phänomen), sofern wir nicht erkennen, welche Kraft sich das Ding aneignet, es ausbeutet, sich seiner bemächtigt oder in ihm sich zum Ausdruck bringt. Ein Phänomen ist weder eine Erscheinung noch gar bloßer Schein, sondern ist ein Zeichen, ein Symptom, das seine Bedeutung, seinen Sinn in einer aktuellen Kraft findet. Die Philosophie als Ganze erstellt eine Symptomatologie oder eine Semiologie. Die Wissenschaften bilden ein symptomatologisches und semiologisches System. An die Stelle der metaphysischen Dualität von Erscheinung und Wesen, der wissenschaftlichen Relation von Ursache und Wirkung setzt Nietzsche die Korrelation zwischen Phänomen und Sinn. Jede Kraft ist Aneignung, Beherrschung, Ausbeutung eines Realitätsquantums. Selbst die Wahrnehmung in ihren verschiedenen Aspekten ist Ausdruck von Kräften, die sich die Natur aneignen. Womit gesagt ist, daß auch die Natur ihre Geschichte hat. Die Geschichte eines Dings besteht ganz allgemein in der Aufeinanderfolge der Kräfte, die sich seiner bemächtigen sowie im gleichzeitigen Vorhandensein der

Kräfte, die um seine Überwältigung ringen. Ein und dasselbe Ding, ein und dasselbe Phänomen ändert jeweils entsprechend den Kräften, von denen es angeeignet wird, seinen Sinn. Die Geschichte stellt diese Variation des Sinns, der Bedeutungen, dar, d. h. „die Aufeinanderfolge von mehr oder minder tiefgehenden, mehr oder minder voneinander unabhängigen, an ihm sich abspielenden Überwältigungsprozessen ...“[6]. Sinn ist demnach ein komplexer Begriff: stets existiert eine Pluralität des Sinns, eine *Konstellation*, ein Komplex von Aufeinanderfolgen, aber auch von Koexistenzen, der die Interpretation zur Kunst werden läßt. „,... alles Überwältigen und Herr-werden (ist) ein Neu-Interpretieren ...“.

Nietzsches Philosophie ist so lange nicht begriffen, als ihr wesentlicher Pluralismus nicht berücksichtigt wird. Um die Wahrheit zu sagen, der Pluralismus (anders Empirismus genannt) ist eins mit der Philosophie selbst. Er bildet den eigentlich philosophischen, von der Philosophie erfundenen Modus des Denkens: alleiniger Garant der Freiheit im konkreten Geist, einziges Prinzip eines ungestümen Atheismus. Die Götter sind tot: allerdings sind sie an Lachen gestorben, als sie einen Gott sagen hörten, er sei der einzige. „Ist das nicht eben Göttlichkeit, daß es Götter, aber keinen Gott gibt?“[7] Zudem ist der Tod dieses einen Gottes, der sich zum alleinigen proklamierte, selbst noch vielfältig: Gottes Tod stellt ein mehrdeutiges Ereignis dar. Darum glaubt Nietzsche nicht an die lärmenden „großen Ereignisse“, sondern an die schweigende Pluralität des Sinns in einem jeden Ereignis[8]. Kein Ereignis, kein Phänomen, kein Wort und kein Gedanke, die nicht mehrdeutig wären. Etwas ist, immer entsprechend den Kräften (den Göttern), die sich seiner bemächtigen, bald dies, bald das, bald etwas Komplexeres. Hegel wollte den Pluralismus, indem er ihn mit dem naiven Bewußtsein identifizierte, das gleich einem seine schlichtesten Bedürfnisse stammelnden Kinde sich damit begnügen sollte, „Dieses, Jenes, Hier, Jetzt“ zu sagen, der Lächerlichkeit überantworten. Wir aber sehen in der pluralistischen Idee, daß ein Ding mehrere Bedeutungen, einen multiplen Sinn besitzt, in der Idee, daß es mehrere Dinge, daß es „dies und dann das“ für ein und dasselbe Ding gibt, die höchste Errungenschaft der Philosophie, den Sieg des wahren Begriffs, seine Reife und also weder seinen Verzicht noch seine Kindheit. Denn die Bewertung von Diesem und Jenem, die heikle Gewichtung der Dinge und ihres Sinns, die Einschätzung der Kräfte, die zu jedem Zeitpunkt die Aspekte eines Dings und seiner Verhältnisse zu den anderen definieren – all das (oder all dies) geht aus der höchsten Kunst der Philosophie, der Interpretation, hervor. Interpretieren und selbst abschätzen heißt gewichten. Darin verliert sich nicht der Begriff des Wesens, sondern nimmt eine andere Signifikation an; denn alle Bedeutungen sind sich nicht gleich. Einem Ding kommen so viele Sinne zu, wie Kräfte fähig sind, sich seiner zu bemächtigen. Doch ist das Ding selbst auch nicht neutral und findet sich in mehr oder weniger starker Affinität zu der Kraft, von der es gerade überwältigt wird. Es gibt Kräfte, die sich eines Dings nur bemächtigen können, indem sie ihm einen restriktiven Sinn und einen negativen Wert verleihen. Demgegenüber soll Wesen unter allen Bedeutungen eines Dings diejenige heißen, welche es von der Kraft erhält, zu der es die stärkste Affinität aufweist. So hat auch die Religion – ein Beispiel, das Nietzsche zu zitieren beliebt – nicht nur eine einzige Bedeutung, da sie ja der Reihe nach mannigfachen Kräften dient. Welche Kraft aber weist die maximale Affinität zur Religion auf? Welche ist es, worin nicht mehr erkennbar wird, wer beherrscht: sie die Religion oder die Religion sie selbst?[9]. „Sucht H." Alles das ist noch für jedes Ding eine Frage der Abwägung, dieser heiklen aber unerbittlichen Kunst der Philosophie: der pluralistischen Interpretation.

Die Interpretation enthüllt ihre Vielfältigkeit, wenn wir bedenken, daß eine neue Kraft nur in Erscheinung und einen Gegenstand nur sich aneignen kann, wenn sie anfänglich die Maske der vorherigen Kräfte, die jene schon eingenommen hatten, sich aufsetzt. Die Maske oder die List sind Gesetze der Natur, folglich schon mehr als nur Maske und List. Das Leben muß in seinen Anfängen die Materie imitieren, um nur möglich zu sein. Eine Kraft überlebt nicht, würde sie nicht zunächst das Aussehen der Kräfte annehmen, gegen die sie kämpft[10]. So kann die Philosophie allein entstehen und mit einer gewissen Überlebenschance sich weiterentwickeln, indem sie das kontemplative Antlitz des Priesters, des asketischen und religiösen Menschen annimmt, der die Welt vor ihrem Auftreten beherrschte. Daß ein solcher Zwang selbst noch auf uns lastet, bezeugt nicht nur das hohnvolle Bild, das man sich von der Philosophie macht:der Philosoph als Weiser, als Freund der Weisheit und Askese. Überdies entledigt sich die Philosophie im Verlauf ihrer Entwicklung selbst nicht dieser asketischen Maske: In gewisser Weise hat sie daran zu glauben, kann sie nur ihre Maske erobern, ihr einen neuen Sinn geben, in dem sich endlich die wahre Natur ihrer anti-religiösen Kraft zum Ausdruck bringt[11]. Wir erkennen, daß die Kunst der Interpretation auch jene Kunst sein muß, die Masken zu durchstoßen und zu entdecken, wer sich und warum maskiert, und zu welchem Zweck man eine Maske aufbewahrt, indem man sie neu modelliert. Damit ist gesagt, daß die Genealogie nicht zu Anfang erscheint und daß man Gefahr läuft, im Widersinn zu landen, wenn man von Geburt an den Vater des Kindes sucht. Die Differenz in der Herkunft wird nicht zu Beginn sichtbar, außer vielleicht für ein äußerst geübtes Auge, das aus großer Entfernung sehen kann, das Auge des Weitsichtigen, des Genealogen. Erst wenn die Philosophie groß geworden ist, vermag man das Wesen oder die Genealogie zu erfassen und sie von all dem zu scheiden, womit zu verschmelzen sie anfänglich so großes Interesse hatte. So ist es mit allem: „In allen Dingen kommen nur die höheren Stufen in Betracht“[12]. Nicht weil das Problem keines der Herkunft wäre, sondern weil die als Genealogie begriffene Herkunft nur im Verhältnis zu den höheren Stufen bestimmt werden kann.

Wir haben – so Nietzsche – uns nicht zu fragen, was die Griechen dem Orient verdanken[13]. Die Philosophie ist griechisch in dem Maße, wie sie erstmals in Griechenland ihre höhere Form erlangt, von ihrer wahren Kraft und ihren Zielen zeugt, die in denen des Priester-Orients, auch wenn sie sie zur Anwendung bringt, nicht aufgehen. *Philosophos* bedeutet nicht Weiser, sondern Freund der Weisheit. In welch eigentümlicher Weise aber haben wir „Freund“ zu interpretieren: Der Freund, sagt Zarathustra, ist stets ein Dritter zwischen Ich und Mich, der mich drängt, mich zu überwinden und überwunden zu werden, um zu leben[14]. Freund der Weisheit ist jener, der für sich Weisheit reklamiert, aber so wie man eine Maske reklamierte, unter der man nicht überleben würde; jener, der die Weisheit neuen Zielen, wundersamen und gefährlichen, in Wahrheit wenig weisen Zielen unterstellt. Der will, daß die Weisheit sich überwinde und daß sie überwunden werde. Offensichtlich täuscht darin das Volk sich nicht immer: es ahnt die Natur des Philosophen, seine Anti-Weisheit, seine Immoralität, *seine* Vorstellung von Freundschaft. Selbsterniedrigung, Armut, Keuschheit, erraten wir den Sinn, den diese weisen und asketischen Tugenden annehmen, wenn sie von der Philosophie wie von einer neuen Kraft aufgegriffen werden[15].

3. Die Philosophie des Willens

Die Genealogie interpretiert nicht nur, sie setzt Werte, sie schätzt. Bisher haben wir die Dinge so dargestellt, als ob die verschiedenen Kräfte in bezug auf ein nahezu träges Objekt miteinander kämpften und aufeinander folgten. Aber das Objekt selbst ist Kraft, ist Ausdruck einer Kraft. Deshalb gerade besteht eine mehr oder weniger starke Affinität zwischen dem Objekt und der Kraft, die sich seiner bemächtigt. Es gibt kein Objekt (kein Phänomen), das nicht schon in Besitz genommen worden wäre, da es doch an sich selbst keine

Erscheinung, sondern das Auftreten einer Kraft ist. Folglich steht jede Kraft in einem wesentlichen Verhältnis zu einer anderen Kraft. Das Sein der Kraft ist plural; es wäre geradezu absurd, die Kraft singulär zu denken. Eine Kraft ist Beherrschung, aber ebenso das Objekt, an dem sich Herrschaft vollzieht. Indem eine Vielheit von Kräften aus der Distanz wirkt und leidet, stellt die *Distanz* das differentielle Element dar, das in jeder Kraft enthalten ist und wodurch sich jede auf andere Kräfte bezieht: darin besteht das Prinzip der Naturphilosophie bei Nietzsche. Von ihm aus hat sich die Kritik des Atomismus zu begreifen; sie geht darauf aus, zu zeigen, daß im Atomismus der Versuch vorliegt, der Materie eine ihr wesentliche Pluralität und Distanz zuzuschreiben, die doch in Wahrheit nur der Kraft zukommen. Nur der Kraft ist die Seinsweise gegeben, sich auf eine andere Kraft zu beziehen. (Wie Marx in seiner Deutung des Atomismus ausführt: „Die Atome sind *sich selbst ihr einziges Objekt, können sich nur auf sich beziehen*"[16]. Die Frage jedoch ist: Kann der Begriff des Atoms an sich von diesem wesentlichen Verhältnis, das ihm zugeschrieben wird, Rechenschaft ablegen? Das Konzept wird nur stimmig, wenn man statt Atom ‚Kraft' denkt. Denn der Begriff des Atoms kann in sich selbst nicht die Differenz enthalten, die zur Bestätigung eines solchen Verhältnisses notwendig ist, d.h. die Differenz im Wesen und dem Wesen gemäß. So gesehen stellte der Atomismus eine Maske für den entstehenden Dynamismus dar.)

Der Begriff der Kraft ist folglich bei Nietzsche der einer Kraft, die sich auf eine andere Kraft bezieht: Unter diesem Aspekt heißt die Kraft ‚Wille'. Der Wille (Wille zur Macht) bildet das differentielle Element der Kraft. Es entspringt daraus eine neuartige Konzeption der Philosophie des Willens; denn der Wille vollzieht sich nicht auf mysteriöse Weise über Muskeln oder Nerven, und gewiß noch weniger über eine Materie im allgemeinen, sondern vollzieht sich notwendig über einen anderen Willen. Das wirkliche Problem steckt nicht im Verhältnis des Wollens zum Ungewollten, sondern in dem eines Willens, der einem Willen befiehlt, der gehorcht, und mehr oder weniger gehorcht. „‚Wille' kann natürlich nur auf ‚Wille' wirken – und nicht auf ‚Stoffe' (nicht auf ‚Nerven' zum Beispiel): genug, man muß die Hypothese wagen, ob nicht überall, wo ‚Wirkungen' anerkannt werden, Wille auf Wille wirkt[17]." Vom Willen heißt es, daß er etwas *Kompliziertes* sei, weil er, soweit er will, das Gehorchen will, aber nur eine Kraft dem gehorchen kann, das ihr befiehlt. So findet der Pluralismus seine unmittelbare Bestätigung und sein Betätigungsfeld in der Philosophie des Willens. Und der Punkt, der den Bruch zwischen Nietzsche und Schopenhauer markiert, ist präzis dieser: Es geht um die Frage, ob der Wille einzig oder vielfach ist. Alles weitere folgt daraus. In der Tat, wenn Schopenhauer verleitet wird, den Willen zu verneinen, so zunächst aus dem Glauben an die Einheit des Willens heraus. Weil der Wille Schopenhauer zufolge in seinem Wesen einzig, eins ist, begreift der Quäler schließlich, daß er eins ist mit seinem eigenen Opfer: Es ist das Bewußtsein der Identität des Willens in allen seinen Manifestationen, das den Willen dazu bringt, sich zu verneinen, sich dem Mitleid, der Moral und der Askese zu unterwerfen[18]. Nietzsche deckt auf, was ihm die eigentlich schopenhauersche Mystifikation zu sein scheint: Man muß zwangsläufig den Willen verneinen, wenn man dessen Einheit, Identität postuliert.

Nietzsche entlarvt die Seele, das Ich, die Selbstsucht als die letzten Zufluchtsstätten des Atomismus, wobei der psychische nichts dem physischen voraus hat: „Bei allem Wollen handelt es sich schlechterdings um Befehlen und Gehorchen, auf der Grundlage, wie gesagt, eines Gesellschaftsbaus vieler ‚Seelen'[19]." Stimmt Nietzsche das Lied von der Selbstsucht an, so immer auf eine aggressive oder polemische Weise: gegen die Tugenden, gegen die Tugend der Selbstlosigkeit[20]. In Wahrheit aber stellt die Selbstsucht eine schlechte Interpretation des Willens dar, wie der Atomismus eine schlechte Interpretation der Kraft. Damit es Selbstsucht gibt, braucht es immer noch ein *Ego*. Daß jede Kraft sich auf eine andere bezieht, sei es um zu gehorchen, sei es um zu befehlen, führt uns geradewegs auf den Weg der Herkunft: Die Herkunft ist die Differenz in der Herkunft, die Differenz in der Herkunft ist die *Hierarchie*, die *Rangfolge*, d. h. das Verhältnis einer herrschenden zu einer beherrschten Kraft, eines Willens, der Gehorsam will zu einem, der gehorcht. Die Untrennbarkeit von Rangfolge und Genealogie erstellt, was Nietzsche „unser Problem" nennt[21]. Die Rangfolge ist die ursprüngliche Tatsache, die Identität von Differenz und Herkunft. Warum das Problem der Rangfolge *das* Problem der „freien Geister" ist, werden wir später begreifen. Wie dem auch immer sei, wir können jetzt schon das Fortschreiten des Sinns zum Wert, der Interpretation zur Wertschätzung als die Aufgaben der Genealogie bezeichnen: Der Sinn von etwas besteht in dessen Verhältnis zu einer Kraft, die sich seiner bemächtigt, der Wert von etwas ist die Rangfolge der Kräfte, die sich in ihm als einem komplexen Phänomen zum Ausdruck bringen.

4. *Wider die Dialektik*

Ist Nietzsche „Dialektiker"? Eine, selbst wesentliche Beziehung zwischen dem einen und dem anderen reicht nicht aus, um eine dialektische Beziehung zu erstellen: Hier hängt alles von der Rolle des Negativen ab. Nietzsche sagt richtig, daß die Kraft eine andere Kraft zum Gegenstand hat. Aber eben mit *anderen* Kräften tritt die Kraft in Beziehung. Mit einer *anderen Art* von Leben nimmt das Leben den Kampf auf. Der Pluralismus weist zuweilen einen Schein von Dialektik auf; doch ist er deren wildester, deren einzig tiefer Gegner. Deshalb müssen wir den entschieden anti-dialektischen Charakter der Philosophie Nietzsches ernst nehmen. Man hat gesagt, Nietzsche habe Hegel nicht sehr gut gekannt – in dem Sinne, wie man nur unzureichend seinen Gegner kennt. Demgegenüber glauben wir, daß die Hegelsche Bewegung, daß die verschiedenen Hegelschen Strömungen ihm durchaus vertraut waren, daß er, wie Marx, aus ihnen seine Prügelknaben nahm. Die gesamte Philosophie Nietzsches bleibt abstrakt und unverstanden, solange nicht ausgemacht ist, gegen wen sie sich richtet. Nun, die Frage „gegen wen?" zieht selbst mehrere Antworten nach sich. Die eine jedoch, äußerst bedeutsam, lautet, daß der Übermensch gegen die dialektische Konzeption vom Menschen, und die Umwertung der Werte gegen die Dialektik der Aneignung des Entfremdeten oder der Aufhebung der Entfremdung entworfen ist. Wie ein roter, aggressiver Faden durchzieht der Anti-Hegelianismus das Werk Nietzsches. Schon in der Theorie der Kräfte können wir ihm folgen.

Niemals wird bei Nietzsche das wesentliche Verhältnis einer Kraft zu einer anderen als ein im Wesen negatives Element begriffen. In ihrem Verhältnis zu einer anderen negiert die Kraft, die gehorchen läßt, nicht etwa die andere Kraft oder das, was sie nicht ist; sie bejaht vielmehr ihre eigene Differenz und genießt sie. Im Wesen ist das Negative nicht vorhanden als dasjenige, woraus die Kraft ihre Aktivität schöpft: Im Gegenteil verdankt es seine Entstehung selbst allererst dieser Aktivität, der Existenz einer aktiven Kraft und der Bejahung ihrer Differenz. Das Negative ist Produkt der Existenz selbst: ist die notwendig an eine aktive Existenz gebundene Aggressivität, die Aggressivität einer Bejahung. Dagegen ist der negative Begriff (d.h. die Negation als Begriff) „nur ein nachgeborenes blasses Kontrastbild im Verhältnis zu ihrem positiven, durch und durch mit Leben und Leidenschaft durchtränkten Grundbegriff"[22]. Das spekulative Element der Negation, des Gegensatzes oder des Widerspruchs ersetzt Nietzsche durch das praktische Element der *Differenz*: dem Objekt von Bejahung und Genuß. In diesem Sinne läßt sich von einem nietzscheschen Empirismus sprechen. Die häufig bei Nietzsche auftretende Frage: „Was will ein Wille, was will dies oder jenes?“ darf nicht als Suche nach einem Ziel, einem Motiv oder einem Objekt für diesen Willen mißverstanden werden. Der Wille will schlicht seine Differenz bejahen und bekräftigen. Innerhalb der Beziehung zu einer anderen macht der Wille seine Differenz zum Gegenstand der Bejahung. Des „Unterschieds . . . mit Wohlgefühl bewußt“, der Genuß der Differenz[23]: Das ist das aggressive und beschwingte neue konzeptuelle Element, das der Empirismus an die Stelle der schwerfälligen Begriffe der Dialektik, und vornehmlich der *Arbeit* des Negativen, wie es die Dialektiker zu sagen belieben, setzt. Daß die Dialektik Arbeit und der Empirismus Genuß ist, charakterisiert beide ausreichend. Und überhaupt, wer sagt uns denn, daß in der Arbeit mehr Denken steckt als im Genuß? Die Differenz ist der Gegenstand einer praktischen Bejahung, die vom Wesen nicht zu trennen und der Existenz konstitutiv ist. Das „Ja“ Nietzsches opponiert dem „Nein“ der Dialektik; die Bejahung der dialektischen Verneinung; die Differenz dem dialektischen Widerspruch; die Freude, der Genuß der dialektischen Arbeit; die Leichtigkeit, der Tanz der dialektischen Schwere; die schöne Unverantwortlichkeit den dialektischen Verantwortlichkeiten. Das empirische Gefühl der Differenz, kurz die Rangfolge, ist der wesentliche Antrieb des wirksameren und tiefgründigeren Begriffs als jedes Denken des Widerspruchs.

Überdies müssen wir fragen: Was will der Dialektiker selbst? Was will er, dieser Wille, der Dialektik will? Eine erschöpfte Kraft, zu kraftlos, um ihre Differenz zu bejahen, eine Kraft, die nicht mehr wirkt, sondern auf die Kräfte nur reagiert, die sie beherrschen: Allein eine solche Kraft überläßt innerhalb ihrer Beziehung zu einer anderen dem negativen Element den ersten Rang, eine Kraft, die alles negiert, was sie nicht selbst ist und aus dieser Negation ihr eigenes Wesen und den Grund ihrer Existenz erstellt. „Während alle vornehme Moral aus einem triumphierenden Ja-sagen zu sich selber herauswächst, sagt die Sklaven-Moral von vornherein Nein zu einem ‚Außerhalb‘, zu einem ‚Anders‘, zu einem ‚Nichtselbst‘: und *dies* Nein ist ihre schöpferische Tat[24].“ Aus diesem Grunde präsentiert Nietzsche die Dialektik als Spekulation des Plebs, als Denkweise des Sklaven[25]; darin trägt das abstrakte Denken des Widerspruchs den Sieg davon über das konkrete Gefühl der positiven Differenz, die Reaktion über die Aktion, nehmen die Rache und das Ressentiment den Platz der Aggressivität ein. Nietzsche dagegen zeigt, daß das, was beim Herrn negativ ist, stets ein abgeleitetes, sekundäres Produkt ist, das seiner Existenz erst entspringt. Daher ist das Verhältnis von Herr und Knecht (Sklave) an sich auch nicht dialektisch. Wer also ist Dialektiker, wer macht die Beziehung zu einer dialektischen? Der Sklave ist es, die Wertungsweise des Sklaven ist es: das Denken vom Gesichtspunkt des Sklaven aus. Das berühmte dialektische Moment der Beziehung von Herr und Knecht hängt in der Tat davon ab: daß die Macht in ihr nicht als Wille zur Macht, sondern als Repräsentation derselben, als Repräsentation der Überlegenheit, als Anerkennung der Überlegenheit des „einen" durch den „anderen" begriffen wird. Was die Wollenden bei Hegel wollen, ist die *Anerkennung*, die *Repräsentation* ihrer Macht. Nun geht darin, Nietzsche zufolge, eine vollkommen irrige Konzeption des Willens zur Macht und dessen Natur ein. Eine solche Konzeption ist die des Sklaven, sie stellt jenes Bild dar, das sich der Mensch des Ressentiments von der Macht entwickelt. *Der Sklave ist es, der die Macht nur als Gegenstand einer Anerkennung, Materie einer Repräsentation, Einsatz eines Wettstreits begreift und der sie folglich, am Ende eines Kampfes, von einer bloßen Zuschreibung durch herrschende Werte abhängen läßt*[26]. Wenn die Beziehung von Herr und Knecht zwanglos eine dialektische Form annimmt, derart, daß sie gleichsam zum Archetypus, zur Schulfigur für einen jeden jungen Hegelianer geworden ist, so weil das Bild, das Hegel uns vom Herrn vorhält, von Anfang an ein vom Knecht gezeichnetes Porträt ist, ein Porträt, das den Knecht darstellt, zumindest so wie dieser sich erträumt, wobei dieser Traum selbst nur zu einem arrivierten Knecht gereicht. Aus dem Hegelschen Bild des Herrn bricht allenthalben der Knecht hervor.

5. Das Problem der Tragödie

Der Kommentator Nietzsches muß grundsätzlich vermeiden, dessen Denken unter einem wie immer gearteten Vorwand zu „dialektisieren". Mag auch der Vorwand schnell gefunden sein: so in der tragischen Bildung des tragischen Denkens, in der tragischen Philosophie, die das Werk Nietzsches durchzieht. Was freilich nennt Nietzsche „tragisch"? Er stellt der tragischen Weltsicht zwei andere gegenüber: die dialektische und die christliche. Vielmehr, die Tragödie weist, bei genauerem Zählen, drei Arten zu sterben auf: Sie stirbt einmal durch die Dialektik von Sokrates, dies ihr „euripideischer" Tod. Sie stirbt ein zweites Mal durch das Christentum. Schließlich ein drittes Mal unter den vereinten Schlägen von moderner Dialektik und Wagner in eigener Person. Mit Nachdruck beharrt Nietzsche auf Folgendem: dem fundamental christlichen Charakter der Dialektik und der deutschen Philosophie[27]; der dem Christentum wie der Dialektik angeborenen Unfähigkeit, das Tragische zu leben, zu verstehen und zu denken: *„Ich habe das Tragische erst entdeckt"*, selbst die Griechen haben es verkannt[28].

Die Dialektik gibt eine bestimmte Konzeption des Tragischen vor: Sie verbindet es mit dem Negativen, dem Gegensatz, dem Widerspruch. Als Widerspruch zwischen Leiden und Leben, zwischen dem Endlichen und Unendlichen im Leben selbst, zwischen dem besonderen Schicksal und dem allgemeinen Geist in der Idee; als Bewegung des Widerspruchs und auch seiner Lösung: In diesen Formen gerät das Tragische in ihr zur Darstellung. Ein sorgfältiger Blick auf *Die Geburt der Tragödie* läßt indessen zweifelsfrei erkennen, daß Nietzsche hier kein Dialektiker, sondern eher ein Schüler Schopenhauers ist. Und man wird sich erinnern, daß auch Schopenhauer selbst von der Dialektik wenig hielt. Und doch unterscheidet sich das Schema, das Nietzsche uns in seinem ersten Buch unter dem Einfluß Schopenhauers unterbreitet, von der Dialektik allein durch die *Art und Weise*, wie darin der Widerspruch und dessen Lösung begriffen werden – was Nietzsche später von der *Geburt der Tragödie* zu sagen erlaubt: „Sie riecht anstößig Hegelisch"[29]. Denn der Widerspruch und dessen Lösung spielen noch die Rolle kardinaler Prinzipien; in ihr ist „der Gegensatz zur Einheit aufgehoben". Wir haben der Bewegung dieses schwierigen Buches zu folgen, um verstehen zu können, wie Nietzsche in der Folgezeit eine neue Konzeption des Tragischen erarbeitet:

1. In *Die Geburt der Tragödie* besteht der Widerspruch zwischen Unreinheit und Individuation, Wollen und Schein, Leben und Leiden. Dieser „Ur"widerspruch legt Zeugnis ab wider das Leben, er stellt das Leben unter Anklage: das Leben bedarf der Rechtfertigung, d. h. es muß vom Leiden und vom Widerspruch erlöst werden. *Die Geburt der Tragödie* entfaltet sich im Schatten jener christlich-dialektischen Kategorien: Rechtfertigung, Erlösung, Versöhnung.

2. Der Widerspruch spiegelt sich im Gegensatz von Dionysos und Apollo. Dieser vergöttlicht das Individuationsprinzip, erzeugt den Schein des Scheins, den schönen Schein, den Traum oder das plastische Bild und befreit sich derart von Leiden und Schmerz: „Hier überwindet Apollo das Leiden des Individuums durch die leuchtende Verherrlichung der *Ewigkeit der Erscheinung*", er *tilgt* den Schmerz[30]. Demgegenüber wendet sich Dionysos zurück zur ursprünglichen Einheit, zerbricht das Individuum, zieht es hinab in den Abgrund und läßt es eins werden mit dem Ursein: so reproduziert er den Widerspruch wie das Leiden der Individuation, aber er *löst* sie auch auf in einem höheren Genuß, indem er uns teilhaftig werden läßt am Übermaß des einzigen Seins und des allgemeinen Willens.

Dionysos und Apollo stehen sich demnach weniger wie die zwei Momente eines Widerspruchs, als vielmehr wie antithetische Formen seiner Lösung gegenüber: Apollo, mittelbar, in der Anschauung des plastischen Bildes; Dionysos, unmittelbar, durch die Abbildung, im musikalischen Symbol des Willens[31]. Dionysos ist gleichsam der Untergrund, auf dem Apollo den schönen Schein ausbreitet; unter Apollo aber grollt und brummt Dionysos. Die Antithese bedarf also selbst der Lösung, muß „zur Einheit aufgehoben" werden.[32]

3. Die *Tragödie* stellt diese Versöhnung, dieses bewundernswerte und prekäre, von Dionysos beherrschte Bündnis dar. Denn in der Tragödie ist Dionysos das Fundament des Tragischen. Er ist die einzige tragische Person, der Gott, der „leidet und sich verherrlicht"; das einzige tragische Sujet sind die Leiden von Dionysos, Leiden der Individuation, die aber wieder aufgehen im Genuß des Urseins; und der einzige tragische Zuschauer ist der Chor, denn er ist dionysisch, er sieht in Dionysos seinen Herrn und Meister[33]. Andererseits besteht der Beitrag Apollos darin: er entwickelt in der Tragödie das Tragische als *Drama*, er bringt das Tragische in einem Drama zum Ausdruck: „wir (haben) die griechische Tragödie als den dionysischen Chor zu verstehen, der sich immer von neuem wieder in einer apollinischen Bilderwelt entladet . . . In mehreren aufeinanderfolgenden Entladungen strahlt dieser Urgrund der Tragödie jene Vision des Dramas aus: die durchaus Traumerscheinung . . . ist . . . Somit ist das Drama die apollinische Versinnlichung dionysischer Erkenntnisse und Wirkungen": die Objektivierung des Dionysos in apollinischer Form und in einer Welt Apollos.

6. Die Entwicklung Nietzsches

Folgendermaßen wird die Tragödie innerhalb der *Geburt der Tragödie* bestimmt: als Urwiderspruch, dessen dionysische Lösung und als dramatischer Ausdruck dieser Lösung. Darin, den Widerspruch zu reproduzieren und zu lösen, ihn zu lösen, indem er reproduziert wird, den Urwiderspruch im Urgrund aufzulösen, besteht der Charakter der *tragischen Kultur* und seiner modernen Repräsentanten Kant, Schopenhauer, Wagner. „Deren wichtigstes Merkmal ist, daß an die Stelle der Wissenschaft als höchstes Ziel die Weisheit gerückt wird, die sich, ungetäuscht durch die verführerischen Ablenkungen der Wissenschaften, mit unbewegtem Blicke dem Gesamtbilde der Welt zuwendet und in diesem das ewige Leiden mit sympathischer Liebesempfindung als das eigne Leiden zu ergreifen sucht[34]." Doch schon in der *Geburt der Tragödie* sprießen tausend Dinge, die uns das Nahen einer neuartigen Konzeption spüren lassen, die mit jenem alten Schema kaum mehr zu vergleichen ist. Zunächst einmal wird Dionysos beharrlich als *affirmativer, jasagender* Gott vorgestellt. Er begnügt sich nicht damit, den Schmerz in einem höheren und überpersönlichen Wohlgefühl „aufzulösen“, er bejaht den Schmerz und macht ihn zum Wohlgefühl für irgend jemanden. Deshalb *verwandelt sich* Dionysos selbst in unzählige Bejahungen, um so mehr, als er sich im Ursein auflöst und das Viele mit dem Urgrund eins werden läßt. Er sagt ja zu den Schmerzen des *Wachstums*, um so mehr, als er die Leiden der *Individuation* reproduziert. Er ist der Gott, der ja sagt zum Leben, für den das Leben bejaht, *aber gewiß nicht* gerechtfertigt oder erlöst werden muß. Was dennoch vereitelt, daß der zweite über den ersten Dionysos den Sieg davonträgt, gründet in dem Umstand, daß das überpersönliche Element stets mit dem jasagenden einhergeht und am Ende den Vorteil einstreicht. So blitzt hier schon zum Beispiel eine Ahnung der ewigen Wiederkehr auf: Demeter erfährt, daß sie Dionysos noch einmal gebären könnte; diese Wiederauferstehung des Dionysos wird aber nur als „das Ende der Individuation“ gedeutet[35]. Unter dem Einfluß von Schopenhauer und Wagner begreift sich das Jasagen zum Leben noch als Auflösung des Leidens inmitten des Allgemeinen und in Lust, die den einzelnen übersteigt. „Der einzelne soll zu etwas Überpersönlichem geweiht werden – das will die Tragödie . . .[36].“

Als Nietzsche am Ende seines Werkes sich über *Die Geburt der Tragödie* befragt, macht er darin zwei wesentliche Neuerungen aus, die den halb-dialektischen, halb-schopenhauerschen Rahmen sprengen[37]: Die eine ist genau der jasagende Charakter von Dionysos, die Bejahung des Lebens statt seine höhere Auflösung oder seine Rechtfertigung. Zum anderen gratuliert Nietzsche sich, einen Gegensatz aufgedeckt zu haben, der in der Folgezeit seine ganze Schärfe entfalten sollte. Denn schon von der *Geburt der Tragödie* an besteht der wahre Gegensatz nicht in dem gänzlich dialektischen Verhältnis zwischen Dionysos und Apollo, sondern in dem viel tiefergehenden zwischen Dionysos und Sokrates. Nicht Apollo widersetzt sich dem Tragischen, nicht durch ihn stirbt die Tragödie – es ist vielmehr Sokrates; und der ist nicht weniger dionysisch wie apollinisch[38]. Sokrates ist durch eine eigentümliche Umkehrung bestimmt: „Während doch bei allen produktiven Menschen der Instinkt gerade die schöpferisch-affirmative Kraft ist, und das Bewußtsein kritisch und abmahnend sich gebärdet: wird bei Sokrates der Instinkt zum Kritiker, das Bewußtsein zum Schöpfer[39].“ Sokrates ist der erste Genius der *Dekadenz:* Er setzt die Idee in Gegensatz zum Leben, beurteilt das Leben durch die Idee, postuliert, daß das Leben durch die Idee beurteilt, gerechtfertigt, erlöst werden müsse. Was er uns abfordert, ist zu spüren, daß das Leben, erdrückt unter dem Gewicht des Negativen, nicht würdig ist, für sich selbst begehrt, an sich selbst geprüft zu werden: Sokrates ist der „theoretische Mensch", der einzig wahre Gegensatz zum tragischen Menschen[40].

Doch auch hier noch hindert irgend etwas das zweite Thema, sich frei zu entwickeln. Damit der Gegensatz zwischen Sokrates und der Tragödie seine umfassende Geltung erwerben, damit er wirklich zum Gegensatz zwischen Ja und Nein, zwischen der Verneinung des Lebens und seiner Bejahung werden konnte, mußte zu allererst das affirmative Element in der Tragödie selbst aufgedeckt, an sich selbst entfaltet und von aller Unterordnung befreit werden. Auf diesem einmal eingeschlagenen Weg war Nietzsche nicht mehr zu halten: Nun mußte auch die Antithese Dionysos–Apollo aufhören, den ersten Platz einzunehmen und zugunsten des wirklichen Gegensatzes verschwimmen oder sogar ganz von der Bildfläche abtreten. Schließlich mußte der wahre Gegensatz selbst sich ändern, durfte sich auch mit Sokrates als typischen Helden nicht mehr bescheiden; denn Sokrates ist allzusehr noch Grieche, ein wenig apollinisch am Anfang, durch seine Klarheit, ein wenig dionysisch am Ende, als „musiktreibender Sokrates"[41]. Sokrates setzt in der Verneinung des Lebens nicht seine ganze Kraft ein; in ihm findet die Verneinung des Lebens nicht zu ihrem Wesen. So mußte denn der tragische Mensch, während er sein eigenes Element in der reinen Affirmation bloßlegt, zugleich seinen größten Feind in dem ausmachen, der das Unternehmen der Verneinung wirklich, definitiv und wesentlich ausführt. Nietzsche realisiert dieses Programm in aller Verbissenheit und unerbittlich. Die Antithese Dionysos-Apollo, jener beiden Götter, die sich versöhnen, um vom Schmerz zu erlösen, wird ersetzt durch die noch mysteriösere Komplementarität Dionysos–Ariadne; denn eine Frau, eine Braut ist unabdingbar, wenn es darum geht, das Leben zu bejahen. An die Stelle des Gegensatzes von Dionysos und Sokrates tritt der wahrhaftige Gegensatz: „Hat man mich verstanden? – *Dionysos gegen den Gekreuzigten* . . ."[42]. *Die Geburt der Tragödie*, bemerkt Nietzsche, schwieg sich noch aus über das Christentum, sie hatte es nicht *identifiziert*. Und das Christentum ist weder apollinisch noch dionysisch: „Es *negiert* alle *ästhetischen* Werte – die einzigen Werte, die die ‚Geburt der Tragödie' anerkennt: es ist im tiefsten Sinne nihilistisch, während im dionysischen Symbol die äußerste Grenze der *Bejahung* erreicht ist."

7. *Dionysos und Christus*

Bei Dionysos wie bei Christus sind Martyrium und Leiden gleich. Es ist das gleiche Phänomen, allerdings mit entgegengesetzten Bedeutungen[43]. Einerseits das Leben, das das Leiden rechtfertigt, es bejaht; andererseits das Leiden, das das Leben unter Anklage stellt, gegen es zeugt, das Leben zu etwas macht, was gerechtfertigt werden muß. Daß im Leben Leiden auftritt, bedeutet für das Christentum zunächst, daß das Leben nicht gerecht, ja, daß es in seinem Innersten ungerecht ist, daß es durch das Leiden für eine wesentliche Ungerechtigkeit büßt: Es ist schuldig, da es leidet. Es bedeutet weiterhin, daß es gerechtfertigt, d.h., daß es von seiner Ungerechtigkeit erlöst oder gerettet werden muß, und zwar gerettet gerade durch jenes Leiden, das eben noch es anklagte: es muß leiden, da es schuldig ist. Diese beiden Momente bilden, was Nietzsche „das schlechte Gewissen" oder die *Verinnerlichung des Schmerzes*, nennt[44]. Sie definieren den eigentlich christlichen Nihilismus, d.h. die Art und Weise, wie das Christentum das Leben verneint: Auf der einen Seite die Maschine zur Herstellung der Schuld, die grausame Gleichung Schmerz–Strafe; auf der anderen Seite die Maschine zur Vermehrung des Schmerzes, die Rechtfertigung durch den Schmerz, die dunkle Werkstätte[45]. Selbst wenn das Christentum von der Liebe und dem Leben singt, wie flucht es da nicht in den Gesängen, wieviel Haß steckt da nicht hinter der Liebe! Es liebt das Leben, freilich dergestalt, wie der Raubvogel das Lamm: zart, verstümmelt, im Sterben liegend. Der Dialektiker setzt die christliche Liebe als Antithese, beispielsweise zum jüdischen Haß. Aber es ist der Beruf und die Mission des Dialektikers, überall dort, wo heiklere Wertschätzungen zu treffen, *Koordinationen* zu interpretieren wären, seine *Antithesen* aufzurichten. Daß die Blüte die Antithese zur Knospe ist, daß jene diese „widerlegt": darin haben wir schon so eine berühmte, der Dialektik ach so teure Entdeckung. Auf die gleiche Weise „widerlegt" auch die christliche Liebe den Haß: nämlich auf vollkommen fiktive Weise. „Daß man aber ja nicht vermeine, sie sei etwa als die eigentliche Verneinung jenes Durstes nach Rache, als der Gegensatz des jüdischen Hasses emporgewachsen! Nein, das umgekehrte ist die Wahrheit! Die Liebe wuchs aus ihm heraus, als seine Krone, als die triumphierende, in der reinsten Helle und Sonnenfülle sich breit und breiter entfaltende Krone, welche mit demselben Drange gleichsam im Reiche des Lichts und der Höhe auf die Ziele jenes Hasses, auf Sieg, auf Beute, auf Verfügung aus war"[46]. Die christliche Freude ist Freude darüber, den Schmerz „aufzulösen": der Schmerz wird verinnerlicht, dergestalt Gott dargeboten, auf Gott übertragen.

„Jene schauerliche Paradoxie eines ‚Gottes am Kreuz', jenes Mysterium einer unausdenkbaren letzten äußersten Grausamkeit"[47], darin findet sich die eigentliche christliche Besessenheit, eine schon gänzlich dialektische Besessenheit.
Wie fremd nun ist dieser Aspekt doch dem wahren Dionysos geworden! Der Dionysos der *Geburt der Tragödie* „löste" noch den Schmerz „auf", die Freude, die er empfand, war noch Freude darüber, ihn aufzulösen und auch, ihn in die Unreinheit zu tragen. Jetzt aber hat Dionysos genauestens den Sinn und Wert seiner Metamorphosen begriffen: Er ist der Gott, für den das Leben nicht gerechtfertigt zu werden braucht, für den das Leben wesentlich gerecht ist. Überdies nimmt dieses nun auf sich, zu rechtfertigen und „bejaht noch das herbste Leiden"[48]. Verstehen wir richtig: Es löst nicht den Schmerz auf, hebt ihn nicht auf, indem es ihn verinnerlicht, es bejaht ihn im Element seiner Äußerlichkeit. Von dem ausgehend, entfaltet sich der Gegensatz zwischen Dionysos und Christus Punkt für Punkt, als Bejahung des Lebens (dessen höchste Wertschätzung) und als Verneinung des Lebens (dessen äußerste Entwertung). Der christlichen Besessenheit steht die dionysische *Mania* gegenüber; dem christlichen Rausch der dionysische; der Kreuzigung Christi die dionysische Zerstückelung; der christlichen Auferstehung die dionysische Wiedergeburt; der christlichen Transsubstantiation die dionysische Transmutation (Umwertung). Denn es gibt zweierlei Leiden, und zweierlei Leidende. „Die an der *Überfülle* des Lebens Leidenden" machen aus dem Leiden eine Bejahung und aus dem Rausch eine Aktivität; in der Zerstückelung des Dionysos erblicken sie die höchste Form der Bejahung, ohne Möglichkeit des Abzugs, der Ausnahme, der Wahl. „Die an der *Verarmung* des Lebens Leidenden" machen den Rausch zur Konvulsion oder zur Betäubung; nehmen das Leiden dazu her, das Leben anzuklagen, gegen es zu sprechen, aber auch dazu, das Leben zu rechtfertigen, den Widerspruch zu lösen[49]. Alles das geht tatsächlich in die Vorstellung eines Retters ein; kein schönerer Retter als derjenige, der in einem Henker, Opfer und Tröster wäre: die heilige Dreieinigkeit, dieser wundersame Traum des schlechten Gewissens. Von einem Retter aus gesehen, „soll es der Weg sein zu einem heiligen Sein"; von Dionysos aus gesehen „*gilt das Sein als heilig genug*, um ein Ungeheures von Leid noch zu rechtfertigen"[50]. Die dionysische Zerstückelung ist unmittelbar Symbol der vielfältigen Bejahung; Christi Kreuz, das Zeichen des Kreuzes sind das Abbild des Widerspruchs und seiner Lösung, das der Arbeit des Negativen unterworfene Leben. Alle diese Begriffe: entfalteter Widerspruch, Aufhebung des Widerspruchs, Versöhnung der Widersprüche, sind Nietzsche nun so

fremd geworden. Es ist Zarathustra, der ausruft: „Höheres, als alle Versöhnung“[51] – das Jasagen. Etwas viel höheres als aller entfaltete, aufgehobene, unterdrückte Widerspruch – die Umwertung der Werte. Hier liegt der gemeinsame Punkt von Zarathustra und Dionysos: „‚In alle Abgründe trage ich noch mein segnendes Jasagen‘ (Zarathustra). . . *Aber das ist der Begriff des Dionysos noch einmal*“[52]. Der Gegensatz von Dionysos oder Zarathustra zu Christus stellt keinen dialektischen Gegensatz, vielmehr den Gegensatz zur Dialektik selbst dar: die differentielle Bejahung gegen die dialektische Verneinung, gegen jeden Nihilismus und jene besondere Form des Nihilismus. Keine Deutung des Dionysos ist weiter von der Nietzsches entfernt als jene später von Otto vorgetragene: die eines hegelischen, dialektischen und dialektisierenden Dionysos!

8. Das Wesen des Tragischen

Dionysos bejaht alles, was in Erscheinung tritt, „noch das herbste Leiden“, und erscheint in allem, das bejaht wird. Die vielfältige, pluralistische Bejahung ist das Wesen des Tragischen. Besser wird man es verstehen, wenn man bedenkt, wieviel Schwierigkeiten es bereitet, um aus allem einen Gegenstand der Bejahung zu machen. Es bedarf hierzu der Anstrengung und Begabung eines Pluralismus, der Kraft von Metamorphosen, der dionysischen Zerstückelung. Stets treten Furcht und Überdruß bei Nietzsche an diesem Punkt auf: Kann denn überhaupt alles zum Gegenstand der Bejahung, *d.h. der Freude*, werden? Für jedes Ding müßten die besonderen Mittel gefunden werden, durch die es bejaht wird und aufhört, negativ zu sein[53]. Dabei bleibt aber bestehen, daß das Tragische ebensowenig in dieser Furcht oder diesem Überdruß selbst, noch in einer Sehnsucht nach der verlorenen Einheit gründet. Das Tragische ist allein in der Vielheit, in der Diversität der Bejahung *als solcher*. Was das Tragische definiert, ist die Freude am Vielen, die vielfältige Freude. Sie ist das Ergebnis keiner Sublimation, Purgation, Kompensation, keiner Resignation und keiner Versöhnung; in allen Theorien des Tragischen vermag Nietzsche jene fundamentale Unkenntnis bloßzulegen: die der Tragödie als ästhetisches Phänomen. *Tragisch* bezeichnet die ästhetische Form der Freude – keine medizinische Formel, keine moralische Auflösung des Schmerzes, der Furcht oder des Mitleids[54]. Tragisch ist die Freude. Das will aber heißen, daß die Tragödie unmittelbar Freude spendet, daß sie Furcht und Mitleid nur beim abgestumpften Zuschauer hervorruft, bei einem pathologischen und moralisierenden Auditorium, das auf sie setzt, um sich des guten Funktionierens seiner moralischen Sublimationen oder seiner medizinischen Purgationen zu versichern. „So ist mit der Wiedergeburt der Tragödie auch der *ästhetische Zuhörer* wieder geboren, an dessen Stelle bisher in den Theaterräumen ein seltsames *Quidproquo*, mit halb moralischen und halb gelehrten Ansprüchen, zu sitzen pflegte, der ‚Kritiker'"[55]. Und in der Tat bedarf es einer wahrhaftigen Wiedergeburt, um das Tragische von aller Furcht und allem Mitleid der schlechten Zuhörer zu befreien, die ihm einen erbärmlichen, aus dem schlechten Gewissen heraus erwachsenen Sinn verliehen. Eine Logik der Bejahung des Vielen, folglich eine Logik der reinen Bejahung, sowie eine Ethik der Freude, die ihr entspricht: das ist der anti-dialektische und antireligiöse Traum, der sich durch die gesamte Philosophie Nietzsches zieht. Nicht in der Beziehung des Negativen zum Leben, vielmehr in der wesentlichen Beziehung zwischen der Freude und dem Vielen, dem Positiven und dem Vielen, der Bejahung und dem Vielen ist das Tragische begründet. „‚Der Held ist heiter' – das entging bisher den Tragödiendichtern"[56]. Die Tragödie, eine offene, dynamische Heiterkeit.

Nietzsche entschlägt sich der Konzeption des *Dramas*, wie er sie noch in *Die Geburt der Tragödie* vertreten hatte, weil es noch Pathos, christliches Pathos des Widerspruchs ist. Und er wirft gerade Wagner vor, eine dramatische Musik gemacht und den bejahenden Charakter der Musik verleugnet zu haben: „ich leide, . . . daß sie *décadence*-Musik und nicht mehr die Flöte des Dionysos ist"[57]. Desgleichen fordert Nietzsche, gegen den dramatischen Ausdruck der Tragödie, erneut deren Rechte auf *heroischen* Ausdruck: den heiteren, den leichtfüßigen, den tanzenden und spielenden Helden[58]. Dionysos kommt es zu, uns leichtfüßig zu machen, uns das Tanzen zu lehren, uns den Spieltrieb einzugeben. Selbst ein den nietzscheschen Themen feindlich gesonnener oder indifferent gegenüberstehender Historiker erkennt in der Freude, der federgleichen Leichtigkeit, in der Behendigkeit und Allgegenwärtigkeit ebensosehr besondere Aspekte von Dionysos[59]. Dionysos trägt Ariadne in den Himmel; die Kronjuwelen von Ariadne bilden Gestirne. Liegt darin das Geheimnis von Ariadne? Die aus dem Würfelwurf hervorgehende Konstellation? Dionysos wirft. Er tanzt und verwandelt sich – „Polygethes" wird er geheißen: der Gott der tausend Freuden.

Die Dialektik allgemein gibt keine tragische Weltsicht wieder, vielmehr den Tod der Tragödie, die Ersetzung der tragischen Weltsicht durch eine theoretische Konzeption (mit Sokrates), oder besser noch, eine christliche Konzeption (mit Hegel). Was in den Frühschriften Hegels aufgedeckt worden ist, stellt ebenso die letztgültige

Wahrheit der Dialektik überhaupt dar: Die moderne Dialektik ist die im eigentlichen Sinne christliche Ideologie. Sie will das Leben rechtfertigen und unterwirft es der Arbeit des Negativen. Und doch besteht zwischen der christlichen Ideologie und dem tragischen Denken ein gemeinsames Problem: das des Sinns des Daseins. „Hat das Dasein einen Sinn" ist, nach Nietzsche, die höchste Frage der Philosophie, die empirischste und selbst die „experimentellste", denn sie formuliert in einem das Problem der Interpretation und der Wertabschätzung. Richtig verstanden heißt sie: „Was ist *Gerechtigkeit?*", und Nietzsche kann ohne Übertreibung sagen, daß sein ganzes Werk der Versuch gewesen sei, sie richtig zu verstehen. Also gibt es auch schlechte Weisen, die Frage zu verstehen: Seit langem schon und noch bis heute hat man den Sinn des Daseins darin zu ergründen versucht, daß man das Dasein als fehlerhaftes oder schuldiges (sündiges) ausgab, als etwas Ungerechtes, das zu rechtfertigen war. Man bedurfte eines Gottes, um das Dasein zu deuten. Das Leben mußte angeklagt werden, um es zu erlösen, es mußte erlöst werden, um es zu rechtfertigen. Dem Dasein wurde ein Wert wohl zugemessen, aber immer nur vom Blickwinkel des schlechten Gewissens aus, in den man sich zunächst versetzt hatte. Darin steckt jene christliche Inspiration, die die Philosophie insgesamt gefährdet. Hegel interpretiert das Dasein aus der Perspektive des unglücklichen Bewußtseins, aber das unglückliche Bewußtsein gibt nur die hegelsche Figur des schlechten Gewissens wieder. Sogar Schopenhauer . . . Er trug die Frage des Daseins oder der Gerechtigkeit auf noch wahrhaft ungewöhnliche Weise vor, und fand selbst doch nur im Leiden ein Mittel, das Leben zu verneinen, und in der Verneinung des Lebens den einzigen Weg, es zu rechtfertigen. „Schopenhauer war als Philosoph der *erste* eingeständliche und unbeugsame Atheist, den wir Deutschen gehabt haben: seine Feindschaft gegen Hegel hatte hier ihren Hintergrund. Die Ungöttlichkeit des Daseins galt ihm als etwas Gegebenes, Greifliches, Undiskutierbares, . . . Indem wir die christliche Interpretation dergestalt von uns stoßen, und ihren ‚Sinn' wie eine Falschmünzerei verurteilen, kommt nun sofort auf eine furchtbare Weise die *Schopenhauerische* Frage zu uns: *Hat denn das Dasein überhaupt einen Sinn?* – jene Frage, die ein paar Jahrhunderte brauchen wird, um auch nur vollständig und in alle ihre Tiefe hinein gehört zu werden. Was Schopenhauer selbst auf diese Frage geantwortet hat, war – man vergebe es mir – etwas Voreiliges, Jugendliches, nur eine Abfindung, ein Stehen- und Steckenbleiben in eben den christlich-asketischen Moral-Perspektiven, welchen mit dem Glauben an Gott *der Glaube gekündigt war* . . ."[60]. Worin besteht also die andere Weise, jene Frage zu verstehen, die wahrhaft tragische

Weise, worin das Dasein *rechtfertigt,* was es bejaht, einschließlich des Leidens, statt durch das Leiden selbst gerechtfertigt, will heißen: geheiligt und vergöttlicht zu werden?

9. Das Problem des Daseins

Es ist eine lange Geschichte, die des Sinns des Daseins. Sie hat griechische, vorchristliche Ursprünge. Man hat sich also des Leidens bedient, um die *Ungerechtigkeit* des Daseins zu belegen, aber auch zugleich, um ihm eine höhere und göttliche *Rechtfertigung* zu finden. (Es ist schuldig, da es leidet; aber da es leidet, büßt es, und wird so erlöst). Schon die Griechen interpretierten und bewerteten das Dasein als Maßlosigkeit, Hybris und Verbrechen. Das Titanenbild, „die dem titanisch strebenden Individuum gebotene Notwendigkeit des Frevels" war historisch das Erste, das dem Dasein Sinn verlieh. Sie war so verführerisch, daß Nietzsche dieser Interpretation in der *Geburt der Tragödie* noch nicht widerstehen konnte und sie für Dionysos in Anschlag brachte[61]. Aber es genügte, den wahren Dionysos einmal entdeckt zu haben, um die Falle, die sie barg und den Zweck, dem sie diente, zu durchschauen: jene Interpretation verwandelt das Dasein in ein moralisches und religiöses Phänomen! Man erweckt den Anschein, viel dem Dasein zukommen zu lassen, indem man einen Frevel, eine Maßlosigkeit begeht; man billigt ihm eine doppelte Natur zu, die einer maßlosen Ungerechtigkeit und die einer rechtfertigenden Erlösung; man macht es titanengleich kraft des Frevels und gottgleich kraft der Buße für den Frevel[62]. Aber was steht am Ende all dessen, wenn nicht eine subtile Form seiner Entwertung, eine Form, es unter Anklage zu stellen, es einem moralischen und im besonderen einem Urteil Gottes zu unterwerfen? Anaximander war Nietzsche zufolge der Philosoph, der dieser Konzeption des Daseins am vollkommensten Ausdruck verliehen hat. Er sagte: „die Dinge ... müssen Buße zahlen und für ihre Ungerechtigkeiten gerichtet werden gemäß der Ordnung der Zeit." Das will heißen: 1. daß das Werden eine Ungerechtigkeit *(adikia)* ist, und die Vielzahl der zur Existenz kommenden Dinge eine Summe von Ungerechtigkeiten; 2. daß sie untereinander kämpfen, und wechselseitig ihre Ungerechtigkeit durch die *phtora* sühnen; 3. daß sie alle einem Ursein entspringen („Apeiron"), das aus einem schuldigen Werden und Entstehen einer schuldigen Vielheit wählt, deren Ungerechtigkeit es auf immer tilgt, indem es sie untergehen läßt („Theodizee")[63].

Schopenhauer ist eine Art moderner Anaximander. Was ist es,

was Nietzsche an dem einen wie dem anderen anzieht und was begreifbar macht, warum er in der *Geburt der Tragödie* ihrer Auslegung noch die Treue hält? Ohne Zweifel ist es ihre Differenz zum Christentum. Sie machen das Dasein zu etwas Frevelhaftem, also Schuldigem (coupable), aber noch nicht zu etwas Sündigem (fautif) und Verantwortlichem. Selbst die Titanen kennen noch nicht jene unglaubliche semitische und christliche Erfindung: das schlechte Gewissen, die Schuld (Sünde) und die Verantwortlichkeit. Von der *Geburt der Tragödie* an setzt Nietzsche den titanischen und prometheusschen Frevel der Ursünde entgegen. Doch formuliert er dies in dunklen und symbolischen Begriffen, weil dieser Gegensatz sein negatives Geheimnis ausmacht, wie das Mysterium der Ariadne sein positives. Nietzsche schreibt: im „semitischen Sündenfallmythus (wurde) . . . die Neugierde, die lügnerische Vorspiegelung, die Verführbarkeit, die Lüsternheit, kurz eine Reihe vornehmlich weiblicher Affektionen als der Ursprung des Übels angesehen . . . So wird von den Ariern der Frevel als Mann, von den Semiten die Sünde als Weib verstanden“[64]. Es gibt keinen nietzscheschen Weiberhaß: Das erste Geheimnis Nietzsches ist Ariadne, sie die erste weibliche Macht, Anima, die dem dionysischen Jasagen untrennbar verbundene Verlobte[65]. Etwas ganz anderes aber ist die höllische, negative und moralisierende Weibermacht, die schreckliche Mutter, Mutter des Guten und des Bösen, jene, die das Leben abwertet und verneint. „Es bleibt kein anderes Mittel, die Philosophie wieder zu Ehren zu bringen: *Man muß zuerst die Moralisten aufhängen.* Solange diese von Glück und Tugend reden, überreden sie nur die alten Weiber zur Philosophie. Sehen Sie ihnen doch ins Gesicht, allen den berühmten Weisen seit Jahrtausenden: lauter alte, lauter ältliche Weiber, lauter *Mütter*, mit Faust zu reden. ‚Die Mütter! Mütter! 's klingt so schauerlich'“[66]. Die Mütter und Schwestern: diese zweite Macht hat die Funktion, uns anzuklagen, uns verantwortlich zu machen. Es ist deine Schuld, sagt die Mutter, deine Schuld, wenn ich keinen besseren Sohn habe, der seiner Mutter mehr Respekt erweist und sich seines Vergehens mehr bewußt ist. Es ist deine Schuld, sagt die Schwester, deine allein, wenn ich nicht schöner, nicht reicher bin und nicht noch mehr geliebt werde. Die Imputation, gefehlt zu haben und verantwortlich zu sein, die bittere Gegenanklage, die fortwährende Anschuldigung, das *Ressentiment*, alles das sind Momente der frommen Interpretation des Daseins. Es ist deine Schuld, deine Schuld . . . bis am Ende der Beschuldigte seinerseits bekennt „Es ist meine Schuld“ und die öde Welt von allen diesen Klagen und ihren Echos widerhallt. „Überall, wo Verantwortlichkeiten gesucht worden sind, ist es der *Instinkt der Rache* gewesen, der das suchte. Dieser

Instinkt der Rache wurde in Jahrtausenden dermaßen über die Menschheit Herr, daß die ganze Metaphysik, Psychologie, Geschichtsvorstellung vor allem aber die *Moral* mit ihm abgezeichnet ist. Soweit auch nur der Mensch gedacht hat, so weit hat er den Bazillus der Rache in die Dinge geschleppt."[67] Im Ressentiment (es ist deine Schuld), im schlechten Gewissen (es ist meine Schuld), und in beider gemeinsamer Frucht (die Verantwortlichkeit) sieht Nietzsche nicht schlichte psychologische Vorfälle, vielmehr fundamentale Kategorien des semitischen und christlichen Denkens, unsere Art und Weise, das Dasein im allgemeinen zu denken und zu interpretieren. Nietzsche macht sich die Schaffung eines neuen Ideals, einer neuen Interpretation, einer neuen Art zu denken zur Aufgabe: „Unverantwortlichkeit positiv wenden"; „Ich (wollte) so das Gefühl der völligen ‚Unverantwortlichkeit' gewinnen, – mich unabhängig machen von Lob und Tadel, von allem heute und ehedem"[69]. Die Unverantwortlichkeit, das edelste und schönste Geheimnis Nietzsches.

Gegenüber dem Christentum sind die Griechen noch Kinder. Ihre Art, das Dasein zu entwerten, ihr „Nihilismus", weist nicht die christliche Perfektion auf. Sie verurteilen das Dasein als schuldig, aber sie haben noch nicht diese Raffinesse erworben, es als sündig und verantwortlich zu werten. Erklären die Griechen, daß das Dasein frevelhaft und „hybrid" sei, so meinen sie damit, daß die Götter die Menschen verrückt gemacht haben: Wohl ist damit das Dasein schuldig, *aber es sind die Götter, die die Verantwortung für die Schuld auf sich nehmen.* Darin gründet der große Unterschied zwischen der griechischen Interpretation des Frevels und der christlichen Interpretation der Sünde. Das ist auch der Grund, warum Nietzsche in *Die Geburt der Tragödie* noch an den frevelhaften Charakter des Daseins glaubt, impliziert dieser Frevel doch allemal noch nicht die Verantwortlichkeit des Frevlers selbst. „‚Torheit', ‚Unverstand', ein wenig ‚Störung im Kopf', so viel haben auch die Griechen der stärksten, tapfersten Zeit selbst bei sich *zugelassen* als Grund von vielem Schlimmen und Verhängnisvollen – Torheit, *nicht* Sünde! Versteht ihr das? . . . ‚Es muß ihn wohl ein *Gott* betört haben', sagte er sich endlich, den Kopf schüttelnd . . . Dergestalt dienten damals die Götter dazu, den Menschen bis zu einem gewissen Grade auch im Schlimmen zu rechtfertigen, sie dienten als Ursachen des Bösen – damals nahmen sie nicht die Strafe auf sich, sondern, wie es *vornehmer* ist, die Schuld . . ."[70]. Nietzsche nahm freilich wahr, daß dieser große Unterschied mit fortschreitender Reflexion zu schwinden beginnt. Setzt man das Dasein erst einmal als schuldiges, dann ist es nur ein kleiner Schritt bis zu seiner Verantwortlichkeit, braucht es nur mehr einen Wechsel im Geschlecht: Eva statt der Titanen, eine Veränderung bei den Göttern, hin zu einem einzigen Gott, der in einem handelt und rechtfertigt, statt der vielen zuschauenden Götter und „olympischen Richter" von ehedem. Beide Lösungen, daß ein Gott die Verantwortung übernimmt für den Wahn, den er den Menschen eingibt, oder daß die Menschen für den Wahn eines Gottes verantwortlich sind, der sich ans Kreuz schlagen läßt, sind noch zu wenig unterschieden, wenngleich auch die erste Lösung die unvergleichlich schönere ist. In Wahrheit sollte die Frage nicht lauten: Ist das schuldige Dasein verantwortlich oder nicht? Vielmehr: *Ist das Dasein schuldig . . . oder unschuldig?* Darin hat Dionysos seine vielfältige Wahrheit gefunden: in der Unschuld, der Unschuld der Vielfältigkeit, der Unschuld des Werdens und alles Seienden[71].

10. Dasein und Unschuld

Was bedeutet „Unschuld"? Stellt Nietzsche unsere armselige Art und Weise bloß, anzuklagen, Verantwortliche außerhalb unserer oder sogar in uns selbst zu suchen, dann stützt sich seine Kritik auf fünf Gründe, deren erster lautet: „es (gibt) nichts außer dem Ganzen"[72]. Aber der letzte, tiefgehendere, lautet: „es gibt kein All": „Man muß das All zersplittern; den Respekt vor dem All verlernen"[73]. Die Unschuld ist die Wahrheit des Vielen. Sie geht unmittelbar aus den Prinzipien der Philosophie der Kraft und des Willens hervor. Jedes Ding bezieht sich auf eine Kraft, die fähig ist, es zu interpretieren; jede Kraft bezieht sich auf das, was sie kann, von dem sie nicht zu trennen ist. Diese Art, sich zu beziehen, zu bejahen und bejaht zu werden, ist genau unschuldig. Was durch eine bestimmte Kraft sich nicht interpretieren, durch einen bestimmten Willen sich nicht bewerten läßt, *verlangt* nach *einem anderen* Willen, fähig, es zu bewerten, und nach *einer anderen* Kraft, fähig, es zu interpretieren. Wir freilich ziehen es lieber vor, die Interpretation zu retten, die unseren Kräften entspricht und das zu verneinen, was unserer Interpretation nicht entspricht. Welch groteske Repräsentation erstellen wir uns vom Willen und von der Kraft: Wir scheiden die Kraft von dem, was sie kann und weisen sie in uns als „verdienstvoll" aus, weil sie sich dessen entschlägt, was sie nicht kann, als „schuldig" aber in dem, wo sie genau die Kraft manifestiert, die sie hat. Wir zweiteilen den Willen und erfinden ein neutrales, „wahlfreies Subjekt", dem wir das Vermögen zuschreiben, gleichermaßen handeln wie sich zurückhalten zu können[74]. Unsere Situation gegenüber dem Dasein läßt sich so zusammenfassen: Wir haben bisher weder den Willen, der fähig ist, die Erde zu bewerten (sie „abzuwägen"), noch die Kraft (an)erkannt, die fähig ist, das Dasein zu interpretieren. So verneinen wir denn das Dasein selbst, ersetzen die Interpretation durch die Entwertung, ersinnen die Entwertung als Interpretations- und Wertungsweisen. „*Eine* Interpretation ging zugrunde: weil sie aber als *die* Interpretation galt, erscheint es, als ob es gar keinen Sinn im Dasein gebe, als ob alles *umsonst* sei"[75]. *Was sind wir doch für schlechte Spieler!* Unschuld ist das Spiel des Daseins, der Kraft und des Willens. Darin, im bejahten und wertgeschätzten Dasein, in der nicht geschiedenen Kraft, im nicht zweigeteilten Willen, finden wir erste Annäherungen an die Unschuld[76].

Der tragische Denker ist Heraklit. Das Problem der Gerechtigkeit durchzieht sein gesamtes Werk. Für Heraklit ist das Leben vollkommen unschuldig und gerecht. Das Dasein versteht er von einem *Spieltrieb* her, er macht es zu einem *ästhetischen Phänomen*, und keinem moralischen oder religiösen. Deshalb stellt ihn Nietzsche Punkt für Punkt in Gegensatz zu Anaximander, wie Nietzsche sich selbst von Schopenhauer absetzt[77]. – Heraklit hat die Dualität der Welten negiert, „er leugnete überhaupt das Sein". Mehr noch: *aus dem Werden hat er eine Bejahung gemacht.* Nun braucht es freilich längerer Überlegung, um zu verstehen, was es heißt, aus dem Werden ein Bejahen zu machen. Zweifellos will dies zunächst heißen: es gibt nur Werden. Zweifellos heißt dies, das Werden zu bejahen. Aber bejaht wird auch das Sein des Werdens, es heißt, daß das Werden das Sein bejahe oder daß das Sein sich im Werden bejahe. Heraklit hat zwei Gedanken, die wie Chiffren sind: dem einen zufolge ist das Sein nicht, ist alles Werden; dem anderen zufolge ist das Sein das Sein des Werdens als solches. Ein wirkender Gedanke, der das Werden bejaht, ein anschauender Gedanke, der das Sein des Werdens bejaht. Diese beiden Gedanken sind nicht zu trennen, bilden das Denken ein und desselben Elements, wie Feuer und wie Dike, wie Phusis und Logos. Denn es gibt kein Sein jenseits des Werdens, nicht das Eine jenseits des Vielen; weder das Viele noch das Werden sind nur bloßer Schein oder Illusion. Ebensowenig aber existieren vielfältige oder ewige Realitäten, die gleichsam Wesen jenseits des Scheins wären. Das Viele ist die nicht zu trennende Manifestation, die wesentliche Metamorphose, das beständige Symptom des Einen. Das Viele ist die Bejahung des Einen, das Werden die Bejahung des Seins. Die Bejahung des Werdens ist selbst das Sein, die Bejahung des Vielen ist selbst das Eine, die vielfältige Bejahung ist die Art und Weise, in der das Eine sich bejaht. „Das Eine ist das Viele." Und wahrhaftig, wie sollte das Viele aus dem Einen hervorgehen und auf ewige Zeit fortfahren, aus ihm hervorzugehen, wenn das Eine sich nicht im Vielen *mit Recht* bejahte? „Heraklit sieht also nur Eines, aber im entgegengesetzten Sinne als Parmenides (oder Anaximander) ... Das Eine (muß) im Entstehen und im Vergehen ... im Recht sein." Heraklit hat gründlich geschaut: doch sah er keine Züchtigung des Vielen, keine Buße des Werdens, keine Schuld der Existenz. Im Werden hat er nichts Negatives gesehen, im Gegenteil: die doppelte Bejahung des Werdens und des Seins des Werdens, kurz nur die Rechtfertigung des Seins hat er erblickt. Heraklit ist dunkel, weil er uns an die Pforten des Dunklen führt: Was ist das Sein des Werdens? Was ist das Sein, das untrennbar ist von dem, was wird? *Wiederkehren ist das Sein dessen, was wird.* Wiederkehren ist das Sein des Werdens selbst, das Sein, das sich im Werden bejaht. Die ewige Wiederkehr als Gesetz des Werdens, als Gerechtigkeit und als Sein[78].

Aus alledem folgt, daß das Dasein nichts Verantwortliches, noch selbst Schuldiges an sich hat: „so wagte er (Heraklit) auszurufen: „Der Streit des Vielen selbst ist die reine Gerechtigkeit! Und überhaupt: das Eine ist das Viele." Die Wechselbeziehungen des Vielen und des Einen, des Werdens und des Seins ergeben ein *Spiel*. Das Werden bejahen, das Sein des Werdens bejahen sind die beiden Momente dieses Spiels, die sich mit einem dritten Moment verbinden, dem Spieler, dem Künstler oder dem Kind[79]. Der Kind-Künstler-Spieler, das Weltkind Zeus, ist: Dionysos, wie der Mythos ihn uns vorstellt, umgeben von seinem göttlichen Spielzeug. Der Spieler überläßt sich vorübergehend dem Leben, wie er es von Zeit zu Zeit mit seinem Blick festhält; der Künstler versetzt sich vorübergehend in sein Werk, wie er es von Zeit zu Zeit von oben betrachtet; das Kind spielt, zieht sich vom Spiel zurück und kehrt wieder zurück. Dies Spiel des Werdens nun ist ebenso das Sein des Werdens, das jenes Spiel mit sich selbst spielt: Äon, sagt Heraklit, ist ein spielendes Kind, ein Kind, das mit Wurfscheiben spielt. Das Sein des Werdens, die ewige Wiederkehr ist das zweite Moment des Spiels, aber auch das dritte, das mit den zwei Momenten identisch ist und für das Ganze steht. Denn die ewige Wiederkehr ist die vom Fortgang unterschiedene Wiederkehr, ist die von der Aktion unterschiedene Kontemplation, aber ebenso die Wiederkehr des Fortgangs selbst und die Wiederkehr der Aktion: Moment und Zyklus der Zeit in einem. Darin haben wir das Geheimnis der Deutung Heraklits zu sehen: er stellt der Hybris den Spieltrieb entgegen. „Nicht Frevelmut, sondern der immer neu erwachende Spieltrieb ruft andere Welten ins Leben." Keine Theodizee, vielmehr eine Kosmodizee; keine Summe von Ungerechtigkeiten, die zu büßen sind, vielmehr Gerechtigkeit als Gesetz dieser Welt; keine Hybris, vielmehr Spiel, Unschuld. „Jenes gefährliche Wort, Hybris, ist in der Tat der Prüfstein für jeden Herakliteer; hier mag er zeigen, ob er seinen Meister verstanden oder verkannt hat.“

11. Der Würfelwurf

Das Spiel weist zwei Momente auf, die jene des Würfelwurfs sind: das Werfen der Würfel und ihr Fallen. Zuweilen stellt Nietzsche den Würfelwurf so dar, als spielte er sich auf zwei getrennten Tischen ab, der Erde und dem Himmel. Die Erde, auf der die Würfel geworfen werden, der Himmel, auf dem die Würfel fallen: „Wenn ich je am Göttertisch der Erde mit Göttern Würfel spielte, daß die Erde bebte und brach und Feuerflüsse heraufschnob: -- denn ein Göttertisch ist die Erde, und zitternd von schöpferischen neuen Worten und Götter-Würfen:–“[80] – „O Himmel über mir, du Reiner! Hoher! Das ist mir nun deine Reinheit, daß es keine ewige Vernunft-Spinne und -Spinnennetze gibt –– daß du mir ein Tanzboden bist für göttliche Zufälle, daß du mir ein Göttertisch bist für göttliche Würfel und Würfelspieler!“[81] Aber diese beiden Tische sind nicht zwei Welten. Es sind die zwei Tageszeiten ein und derselben Welt, die zwei Zeitpunkte ein und derselben Welt, Mittag und Mitternacht: die Stunde, da die Würfel geworfen werden und die Stunde, da die Würfel fallen. Nietzsche beharrt auf diesen zwei Tischen des Lebens, die ebenso die zwei Stadien beim Spieler oder beim Künstler wiedergeben: „Wir müssen uns zeitweilig dem Leben überlassen, um dann zeitweilig unsere Blicke auf es zu richten.“ Der Würfelwurf affirmiert das Werden, und er affirmiert das Sein des Werdens.

Es handelt sich nicht um mehrere Würfelwürfe, die, ihrer Zahl wegen, es erreichen, dieselbe Zahlenkombination immer wieder herbeizuführen. Ganz im Gegenteil: um einen einzigen Wurf handelt es sich, dem es, der Zahl der herbeigeführten Kombination wegen, gelingt, sich als solcher immer wieder hervorzubringen. Nicht die große Zahl von Würfen erzeugt die Wiederholung der Kombination, vielmehr ist es die Zahlenkombination, die die Wiederholung des Würfelwurfes hervorbringt. Die einmal geworfenen Würfel sind die Affirmation des *Zufalls*, wie die Kombination, die sie, einmal gefallen, erstellen, die Affirmation der *Notwendigkeit* ist. Die Notwendigkeit bestätigt, bejaht sich im Zufall, im gleichen Sinne wie sich das Sein im Werden und das Eine im Vielen bejaht. Wie fruchtlos, wollte man sagen, daß die Würfel, zufällig geworfen, nicht notwendig die Glückszahl zwölf ergeben, jene Zahl, die den Wurf wiederholen läßt.

Gewiß ist dies wahr, aber nur in dem Maße, wie der Spieler nicht vermocht hat, zunächst den Zufall zu *bejahen*. Denn ebensowenig wie das Eine das Viele unterdrückt oder verneint, unterdrückt oder hebt die Notwendigkeit den Zufall auf. Nietzsche identifiziert den Zufall mit dem Vielen, den Fragmenten, den Gliedern, dem Chaos: dem Chaos der Würfel, die man schüttelt und wirft. *Nietzsche macht aus dem Zufall eine Bestätigung, eine Bejahung.* Der Himmel selbst wird „der Himmel Zufall", wird „der Himmel Unschuld" genannt[82]; das Reich Zarathustras heißt „großer Hazar"[83]. „‚Von Ohngefähr' – das ist der älteste Adel der Welt, den gab ich allen Dingen zurück, ich erlöste sie von der Knechtschaft unter dem Zwecke . . . diese selige Sicherheit fand ich an allen Dingen: daß sie lieber noch auf den Füßen des Zufalls – *Tanzen*"; „*mein* Wort heißt: ‚Laßt den Zufall zu mir kommen: unschuldig ist er, wie ein Kindlein'"[84] Was Nietzsche *Notwendigkeit* (Schicksal) nennt, bildet folglich niemals die Aufhebung, sondern die Kombination des Zufalls selbst. Die Notwendigkeit bestätigt sich im Zufall, sofern der Zufall selbst bestätigt, bejaht wird. Denn es gibt nur eine einzige Kombination des Zufalls als solchen, nur eine einzige Art und Weise, alle Glieder des Zufalls zu kombinieren, eine Art wie das Eine des Vielen, d. h. Zahl oder Notwendigkeit. Zwar gibt es viele Zahlen entsprechend wachsenden oder abnehmenden Wahrscheinlichkeiten, aber nur eine einzige Zahl des Zufalls als solchen, eine einzige Schicksalszahl, die alle Fragmente des Zufalls vereinigt, gleich dem Mittag, der alle verstreuten Glieder der Mitternacht vereinigt. Deshalb reicht es aus, wenn der Spieler einmal den Zufall bejaht, um die Zahl herbeizuführen, die den Würfelwurf wiederholen läßt[85].

Den Zufall bejahen können heißt spielen können. Wir aber können nicht spielen: „Scheu, beschämt, ungeschickt, einem Tiger gleich, dem der Sprung mißriet: also, ihr höheren Menschen, sah ich oft euch beiseite schleichen. Ein *Wurf* mißriet euch. Aber, Ihr Würfelspieler, was liegt daran! Ihr lerntet nicht spielen und spotten, wie man spielen und spotten muß!"[86] Der schlechte Spieler setzt auf mehrfache Würfe, auf deren große Zahl: so hantiert er mit Kausalität und Wahrscheinlichkeit, um eine Zahlenkombination herbeizuführen, die er zur wünschenswerten erklärt; diese Kombination legt er als ein zu erreichendes, hinter der Kausalität verborgenes Ziel fest. Dies hat Nietzsche im Sinn, wenn er von der ewigen Spinne, vom Spinnennetz der Vernunft, spricht: „irgendeine angebliche Zweck- und Sittlichkeits-Spinne hinter dem großen Fangnetz-Gewebe der Ursächlichkeit – wir dürften, wie Karl der Kühne im Kampfe mit Ludwig dem Elften, sagen *‚je combats l'universelle araignée'*"[87]. Den Zufall aufzuheben, indem er in die Zange von Kausalität und

Finalität genommen wird; statt den Zufall zu bejahen, auf die Wiederholung der Würfe; statt die Notwendigkeit zu bejahen, auf ein *Ziel*, einen *Zweck*, zu hoffen: sie alle geben Strategien des schlechten Spielers wieder. Ihre Wurzel haben sie allesamt in der Vernunft, aber was ist die Wurzel der Vernunft? Der Geist der Rache, nichts anderes als der Geist der Rache, diese Tarantel![88] Das Ressentiment in der Wiederholung der Würfe, das schlechte Gewissen im Glauben an ein Ziel. Aber derart wird man stets nur relative, mehr oder weniger wahrscheinliche Zahlen erhalten. Darin, daß die Welt keinen Zweck hat, daß es ebensowenig einen zu erhoffenden Zweck gibt wie zu erkennende Ursachen, liegt die Gewißheit, die einen guten Spieler ausmacht, die gut spielen läßt[89]. Der Wurf mißlingt einem, weil man den Zufall in einem Mal nicht *genug* bejaht hat. Nicht genug bejaht, auf daß die Schicksalszahl sich einstelle, die notwendig alle Fragmente vereinigt und die notwendig den Würfelwurf wiederholen läßt. Dem folgenden Schluß ist größte Bedeutung beizumessen: Das Paar Kausalität-Finalität, Wahrscheinlichkeit-Finalität, den Gegensatz und die Synthese dieser Glieder, ihren Schleier, ersetzt Nietzsche durch die dionysische Korrelation von Zufall und Notwendigkeit, durch das dionysische Paar Zufall–Schicksal. Nicht die auf mehrere Male verteilte Wahrscheinlichkeit, sondern der ganze Zufall auf einmal; nicht die begehrte, gewünschte, herbeigesehnte Endkombination, sondern die fatale und geliebte Schicksalskombination, der *amor fati*; nicht die Wiederkehr einer Kombination durch die Zahl der Würfe, sondern die Wiederholung des Würfelwurfes durch die Natur der schicksalhaft erhaltenen Zahl.[90]

12. Folgen für die ewige Wiederkehr

Wenn die geworfenen Würfel in einem Wurf den Zufall bejahen, so bejahen und bestätigen die Würfel, die gefallen sind, notwendig die Zahl oder das Schicksal, das den Würfelwurf wiederholen läßt. In diesem Sinne ist das zweite Stadium des Spiels gleichermaßen auch das Gesamt der beiden Stadien oder der Spieler, der für das Ganze steht. Die ewige Wiederkehr stellt das zweite Stadium dar, das Ergebnis des Wurfs der Würfel, die Bejahung der Notwendigkeit, die Zahl, die alle Glieder des Zufalls vereinigt, aber auch die Wiederkehr des ersten Stadiums, die Wiederholung des Wurfes, die Reproduktion und Re-affirmation des Zufalls selbst. Das Schicksal in der ewigen Wiederkehr ist auch das „Willkommen-heißen" des Zufalls: „ich koche mir noch jeden Zufall in *meinem* Topfe. Und erst, wenn er da gar gekocht ist, heiße ich ihn willkommen, als *meine*

Speise. Und wahrlich, mancher Zufall kam herrisch zu mir: aber herrischer noch sprach zu ihm mein *Wille,* – da lag er schon bittend auf den Knien – – bittend, daß er Herberge finde und Herz bei mir, und schmeichlerisch zuredend: ‚sieh doch, o Zarathustra, wie nur Freund zum Freunde kommt!'"[91] Dies will heißen: Es gibt viele Bruchstücke des Zufalls, die vorgeben, für sich zu stehen; sie machen ihre Wahrscheinlichkeit geltend, jedes Fragment erbittet vom Spieler mehrere Würfe; auf mehrere Würfe verteilt und zu schlichten Wahrscheinlichkeiten degradiert, sind jene Bruchstücke des Zufalls doch nur Sklaven, die als Herren sprechen wollen[92]; Zarathustra aber weiß, daß so weder gespielt werden noch daß man so mit sich spielen lassen darf; im Gegenteil muß der ganze Zufall in einem Wurf bejaht werden (folglich muß man ihn kochen, bis er gar ist, so wie der Spieler, der die Würfel in seiner Hand anheizt, um darin alle Bruchstücke zu vereinigen und ja zu der Zahl zu sagen, die nicht wahrscheinlich, sondern schicksalhaft und notwendig ist; nur dann ist der Zufall ein Freund, der seinen Freund aufsucht und den dieser wiederkehren läßt, ein Freund des Schicksals, dessen Schicksal selbst die ewige Wiederkehr als solche gewährleistet.

In einem noch dunkleren Text, voll historischer Bedeutung, schreibt Nietzsche: „Das ‚Chaos des Alls' als Ausschluß jeder Zwecktätigkeit steht *nicht* im Widerspruch zum Gedanken des Kreislaufs: letzterer ist eben eine *unvernünftige Notwendigkeit* . . ."[93]. Das will sagen: Man hat oft das Chaos und den Kreislauf, das Werden und die ewige Wiederkehr zusammengebracht, aber so, als ob darin zwei gegensätzliche Termini ins Spiel gebracht wären. So ist für Platon das Werden zunächst ein grenzenloses Werden, ein verrücktes, ein hybrides und schuldiges Werden, das, um als Kreis erstellt werden zu können, der Aktion eines Demiurgen ausgesetzt sein muß, der es mit Gewalt biegt, ihm die Begrenzung oder das Modell der Idee aufzwingt: in dieser Vorstellung werden das Werden oder das Chaos von seiten einer obskuren mechanischen Kausalität zurückgewiesen, und wird der Kreislauf auf eine von außen aufgezwungene Finalität bezogen; damit findet das Chaos im Kreislauf sein Ende, der nun die erzwungene Unterwerfung des Werdens unter ein Gesetz zum Ausdruck bringt, das nicht das seine ist. Selbst unter den Vorsokratikern wußte vielleicht nur Heraklit als einziger, daß das Werden nicht „gerichtet" ist, daß es dies nicht sein kann und nicht zu sein hat, daß es sein Gesetz nicht von anderswo her verordnet bekommt, da es „gerecht" ist und sein Gesetz in sich selbst findet[94]. Nur Heraklit war die Ahnung gegeben, daß Chaos und Kreislauf in Nichts Gegensätze sind. In Wahrheit vielmehr genügt es, das Chaos (Zufall und nicht Kausalität) zu bejahen, um darin zugleich die Zahl oder die Notwendigkeit, die es wiederbringt, zu bejahen (unvernünftige Notwendigkeit und nicht Kausalität). „Es gab *nicht* erst ein Chaos und nachher allmählich eine harmonischere und endlich eine feste kreisförmige Bewegung aller Kräfte: vielmehr alles ist ewig, ungeworden: wenn es ein Chaos der Kräfte gab, so war auch das Chaos ewig und kehrte in jedem Ringe wieder. Der *Kreislauf* ist nichts *Gewordenes*, er ist das Urgesetz, so wie die *Kraftmenge* Urgesetz ist, ohne Ausnahme und Übertretung. Alles Werden ist innerhalb des Kreislaufs und der Kraftmenge"[95]. Verständlich, daß Nietzsche seine Idee der ewigen Wiederkehr keineswegs bei seinen antiken Vorgängern wiederentdeckt. Diese sahen darin nicht das Sein des Werdens als solches, nicht das Eine des Vielen, d. h. die notwendige, die notwendig aus dem Zufall als Ganzem hervorgehende Zahl. Sie sahen in der ewigen Wiederkehr geradewegs das Gegenteil: nämlich eine Unterwerfung des Werdens, ein Geständnis seiner Ungerechtigkeit und die Buße für dieselbe. Mit Ausnahme von Heraklit vielleicht hat keiner „die Lehre vom Gesetz im Werden und vom Spiel in der Notwendigkeit" gesehen[96].

13. Nietzsches Symbolismus

Werden die Würfel auf den Tisch der Erde geworfen, so bebt und bricht dieser. Denn der Würfelwurf ist die vielfältige Bejahung, die Bejahung des Vielen. Alle Glieder, alle Bruchstücke werden aber auf einen Schlag geworfen: der ganze Zufall auf einen Wurf. Diese Macht, das Viele nicht zu unterdrücken, sondern es zu bejahen, gleicht dem Feuer: es ist das Element, das spielt, das Element der Metamorphosen, das keinen Gegensatz hat. Die unter den Würfeln brechende Erde schniebt so „Feuerflüsse" herauf. Wie sagt doch Zarathustra: Das Viele, der Zufall, sind gut nur, wenn sie gekocht, wenn sie gar sind. Garkochen, dem Feuer aussetzen bedeutet weder, den Zufall auszuschalten noch das Eine wieder hinter dem Vielen zu finden. Vielmehr: das Sieden im Topf ist wie das Aufeinanderprallen der Würfel in der Hand des Spielers, ist das einzige Mittel, aus dem Vielen und dem Zufall eine Bejahung zu machen. So erstellen denn die geworfenen Würfel die Zahl, die den Wurf wiederbringt. Indem sie solches tut, setzt die Zahl den Zufall erneut dem Feuer aus, schürt sie das Feuer, das den Zufall wieder kocht. Denn die Zahl ist das Sein, das Eine und die Notwendigkeit, allerdings das Eine, das sich im Vielen als solches, das Sein, das sich im Werden als solches, das Schicksal, das sich im Zufall als solches bejaht. Im Zufall ist die Zahl gegeben, wie im Werden das Sein und das Gesetz gegeben sind. Diese gegebene Zahl, die das Feuer schürt, dies Eine, das sich im Vielen bejaht, wenn dieses bejaht wird, aber bildet den tanzenden Stern oder vielmehr die aus dem Würfelwurf hervorgehende Konstellation. Die Regel des Spiels lautet: mit dem Chaos in sich einen tanzenden Stern gebären[97]. Eines Tages, wenn Nietzsche sich nach den Gründen fragen wird, die ihn die Person Zarathustras haben wählen lassen, wird er deren drei finden, alle sehr unterschiedlich und mit ungleichem Wert. Der erste verweist auf Zarathustra als Prophet der ewigen Wiederkehr[98]; doch ist Zarathustra nicht der einzige Prophet, nicht einmal der, welcher am stärksten die wahre Natur dessen geahnt hätte, was er ankündigte. Der zweite Grund ist polemischer Natur: Zarathustra war der erste, der die Moral in die Metaphysik eingeführt, der sie zur Kraft, zur Ursache, zum Zweck schlechthin gemacht hat; er nimmt folglich auch die günstigste Position ein, um die Mystifikation, den Irrtum dieser Moral selbst bloßzustellen[99]. (Aber könnte ein analoger Grund nicht auch für Christus gelten: wer wäre besser als dieser in der Lage, die Rolle des Antichrist . . . und die von Zarathustra in einer Person zu spielen?)[100] Der dritte, retrospektive, aber allein ausreichende Grund ist der schöne Grund des Zufalls: „Heute lernte ich zufällig, was ‚Zarathustra' bedeutet: nämlich ‚Gold-Stern'. Dieser Zufall machte mich glücklich."[101]

In diesem Spiel der Bilder: Chaos-Feuer-Konstellation, sind alle Elemente des Mythos von Dionysos zusammengebracht. Oder vielmehr, diese Bilder ergeben das eigentlich dionysische Spiel. Die *Spielsachen* des Kindes Dionysos; die vielfältige Bejahung und die *Glieder oder Bruchstücke* des in Teile gerissenen Dionysos; das *Kochen* des Dionysos oder das im Vielen sich bejahende Eine; die durch Dionysos herbeigeführte *Konstellation*, Ariadne am Himmel als tanzender Stern; die *Wiederkehr* von Dionysos, Dionysos, „Lehrer der ewigen Wiederkunft". Wir werden andrerseits Gelegenheit bekommen, noch zu sehen, wie Nietzsche die Physik, Energetik und Thermodynamik seiner Zeit begriff. Schon jetzt ist klar, daß er von einer Feuermaschine träumt, die gänzlich verschieden ist von einer herkömmlichen Dampfmaschine. Besitzt Nietzsche eine bestimmte Vorstellung von der Physik, so liegt ihm doch jeglicher Ehrgeiz als Physiker fern. Er nimmt das poetische und philosophische Recht in Anspruch, von Maschinen zu träumen, die mit ihren eigenen Mitteln zu realisieren die Wissenschaft vielleicht eines Tages in der Lage sein wird. So die Maschine zum Bejahen des Zufalls, zum Garkochen des Zufalls, zum Zusammenstellen der Zahl, die den Würfelwurf wiederbringt, die Maschine zur Entfesselung ungeheurer Kräfte unter Einsatz vielzähliger kleiner Anstrengungen, die

Maschine zum Spielen mit Sternen, kurz die herakliteische Feuermaschine.[102]

Nie jedoch war für Nietzsche das Spiel der Bilder Ersatz für ein viel tiefgründigeres Spiel: das der Begriffe und des philosophischen Denkens. Das Gedicht und der Aphorismus geben die beiden bildhaften Ausdrucksformen wieder, deren sich Nietzsche bedient hat; beide Ausdrucksformen stehen aber in einem bestimmbaren Verhältnis zur Philosophie. Ein formal betrachteter Aphorismus stellt sich wie ein *Fragment* dar; er bildet die Form des pluralistischen Denkens; seinem Inhalt nach will er einen *Sinn* zur Sprache bringen und formulieren. Der Sinn, die Bedeutung eines Seins, einer Handlung, eines Dings, dies der Gegenstand des Aphorismus. Trotz seiner Bewunderung für die Verfasser von Maximen sieht Nietzsche sehr wohl, was der Maxime als Genre fehlt: sie vermag nur treibende Kräfte, Antriebe aufzudecken, weshalb sie auch im allgemeinen sich nur auf die menschlichen Phänomene erstreckt. Für Nietzsche aber geben die wie immer auch verborgensten Antriebe nicht nur einen anthropomorphen Aspekt der Dinge wieder, sondern ein oberflächliches Moment selbst noch der menschlichen Aktivität. Allein dem Aphorismus ist es gegeben, den Sinn zu sagen, der Aphorismus ist Interpretation und Kunst zu interpretieren. Desgleichen ist das Gedicht Wertschätzung und Kunst wertzuschätzen: es sagt *die Werte*. Aber eben Wert und Sinn so komplexer Begriffe, daß das Gedicht selbst wertgeschätzt und der Aphorismus interpretiert werden muß. So unterliegen Gedicht und Aphorismus ihrerseits einer Interpretation und Wertschätzung. „Ein Aphorismus, rechtschaffen geprägt und ausgegossen, ist damit, daß er abgelesen ist, noch nicht ‚entziffert'; vielmehr hat nun erst dessen *Auslegung* zu beginnen, zu der es einer Kunst der Auslegung bedarf"[103]. Daher verweist, unter einer pluralistischen Perspektive, der Sinn auf das differentielle Element, aus dem heraus seine Bedeutung erwächst, wie die Werte auf das differentielle Element verweisen, aus dem ihr Wert hervorgeht. Dies Element, das stets gegeben, aber stets auch implizit ist und verborgen im Gedicht oder im Aphorismus, stellt gleichsam die zweite Dimension des Sinnes und der Werte dar. Indem sie dieses Element und zugleich sich selbst in ihm entfaltet, erstellt die Philosophie in ihrem essentiellen Verhältnis zum Gedicht und zum Aphorismus die umfassende Interpretation und Wertschätzung, d.h. die Kunst zu denken, das Vermögen, höher zu denken oder die Fähigkeit des „Wiederkäuens"[104]. Wiederkäuen und ewige Wiederkunft: Um zu denken, sind zwei Mägen allemal nicht zu viel. Zwei Dimensionen weist sowohl die Interpretation wie die Wertschätzung auf, wobei die zweite ebenso die Wiederkehr der ersten ist, die Wiederkehr des

Aphorismus oder der Kreislauf des Gedichts. Demgemäß muß jeder Aphorismus zweimal gelesen werden. Mit dem Würfelwurf beginnt, aber eben: beginnt nur die Auslegung der ewigen Wiederkunft. Weiter gilt es, den Würfelwurf in dem nämlichen Augenblick, da er wiederkehrt, selbst auszulegen.

14. Nietzsche und Mallarmé

Man kann die beim ersten Hinsehen sich einstellenden Ähnlichkeiten zwischen Nietzsche und Mallarmé nicht hoch genug ansetzen[105]. Sie erstrecken sich hauptsächlich auf vier Punkte und bringen den gesamten Bilderapparat ins Spiel: 1. Denken heißt, einen Wurf mit Würfeln auszuführen. Einzig ein vom Zufall ausgehender Würfelwurf vermöchte die Notwendigkeit zu bejahen und „die einzige Zahl, die jede andere ausschließt" zu erzeugen. Um einen einzigen Wurf geht es, nicht um den Erfolg mehrfacher Würfe: Die auf einem Wurf siegreiche Kombination allein kann die Wiederkehr des Werfens garantieren[106]. Die geworfenen Würfel sind wie Meer und Wogen (Nietzsche allerdings würde sagen: wie Erde und Feuer). Die gefallenen Würfel ergeben eine Konstellation, ein Sternenbild, deren Punkte die „sternenhafte" Zahl erstellen. Der Tisch des Würfelwurfs ist folglich ein zweifacher, Meer des Zufalls und Himmel der Notwendigkeit, Mitternacht-Mittag. Mitternacht, die Stunde, da die Würfel geworfen werden . . .; 2. Der Mensch weiß nicht zu spielen. Selbst der höhere Mensch ist außerstande, den Würfelwurf auszuführen. Der Meister ist alt, er vermag die Würfel nicht aufs Meer und in den Himmel zu werfen. Der alte Meister ist eine „Brücke", etwas, das überschritten werden muß. Ein „jugendlicher Schatten", Feder oder Flügel, macht sich am Barett eines Jugendlichen fest, der, „eine mädchenhaft düstre gestalt sich aufschlängelnd, sirenengleich sich windend", fähig ist, den Würfelwurf wieder aufzunehmen. Liegt hier die Entsprechung zu Dionysos als Kind vor, oder gar zu den Kindern der glückseligen Inseln, den Kindern Zarathustras? Das Kind Igitur wird von Mallarmé vorgestellt, seine Ahnen anrufend, die nicht der Mensch, sondern die Elohim sind, Ahnen, die rein waren, die „dem Absoluten die Reinheit entrissen haben, um sie zu leben und davon nur eine in die Notwendigkeit zielende Idee übriglassen"; 3. Das Werfen der Würfel ist nicht nur ein vernunftloser, absurder und übermenschlicher Akt, es verkörpert zudem den tragischen Versuch und das tragische Denken schlechthin. Mallarmés Idee des Theaters, jene berühmten Korrespondenzen und Vergleiche zwischen „Drama", „Mysterium", „Hymne", „Held" zeugen von einer

Reflexion, die augenscheinlich der aus *Die Geburt der Tragödie* vergleichbar ist, und wäre dies nur des weiterwirkenden Schattens von Wagner als gemeinsamen Vorgänger wegen; 4. Die Zahlen-Kombination ist oder wäre gleichermaßen das Buch, das Kunstwerk als Vollendung und Rechtfertigung der Welt. (Nietzsche schrieb, die ästhetische Rechtfertigung des Daseins betreffend: Man beobachte beim Künstler „wie Notwendigkeit und Spiel, Widerstreit und Harmonie sich zur Zeugung des Kunstwerkes paaren müssen“[107]). Da nun die Schicksals- und Sternenzahl den Würfelwurf wiederbringt, ist das Buch in einem einzigartig und wandelbar. Ausdrücklich wird die Vielzahl der Bedeutungen und Auslegungen von Mallarmé bejaht; aber dies geht einher mit einer anderen Bejahung, jener der Einheit des Buches oder Textes, der „unbestechlich wie das Gesetz“ ist. Das Buch bildet den Kreislauf und das im Werden herrschende Gesetz.

Wie exakt diese Ähnlichkeiten auch sein mögen, so bleiben sie doch solche der Oberfläche. Denn *Mallarmé hat stets die Notwendigkeit als Auslöschen des Zufalls begriffen.* Er erfaßt den Würfelwurf derart, daß Zufall und Notwendigkeit sich wie zwei Glieder gegenüberstehen, deren zweites das erste Glied verneinen und deren erstes das zweite in Schach halten muß. Der Wurf gelingt nur, wenn der Zufall ausgeschaltet wird; er scheitert genau deshalb, weil der Zufall in bestimmter Weise darin noch fortbesteht: „Allein schon darin, daß es sich verwirklicht, entlehnt (das menschliche Handeln) seine Mittel dem Zufall.“ Aus diesem Grunde ist die aus dem Würfelwurf hervorgehende Zahl immer noch Zufall. Es ist oft vermerkt worden, daß Mallarmés Gedicht sich dem traditionellen metaphysischen Denken einer Dualität von Welten einfügt: Der Zufall ist dem Dasein gleich, das verneint werden muß, und die Notwendigkeit der Eigenschaft der reinen Idee oder des ewigen Wesens. So daß der Würfelwurf zuletzt die Hoffnung hegt, sein intelligibles Urbild in der anderen Welt zu finden und eine Konstellation zu erwirken, die jene aufnimmt „auf leerer erhabener Würfelfläche“, wo der Zufall nicht mehr herrscht. Am Ende ist die Konstellation weniger Ergebnis des Würfelwurfs als sein Übergang zur Grenze oder in eine andere Welt. Hier soll nicht gefragt werden, welcher der beiden Aspekte, die Entwertung des Lebens oder die Exaltation des Intelligiblen, bei Mallarmé überwiegt. Aus einer nietzscheschen Perspektive sind beide Aspekte nicht zu trennen, bilden sie doch den „Nihilismus“ selbst, d.h. die Art und Weise, in der das Leben angeklagt, gerichtet und verurteilt wird. Alles übrige geht daraus hervor; die Ahnen Igiturs sind nicht der Übermensch, vielmehr eine Emanation der anderen Welt. Die mädchenhafte Gestalt ist nicht die der Kinder der glückseligen Inseln, vielmehr die Hamlets, dieses „bitteren Herrn des Riffs“, von dem Mallarmé an anderer Stelle als vom „verborgenen Herrn, der nicht werden kann“ spricht. Herodias ist nicht Ariadne, vielmehr das kalte Geschöpf des Ressentiments und des schlechten Gewissens, der Geist, der, verstrickt in seine bitteren Vorwürfe an die Amme, das Leben verneint. Das Kunstwerk ist „gerecht“ bei Mallarmé, aber seine Gerechtigkeit gerät nicht zu der des Daseins, ist vielmehr noch eine anklagende Gerechtigkeit, die das Leben verneint, die dessen Scheitern und Ohnmacht unterstellt[108]. Nichts ist kurioser als Mallarmés Atheismus, der in der Messe ein Modell des erträumten Theaters zu finden sucht: die Messe, nicht das Mysterium des Dionysos ... In Wahrheit wurde selten so weit und in solch viele Richtungen das ewige Unternehmen der Entwertung des Lebens vorgetrieben. Mallarmé, das ist wohl der Würfelwurf, aber neu besehen im Lichte des Nihilismus, interpretiert unter den Perspektiven des schlechten Gewissens des Ressentiments. Doch der Würfelwurf ist nichts mehr, einmal seinem jasagenden und wertsetzenden Kontext entrissen, seiner Unschuld und Bejahung des Zufalls beraubt. Der Würfelwurf ist nichts mehr, wenn darin der Zufall und die Notwendigkeit zu *Gegensätzen erhoben* werden.

15. Das tragische Denken

Haben wir hier nur einen psychologischen Unterschied, einen Unterschied der jeweiligen Laune oder des Stils, vor uns? In diesem Kontext gilt es, einen Grundsatz festzuhalten, der die Philosophie Nietzsches allgemein leitet: Das Ressentiment, das schlechte Gewissen usw. bilden keine psychologischen Bestimmungen. ‚Nihilismus‘ wird von Nietzsche das Unternehmen genannt, welches das Leben verneint und das Dasein entwertet; dessen hauptsächliche Formen deckt er im Ressentiment, schlechten Gewissen, asketischen Ideal auf; ‚Geist der Rache‘ nennt er das Gesamt des Nihilismus und seiner Formen. Niemals nun beschränken sich der Nihilismus und dessen Formen auf psychologische Determinationen, noch weniger auf historische Ereignisse oder ideologische Strömungen, ja nicht einmal auf metaphysische Strukturen allein[109]. Gewiß äußert sich der Geist der Rache biologisch, psychologisch wie historisch und metaphysisch; er ist ein Typus, nicht zu trennen von einer *Typologie*, diesem Meisterstück der Philosophie Nietzsches. Das ganze Problem besteht aber darin: Worin gründet der Charakter dieser Typologie? Weit entfernt, ein psychologisches Merkmal zu sein, ist der Geist der Rache vielmehr die Grundlage, auf der unsere Psychologie steht und von der sie abhängig ist. Nicht ist das Ressentiment der Psychologie geschuldet, vielmehr unsere ganze Psychologie ist, ohne es zu wissen, eine des Ressentiments. Ebenso macht Nietzsche, wenn er aufzeigt, wie das Christentum voller Ressentiment und schlechtem Gewissen steckt, aus dem Nihilismus kein nur historisches Ereignis, sondern deutet ihn als Element der Geschichte schlechthin, als Motor der universalen Geschichte, als berühmten „historischen Sinn" oder „Sinn der Geschichte", der zu einem bestimmten Zeitpunkt im Christentum seine angemessenste Darstellung findet. Und wenn Nietzsche die Metaphysik einer Kritik unterzieht, so wird darin der Nihilismus zur Voraussetzung einer jeden Metaphysik und nicht zum Ausdruck einer besonderen: Keine *Metaphysik*, die nicht das Dasein im Namen einer *über-sinnlichen* Welt entwertete. Es wird nicht einmal gesagt, daß der Nihilismus und dessen Formen Kategorien des Denkens seien; denn die Kategorien des Denkens als vernünftiges, wie Identität, Kausalität, Finalität setzen ihrerseits eine Interpretation der Kraft – jene des Ressentiments – voraus. Wegen alledem kann Nietzsche schreiben: „Dieser Instinkt der Rache wurde in Jahrtausenden dermaßen über die Menschheit Herr, daß die ganze Metaphysik, Psychologie, Geschichtsvorstellung, vor allem aber die *Moral* mit ihm abgezeichnet ist. Soweit auch nur der Mensch gedacht hat, so weit hat er den Bazillus der Rache in die Dinge geschleppt"[110]. Dies haben wir zu begreifen: Der Instinkt der Rache bildet die Kraft, die die Essenz dessen ausmacht, was wir Psychologie, Geschichte, Metaphysik und Moral heißen. Der Geist der Rache ist das genealogische Element *unseres* Denkens, das transzendentale Prinzip *unserer* Weise zu denken. Der Kampf Nietzsches gegen den Nihilismus und den Geist der Rache wird demnach die Bedeutung: Sturz der Metaphysik, Ende der Geschichte als Geschichte des Menschen, Transformation der Wissenschaften, tragen. Und um ehrlich zu sein, wir wissen doch nicht einmal, was ein Mensch bar jeden Ressentiments wäre. Einer, der das Dasein nicht anklagte und entwertete, wäre der noch ein Mensch, dächte der noch wie ein Mensch? Wäre der nicht schon etwas Anderes als ein Mensch, fast schon Übermensch? Ressentiment zu hegen oder keines zu hegen: Es gibt, jenseits von Psychologie, jenseits von Geschichte und jenseits von Metaphysik keinen größeren Unterschied. Es ist die wahre Differenz oder die transzendentale Typologie – die genealogische oder hierarchische Differenz.

Nietzsche gibt das Ziel seiner Philosophie vor: das Denken vom Nihilismus und seinen Formen zu befreien. Dies impliziert eine neue Art des Denkens, eine Umwälzung des Prinzips, von dem das Denken abhängt, ein Aufrichten des genealogischen Prinzips selbst, eine

„Umwertung der Werte". Seit Urzeiten schon denken wir fortwährend in Begriffen des Ressentiments und des schlechten Gewissens. Kein anderes Ideal hatten wir je als nur das asketische. Wir haben die Erkenntnis in Gegensatz zum Leben gestellt, um das Leben zu richten, um es zu etwas Schuldigem, Verantwortlichem und Sündhaftem zu machen. Aus dem Willen haben wir etwas Schlechtes gemacht, das mit einem Urwiderspruch geschlagen ist: Wir erklärten, daß er zu berichtigen, zu zügeln, zu begrenzen, ja sogar zu verneinen und zu unterdrücken sei. Gut war er nur um diesen Preis. Kein Philosoph, der, hie und da die Natur des Willens aufdeckend, nicht über seine eigene Entdeckung gejammert hätte und, einem mit Furcht geschlagenen Wahrsager gleich, darin nicht mit einem Blick ein schlechtes Vorzeichen für die Zukunft und die Quelle allen Übels in der Vergangenheit erkannt hätte. Schopenhauer treibt diese alte Konzeption bis zu ihrer letzten Konsequenz: Das Zuchthaus des Willens und das Rad des Ixion, so seine Worte. Nietzsche als einziger klagt nicht über die Aufdeckung des Willens, versucht nicht, sie beschwörend abzuwehren, ihre Wirkung zu begrenzen. „Neue Art zu denken" bedeutet: ein bejahendes Denken, Denken, das ja sagt zum Leben und zum Willen im Leben, ein Denken, das endlich alles Negative ausstößt. An die Unschuld des Zukünftigen wie des Vergangenen, an die ewige Wiederkunft glauben. Weder wird das Dasein als schuldiges gesetzt noch fühlt der Wille sich schuldig dafür, daß er existiert: das ist, was Nietzsche seine *frohe Botschaft* heißt. „Wille – so heißt der Befreier und Freudebringer".[111] Die frohe Botschaft ist das tragische Denken; denn das Tragische steckt nicht in den Gegenanklagen des Ressentiments, nicht in den Konflikten des schlechten Gewissens, nicht in den Widersprüchen eines sich schuldig und verantwortlich fühlenden Willens. Das Tragische steckt nicht einmal im Kampf gegen Ressentiment, schlechtes Gewissen oder Nihilismus. Nietzsche zufolge ward nie begriffen, was das Tragische ist, nämlich: tragisch = froh, fröhlich. Dies eine andere Form, die große Gleichung zu setzen: wollen = erschaffen. Man hat nicht verstanden, daß das Tragische reine und mannigfache Posivität, dynamische Heiterkeit ist. Tragisch ist das Jasagen: denn es bejaht den Zufall, und im Zufall die Notwendigkeit; denn es bejaht das Werden und im Werden das Sein; denn es bejaht das Viele und im Vielen das Eine. Tragisch ist der Würfelwurf. Der Rest aber ist Nihilismus, dialektisches und christliches Pathos, eine Karikatur des Tragischen und eine Komödie des schlechten Gewissens.

16. Der Prüfstein

Sollte uns die Lust überkommen, Nietzsche mit anderen Autoren zu vergleichen, die sich den Namen „tragische Philosophen" gaben oder der ihnen gegeben wurde – Pascal, Kierkegaard, Schestov –, dann sollten wir uns mit dem Wort *Tragödie* nicht zufriedengeben. Dann sollten wir den Letzten Willen Nietzsches in Anschlag bringen. Es genügt nicht, sich zu fragen: Was denkt der andere, ist es vergleichbar dem, was Nietzsche denkt? Sondern: Wie denkt der andere? Worin besteht in seinem Denken der fortwirkende Teil des Ressentiments und des schlechten Gewissens? Überlebt das asketische Ideal, der Geist der Rache in seiner Weise, das Tragische zu denken? Pascal, Kierkegaard, Schestov haben die Kritik mit viel Geschick weiter zu führen vermocht als je zuvor. Sie setzten die Moral außer Kraft, vollzogen im Bereich der Vernunft eine Umwälzung. Doch gefangen in den Netzen des Ressentiments, schöpften sie weiterhin ihre Kräfte aus dem asketischen Ideal. So gerieten sie nur zu den Poeten dieses Ideals. Was sie der Moral, der Vernunft entgegenhalten, ist immer noch dieses Ideal, in dem die Vernunft steckt, dieser mystische Körper, worin sie Wurzeln faßt: die *Innerlichkeit* – die Spinne. Um zu philosophieren, brauchen sie alle Hilfsmittel, brauchen sie den roten Faden der Innerlichkeit: Angst, Wehklagen, Schuldbekenntnis, alle Formen des Mißmuts und der Unzufriedenheit[112]. Sie selbst stellen sich unter das Zeichen des Ressentiments: Abraham und Hiob. Ihnen mangelt der Sinn des Jasagens, der Sinn der Äußerlichkeit, die Unschuld und das Spiel. „Nicht nämlich erst in der Trübsal (anfangen): was wohl einige vermeinen, die die Philosophie aus der Verdrießlichkeit ableiten. Sondern im Glück, in einer reifen Mannbarkeit, mitten heraus aus der feurigen Heiterkeit des tapferen und siegreichen Mannesalters"[113]. Von Pascal bis Kierkegaard wettet man und springt. Das sind Übungen aber weder von Dionysos noch von Zarathustra: Springen ist nicht Tanzen und Wetten ist nicht Spielen. Auffällig, wie Zarathustra, ohne vorgängige Idee, das Spielen vom Wetten und das Tanzen vom Springen abhebt: Der schlechte Spieler allein wettet und vor allem der Possenreißer ist es, der springt und der wähnt, daß Springen Tanzen, Überschreiten, Überwinden bedeute[114].

Erwähnen wir die Wette Pascals, so nur, um daraus zu folgern, daß sie nichts mit dem Würfelwurf gemein hat. Bei der Wette geht es keineswegs darum, den Zufall, den ganzen Zufall, zu bejahen, sondern im Gegenteil, ihn in Wahrscheinlichkeiten aufzustückeln, ihn in „zufällige Gewinne und Verluste" umzumünzen. Deshalb ist auch die Frage so müßig, ob die Wette eine wirklich theologische oder nur eine apologetische Bedeutung besitze. Denn die Wette Pascals berührt in nichts die Existenz oder Nicht-Existenz Gottes. Sie ist anthropologisch, sie erstreckt sich nur auf zwei Existenzmodi des Menschen, auf den des Menschen, der erklärt, daß Gott existiere und auf den des Menschen, der erklärt, daß Gott nicht existiere. Die Existenz Gottes, von der Wette nicht ins Spiel gebracht, ist doch zugleich die Perspektive, die diese unterstellt, der Gesichtspunkt, von dem aus der Zufall sich aufstückelt in einen Zufall des Gewinns und einen Zufall des Verlustes. Die Alternative steht ausnahmslos unter dem Zeichen des asketischen Ideals und der Entwertung des Lebens. Zu Recht begreift Nietzsche sein eigenes Spiel als Gegensatz zur Wette Pascals. „‚Ohne den christlichen Glauben' meinte Pascal, ‚werdet ihr euch selbst, ebenso wie die Natur und die Geschichte, un monstre et un chaos.' Diese Prophezeiung haben wir *erfüllt*"[115]. Nietzsche will sagen: Wir haben ein anderes Spiel, eine andere Art des Spielens zu entdecken vermocht; wir haben, jenseits der beiden menschlichen-allzumenschlichen Existenzmodi, das Übermenschliche entdeckt; wir haben den ganzen Zufall zu bejahen vermocht, statt ihn zu zerstückeln und ein Bruchstück als den Herrn und Meister sprechen zu lassen; wir haben aus dem Chaos einen Gegenstand der Bejahung machen können, statt ihn als etwas zu setzen, was zu verneinen sei[116] . . . Und jedes Mal drängt sich beim Vergleich von Nietzsche und Pascal (oder Kierkegaard oder Schestov) ein und dieselbe Schlußfolgerung auf, gelingt der Vergleich nur bis zu einem gewissen Punkt: Hier wurde abstrahiert von dem, was für Nietzsche wesentlich ist, abstrahiert von der Art zu denken. Abstrahiert vom kleinen Bazillus, dem Geist der Rache, den Nietzsche allumfassend diagnostiziert. Nietzsche hat gesagt: „Jenes gefährliche Wort, Hybris, ist in der Tat der Prüfstein für jeden Herakliteer; hier mag er zeigen, ob er seinen Meister verstanden oder verkannt hat." Ressentiment, schlechtes Gewissen, asketisches Ideal, Nihilismus bilden den Prüfstein für einen jeden Nietzscheaner. Hier mag er zeigen, ob er den wahren Sinn des Tragischen verstanden oder verkannt hat.

ZWEITES KAPITEL

Aktiv und reaktiv

1. Der Körper / Der Leib

Spinoza eröffnete den Wissenschaften und der Philosophie einen neuen Horizont: Wir wissen noch nicht einmal, was ein Körper *kann*, sagte er; wir reden über das Bewußtsein, über den Geist, plaudern über all das, wissen aber gar nicht, wozu ein Körper fähig ist, welche Kräfte die seinen sind noch was sie vorbereiten[1]. Nietzsche ist klar, welche Stunde geschlagen hat: „Es ist die Phase der *Bescheidenheit des Bewußtseins*"[2]. Das Bewußtsein an die notwendige Bescheidenheit erinnern heißt, es für das zu nehmen, was es ist: ein Symptom, nichts als das Symptom einer sehr viel tiefgreifenderen Transformation und der Tätigkeit von Kräften einer gänzlich anderen denn geistigen Ordnung. „Es handelt sich vielleicht bei der ganzen Entwicklung des Geistes um den Leib." Was ist das Bewußtsein? Wie Freud denkt auch Nietzsche, daß das Bewußtsein die von der äußeren Welt affizierte Region des Ich ist[3]. Indessen wird das Bewußtsein weniger in bezug auf die Äußerlichkeit und in Begriffen des Wirklichen definiert als in bezug auf die *Überlegenheit* und in Begriffen von Werten. Dieser Unterschied ist innerhalb einer allgemeinen Konzeption des Bewußten und Unbewußten wesentlich. Bei Nietzsche ist das Bewußtsein stets Bewußtsein eines Unterlegenen gegenüber einem Überlegenen, dem es sich unterordnet oder „einverleibt". Das Bewußtsein ist niemals Selbstbewußtsein, sondern Bewußtsein eines Ich in Beziehung auf ein Selbst, das nicht selbst bewußt ist. Es ist nicht Bewußtsein des Herrn, sondern Bewußtsein des Sklaven in bezug auf einen Herrn, der sich seiner nicht bewußt zu sein braucht. „Das Bewußtsein *erscheint* erst gewöhnlich, wenn das Ganze sich wieder einem höheren Ganzen unterordnen will . . . Das Bewußtsein entsteht in bezug auf das Wesen, *dem wir Funktion sein* könnten[4]." Darin liegt die Unterwürfigkeit des Bewußtseins: es bezeugt nur, „daß ein *höherer Leib sich bildet*".

Was ist der Körper? Wir definieren ihn nicht derart, als sei er ein Kräftefeld, ein Nährboden, um den sich eine Vielzahl von Kräften schlagen. Denn faktisch existiert kein solcher „Boden", kein Kräftefeld, und auch die Schlacht findet nicht statt. Es gibt kein Realitätsquantum, jegliche Realität ist immer schon Kraftquantum. Nichts als Kraftquanten in einem wechselseitigen „Spannungsverhältnis"[5]. Jede Kraft steht in Beziehung zu anderen, sei es um zu gehorchen, sei es um zu befehlen. Definiert wird ein Körper durch diese Beziehung zwischen herrschenden und beherrschten Kräften. Jede Beziehung zwischen Kräften erstellt einen Körper, der chemisch, biologisch, sozial, politisch sein kann. Zwei beliebige und ungleiche Kräfte erstellen von dem Augenblick an einen Körper, da sie in Beziehung zueinander treten: daher ist der Körper stets eine Frucht des Zufalls im nietzscheschen Sinne und erscheint damit als die erstaunlichste Sache, viel „erstaunlicher“ zumal als Bewußtsein und Geist[6]. Aber der Zufall, Beziehung der Kraft auf Kraft, bildet auch die Essenz der Kraft; gefragt wird demnach nicht, wie ein lebender Körper entsteht; da jeder Körper als „beliebiges“ Erzeugnis von Kräften, die ihn zusammenstellen, auch lebt[7]. Der Körper ist ein vielschichtiges Phänomen, aus einer Vielzahl irreduzibler Kräfte zusammengefügt; seine Einheit ist die eines vielschichtigen Phänomens, ist eine „Machteinheit“. In einem Körper werden die überlegenen oder herrschenden Kräfte als *aktive*, die unterlegenen oder beherrschten als *reaktive* benannt. Aktiv und reaktiv sind genaugenommen Urqualitäten, die die Beziehung der Kraft zur Kraft zum Ausdruck bringen. Denn die in Beziehung tretenden Kräfte weisen eine Quantität nur auf, insofern jede zugleich auch die Qualität besitzt, die ihrem quantitativen Unterschied als solchen entspricht. *Rangfolge* heißt diese Differenz der ihrer Quantität entsprechend qualifizierten Kräfte: und sie aktive und reaktive Kräfte.

2. Die Distinktion der Kräfte

Selbst wenn sie gehorchen, bleiben die unterlegenen Kräfte weiterhin Kräfte und unterschieden von jenen, die befehlen. Gehorchen ist eine Qualität der Kräfte schlechthin, und bezieht sich ebenso auf die Macht wie auf das Befehlen: „es ist die Eigenmacht durchaus nicht aufgegeben. Ebenso ist im Befehlen ein Zugestehen, daß die absolute Macht des Gegners nicht besiegt ist, nicht einverleibt, aufgelöst. ‚Gehorchen‘ und ‚Befehlen‘ sind Formen des Kampfspiels[8].“ Die unterlegenen Kräfte werden als reaktive definiert: sie verlieren nichts von ihrer Kraft, ihrem Kraftquantum, sie üben es aus, indem sie die Mechanismen und Finalitäten aufrechterhalten, die Lebensbedingungen und Funktionen, die Aufgaben der Vererbung, der Anpassung und der Nützlichkeit erfüllen. Der Ausgangspunkt des Begriffs der Reaktion, dessen Wichtigkeit bei Nietzsche wir noch sehen werden, besteht in Folgendem: den mechanischen und vom Nutzen diktierten Akkomodationen, den *Regulationen*, in denen die gesamte Macht der unterlegenen und beherrschten Kräfte zum Ausdruck kommt. Nun können wir nicht umhin, den übermäßigen Hang des modernen Denkens zu eben diesem reaktiven Aspekt der Kräfte festzustellen. Man wähnt noch immer, schon ausreichend getan zu haben, sofern man nur den Organismus von reaktiven Kräften aus begreift. Die Natur der reaktiven Kräfte, ihr Zittern und Beben fasziniert uns. Deshalb stehen sich in der Theorie vom Leben Mechanismus und Finalismus als Gegensätze gegenüber; beides sind aber Interpretationen, deren Geltungsbereich die reaktiven Kräfte selbst nur abstecken. Wahr ist, daß wir den Organismus wenigstens von Kräften aus verstehen. Aber nicht minder wahr ist, daß wir die reaktiven Kräfte nicht als das erfassen können, was sie faktisch sind, nämlich Kräfte und keine Mechanismen oder Finalitäten, sofern wir sie nicht in Beziehung setzen zu jenen Kräften, von denen sie beherrscht werden und die ihrerseits nicht reaktiv sind: „damit ist der prinzipielle Vorrang übersehen, den die spontanen, angreifenden, übergreifenden, neu-auslegenden, neu-richtenden und gestaltenden Kräfte haben, auf deren Wirkung erst die ‚Anpassung' folgt; damit ist im Organismus selbst die herrschaftliche Rolle der höchsten Funktionäre abgeleugnet"[9].

Ohne Zweifel ist es schwieriger, jene aktiven Kräfte zu charakterisieren. Denn ihrer Natur gemäß entgleiten sie dem Bewußtsein: „Unbewußt ist die große Haupttätigkeit"[10]. Das Bewußtsein gibt nur die Beziehung einiger reaktiver Kräfte zu den sie beherrschenden aktiven Kräften wieder. Das Bewußtsein ist wesentlich reaktiv[11]; deshalb wissen wir nicht, was ein Körper kann, zu welcher Aktivität er fähig ist. Und das über das Bewußtsein Gesagte gilt gleichermaßen für das Gedächtnis und die Gewohnheit. Mehr noch: es gilt auch von der Ernährung, der Zeugung, der Vererbung, der Anpassung. Dies sind reaktive Funktionen, reaktive Spezialisierungen, Ausdrucksformen dieser oder jener reaktiven Kräfte[12]. Es ist nicht zu vermeiden, daß das Bewußtsein den Organismus von seinem Blickwinkel aus betrachtet und auf seine Weise, d. h. auf reaktive Weise, versteht. Und es kommt vor, daß auch die Wissenschaft den Wegen des Bewußtseins folgt, dabei sich ganz auf *andere* reaktive Kräfte stützend: immer wieder der Organismus von seiner schwachen Seite, von der seiner Reaktionen aus gesehen. In Nietzsches Augen hat sich die Debatte um die Frage des Organismus nicht zwischen Mechanismus und Vitalismus abzuspielen. Denn was ist der Vitalismus denn wert, solange er meint, die Besonderheit des Lebens in den reaktiven Kräften entdecken zu können – in genau den gleichen, die auch der Mechanismus interpretiert, nur anders? Das wahre Problem besteht in der Aufdeckung aktiver Kräfte, ohne die die Reaktionen selbst keine Kräfte wären[13]. Die Aktivität notwendig unbewußter Kräfte: das ist es, was den Körper zu etwas allen Reaktionen, und im besonderen jener Reaktion des Ich, die man Bewußtsein heißt, Überlegenem, Höherem macht: „dieses ganze Phänomen ‚Leib' ist nach intellektuellem Maße gemessen unserem Bewußtsein, unserem ‚Geist', unserem bewußten Denken, Fühlen, Wollen so überlegen wie Algebra dem Einmaleins"[14]. Die aktiven Kräfte des Körpers sind es, die aus dem Körper ein Selbst erstellen und die das Selbst als überlegen, als erstaunliches Phänomen definieren: „ein mächtiger Gebieter, ein unbekannter Weiser – der heißt Selbst. In deinem Leibe wohnt er, dein Leib ist er[15]." Die wirkliche Wissenschaft ist die der Aktivität, aber die Wissenschaft von der Aktivität ist zugleich die Wissenschaft vom notwendig Unbewußten. Wie absurd ist doch die Idee, daß die Wissenschaft gleichen Schritts mit dem Bewußtsein und in dieselbe Richtung zu gehen habe. Man spürt förmlich, wie in dieser Idee die Moral zu keimen beginnt. In Wahrheit ist Wissenschaft nur dort möglich, wo es kein Bewußtsein gibt und wo es kein Bewußtsein geben kann.

„Was ist ‚aktiv'? – nach Macht ausgreifend[16]." Aneignen, bemächtigen, unterwerfen, beherrschen sind Eigenschaften der aktiven Kraft. Aneignen heißt Formen aufzuzwingen, Formen zu schaffen, indem Umstände ausgebeutet werden[17]. Nietzsche kritisiert Darwin, weil dieser die Evolution, und selbst den Zufall in ihr, auf eine gänzlich reaktive Weise interpretiert. Er bewundert Lamarck, weil Lamarck die Existenz einer wahrhaft aktiven *plastischen Kraft* geahnt hat, die gegenüber den Anpassungsprozessen primär ist: einer Kraft zur Umwandlung. Es ist bei Nietzsche wie in der Energetik, wo „nobel" die Energie genannt wird, die die Fähigkeit aufweist, sich umzuwandeln. Macht zur Transformation, dionysische Macht, ist die erste Bestimmung der Aktivität. Aber immer, wenn wir derart die Vornehmheit der Aktion und ihre Überlegenheit über die Reaktion kennzeichnen, sollten wir nicht vergessen, daß die Reaktion ebenso einen Typus von Kraft bezeichnet wie die Aktion: nur können die Reaktionen nicht erfaßt, nicht wissenschaftlich verstanden werden, wenn wir sie nicht auf die höheren Kräfte beziehen, die eben gerade solche anderen Typs sind. Auch ‚reaktiv' macht eine ursprüngliche Qualität der Kraft aus, kann aber als solche nur in bezug auf das Aktive, ausgehend vom Aktiven, interpretiert werden.

3. Quantität und Qualität

Die Kräfte weisen eine Quantität auf, aber besitzen auch die Qualität, die ihrer quantitativen Differenz entspricht: aktiv und reaktiv bilden die Qualitäten der Kräfte. Wir ahnen, daß das Messen der

Kräfte ein sehr heikles Problem ist, da es die Kunst qualitativer Interpretationen ins Spiel bringt. Folgendermaßen stellt sich das Problem: 1. Nietzsche war immer der Meinung, daß die Kräfte quantitativ seien und sich quantitativ zu definieren hätten: „Unsere Erkenntnis ist in dem Maße wissenschaftlich geworden, als sie Zahl und Maß anwenden kann. Der Versuch wäre zu machen, ob nicht eine wissenschaftliche Ordnung der Werte einfach auf einer *Zahl- und Maßskala der Kraft* aufzubauen wäre... Alle sonstigen ‚Werte' sind Vorurteile, Naivitäten, Mißverständnisse. – Sie sind überall *reduzierbar* auf jene Zahl- und Maßskala der Macht"[18]; 2. Dennoch war Nietzsche nicht minder der Überzeugung, daß eine rein quantitative Bestimmung zugleich abstrakt, unvollständig und zweideutig bleiben müsse. Die Kunst, Kräfte zu messen, läßt eine ganze Interpretation und Wertschätzung von Qualitäten intervenieren: „‚Mechanistische Auffassung': will nichts als Quantitäten: allein die Kraft steckt in der Qualität: die Mechanistik kann also nur Vorgänge beschreiben, nicht erklären"[19]; „Sollten nicht alle *Quantitäten* Anzeichen von *Qualitäten* sein? ... Die Reduktion aller Qualitäten auf Quantitäten ist Unsinn"[20].

Besteht zwischen diesen beiden Texten ein Widerspruch? Ist eine Kraft nicht von ihrer Quantität zu trennen, so noch weniger von den anderen Kräften, mit denen sie in Beziehung steht. *Folglich ist die Quantität nicht von der Quantitäts-Differenz selbst zu trennen.* Die Quantitäts-Differenz bildet die Essenz der Kraft, das Verhältnis der Kraft auf Kraft. Von zwei gleichen Kräften zu träumen, selbst wenn man ihnen gegensätzliche Bedeutungen zubilligen wollte, stellt einen nur ungefähren und groben Traum dar, einen statistischen Traum, in den das Lebendige stürzt, der allerdings von der Chemie aufgelöst wird[21]. Jedesmal, wenn Nietzsche den Begriff der Quantität kritisiert, müssen wir Folgendes uns vor Augen halten: Die Quantität als abstrakter Begriff trachtet stets nach einer Identifikation, einem Gleichmachen der Einheit, die sie erstellt, nach einer Aufhebung der Differenz in dieser Einheit; und Nietzsche wirft einer jeden rein quantitativen Determination der Kräfte vor, daß in ihnen sich die Quantitäts-Differenzen aufheben, aneinander angleichen oder sich ausgleichen. Demgegenüber haben wir, wenn er die Qualität kritisiert, darunter das Folgende zu verstehen: Die Qualitäten sind nichts außer der Quantitäts-Differenz, der sie in zwei Kräften, deren Beziehung zumindest unterstellt wird, entsprechen. Kurz, Nietzsche ist also niemals an der Unreduzierbarkeit der Quantität auf die Qualität interessiert; vielmehr, dies ist für ihn nur von zweitrangigem Interesse, als Symptom. Wesentlich aber interessiert ihn, vom Blickpunkt der Quantität selbst aus gesehen, die Unreduzierbarkeit der Quantitäts-Differenz auf die Gleichheit. Die Qualität unterscheidet sich von der Quantität, allerdings nur, weil sie dasjenige ist, was in der Quantität nicht gleichzumachen, in der Quantitäts-Differenz nicht aufzuheben ist. Die Quantitäts-Differenz ist demnach in einem Sinne das irreduzible Element *der* Quantität, in einem anderen Sinne das *auf* die Quantität selbst nicht zu reduzierende Element. Die Qualität ist nichts anderes als die Quantitäts-Differenz und entspricht ihr in jeder in einer Beziehung stehenden Kraft: „wir können durch nichts verhindern, bloße *Quantitäts-Differenzen* als etwas von Quantität Grundverschiedenes zu empfinden, nämlich als *Qualitäten*, die nicht mehr aufeinander reduzierbar sind“[22]. Und was in diesem Text noch an Anthropomorphem steckt, muß durch jenes nietzschesche Prinzip seine Berichtigung erfahren, wonach dem All eine Subjektivität zukommt, die gerade nicht mehr anthropomorph, sondern kosmisch ist[23]. „Die Reduktion aller Qualitäten auf Quantitäten ist Unsinn . . .“

Mittels des Zufalls bejahen wir die Beziehung *aller* Kräfte zueinander. Und ganz gewiß bejahen wir im Denken der ewigen Wiederkunft den ganzen Zufall auf einmal. Aber nicht alle Kräfte treten alle auf einmal in Beziehung. Ihre wechselseitige Stärke wird faktisch in der Beziehung zu einer kleinen Zahl von Kräften ausgefüllt. Der Zufall stellt das Gegenteil eines *Kontinuums* dar[24]. Die Zusammenstöße der Kräfte dieser und jener Quantitäten bilden demzufolge die konkreten Teile des Zufalls, die bejahenden Teile, die als solche einem jeden Gesetz gegenüber gleichgültig sind: die Glieder von Dionysos. In diesem Zusammenstoß erhält jede Kraft die ihrer Quantität entsprechende Qualität, d. h. die Affektion, die ihre Stärke effektiv ausfüllt. So kann denn Nietzsche in einem dunklen Text formulieren, daß das All eine „absolute Entstehung beliebiger Eigenschaften“ zur Voraussetzung habe, daß aber die Entstehung der Eigenschaften (Qualitäten) selbst die (relative) Entstehung von Quantitäten voraussetze[25]. Daß beide Entstehungen nicht voneinander zu isolieren sind, bedeutet, daß wir die Kräfte nicht abstrakt berechnen können; vielmehr müssen wir in jedem einzelnen Fall konkret ihre jeweilige Qualität und ihre Nuance abschätzen.

4. Nietzsche und die Wissenschaft

Bisher noch wurde das Problem der Beziehungen Nietzsches zur Wissenschaft falsch gestellt. Es wird so getan, als ob diese Beziehungen von der Theorie der ewigen Wiederkunft abhingen, als ob Nietzsche sich (und noch vage) für die Wissenschaft interessiert habe, soweit diese den Gedanken der ewigen Wiederkunft ermutigte, und kein Interesse gezeigt habe, soweit sie von ihm abrückte. Dem ist keineswegs so; der Ursprung der kritischen Position Nietzsches gegenüber der Wissenschaft muß vielmehr in einer ganz anderen Richtung gesucht werden, wenngleich uns diese Richtung auch einen Blick auf die ewige Wiederkunft eröffnet. In der Tat verfügt Nietzsche über wenig Kompetenz in Sachen Wissenschaft, bringt er auch wenig Sinn für sie auf. Was ihn von ihr trennt, ist indes eine Tendenz, eine Art zu denken. Zu Recht oder Unrecht, Nietzsche ist der Meinung, daß die Wissenschaft, in ihrem Umgang mit der Quantität, stets darauf aus ist, die Quantitäten gleichzumachen, die Ungleichheiten auszugleichen. Dabei macht Nietzsche , wenn er die Wissenschaft kritisiert, keinesfalls die Rechte der Qualität gegenüber der Quantität geltend; er bringt vielmehr die Rechte der Quantitäts-Differenz gegen die Gleichheit, die der Ungleichheit der Quantitäten gegen deren Gleichmachen in Anschlag. Nietzsche faßt eine „*Zahl- und Maßskala*" ins Auge, deren Teilungen aber nicht das jeweils Vielfache oder den Divisor ausmachen. Dies gerade legt er in der Wissenschaft bloß: ihre Manie, nach Kompensationen zu suchen, den ihr eigentümlichen *Utilitarismus und Egalitarismus*[26]. Deshalb entfaltet sich seine Kritik auf drei Ebenen: gegen die logische Identität, gegen die mathematische Gleichheit, gegen das physische Gleichgewicht. *Gegen die drei Formen des Undifferenzierten*[27]. Aus Nietzsches Sicht heraus muß die Wissenschaft die wahre Theorie der Kraft zwangsläufig verfehlen und gefährden.

Was signalisiert diese Neigung, die Quantitäts-Differenzen zu reduzieren? In ihm drückt sich zuallererst die Art und Weise aus, in der die Wissenschaft am *Nihilismus* des modernen Denkens teilhat. Die Bestrebung, die Differenzen zu verneinen, ist Teil jenes umfassenderen Unternehmens, darin bestehend, das Leben zu verneinen, das Dasein in seinem Wert zu mindern, ihm einen (Wärme- oder anderen) Tod zu verheißen, worin das Universum ins Undifferenzierte stürzt. Nietzsche lastet den physikalischen Begriffen der Materie, der Schwere und der Wärme an, gleichermaßen Faktoren einer Egalisierung der Quantitäten, die Prinzipien einer „Adiaphorie" zu sein. In diesem Sinne macht Nietzsche deutlich, daß die Wissenschaft dem asketischen Ideal zugehört und diesem auf ihre Weise zu Diensten ist[28]. Wir haben aber auch in der Wissenschaft dem nachzugehen, worin das Instrument dieses nihilistischen Denkens denn besteht. Die Antwort lautet: Die Wissenschaft begreift, ihrer Veranlagung gemäß, die Phänomene von reaktiven Kräften aus und interpretiert sie von diesem Blickpunkt her. Wie die Biologie, ist auch die Physik reaktiv; immer wieder werden die Dinge aus dem scheelen Blickwinkel der Reaktionen heraus gesehen. Der Triumph der reaktiven Kräfte, darin haben wir das Instrument des nihilistischen Denkens. Und den Manifestationen des Nihilismus liegt auch dies zugrunde: die reaktive Physik ist eine Physik des Ressentiments, wie die reaktive Biologie eine Biologie des Ressentiments. Noch wissen wir allerdings nicht, warum gerade die alleinige Berücksichtigung der reaktiven Kräfte dazu führt, die Differenz innerhalb der Kraft zu verneinen und auf welche Weise sie dem Ressentiment als Grundlage dient.

Es kommt vor, daß die Wissenschaft, je nach Standort, den sie einnimmt, die ewige Wiederkehr bejaht oder verneint. Doch haben beide: die *mechanistische* Bejahung der ewigen Wiederkehr und ihre *thermodynamische* Verneinung, etwas gemein: nämlich die Erhaltung der Energie, die stets so interpretiert wird, daß die Energiequanten nicht nur eine konstante Summe aufweisen, sondern auch ihre Differenzen aufheben. In beiden Fällen wird von einem Prinzip der Endlichkeit (die Konstanz der Summe) zu einem „nihilistischen" Prinzip (Aufhebung der Quantitäts-Differenzen, deren Summe konstant ist) übergegangen. Zwar bejaht die mechanistische Vorstellung die ewige Wiederkehr, unterstellt aber zugleich, daß zwischen Anfangs- und Endstadium eines reversiblen Systems die Quantitäts-Differenzen sich ausgleichen oder aufheben. Das Endstadium ist identisch mit dem Anfangsstadium, das gegenüber den Zwischenstufen wiederum selbst als undifferenziert angenommen wird. Die thermodynamische Vorstellung verneint wohl die ewige Wiederkehr, aber deshalb, weil sie zu entdecken wähnt, daß die Quantitäts-Differenzen sich nur im Endstadium des Systems, in Funktion der Wärmeeigenschaften, aufheben. So postuliert man denn die Identität im undifferenzierten Endstadium oder setzt sie von der Differenziertheit des Anfangsstadiums ab. Beide Konzeptionen vereinigen sich in einer gemeinsamen Hypothese, der eines Endstadiums, eines Finales im Werden. Sein oder Nichts, Sein oder Nicht-Sein sind gleichermaßen undifferenziert: beide Konzeptionen treffen sich in der Vorstellung eines Werdens, das einen Endstand aufweist: „metaphysisch geredet: wenn das Werden in das Sein oder ins Nichts münden *könnte*. . ."[29]. Deshalb gelingt es dem Mechanismus nicht, die Existenz der ewigen Wiederkehr zu postulieren, wie es auch der Thermodynamik nicht gelingt, sie zu verneinen. Beide Konzeptionen gehen daran vorbei und fallen ins Undifferenzierte, ins Identische, zurück.

Die ewige Wiederkehr ist, nach Nietzsche, keineswegs Denken des Identischen, vielmehr ein synthetisches, ein Denken des vollkommen

Unterschiedenen, das jenseits der Wissenschaft ein neuartiges Prinzip geltend macht. Dieses Prinzip ist die Reproduktion des Diversen schlechthin, das der Wiederholung der Differenz: und darin das Gegenteil von „Adiaphorie“[30]. Wahrlich, wir verstehen so lange nicht die ewige Wiederkunft, als wir sie zu einer Folge oder einer Anwendung der Identität degradieren. Wir verstehen sie so lange nicht, als wir sie nicht als Gegensatz zur Identität fassen. Die ewige Wiederkunft ist nicht das Verharren Ein-und-Desselben, ist weder ein Gleichgewichtszustand noch die Dauer des Identischen. In der ewigen Wiederkunft kehrt nicht Ein-und-Dasselbe zurück, sondern ist die Wiederkunft selbst das Eine, das allein vom Diversen und von dem sich Unterscheidenden ausgesagt wird.

5. Erster Aspekt der ewigen Wiederkehr: als kosmologische und physikalische Doktrin

Der Entwurf der ewigen Wiederkehr, wie Nietzsche sie begreift, setzt die Kritik des Endstadiums oder des Gleichgewichtszustandes voraus. Hätte das All eine Gleichgewichtslage, so Nietzsche, hätte das Werden ein Ziel oder einen Endzustand, dann hätte es ihn schon erreicht. Der gegenwärtige Augenblick, als ein vorübergehender, beweist nun, daß er noch nicht erreicht ist: folglich ist ein Gleichgewicht der Kräfte nicht möglich[31]. Warum aber müßte denn das Gleichgewicht oder der Endzustand erreicht sein, wenn er möglich wäre? Auf Grund dessen, was Nietzsche die „Zeitunendlichkeit *nach hinten*“ nennt. Darin ist nur ausgesprochen, daß das Werden nicht hat anfangen können zu werden, daß es nichts Gewordenes ist. Nun, wenn es nicht etwas Gewordenes ist, so noch weniger ein Zu-etwas-Werden. Wenn es nicht geworden ist, wäre es immer schon, was es wird, wenn es etwas würde. Das heißt: Wenn die vergangene Zeit unendlich wäre, dann hätte das Werden seinen Finalzustand erreicht, wenn es einen solchen hätte. Und in der Tat läuft es auf dasselbe hinaus zu sagen, daß das Werden, hätte es einen Endzustand, diesen erreicht hätte, wie, daß es, hätte es einen Anfangszustand, aus diesem nie herausgetreten wäre. Wenn das Werden etwas wird, warum hat es nicht lange schon aufgehört, etwas zu werden? Wenn es etwas Gewordenes ist, wie konnte es je anfangen zu werden? „Wäre sie (die Welt, d. Ü.) überhaupt eines Verharrens und Starrwerdens fähig, und gäbe es in ihrem Verlaufe nur *einen* Augenblick ‚Sein‘ im strengen Sinne, so könnte es kein Werden mehr geben, also auch kein Denken, kein Beobachten eines Werdens[32].“ Von diesem Gedanken verkündet Nietzsche, ihn „bei früheren Denkern“ gefunden zu haben[33]. Wenn alles was wird, so Platon, niemals der Gegenwart entrinnen kann, sobald es nur ist, hört es auf zu werden und ist dann das, was es im Begriff war zu werden[34]. Diesem antiken Gedanken aber widmet Nietzsche folgenden Kommentar: Jedesmal wenn ich auf ihn stieß, „war er durch andre Hintergedanken bestimmt (– meistens theologische . . .)“. Denn die antiken Philosophen sind, weil sich beharrlich weigernd, zu fragen, wie das Werden hat anfangen können und warum es noch nicht zu seinem Ende gefunden hat, trügerische Tragiker, die die Hybris, den Frevel, die Strafe als Erklärung vorschieben[35]. Mit Ausnahme von Heraklit hat keiner von ihnen sich dem Denken des reinen Werdens noch auch nur der Gelegenheit zu einem solchen Gedanken ausgesetzt. Dies, daß der aktuelle Augenblick keiner des Seins oder des Gegenwärtigen „im strengen Sinne“ ist, daß er vergehender Augenblick ist, *zwingt* uns, das Werden zu denken, aber genau als dasjenige zu denken, was nicht beginnen konnte und was nicht aufhören kann zu werden.

Wie begründet der Gedanke des reinen Werdens die ewige Wiederkunft? Es genügt, daß dieser Gedanke aufhört, an das vom Werden distinkte, von ihm abgehobene Sein zu glauben; es genügt aber auch, daß er an das Sein des Werdens selbst glaubt. Was ist das Sein dessen, was wird, was weder beginnt noch aufhört zu werden? *Wiederkehren ist dies Sein des Werdenden.* „Daß *alles wiederkehrt*, ist die extremste *Annäherung einer Welt des Werdens an die des Seins: – Gipfel der Betrachtung*[36].“ Dieses Problem der Betrachtung muß sich noch andersartig formulieren: Wie kann sich das Vergangene, die Vergangenheit in der Zeit bilden? Wie kann das Gegenwärtige, die Gegenwart vergehen? Niemals vermöchte der vorübergehende Augenblick vorübergehen, wäre er nicht schon vergangen und zugleich noch gegenwärtig, erst zukünftig und doch zugleich schon gegenwärtig. Wenn die Gegenwart nicht durch sich selbst verginge, wenn auf eine neue Gegenwart gewartet werden müßte, damit jene zur Vergangenheit wird, so würde sich die Vergangenheit allgemein niemals in der Zeit bilden, wie auch jene Gegenwart nie vergehen: wir können nicht warten, der Augenblick muß in einem gegenwärtig und vergangen, gegenwärtig und zukünftig sein, damit er vergehen kann (und zugunsten anderer Augenblicke auch vergeht). Das Gegenwärtige muß mit sich als Vergangenes und Zukünftiges koexistieren. Dieses synthetische Verhältnis des Augenblicks zu sich als Gegenwärtiges, Vergangenes und Zukünftiges begründet gerade sein Verhältnis zu den anderen Augenblicken. Demzufolge erweist sich die ewige Wiederkehr als Antwort auf das Problem des *Vorübergehens*[37]. In diesem Sinne darf sie nicht interpretiert werden als

Wiederkehr dessen, was ist, was Ein-und-Dasselbe ist. Es wäre widersinnig, wollten wir im Ausdruck „ewige Wiederkehr" verstehen: Wiederkehr des Selben. Nicht das Sein kehrt wieder, sondern die Wiederkehr selbst macht das Sein aus, insoweit dieses im Werden und im Vergehenden sich bejaht. Nicht das Eine kehrt wieder, sondern das Wiederkehren selbst ist das Eine, das sich im Verschiedenen oder Vielen bejaht. Anders gesagt, die Identität in der ewigen Wiederkehr bezeichnet nicht die Natur des Wiederkehrenden, sondern im Gegenteil die Tatsache des Wiederkehrens für das Unterschiedene. Darum muß die ewige Wiederkehr als Synthesis gedacht werden: Synthesis der Zeit und ihrer Dimensionen, Synthesis des Verschiedenen und seiner Reproduktion, Synthesis des Werdens und des sich im Werden bejahenden Seins, Synthesis der zwiefachen Bejahung. So ist die ewige Wiederkehr selbst von einem Prinzip abhängig, das nicht die Identität ist, aber das doch in allen diesen Hinsichten den Erfordernissen eines wirklich hinreichenden Grundes gerecht werden muß.

Warum stellt nun der Mechanismus eine so schlechte Interpretation der ewigen Wiederkunft dar? Weil er weder notwendig noch unmittelbar diese impliziert. Weil er nur die falsche Konsequenz eines Endzustandes nach sich zieht. Dieser Endzustand wird als identisch mit dem Anfangszustand postuliert, und in diesem Sinne wird geschlossen, daß der mechanische Prozeß dieselben Differenzen durchläuft. Dergestalt bildet sich jene zyklische Hypothese heraus, die so sehr von Nietzsche kritisiert wird[38]. Denn uns ist nicht einsichtig, woher diesem Prozeß die Möglichkeit gegeben sein soll, aus dem Anfangszustand zu treten, auch den Endzustand wieder hinter sich zu lassen und die selben Differenzen zu durchlaufen, da er doch nicht einmal fähig ist, beliebige Differenzen auch nur ein einziges Mal zu durchlaufen. Ein Zweifaches, von dem Rechenschaft abzulegen die zyklische Hypothese nicht in der Lage ist: die Verschiedenheit der nebeneinander bestehenden Kreisläufe und im besonderen die Existenz des Verschiedenen im Kreislauf[39]. Deshalb können wir die ewige Wiederkunft nur als Äußerung eines Prinzips begreifen, das den Grund des Verschiedenen und seiner Reproduktion, der Differenz und ihrer Wiederholung darstellt. Nietzsche präsentiert ein solches Prinzip und verzeichnet es als eine der wichtigsten Entdeckungen seiner Philosophie. Er heißt es: *Wille zur Macht*. Darin „ist der Charakter ausgedrückt, der aus der mechanischen Ordnung nicht weggedacht werden kann, ohne sie selbst wegzudenken"[40].

6. Was ist der Wille zur Macht?

Einer der wichtigsten Texte Nietzsches, worin er zu erklären versucht, was er unter „Wille zur Macht" versteht, ist der folgende: „Der siegreiche Begriff ‚Kraft', mit dem unsere Physiker Gott und die Welt geschaffen haben, bedarf noch einer Ergänzung: es muß ihm ein *innerer* Wille *zugesprochen* werden, welchen ich bezeichne als *‚Willen zur Macht'*"[41]. Der Wille zur Macht wird also der Kraft zugesprochen, aber auf eine besondere Weise: er ist in einem Ergänzung *und* etwas Inneres. Nicht wird er ihr als eine Art Prädikat zugeschrieben. In der Tat können wir auf die Frage *„Wer?"* nicht antworten, die Kraft sei *diejenige, welche* will. Allein der Wille zur Macht will: er läßt sich an ein anderes Subjekt, und sei es die Kraft, weder delegieren noch geht er in diesem auf[42]. Aber wie kann er dann „zugesprochen" werden? Erinnern wir uns, daß die Kraft in einem wesentlichen Verhältnis zur Kraft steht. Erinnern wir uns zudem, daß die Essenz der Kraft ihre Quantitäts-Differenz zu den anderen Kräften bildet, und daß diese Differenz sich als Qualität der Kraft ausdrückt. So verstanden verweist die Quantitäts-Differenz nun mit Notwendigkeit auf ein differentielles Element der in Beziehung stehenden Kräfte, das ebensosehr das genetische Element der Qualitäten dieser Kräfte ist. So ist denn der Wille zur Macht: das genealogische Element der Kraft, zugleich differentiell und genetisch. *Der Wille zur Macht ist jenes Element, aus dem zugleich die Quantitäts-Differenz der in Beziehung gebrachten Kräfte als auch die Qualität entspringt, die innerhalb dieser Beziehung einer jeden Kraft zukommt.* Der Wille zur Macht enthüllt an dieser Stelle seine Natur: er ist Prinzip der Synthesis der Kräfte. In dieser sich auf die Zeit beziehenden Synthesis durchlaufen die Kräfte die selben Differenzen, in ihr reproduziert sich das Verschiedene. Die Synthesis ist die der Kräfte, ihrer Differenz und Reproduktion; die ewige Wiederkehr ist die Synthesis, deren Prinzip der Wille zur Macht ist. Uns sollte hier nicht das Wort „Wille" verwundern: denn *wer*, wenn nicht der Wille, wäre noch imstande, einer Synthesis von Kräften derart als Prinzip zu dienen, daß er das Verhältnis der Kraft auf Kraft determinierte? Aber in welchem Sinne heißt es hier „Prinzip" zu verstehen? Nietzsche wirft doch gerade den Prinzipien vor, gegenüber dem, was sie bedingen, immer zu allgemein, in Hinblick auf das, was sie vorgeben, einfangen und regulieren zu wollen, zu grobmaschig zu sein. Er liebt es, den Willen zur Macht dem schopenhauerschen Willen zum Leben entgegenzusetzen, und sei es nur wegen dessen extremer Allgemeinheit. Wenn demgegenüber der Wille zur Macht ein gutes Prinzip darstellt, der die Prinzipien mit dem Empirismus versöhnt, wenn er einen höheren Empirismus erstellt, so weil er ein wesentlich plastisches Prinzip ist, das keinen größeren Umfang aufweist als jeweils das, was es bedingt, das sich mit dem Bedingten verwandelt, sich ein jedes Mal mit dem bestimmt, was es selbst bestimmt. Der Wille zur Macht ist in der Tat nie von diesen und jenen bestimmten Kräften, ihren Quantitäten, ihren Qualitäten, ihren Richtungen zu trennen – und niemals den Determinationen übergeordnet, die er innerhalb eines Kräfteverhältnisses vollzieht: stets plastisch also und in Verwandlung begriffen[43].

‚Nicht zu trennen' bedeutet keineswegs ‚identisch'. Der Wille zur Macht kann von der Kraft nicht getrennt werden, ohne der metaphysischen Abstraktion zu verfallen. Wird aber Kraft und Wille zu einer Einheit verschmolzen, setzt man noch mehr aufs Spiel: man versteht dann nicht mehr die Kraft als Kraft, fällt in den Mechanismus zurück, man vergißt die Differenz der Kräfte, die ihr Sein ausmacht, man verkennt das Element, aus dem sie wechselseitig hervorgehen. Die Kraft kann, während der Wille zur Macht will. Was bezeichnet eine solche Unterscheidung? Der oben zitierte Text legt uns nahe, jedes Wort zu kommentieren. – Der Begriff der Kraft ist seiner Natur nach *siegreich*, weil das Verhältnis der Kraft zur Kraft, so wie es in diesem Begriff gefaßt wird, ein Herrschaftsverhältnis ist: von zwei in Beziehung stehenden Kräften ist die eine die herrschende, die andere die beherrschte. (Selbst Gott und das Universum werden in einem Herrschaftsverhältnis stehend begriffen – wie fragwürdig auch immer in diesem Fall eine solche Auslegung des Verhältnisses sein mag.) Gleichwohl bedarf der siegreiche Begriff der Kraft einer *Ergänzung*, die wiederum etwas *Inneres*, ein innerer Wille ist. Fehlte ein solcher Zusatz, wäre jener nicht siegreich: Denn die Kräfteverhältnisse bleiben unbestimmt, solange man nicht der Kraft ein Element hinzufügt, das imstande ist, sie in zweifacher Hinsicht zu bestimmen. Die in Beziehung stehenden Kräfte verweisen auf eine doppelte gleichzeitige Genese: reziproke Genese ihrer Quantitäts-Differenz, absolute Genese ihrer jeweiligen Qualität. Der Wille zur Macht kommt demnach zur Kraft hinzu, allerdings als differentielles und genetisches, als internes Element ihrer Produktion. In ihm ist nichts Anthropomorphes. Genauer: Er kommt zur Kraft hinzu als internes Prinzip der Bestimmung ihrer Qualität in einer Beziehung ($x + dx$), und als internes Prinzip der quantitativen Bestimmung dieser Beziehung selbst (dy: dx). Der Wille zur Macht muß zugleich als genealogisches Element der Kraft *und* der Kräfte bezeichnet werden. Folglich siegt eine Kraft über die anderen, beherrscht sie oder befiehlt ihnen stets durch den Willen zur Macht.

Mehr noch: Es ist immer noch der Wille zur Macht (*dy*), der eine Kraft dazu bringt, in einem Verhältnis zu gehorchen – denn aus Wille zur Macht gehorcht sie[44].
Wir sind in gewisser Weise auf das Verhältnis von ewiger Wiederkehr und Wille zur Macht gestoßen, haben es bisher aber weder aufgeklärt noch analysiert. Der Wille zur Macht stellt in einem das genetische Element der Kraft und das Prinzip der Synthesis der Kräfte dar. Doch um zu begreifen, warum diese Synthese die ewige Wiederkehr gestaltet, warum die Kräfte sich in dieser Synthese notwendig und entsprechend deren Prinzip reproduzieren, fehlen uns noch die erforderlichen Mittel. Dafür enthüllt das Vorhandensein dieses Problems eine historisch bedeutsame Seite der Philosophie Nietzsches: nämlich deren komplexes Verhältnis in Hinblick auf den Kantianismus. Der Begriff der Synthese steht im Zentrum desselben, macht dessen ihm eigene Entdeckung aus. Bekanntermaßen haben die Nachkantianer Kant vorgeworfen, diese Entdeckung unter zwei Gesichtspunkten gefährdet zu haben: zum einen hinsichtlich des Prinzips, das die Synthesis anleiten sollte, zum anderen hinsichtlich der Reproduktion der Objekte innerhalb der Synthesis selbst. Geltend gemacht wurde ein Prinzip, das gegenüber den Objekten nicht nur bedingend, sondern wahrhaft genetisch und produktiv sein sollte (Prinzip des Unterschieds oder der inneren Bestimmung); kritisiert wurde bei Kant die Fortdauer wundersamer Harmonien zwischen Begriffen, die sich ansonsten äußerlich blieben. Dem Prinzip des Unterschieds oder der inneren Bestimmung wurde eine Erklärung abverlangt nicht nur für die Synthesis, sondern auch für die Reproduktion des Verschiedenen in der Synthesis als solcher[45]. Bringt Nietzsche sich in die Geschichte des Kantianismus ein, so durch die originelle Art und Weise, in der er an diesen postkantianischen Forderungen teilhat. Aus der Synthesis macht er eine Synthese von Kräften – denn mangels Einsicht in diese spezifische Synthese hatte man deren Sinn, Natur und Inhalt falsch verstanden. Indem er die Synthese von Kräften als ewige Wiederkehr begreift, findet er im Zentrum der Synthese die Reproduktion des Verschiedenen. Er nennt das Prinzip dieser Synthese „Wille zur Macht“ und bestimmt ihn als differentielles und genetisches Element der daseienden Kräfte. Wir glauben, und sind bereit, diese Annahme späterhin auch weitgehender unter Beweis zu stellen, daß bei Nietzsche nicht nur eine kantische Abstammung zu verzeichnen, vielmehr auch eine halb zugestandene, halb verborgene Rivalität gegenüber dem Kantianismus vorliegt. Nietzsche nimmt gegenüber Kant eine andere Haltung als Schopenhauer ein: Er versucht sich nicht wie dieser an einer Interpretation des Kantianismus, die sich zum Ziel setzt, ihn von sei-

nen dialektischen Anverwandlungen zu befreien und ihm neue Ufer zu erschließen. Denn für Nietzsche sind diese dialektischen Abenteuer dem Kantianismus nicht äußerlich – ihre primäre Ursache ist im Ungenügen von dessen Kritik selbst zu suchen. Dies: die radikale Transformation des Kantianismus, die neuerliche Hervorbringung der Kritik, die Kant im selben Augenblick auch schon verraten hatte, als er sie entwarf, die Wiederholung des kritischen Projekts auf neuen Grundlagen und mit neuen Begriffen, scheint das zu sein, was Nietzsche gesucht hat (und was er in „die ewige Wiederkehr“ und in „der Wille zur Macht“ auch fand).

7. Die Terminologie Nietzsches

Selbst wenn wir damit den noch ausstehenden Analysen vorgreifen sollten, ist es an der Zeit, einige Punkte der Terminologie Nietzsches zu fixieren. Davon hängt gänzlich die Strenge dieser Philosophie ab, deren systematische Genauigkeit im übrigen zu Unrecht in Zweifel gezogen wird – ob mit Schadenfreude oder auch mit Bedauern: zu Unrecht allemal. In Wahrheit verwendet Nietzsche sehr genaue neue Worte für sehr genaue neue Begriffe:

1. Er nennt ‚Wille zur Macht‘ das genealogische Element der Kraft. Genealogisch will heißen differentiell und genetisch. Der Wille zur Macht ist das differentielle Element der Kräfte, d.h. das Erzeugungselement der Quantitäts-Differenz zwischen zwei oder mehreren in Beziehung stehenden Kräften. Der Wille zur Macht ist das genetische Element der Kraft, d.h. das Erzeugungselement der Qualität, die innerhalb dieser Beziehung einer jeden Kraft eignet. Der Wille zur Macht als Prinzip unterdrückt nicht den Zufall, impliziert ihn vielmehr, da ohne ihn er keine Plastizität besäße und sich nicht verwandeln könnte. Der Zufall ist das In-Beziehung-Setzen der Kräfte: und der Wille zur Macht das determinierende Prinzip der Beziehung. Der Wille zur Macht kommt notwendig zu den Kräften hinzu, aber nur zu denjenigen, die vom Zufall in eine Beziehung gebracht wurden. Der Wille zur Macht schließt den Zufall im Innersten seiner selbst ein, er allein vermag den Zufall als Ganzen zu bejahen;

2. Dem Willen zur Macht als genealogisches Element entspringt die Quantitäts-Differenz der in Beziehung stehenden Kräfte und in einem damit die jeweilige Qualität dieser Kräfte. Entsprechend ihrer Quantitäts-Differenz werden diese als herrschende oder beherrschte eingestuft – und entsprechend ihrer Qualität als aktive oder reaktive. Wille zur Macht ist in der reaktiven oder beherrschten Kraft ebenso vorhanden wie in der aktiven oder herrschenden. Da die Quanti-

täts-Differenz in jedem einzelnen Fall irreduzibel ist, wäre es vergeblich, sie messen zu wollen, ohne die Qualitäten der vorhandenen Kräfte zu interpretieren. Die Kräfte sind wesentlich differenziert und qualifiziert. Ihre Quantitäts-Differenz bringen sie in der Qualität zum Ausdruck, die einer jeden von ihnen zukommt. So ist das Problem der Interpretation: bei einem gegebenen Phänomen oder Ereignis die Qualität der Kraft abzuschätzen, die ihm einen Sinn gibt, und von da aus das Verhältnis der vorhandenen Kräfte messen. Vergessen wir nicht, daß die Interpretation stets, in jedem einzelnen Fall, auf mannigfache Schwierigkeiten und heikle Probleme stößt: es bedarf daher „schärfster Wahrnehmung", ähnlich jener, die in chemischen Körpern aufweisbar ist.

3. Die Qualitäten der Kräfte finden ihr Prinzip im Willen zur Macht. Auf die Frage „Wer interpretiert?" lautet die Antwort: *der Wille zur Macht.* Er interpretiert[46]. Aber um derart den Qualitäten der Kräfte als Quelle dienen zu können, muß der Wille zur Macht selbst Qualitäten besitzen, ausnehmend fließende und noch weitaus subtilere als die der Kraft. „Die absolute Augenblicklichkeit des Willens zur Macht regiert[47]." Diese Qualitäten des Willens zur Macht, die sich also unmittelbar auf das genetische oder genealogische Element beziehen, diese fließenden, samenhaften, primordialen qualitativen Elemente dürfen keineswegs mit den Qualitäten der Kraft verwechselt werden. Es ist daher von größter Wichtigkeit, auf den von Nietzsche verwendeten Bezeichnungen zu beharren: *aktiv* und *reaktiv* bezeichnen die Urqualitäten der Kraft, *bejahend* und *verneinend* (affirmativ und negativ) aber bezeichnen die primordialen Qualitäten des Willens zur Macht. Im Bejahen und Verneinen, Wertschätzen und Wertmindern bringt sich der Wille zur Macht, im Agieren und Reagieren aber die Kraft zum Ausdruck. (Und wie auch die reaktiven Kräfte nicht weniger Kräfte sind, so auch der Wille zum Verneinen, der Nihilismus nicht minder Wille zur Macht: „. . . Willen zum Nichts, einen Widerwillen gegen das Leben, eine Auflehnung gegen die grundsätzlichsten Voraussetzungen des Lebens, aber es ist und bleibt ein *Wille*!"[48]) Wenn wir nun dieser Unterscheidung zweier Arten von Qualitäten größte Bedeutung beimessen, so weil sie sich allenthalben im Zentrum der Philosophie Nietzsches wiederfindet. Zwischen der Aktion und dem Bejahen, zwischen der Reaktion und dem Verneinen besteht gewiß eine tiefgehende Affinität und Komplizität, aber keineswegs ein Ineinanderübergehen. Mehr noch, die Bestimmung dieser Affinitäten bringt die ganze Kunst des Philosophierens ins Spiel. Einerseits ist es evident, daß in einer jeden Aktion ein Bejahen und ein Verneinen in einer jeden Reaktion vorkommt. Andrerseits aber sind Aktion und

Reaktion eher nur Hilfsmittel, Mittel oder Instrumente des Willens zur Macht, der bejaht und verneint – hinwieder die reaktiven Kräfte Instrumente des Nihilismus. Andererseits jedoch bedürfen Aktion und Reaktion der Bejahung und der Verneinung, als etwas, was über sie hinausgeht, aber zur Verwirklichung ihrer eigenen Ziele unabdingbar ist. Schließlich und endlich übersteigen die Bejahung und die Verneinung sowohl die Aktion wie die Reaktion, da sie die unmittelbaren Qualitäten des Werdens selbst sind: die Bejahung ist nicht die Aktion, aber die Macht zum Aktiv-werden, das *Aktiv-werden* in eigener Gestalt; die Verneinung ist nicht die einfache Reaktion, sondern ein *Reaktiv-werden.* Alles spielt sich so ab, als ob die Bejahung und die Verneinung gegenüber der Aktion und der Reaktion immanent und zugleich transzendent wären; sie erstellen die Kette des Werdens mit dem Einschuß der Kräfte. Die Bejahung läßt uns in die ruhmvolle Welt des Dionysos treten, diesem Sein des Werdens – die Verneinung stürzt uns in die besorgniserregende Tiefe, aus der die reaktiven Kräfte hervorbrechen;

4. Aus allen diesen Gründen kann Nietzsche sagen: daß der Wille zur Macht nicht nur interpretiert, sondern auch abschätzt[49]. Interpretieren heißt die Kraft bestimmen, die einer Sache ihren Sinn gibt. Schätzen heißt den Willen zur Macht bestimmen, der einer Sache ihren Wert gibt. Folglich lassen sich die Werte nicht mehr von dem Gesichtspunkt abstrahieren, von dem her sie ihren Wert erhalten, wie auch der Sinn nicht von dem Gesichtspunkt, von dem her er seine Bedeutung erhält. Der Wille zur Macht als genealogisches Element ist dasjenige, aus dem die Bedeutung des Sinns und der Wert der Werte hervorgehen. Er war es, von dem wir zu Beginn des vorhergehenden Kapitels sprachen, ohne doch seinen Namen genannt zu haben. Die Bedeutung eines Sinns besteht in der Qualität der Kraft, die sich in einer Sache ausdrückt: ist diese Kraft aktiv oder reaktiv, und mit welchen Nuancen? Der Wert eines Wertes besteht in der Qualität des Willens zur Macht, der sich in der entsprechenden Sache ausdrückt: ist der Wille zur Macht bejahend oder verneinend, und mit welchen Nuancen? Die Kunst der Philosophie ist noch um so komplizierter, als diese Probleme der Interpretation und Wertschätzung sich wechselseitig aufeinander beziehen, sich von einem ins andere fortsetzen. – Was Nietzsche *vornehm, hoch, Herr* nennt, meint bald die aktive Kraft, bald den bejahenden Willen. Was er *niedrig, gemein, Sklave* nennt, meint bald die reaktive Kraft, bald den verneinenden Willen. Warum diese Worte – auch das werden wir noch später zu verstehen lernen. Aber ein Wert weist immer eine Genealogie auf, von der die Vornehmheit oder Niedrigkeit dessen abhängt, das er uns zu glauben, zu fühlen und zu denken auffordert. Welche

Niedrigkeit in diesem, welche Vornehmheit in jenem Wert ihren Ausdruck finden kann, allein dem Genealogen ist es gegeben, das aufzuklären, da er das differentielle Element zu handhaben weiß: er ist der Meister der Kritik der Werte[50]. Wir entkleiden den Begriff des Wertes jeglichen Sinns, wenn wir nicht einsehen, daß die Werte gleichsam Wasserbehälter sind, die es zu durchlöchern, Statuen, die es zu zerschlagen gilt, um zu finden, was sie enthalten – das Vornehmste oder das Niedrigste. Den zerstreuten Gliedern von Dionysos gleich finden nur die Statuen der Vornehmheit wieder zu ihrer Gestalt. Von der Vornehmheit der Werte im allgemeinen zu sprechen, zeugt von einem Denken, das allzusehr daran interessiert ist, seinen eigenen niedrigen Charakter zu verbergen: als bestünde der Sinn und gerade auch der Wert der Werte insgesamt nicht darin, allem Niedrigen, Gemeinen, Sklavischen als Refugium und Darbietungsstätte zu dienen. Hätte Nietzsche, dieser Schöpfer der Philosophie der Werte, länger gelebt, er hätte mit ansehen können, wie der kritischste Begriff dazu herhalten mußte, dem plattesten und niedrigsten ideologischen Konformismus zu Diensten zu sein und darin selbst zu einem solchen erniedrigt wurde; wie die Hammerschläge der Philosophie der Werte ins Schwenken des Weihrauchgefäßes übergingen; wie Polemik und Aggressivität durch das Ressentiment, diesem kleinlichen Hüter der bestehenden Ordnung, diesem Wachhund der herrschenden Werte, ersetzt wurden; wie die Genealogie in die Hände von Sklaven geriet: ein Vergessen der Qualitäten, ein Vergessen der Herkünfte[51].

8. Herkunft und verkehrtes Bild

Im Ursprung, in der Herkunft, findet sich die Differenz der aktiven und reaktiven Kräfte. Aktion und Reaktion stehen in keinem Verhältnis der Aufeinanderfolge, vielmehr des Nebeneinanders im Ursprung selbst. Daher auch enthüllt sich die Komplizität der aktiven Kräfte mit der Bejahung, der reaktiven Kräfte mit der Verneinung in folgendem Prinzip: das Negative steht immer schon gänzlich auf der Seite der Reaktion. Umgekehrt bejaht sich allein die aktive Kraft, bejaht sie ihre Differenz, macht aus dieser ein Objekt des Genusses und Jasagens. Selbst wenn sie gehorcht, beschränkt die reaktive Kraft die aktive, nötigt ihr partielle Einschränkungen und Restriktionen auf, ist sie stets schon vom Geist des Negativen besessen[52]. Deshalb umfaßt schon die Herkunft in gewisser Weise ein umgekehrtes Bild ihrer selbst: gesehen aus dem Blickwinkel der reaktiven Kräfte, erscheint das genealogische differentielle Element umgekehrt, wird die Differenz zur Verneinung, die Bejahung zum Widerspruch. Mit der Herkunft geht einher das verkehrte Bild derselben: was „Ja“ ist vom Gesichtspunkt der aktiven Kräfte aus, wird „Nein“ von dem der reaktiven Kräfte aus, aus dem Jasagen zu sich selbst wird eine Verneinung des anderen. Dies nennt Nietzsche die „Umkehrung des werte-setzenden Blicks“[53]. Die aktiven Kräfte sind vornehm; aber sie finden sich konfrontiert mit einem pöbelhaften Bild, das durch die reaktiven Kräfte reflektiert wurde. Die Genealogie ist die Kunst der Differenz oder des Rangs, Kunst der Vornehmheit; aber sie sieht sich verkehrt im Spiegel der reaktiven Kräfte. So erscheint denn ihr Bild wie das einer „Evolution“. – Und diese wird bald auf deutsche Art und Weise, als dialektische und hegelsche Entwicklung, als Entfaltung von Widersprüchen, bald auf englische Art und Weise, als utilitäre Derivation, als Entwicklung von Nutzen und Interesse, verstanden. Immer aber findet die wahre Genealogie ihre Karikatur in dem Spiegelbild, das ihr der wesentlich reaktive Evolutionismus entgegenhält: er bildet, ob deutsch oder englisch, das reaktive Bild der Genealogie[54]. So eignet es den reaktiven Kräften, vom Ursprung an die Differenz, die sie allererst und im Ursprung konstituiert, zu verneinen, das differentielle Element, aus dem sie hervorgehen, umzukehren und ein verzerrtes Bild desselben vorzugeben. „*Différence engendre haine*“[55]. Aus diesem Grunde begreifen sie sich auch selbst nicht als Kräfte, ziehen es vielmehr vor, sich gegen sich selbst zu wenden statt als solche sich zu erkennen und die Differenz zu akzeptieren. Die von Nietzsche denunzierte „Mittelmäßigkeit“ des Denkens verweist immer auf die Manie, die Phänomene von reaktiven Kräften aus zu interpretieren und zu schätzen, wobei jede Weise nationalen Denkens die ihren auswählt. Aber diese Manie selbst findet ihren Ursprung in der Herkunft, im verkehrten Bild. Bewußtsein und Gewissen: simple Vergrößerungen dieses reaktiven Bildes . . .

Gehen wir einen Schritt weiter: Gesetzt daß, dank günstiger innerer und äußerer Umstände, die reaktiven Kräfte den Sieg davontragen und die aktiven Kräfte neutralisieren. Damit sind wir aus dem Ursprung heraus: Nicht um ein verkehrtes Bild handelt es sich mehr, sondern um die Entwicklung dieses Bildes, um die Umkehrung der Werte selbst[56]; das Niedere hat sich nach oben gesetzt, die reaktiven Kräfte haben die Oberhand gewonnen. Wenn der Sieg ihnen zufällt, so durch den negativen Willen, durch den Willen zum Nichts, der das Bild entwickelt; aber *ihr* Triumph ist damit kein bloß imaginärer. Zu fragen bleibt: Wie triumphieren die reaktiven Kräfte? Anders gefragt: Wenn sie über die aktiven Kräfte siegen, werden dann ihrerseits sie zu den herrschenden, aggressiven und unterwerfenden Kräften, erstellen dann sie alle gemeinsam eine sehr viel größere Kraft, die wiederum aktiv ist? Nietzsches Antwort: Die reaktiven Kräfte bilden, selbst wenn sie sich vereinigen, keine größere Kraft, die zudem noch aktiv wäre. Sie gehen ganz anders vor: sie lösen auf; *sie trennen die aktive Kraft von dem, was sie kann;* sie entziehen der aktiven Kraft einen Teil ihrer Macht, fast die ganze; damit werden sie nicht etwa selbst aktiv, im Gegenteil; sie richten es so ein, daß die aktive Kraft sich zu ihnen gesellt, selbst in einem neuen Sinn reaktiv wird. Wir ahnen, daß ausgehend von seinem Ursprung und sich dann entwickelnd, der Begriff der Reaktion seine Bedeutung ändert: Eine aktive Kraft *wird* (in einem neuen Sinn) *reaktiv*, wenn (im alten Sinn) reaktive Kräfte sie von dem trennen, was sie kann. Wie eine solche Trennung im einzelnen möglich ist, wird Nietzsche analysieren, doch kann jetzt schon festgehalten werden, daß er, mit Bedacht, den Sieg der reaktiven Kräfte niemals als Zusammensetzung einer gegenüber der aktiven Kraft höheren Kraft darstellt, sondern immer als einen Entzug und eine Wegnahme. Nietzsche wird ein ganzes Buch der Untersuchung dieser Figuren des reaktiven Triumphes in der Welt des Menschen, also dem Ressentiment, dem schlechten Gewissen, dem asketischen Ideal, widmen; in jedem einzelnen Fall wird er zeigen, daß die reaktiven Kräfte nicht siegen, indem sie eine höhere Kraft bilden, sondern indem sie die aktive Kraft „abtrennen". Und in jedem einzelnen Fall beruht diese Abtrennung, Absonderung auf einer Fiktion, einer Mystifikation oder Falsifikation. Der Wille zum Nichts ist es, der das negative und verkehrte Bild entwickelt, er besorgt das Abziehen. Nun besteht in diesem Verfahren des Abziehens immer etwas Imaginäres, von dem der negative Gebrauch der Zahl Zeugnis ablegt. Wenn wir also eine numerische Transkription des Sieges der reaktiven Kräfte vornehmen wollen, so dürfen wir keine Addition in Anschlag bringen, durch die die reaktiven Kräfte stärker als die aktive Kraft würden, sondern eine Subtraktion, die die aktive Kraft von dem trennt, was sie kann, die deren Differenz verneint, um aus ihr selbst eine reaktive Kraft zu machen. Infolgedessen genügt es nicht, daß die Reaktion den Sieg davonträgt, um dieser ihrer Eigenschaft, Reaktion zu sein, ein Ende zu bereiten. Im Gegenteil. Die aktive Kraft wird von dem, was sie kann, mittels einer Fiktion getrennt, sie wird damit nicht minder real reaktiv, ja gerade durch dieses Mittel wird sie wirklich reaktiv. Von daher ist Nietzsches Gebrauch der Worte „gemein", „niedrig", „Sklave" zu verstehen: sie bezeichnen den Zustand der reaktiven Kräfte, die sich nach oben setzen, die die aktive Kraft in eine Falle ziehen und derart die Herren durch Sklaven ersetzen, die nicht aufhören, Sklaven zu sein.

9. Das Problem des Messens der Kräfte

Aus diesem Grunde können wir die Kräfte weder mit einer abstrakten Einheit messen, noch deren jeweilige Quantität und Qualität bestimmen, indem als Kriterium der reale Zustand der Kräfte innerhalb eines Systems genommen wird. Wir sagten: Die aktiven Kräfte sind die höheren, die herrschenden, die stärksten Kräfte. Aber die Kräfte niederen Rangs können siegen, ohne damit aufzuhören, von geringer Quantität, reaktiver Qualität und auf ihre Art Sklaven zu sein. Einer der größten Aussprüche des *Willens zur Macht* lautet: „man hat die Starken immer zu beweisen gegen die Schwachen“[58]. Man kann sich nicht auf den faktischen Zustand eines Systems von Kräften und nicht auf den Ausgang des Kampfes zwischen ihnen stützen, um dann den Schluß zu ziehen: diese sind aktiv, jene reaktiv. Gegen Darwin und den Evolutionismus gerichtet vermerkt Nietzsche: „Gesetzt aber, es gibt diesen Kampf – und in der Tat, er kommt vor –, so läuft es leider umgekehrt aus, als die Schule Darwin wünscht, als man vielleicht mit ihr wünschen *dürfte:* nämlich zuungunsten der Starken, der Bevorrechtigten, der glücklichen Ausnahmen“[59]. Zunächst auch in diesem Sinne ist die Interpretation eine so schwierige Kunst: Wir müssen urteilen, ob die siegreichen Kräfte von niederem oder höherem Rang, ob sie reaktiv oder aktiv sind; ob sie als *Beherrschte* oder als Herrschende den Sieg davontragen. In diesem Bereich gibt es keine Tatsachen, sondern nur Interpretationen. Man darf das Messen der Kräfte nicht wie ein abstraktes physikalisches Verfahren begreifen, sondern wie den fundamentalen Akt einer konkreten Physik, nicht wie eine indifferente Technik, sondern wie die Kunst, die Differenz und die Qualität unabhängig vom faktischen Zustand zu interpretieren. (Bisweilen sagt Nietzsche: „abseits von allen bestehenden Gesellschaftsordnungen“[60].)

Dieses Problem ruft eine alte Polemik, eine berühmte Diskussion zwischen Kallikles und Sokrates ins Gedächtnis zurück. Wie verwandt scheint uns dabei Nietzsche dem Kallikles, dieser unmittelbar durch Nietzsche zur Vollendung geführt. Kallikles ist bemüht, Natur und Gesetz zu unterscheiden. Er nennt Gesetz alles das, was eine Kraft von dem trennt, was sie kann; in diesem Sinne bringt es den Triumph der Schwachen über die Starken zum Ausdruck. Nietzsche setzt hinzu: Triumph der Reaktion über die Aktion. Reaktiv ist in der Tat alles, was eine Kraft abtrennt; reaktiv ist weiterhin der Zustand einer Kraft, die von dem getrennt ist, was sie kann. Aktiv demgegenüber ist jede Kraft, die bis ans Ende ihrer Macht geht.

Wenn eine Kraft so weit vorstößt, dann ist dies kein Gesetz, vielmehr dessen Gegenteil[61]. – Sokrates gibt Kallikles zur Antwort: Es ist nicht angebracht, zwischen Natur und Gesetz zu unterscheiden; wenn die Schwachen siegen, so deshalb, weil sie alle vereinigt eine stärkere Kraft bilden als die des Starken; das Gesetz triumphiert vom Standpunkt der Natur selbst aus. Kallikles freilich grämt sich nicht, unverstanden geblieben zu sein, und hebt neuerlich an: Der Sklave hört nicht auf, Sklave zu sein, selbst wenn er siegt; siegen die Schwachen, so nicht, weil sie eine stärkere Kraft erstellen, sondern weil sie die Kraft von dem abtrennen, was sie kann. Abstrakt kann man die Kräfte nicht vergleichen; die vom Gesichtspunkt der Natur aus konkrete Kraft ist es, die bis zu den letzten Konsequenzen fortschreitet, bis ans Ende aller Macht und Begierde geht. Sokrates wirft ein zweites Mal ein: Was für dich zählt, Kallikles, ist die Lust . . . Du bestimmst alles durch die Lust . . .

Schwerlich ist zu verkennen, was sich zwischen dem Sophisten und dem Dialektiker abspielt: auf welcher Seite die Redlichkeit, aber auch die Strenge des Gedankengangs steht. Kallikles ist aggressiv, hegt aber kein Ressentiment. Er zieht es vor, aufs Reden zu verzichten; klar, daß Sokrates beim erstenmal nicht versteht, und beim zweitenmal von etwas anderem spricht. Wie wäre auch Sokrates einsichtig zu machen, daß die „Begierde" keine Verknüpfung von Lust und Schmerz, Schmerz, sie zu empfinden, Lust, sie zu befriedigen, ist? Daß Lust und Schmerz nur Reaktionen, Eigenschaften reaktiver Kräfte, Feststellungen über Angepaßtheit oder Unangepaßtheit, sind? Und wie ihm zu verstehen geben, daß die Schwachen zusammen keine stärkere Kraft ergeben? Sokrates hat zum einen nicht verstanden, zum andren gar nicht zugehört: so sehr ist er beseelt von dialektischem Ressentiment und vom Geist der Rache. Er, der doch den anderen so viel abverlangt, und so rechthaberisch und kleinlich ist, wenn man ihm antwortet . . .

10. Die Rangfolge

Auch Nietzsche trifft auf seine Sokrates'. Es sind die „Freigeister". Sie sagen: Worüber klagt ihr? Wie hätten die Schwachen obsiegen können, hätten sie nicht selbst eine überlegenere Kraft gebildet? „Fügen wir uns in die Tatsachen: das Volk hat gesiegt"[62].

Darin dokumentiert sich der moderne Positivismus: Man gibt vor, die Werte zu kritisieren, sich jeder Berufung auf transzendente Werte zu entsagen, erklärt sie für überholt, aber doch nur, um sie alsbald als Kräfte wiederzufinden, die die heutige Welt führen. Kirche, Moral, Staat, usw.: deren Wert wird nur diskutiert, um ihre humane Kraft, ihren humanen Gehalt zu bewundern. Der Freigeist ist von der besonderen Manie besessen, alle Gehalte, alles Positive aufzuarbeiten, freilich ohne sich jemals über die Eigenart dieser sogenannten positiven Inhalte noch über die Herkunft oder Qualität der entsprechenden humanen Kräfte irgendeine Frage zu stellen. Dies nennt Nietzsche den „*faitalisme*"[63]. Der Freigeist will den Gehalt der Religion wieder verwerten, ohne sich je zu fragen, ob diese nicht gerade die niedersten Kräfte des Menschen enthält, von denen zu wünschen wäre, daß sie draußen blieben. Deshalb ist es auch nicht möglich, dem Atheismus eines selbst demokratischen und sozialistischen Freigeistes Vertrauen entgegenzubringen: „Die Kirche widersteht uns, *nicht* ihr Gift . . ."[64]. Der Positivismus und Humanismus des Freigeistes ist wesentlich durch Folgendes ausgezeichnet: den Fatalismus, das Unvermögen zu interpretieren, die Unkenntnis über die Qualitäten der Kraft. Sobald nur etwas als humane Kraft oder als eine humane Tatsache in Erscheinung tritt, klatscht der Freigeist lautstark Beifall, ohne sich zu fragen, ob diese Kraft nicht niederer Herkunft und jene Tatsache nicht das Gegenteil einer Tatsache hohen Rangs ist: „Menschliches, Allzumenschliches". Da er nicht die Qualitäten der Kräfte in Betracht zieht, steht der Freigeist seiner Anlage nach in den Diensten der reaktiven Kräfte und drückt deren Sieg aus. Denn die Tatsache ist stets die der Schwachen gegen die Starken; „das Faktum (ist) immer dumm und (hat) zu allen Zeiten einem Kalbe ähnlicher gesehen als einem Gotte"[65]. Vom Freigeist hebt Nietzsche den *freien Geist* ab, den Geist der Interpretation selbst, der die Kräfte vom Standpunkt ihrer Herkunft und ihrer Qualität beurteilt: „Tatsachen gibt es nicht, nur *Interpretationen*"[66].

Die Kritik des Freigeistes stellt ein grundlegendes Thema im Werk Nietzsches dar – zweifellos, weil diese einen Standpunkt aufdeckt, von dem aus die verschiedenen Ideologien alle auf einmal angegangen werden können: der Positivismus ebenso wie der Humanismus und die Dialektik. Und darin: der Hang zu den Tatsachen im Positivismus, die Lobpreisung des humanen Faktums im Humanismus, die Manie der Dialektik, alle humanen Gehalte neuerlich aufzuarbeiten und zu verwerten.

Das Wort *Rangfolge* besitzt bei Nietzsche zwei Bedeutungen. Es bezeichnet zunächst die Differenz zwischen aktiven und reaktiven Kräften, die Überlegenheit der aktiven über die reaktiven Kräfte. Nietzsche kann demgemäß von einer „unverrückbare(n) eingeborne(n) Rangfolge" sprechen[67]; zudem ist das Problem der Rangfolge selbst das Problem der freien Geister[68]. Rangfolge bezeichnet aber auch den Triumph der reaktiven Kräfte, die Ansteckung durch dieselben und die daraus folgende komplexe Organisation, worin die Schwachen Sieger und die Starken angesteckt werden, worin der Sklave, wenngleich immer noch Sklave, den Sieg über den Herrn davongetragen hat, der aufgehört hat, ein solcher zu sein: der Beginn der Herrschaft von Tugend und Gesetz. In dieser zweiten Bedeutung bilden Moral und Religion weiterhin Theorien der Rangfolge[69]. Beim Vergleich beider Bedeutungen wird deutlich, daß die zweite gleichsam das Spiegelbild der ersten darstellt. Wir machen die Kirche, die Moral, den Staat zu den Herren, zu den Inhabern einer jeden Rangfolge. Uns ist die Rangfolge gegeben, die uns jeweils gebührt, wir, die wir im Innersten reaktiv sind, die wir den Sieg der Reaktion für eine Metamorphose der Aktion halten, und die Sklaven für die neuen Herren – wir, die wir die Rangfolge nur als verkehrte anerkennen.

Nietzsche heißt schwach oder Sklave nicht den weniger Starken, sondern den, der, welche Kraft er auch immer haben mag, von dem getrennt ist, was er kann. Der weniger Starke ist ebenso stark wie der Starke, wenn er bis ans Ende geht, weil die List, die Subtilität, die geistige Wendigkeit, ja der Charme, womit er seine mindere Kraft ausgleicht und ergänzt, gerade auch zu dieser Kraft gehören und sie es vollbringen, daß sie nicht weniger ist[70]. Das Maß der Kräfte und ihre Qualifikation hängt nicht im mindesten von der absoluten Quantität, vielmehr von der relativen Wirkung ab. Man kann Kraft, Stärke und Schwäche nicht beurteilen, wenn man als deren Kriterium den Ausgang des Kampfes und den Erfolg nimmt. Denn, noch einmal, es sind allemal die Schwachen, die gewinnen: dies macht gerade das Wesen der Tatsache aus. Kräfte können nur beurteilt werden, wenn erstens ihre Qualität: ob aktiv oder reaktiv, berücksichtigt wird; wenn zweitens die Affinität dieser Qualität mit dem entsprechenden Pol des Willens zur Macht: ob bejahend oder verneinend; wenn drittens die Qualitäts-Nuance, die die Kraft an diesem oder jenen Zeitpunkt ihrer Entwicklung, im Verhältnis zu ihrer Affinität, aufweist, in Betracht gezogen werden. Infolge dessen ist die reaktive Kraft: 1. nützliche Kraft, Kraft der Anpassung und partiellen Beschränkung; 2. Kraft, die die aktive Kraft von dem trennt, was diese kann, die die aktive Kraft verneint (Triumph der Schwachen über die Starken); 3. Kraft, die getrennt ist von dem, was sie kann, die sich selbst verneint, die sich gegen sich selbst kehrt (Herrschaft der Schwachen oder Sklaven). Parallel dazu ist die aktive Kraft: 1. plastische Kraft, beherrschend und unterjochend; 2. Kraft, die bis zum Ende dessen geht, was sie kann; 3. Kraft, die ihre Differenz bejaht, die aus ihrer Differenz ein Objekt der Lust und

Bejahung macht. Konkret und vollständig sind Kräfte nur dann bestimmt, wenn diese drei Eigenschaftspaare alle auf einmal berücksichtigt werden.

11. Wille zur Macht und Machtgefühl

Wir wissen, was der Wille zur Macht ist: nämlich das differentielle, das genealogische Element, das das Verhältnis der Kraft zur Kraft bestimmt und die Qualität der Kraft hervorbringt. Daher muß *sich* auch der Wille zur Macht in der Kraft als solcher *äußern*. Die Untersuchung der Äußerungsformen des Willens zur Macht muß mit größter Sorgfalt durchgeführt werden, hängt davon doch gänzlich der Dynamismus der Kräfte ab. Aber was bedeutet: Der Wille zur Macht äußert sich? Das Verhältnis der Kräfte ist in jedem einzelnen Fall dadurch bestimmt, daß eine Kraft, niederen oder höheren Rangs, von einer anderen *affiziert* wird. Daraus folgt, daß der Wille zur Macht sich als ein Vermögen, affiziert zu werden, äußert. Dieses Vermögen ist keine abstrakte Möglichkeit: es wird in jedem Augenblick ausgefüllt und verwirklicht durch die anderen Kräfte, mit denen jene in Beziehung steht. Man möge sich über die zwei Momente im Willen zur Macht nicht verwundern: daß der Wille vom Gesichtspunkt ihrer Genesis und Produktion aus die Beziehungen der Kräfte untereinander bestimmt; daß er zugleich aber auch durch die in Beziehung stehenden Kräfte selbst bestimmt wird, vom Gesichtspunkt seiner eigenen Äußerung aus. So ist der Wille zur Macht immer schon bestimmt, wie er zugleich selbst bestimmt, immer schon qualifiziert, wie er zugleich selbst qualifiziert. Der Wille zur Macht äußert sich demzufolge zunächst als Vermögen, affiziert, als bestimmtes Vermögen der Kraft, selbst affiziert zu werden. – Schwer nur läßt sich an dieser Stelle eine spinozistische Inspiration bei Nietzsche leugnen. Spinoza hatte in einer tiefgründigen Theorie zu erweisen versucht, daß einer jeden Kraftqualität ein Vermögen, affiziert zu werden, korrespondiere. Ein Körper sollte um so mehr Kraft aufweisen, je mehr Arten, affiziert zu werden, ihm eignen. Dieses Vermögen sollte die Kraft eines Körpers messen oder seine Stärke und Macht zum Ausdruck bringen. Einerseits war dieses Vermögen nicht nur eine bloße logische Möglichkeit: in jedem Augenblick sollte es durch die Körper, mit denen es in Beziehung stand, zum Wirken gebracht werden. Es war andrerseits nicht physische Passivität: passiv sollten allein die Affektionen sein, deren adäquate Ursache nicht der betrachtete Körper war[71].

Bei Nietzsche ist es ebenso: Das Vermögen, affiziert zu werden, bedeutet nicht notwendig Passivität, sondern Affektivität, Sensibilität, Empfindung. In diesem Sinne sprach Nietzsche, schon bevor er den Begriff des Willens zur Macht sich erarbeitet und ihm seine umfassende Bedeutung zuerkannt hatte, von einem *Machtgefühl:* Macht wurde da noch von ihm als Sache des Gefühls und der Sensibilität erachtet, bevor es später zu einer Sache des Willens werden sollte. Aber auch als der umfassende Begriff des Willens zur Macht einmal ausgearbeitet war, verschwand die ursprüngliche Charakteristik keineswegs gänzlich – sie wurde so zur Äußerung, Manifestation des Willens zur Macht. Deshalb spricht Nietzsche fortwährend davon, daß dieser „die primitive Affektform ist", aus der alle anderen Affekte hervorgehen, nur „Ausgestaltungen" derselben sind[72]. Oder noch besser: „Der Wille zur Macht nicht ein Sein, nicht ein Werden, sondern ein *Pathos*"[73]. Das heißt: Der Wille manifestiert sich als Sensibilität der Kraft; das differentielle Element der Kräfte äußert sich als deren differentielle Sensibilität. Tatsache ist „– daß der Wille zur Macht es ist, der auch die unorganische Welt führt, oder vielmehr, daß es keine unorganische Welt gibt. Die ‚Wirkung in der Ferne' ist nicht zu beseitigen: *Etwas zieht etwas anderes heran, etwas fühlt sich gezogen.* Dies ist die Grundtatsache . . . damit dieser Wille zur Macht sich äußern könne, er jene Dinge wahrnehmen muß, welche er zieht, daß er *fühlt*, wenn sich ihm etwas nähert, das ihm assimilierbar ist"[74]. Die Affektionen einer Kraft sind aktiv in dem Maße, wie die Kraft sich das aneignet, was ihr widersteht, in dem Maße, wie sie unterlegene Kräfte dazu bringt, zu gehorchen. Umgekehrt werden die Affektionen erlitten, oder vielmehr zum Wirken gebracht, wenn die Kraft von überlegenen Kräften, denen sie gehorcht, affiziert wird. Auch hier noch ist gehorchen eine Äußerungsform des Willens zur Macht. Eine Kraft niederen Rangs kann aber auch den Zerfall von Kräften höheren Rangs, deren Spaltung, eine Entladung von Energie, die jene aufgestaut hatten, nach sich ziehen; Nietzsche liebt es in diesem Kontext, die Phänomene des Zerfalls der Atome, der Spaltung des Protoplasmas und der Zeugung von Lebenden einander anzunähern[75]. Und nicht nur auflösen, spalten, trennen drücken den Willen zur Macht aus, sondern auch: auflösen lassen, gespalten und getrennt werden. „Die Zweiheit erscheint als Folge des Willens zur Macht"[76]. Bei Vorhandensein zweier Kräfte, einer untergeordneten und einer übergeordneten, wird einsichtig, wie das Vermögen einer jeden, affiziert zu werden, ausgefüllt wird. Doch geschieht dies nur dann, wenn auch die entsprechende Kraft in eine Geschichte oder in ein sinnliches Werden eintritt: 1. aktive Kraft, Macht zu wirken oder zu befehlen; 2. reaktive Kraft, Macht zu gehorchen oder zum Wirken gebracht zu werden; 3. entwickelte

reaktive Kraft, Macht zu spalten, zu trennen, abzusondern; 4. reaktiv gewordene aktive Kraft, Macht, getrennt zu werden, sich gegen sich selbst zu kehren[77].
Die Sensibilität als Ganze ist nichts denn ein Werden von Kräften: Es gibt einen Kreislauf der Kraft, in dessen Verlauf diese „wird" (zum Beispiel wird die Kraft reaktiv). Es gibt sogar mehrere Werden von Kräften, die sich gegenseitig bekämpfen können[78]. Daher ist es gleichermaßen unzureichend, die jeweiligen Eigenschaften der aktiven und reaktiven Kräfte parallel wie sie in einen Gegensatz zu setzen. Aktiv und reaktiv bilden die Qualitäten der Kraft, die aus dem Willen zur Macht hervorgehen. Dieser aber besitzt selbst Qualitäten, *sensibilia,* die gleichsam das verschiedenartige Werden der Kräfte ausmachen. Der Wille zur Macht äußert sich erstens als Sensibilität der Kräfte, zweitens als deren sinnliches Werden: Pathos ist das elementare Faktum, dem ein Werden entspringt[79]. Das Werden der Kräfte allgemein darf nicht mit den Qualitäten der Kraft konfundiert werden: es ist das Werden dieser Qualitäten selbst, die Qualität des Willens zur Macht in eigener Gestalt. Aber gerade deshalb wird man ebenso wenig die Qualitäten der Kraft von ihrem Werden wie die Kraft vom Willen zur Macht trennen können: Die konkrete Untersuchung der Kräfte impliziert notwendig eine Dynamik.

12. Das Reaktiv-werden der Kräfte

In Wahrheit allerdings führt uns der Dynamismus zu einer betrüblichen Schlußfolgerung. Wenn die reaktive Kraft die aktive von dem trennt, was diese kann, dann wird diese ihrerseits reaktiv. *Die aktiven Kräfte werden reaktiv.* Überdies muß das Wort „Werden" in seiner stärksten Bedeutung genommen werden: das Werden der Kräfte kommt als Reaktiv-werden zum Vorschein. Gibt es nicht anderes Werden? Es bleibt dabei, daß wir kein anderes Werden fühlen, erfahren, erkennen als das Reaktiv-werden. Nicht nur die Existenz reaktiver Kräfte stellen wir fest, sondern allenthalben ihren Sieg. Wodurch siegen sie? Durch den Willen zum Nichts, dank der Affinität der Reaktion zur Verneinung. Was ist die Verneinung? Eine Qualität des Willens zur Macht, sie qualifiziert diesen als Nihilismus oder als Willen zum Nichts, sie konstituiert das Reaktiv-werden der Kräfte. Falsch wäre die Erklärung, daß die aktive Kraft reaktiv wird, weil die reaktiven Kräfte siegen; sie siegen vielmehr, weil sie, indem sie die aktive Kraft von dem trennen, was diese kann, diese dem Willen zum Nichts wie gleichermaßen einem Reaktiv-werden ausliefern, das tiefer reicht als sie selbst. Deshalb sind die Figuren des Sieges der reaktiven Kräfte (Ressentiment, schlechtes Gewissen, asketisches Ideal) zunächst die Formen des Nihilismus. Das Reaktiv-werden der Kraft, das nihilistische Werden scheint wesentlich im Verhältnis der Kraft zur Kraft beschlossen. – Gibt es ein anderes Werden? Alles fordert uns auf, es virtuell zu „denken“. Aber dazu bedürfte es einer anderen Sensibilität, einer anderen Art und Weise des Fühlens, wie Nietzsche oft sagt. Wir können auf diese gerade ins Auge gefaßten Frage noch nicht antworten, aber uns doch schon fragen, warum wir nur ein Reaktiv-werden fühlen und erkennen. Vielleicht, weil der Mensch im Innersten seiner selbst reaktiv, das Reaktiv-werden ihm konstitutiv ist? Ressentiment, schlechtes Gewissen und asketisches Ideal stellen keine Merkmale einer Psychologie dar, vielmehr das Fundament der Humanität des Menschen. Sie sind das Prinzip des menschlichen Wesens schlechthin. Der Mensch, Hautkrankheit der Erde, Reaktion der Erde . . .[80]. In diesem Sinne spricht Nietzsche vom „großen Mißtrauen“ gegenüber dem Menschen, vom „großen Überdruß“. Wären denn eine andere Sensibilität, ein anderes Werden noch die des Menschen?

Diese Kondition des Menschen ist von allergrößter Bedeutsamkeit für die ewige Wiederkehr. Sie scheint diese zu kompromittieren und zu untergraben, so daß sie selbst zum Objekt von Furcht, Widerwillen und Überdruß wird. Selbst wenn die aktiven Kräfte wiederkehren, werden sie erneut reaktiv, und auf immer. Die ewige Wiederkunft der reaktiven Kräfte, mehr noch: die Rückkehr des Reaktiv-werdens der Kräfte. Zarathustra präsentiert den Gedanken der ewigen Wiederkunft nicht nur als mysteriösen und geheimnisvollen, sondern auch als abstoßenden, schwer zu ertragenden Gedanken[81]. Der ersten Darstellung der ewigen Wiederkunft folgt eine seltsame Vision: die eines Hirten, „sich windend, würgend, zukkend, verzerrten Antlitzes, dem eine schwere schwarze Schlange aus dem Munde hing“[82]. Später erläutert Zarathustra diese Vision: „Der große Überdruß am Menschen – *der* würgte mich und war mir in den Schlund gekrochen . . . Ewig kehrt er wieder, der Mensch, dessen du müde bist, der kleine Mensch . . . ach, der Mensch kehrt ewig wieder! . . . Und ewige Wiederkehr auch des Kleinsten! – das war mein Überdruß an allem Dasein! Ach, Ekel! Ekel! Ekel!“[83] Die ewige Wiederkehr des armseligen, kleinen, reaktiven Menschen läßt den Gedanken der ewigen Wiederkunft nicht nur zu etwas Unerträglichem werden – sie macht ihn zu etwas Unmöglichem, zu etwas in sich Widersprüchlichem. Die Schlange verkörpert zwar ein Tier der ewigen Wiederkehr; aber in dem Maße, wie die ewige Wiederkehr die reaktiver Kräfte ist, entrollt sie sich und wird eine „schwarze schwere Schlange", die aus dem Munde hängt, der anhob zu sprechen. Wie vermöchte sich auch die ewige Wiederkehr, dies Sein des Werdens, in einem nihilistischen Werden bejahen können? Damit dies geschehen kann, muß der Kopf der Schlange abgebissen und ausgespuckt werden. Dann erst ist der Hirte nicht Mensch, nicht Hirte mehr: „ein Verwandelter, ein Umleuchteter, welcher *lachte*! Niemals noch auf Erden lachte je ein Mensch, wie *er* lachte!"[84] Ein anderes Werden, eine andere Sensibilität: der Übermensch.

13. Die Ambivalenz des Sinns und der Werte

Ein anderes Werden als jenes, das wir kennen: ein Aktivwerden der Kräfte, der reaktiven Kräfte. Die Bewertung eines solchen Werdens wirft zahlreiche Fragen auf, und ein letztes Mal soll sie uns dazu dienen, von der systematischen Kohärenz der nietzscheschen Begriffe innerhalb der Theorie der Kraft Zeugnis abzulegen. – Eine erste Hypothese schaltet sich ein: Nietzsche nennt aktiv die Kraft, die bis ans Ende ihrer Konsequenzen geht; folglich wird eine aktive Kraft, die durch die reaktive Kraft von dem getrennt wird, was sie kann, selbst reaktiv; aber geht nicht auch diese reaktive Kraft bis ans Ende dessen, was sie kann – auf ihre Weise? „. . . diese strenge und grandiose Dummheit . . ." wird Nietzsche schreiben[85]. Die Hypothese erinnert an einen Einwand von Sokrates, unterscheidet sich jedoch faktisch von ihm. Man wird nicht mehr sagen wollen, wie noch Sokrates, daß die unterlegenen Kräfte nur siegen, weil sie eine stärkere Kraft bilden, vielmehr, daß die reaktiven Kräfte nur siegen, wenn sie bis ans Ende ihrer eigenen Konsequenzen gehen, wenn sie folglich eine aktive Kraft erstellen.

Es ist evident, daß eine reaktive Kraft von unterschiedlichen Blickwinkeln aus betrachtet werden kann. Eine Krankheit beispielsweise trennt mich von dem, was ich kann: eine reaktive Kraft, macht sie mich selbst reaktiv, beschneidet meine Möglichkeit und schwört mich auf ein begrenztes Milieu ein, dem ich mich nur noch anpassen kann. Auf eine andere Weise offenbart sie mir aber auch eine neue Macht und Stärke, stattet mich mit einem Willen aus, den ich zu dem meinen machen kann, indem ich bis ans Ende dessen gehe, was diese seltsame Macht mir gibt. (Diese extreme Macht bringt mancherlei ins Spiel, darunter dies: „Von der Kranken-Optik aus nach *gesünderen* Begriffen und Werten" sehend[86].) In diesen Ausführungen wird eine Ambivalenz erkennbar, die Nietzsche teuer zu sein scheint: Von allen Kräften, deren reaktiven Charakter er bloßstellt, gesteht er einige Seiten oder Zeilen weiter, daß sie ihn faszinierten, daß sie sublim ihres Blickwinkels wegen seien, den sie uns eröffnen und ihres beunruhigenden Willens zur Macht wegen, von dem sie zeugen. Uns von unserer eigenen Macht trennend, verleihen sie uns zugleich eine neue Macht, die ach so „gefährlich“ und „interessant“ ist. Sie verschaffen uns neue Affektionen, lehren uns neue Arten, affiziert zu werden. Im Reaktiv-werden steckt etwas Bewundernswertes – und etwas Gefährliches. Nicht nur der kranke, auch der religiöse Mensch weist diesen zweifachen Aspekt auf: ist einerseits reaktiver Mensch und andrerseits Mensch mit neuer Macht und Stärke[87]. „Die menschliche Geschichte wäre eine gar zu dumme Sache ohne den Geist, der von den Ohnmächtigen her in sie gekommen ist“[88]. Immer wenn Nietzsche von Sokrates, von Christus, vom Judentum und vom Christentum zu sprechen anhebt, wird er jene gleiche Ambivalenz in den Dingen, Wesen und Kräften zutage bringen.

Freilich, ist es dieselbe Kraft, die mich von dem trennt, was ich kann, und die mich mit neuer Macht versieht? Ist es dieselbe Krankheit, ist es derselbe Kranke, der Sklave seiner Krankheit ist und der sich ihrer bedient als Mittel der Erforschung, der Herrschaft, des Mächtigseins? Ist es dieselbe Religion, die der Treuen, dieser blökenden Schafe, und die gewisser Priester, die neuen „Raubvögeln“ gleichen? In der Tat sind es nicht dieselben reaktiven Kräfte, sie ändern ihre Nuancen je nach Affinitätsgrad zu dem Willen zum Nichts. Eine reaktive Kraft, die, beides zugleich, sowohl gehorcht wie Widerstand leistet; eine reaktive Kraft, die die aktive von dem trennt, was diese kann; eine reaktive Kraft, die die aktive ansteckt, sie endlich bis ins Reaktiv-werden, bis in den Willen zum Nichts zieht; eine reaktive Kraft, die zunächst aktiv war, dann, von ihrer Macht getrennt, reaktiv wurde und in den Abgrund gezerrt wurde und sich gegen sich selbst kehrte: dies alles sind unterschiedliche Nuancen, unterschiedliche Affektionen, unterschiedliche Typen, dem Genealogen zur Interpretation aufgegeben, da kein anderer sie auszulegen weiß. „Brauche ich, nach alledem, zu sagen, daß ich in Fragen der *décadence erfahren* bin? Ich habe sie vorwärts und rückwärts buchstabiert. Selbst jene Filigran-Kunst des Greifens und Begreifens überhaupt, jene Finger für *nuances,* jene Psychologie des ‚Um-die-Ecke-Sehens‘ und was sonst mir eignet“[89]. Problem der Interpretation: in jedem einzelnen Fall den jeweiligen Zustand der reaktiven Kräfte deuten, d. h. den von ihnen gegenüber der Verneinung, dem Willen zum Nichts erreichten Entwicklungsstand. – Das gleiche Problem stellt sich für die aktiven Kräfte: in jedem einzelnen Fall ihre Nuancen oder ihren Zustand deuten, d. h. den Entwicklungsstand des Verhältnisses zwischen Aktion und Bejahung. Es gibt reaktive Kräfte, die grandios und faszinierend werden, gesetzt sie folgen dem Wissen zum Nichts – und es gibt aktive Kräfte, die abfallen, weil sie nicht den Mächten der Affirmation zu folgen vermögen (wie noch zu sehen sein wird, gestaltet sich hier das von Nietzsche so benannte Problem der „Kultur" oder des „höheren Menschen"). Am Ende offenbart die Wertschätzung noch tiefere Ambivalenzen als die Interpretation. Die Bejahung von der Verneinung aus, und diese von jener aus bewerten; den bejahenden Willen vom nihilistischen Willen und den nihilistischen Willen vom Willen, der jasagt, aus abschätzen: darin beruht die Kunst des Genealogen, der Arzt ist: „Von der Kranken-Optik aus nach *gesünderen* Begriffen und Werten, und wiederum umgekehrt aus der Fülle und Selbstgewißheit des *reichen* Lebens hinuntersehn in die heimliche Arbeit des Décadence-Instinkts ...".

Wie ambivalent indessen Sinn und Werte auch immer sein mögen, können wir daraus doch nicht folgern, daß eine reaktive Kraft aktiv wird, indem sie bis ans Ende dessen geht, was sie kann. Denn „bis ans Ende gehen", „bis zu den letzten Konsequenzen schreiten" eignet zwei Bedeutungen, je nachdem, ob man bejaht oder verneint, zu seiner eigenen Differenz jasagt oder das verneint, was von einem unterschieden ist. Entwickelt eine reaktive Kraft ihre letzten Konsequenzen, so im Verhältnis zur Verneinung, zum Willen zum Nichts, die ihr als Antrieb dienen. Das Aktiv-werden demgegenüber setzt die Affinität der Aktion zur Bejahung voraus; damit eine Kraft aktiv wird, reicht nicht aus, daß sie so weit schreitet, wie sie kann – sie muß dies, was sie kann, zum Gegenstand der Bejahung machen. Das Aktiv-werden ist affirmatorisch und bejahend, wie das Reaktivwerden verneinend und nihilistisch.

14. Zweiter Aspekt der ewigen Wiederkehr: als ethischer und züchtender Gedanke

Weder gefühlt noch erkannt, kann das Aktiv-werden nur gedacht werden als Resultat einer *Züchtung*, Selektion. Simultane zwiefache Züchtung: der Aktivität der Kraft und der Bejahung im Willen. Wer aber vermag die Züchtung zu vollziehen? Wer dient als selektives Prinzip? Nietzsches Antwort: die ewige Wiederkunft. Jüngst noch Gegenstand von Überdruß und Ekel, überwindet die ewige Wiederkunft denselben und macht Zarathustra zu einem „Genesenden"[90]. In welchem Sinne nun ist die ewige Wiederkunft züchtend, selektiv? Zunächst einmal, weil sie, als Gedanke, dem Willen eine praktische Regel vorgibt[91]. Eine Regel, die nicht minder streng ist als der Kantische Imperativ. Wie bemerkt, gab die ewige Wiederkehr, als physikalische Doktrin, die neue Formel der spekulativen Synthese ab. Als ethischen Gedanken gibt sie die neue Formel der praktischen Synthese wieder: *Was Du willst, will es derart, daß Du darin auch die ewige Wiederkehr willst.* Die Frage bei allem, was du tun willst: ‚Ist es so, daß ich es unzählige Male tun will?', ist das größte Schwergewicht"[92]. Eines auf der Welt stößt Nietzsche allemal ab: die kleinen Kompensationen, die kleinen Freuden, die kleinen Vergnügungen, all das, was man sich einmal, und nur einmal, gönnt. All das, was man am nächsten Tag nicht noch einmal machen kann, ohne sich am Vorabend sagen zu müssen: morgen werde ich es nicht wieder tun – all dies ganze Zeremoniell des Zwangsneurotikers. Darin gleichen wir jenen alten Damen, die sich einen Exzeß nur ein einziges Mal erlauben, handeln wir wie sie und denken wir wie sie. „Ach, daß ihr alles halbe Wollen von euch abtätet und entschlossen würdet zur Trägheit wie zur Tat! Ach, daß ihr mein Wort verstündet: ‚Tut immerhin, was ihr wollt – aber seid erst solche, die *wollen können*!'"[93]. Eine Trägheit, die ihre ewige Wiederkehr wollte, eine Dummheit, eine Niedrigkeit, eine Feigheit, eine Bösartigkeit, die ihre ewige Wiederkehr wollte: das wäre nicht mehr dieselbe Trägheit, nicht mehr dieselbe Dummheit . . . Sehen wir näher hin, wie die ewige Wiederkehr hier die Züchtung vollzieht. Es ist der *Gedanke* der ewigen Wiederkehr, der züchtet, auswählt. Er macht aus dem Wollen etwas Ganzes. Er eliminiert im Willen alles das, was aus der ewigen Wiederkunft herausfällt, er macht aus dem Wollen einen Schöpfungsakt, er vollzieht die Gleichung wollen = erschaffen.

Es liegt auf der Hand, daß eine solche Züchtung unterhalb der Ambitionen von Zarathustra verbleibt. Begnügt sie sich doch, gewisse reaktive Zustände, gewisse Zustände reaktiver Kräfte unter den am wenigsten entwickelten auszumerzen. Die reaktiven Kräfte indessen, die – auf ihre Weise – bis ans Ende dessen gehen, was sie können, und die im nihilistischen Willen einen mächtigen Auftrieb finden, widerstehen jener ersten Züchtung und Selektion. Weit entfernt, aus der ewigen Wiederkunft herauszufallen, treten sie vielmehr in diese ein und scheinen mit ihr zurückzukehren. So heißt es denn, auf eine zweite, von der ersten sehr abweichende Selektion zu harren. Diese, ein gleichsam initiationsmäßiges Element der Lehre von der ewigen Wiederkehr bildend, schließt nun allerdings die dunkelsten Momente der Philosophie Nietzsches ein – Zwang für uns, uns vorerst mit einer Bestandsaufnahme der Themen zu begnügen, in der Hoffnung, sie späterhin detailliert und begrifflich zu klären: 1. Warum wird die ewige Wiederkehr „die extremste Form des Nihilismus" geheißen? Ist dem so, dann bleibt der von der ewigen Wiederkehr getrennte oder abgehobene Nihilismus auf ewig der „unvollständige Nihilismus" an sich[95]: wie weit er seine Kraft auch immer treiben, wie mächtig er auch immer sein mag. Nur die ewige Wiederkehr macht den nihilistischen Willen zu einem vollständigen: 2. Dies rührt daher, weil der Wille zum Nichts, so wie wir ihn bisher untersucht haben, stets nur im Bunde mit den reaktiven Kräften aufgetaucht ist. Darin beruhte seine Essenz: die aktive Kraft zu verneinen, diese dazu zu bringen, sich zu verneinen und sich gegen sich selbst zu kehren. Gleichzeitig begründete er damit aber auch Erhaltung, Sieg und Ansteckung der reaktiven Kräfte. Der Wille zum Nichts war das universelle Reaktiv-werden, das Reaktiv-werden der Kräfte. Aus diesem Grunde also bleibt der Nihilismus an sich stets unvollständig: noch das asketische Ideal ist das Gegenteil von dem, was man glaubt, es „ist ein Kunstgriff in der *Erhaltung* des Lebens"; der Nihilismus stellt das Erhaltungsprinzip eines reaktiven, minderen, schwachen Lebens dar: Abwertung des Lebens und seine Verneinung geben das Prinzip ab, in dessen Schatten das reaktive Leben sich erhält, überlebt, siegt und ansteckend wird[96]; 3. Was geschieht, wenn der Wille zum Nichts der ewigen Wiederkunft zugeführt wird? Dann erst bricht er sein Bündnis mit den reaktiven Kräften. Nur die ewige Wiederkunft gestaltet den Nihilismus zu einem vollständigen, *da sie die Verneinung in eine Verneinung der reaktiven Kräfte selbst verwandelt.* Durch und in der ewigen Wiederkehr bringt sich der Nihilismus nicht mehr als Erhaltung und Sieg der Schwachen zum Ausdruck, sondern als deren Zerstörung, deren Selbst-Zerstörung. „Das *Zugrundegehen* präsentiert sich als ein *Sich-zugrunde-Richten*, als ein instinktives Auslesen dessen, was *zerstören muß* . . . der *Wille zur Zerstörung* als Wille eines noch tieferen Instinkts, des Instinkts der Selbstzerstörung, des *Willens ins Nichts*"[97]. Deswegen besingt Zarathustra von der Vorrede an denjenigen, der „seinen Untergang" will: denn er will „nicht mehr leben", denn er „will sich nicht bewahren", denn er schreitet „gerne über die Brücke"[98]. Die Vorrede des Zarathustra birgt das Geheimnis der ewigen Wiederkunft gleichsam in nuce; 4. Man sollte die Wendung gegen sich selbst nicht mit jener Zerstörung des Selbst, jener Selbstzerstörung, vermengen. In der Wendung gegen sich, dem Prozeß der Reaktion, wird die aktive Kraft reaktiv. In der Selbstzerstörung werden gerade die reaktiven Kräfte verneint und dem Nichts zugeführt. Daher heißt es von der Selbstzerstörung, daß sie ein „auslöschen machen" sei, ein „zerstören (müssen)"[99]. Sie und nur sie drückt das Aktiv-werden der Kräfte aus: diese werden aktiv in dem Maße, wie die reaktiven Kräfte sich verneinen, sich im Namen des Prinzips unterwerfen, das unlängst noch ihre Erhaltung und ihren Triumph sicherte. Die aktive Verneinung, die aktive Zerstörung geben die Verfassung der starken

Geister wieder, die das Reaktive in sich auslöschen, es der Erfahrung der ewigen Wiederkehr aussetzen – wie zugleich sich selbst, um darin ihren Untergang zu wollen: „Es ist der Zustand starker Geister und Willen: und solchen ist es nicht möglich, bei dem Nein ‚des Urteils' stehenzubleiben: – das *Nein der Tat* kommt aus ihrer Natur"[100]. Einzig auf diese Weise *werden* die reaktiven Kräfte *aktiv*. Tatsächlich und mehr: Darin, daß sie sich selbst zur Negation der reaktiven Kräfte macht, wird die Verneinung nicht nur aktiv, sondern erfährt gleichsam eine *Transmutation*, eine *Umwertung*. Sie bringt das Jasagen zum Ausdruck, das Aktiv-werden als Macht zu bejahen. Nietzsche spricht in diesem Zusammenhang von der „ewige(n) Lust des Werdens . . . jene Lust, die auch noch die Lust am Vernichten in sich schließt", und von der „Bejahung des Vergehens *und Vernichtens*, das Entscheidende in einer dionysischen Philosophie . . ."[101]; 5. Die zweite Züchtung und Auslese innerhalb der ewigen Wiederkunft besteht folglich darin: das Aktiv-werden hervorzubringen. Es genügt, den Willen ins Nichts der ewigen Wiederkunft zuzuführen, um wahrnehmen zu können, daß die reaktiven Kräfte nicht wiederkehren. Wie weit auch immer sie gehen mögen und wie tief auch immer das Reaktivwerden der Kräfte sein mag: die reaktiven Kräfte werden nicht wiederkehren. Der kleine, armselige, reaktive Mensch wird nicht wiederkehren. In und durch die ewige Wiederkunft wandelt sich die Verneinung als Qualität des Willens zur Macht um in Bejahung, wird Jasagen zur Verneinung selbst, Macht zum Jasagen, affirmative Macht. Nietzsche stellt dies als Heilung von Zarathustra und gleichermaßen als Geheimnis von Dionysos dar: „Die Selbstüberwindung des Nihilismus" dank der ewigen Wiederkehr[102]. Die zweite Züchtung unterscheidet sich im Wesentlichen von der ersten: Nicht mehr handelt es sich darum, vermittels des Gedankens der ewigen Wiederkunft im Willen zu eliminieren, was aus diesem Gedanken herausfällt – vielmehr durch die ewige Wiederkunft dem Sein zuzuführen, was, wenn es in dieses eingeht, notwendig seine Natur ändern muß. Nicht mehr handelt es sich um den züchtenden Gedanken, sondern um das züchtende, auslesende Sein – denn die ewige Wiederkunft ist das Sein, und das Sein ist Züchtung, Auslese (Auslese = Rangfolge).

15. Das Problem der ewigen Wiederkehr

Das bisher Ausgeführte hat als schlichte Bestandsaufnahme von Texten zu gelten. Im folgenden sollen sie unter Bezug auf nachstehende Punkte erhellt werden: dem Verhältnis der beiden Qualitäten des Willens zur Macht, der Bejahung und der Verneinung; dem Verhältnis des Willens zur Macht zur ewigen Wiederkunft; der Möglichkeit einer neuen Transmutation als neuer Art des Fühlens, Denkens, und vor allem, einer neuen Art zu sein: dem Übermenschen. In der Terminologie Nietzsches bedeutet *Umkehrung* der Werte das Aktive an Stelle des Reaktiven (strenggenommen ist es die Umkehrung einer Umkehrung, da das Reaktive im Begriff stand, den Platz der Aktion einzunehmen); *Umwertung der Werte* aber bedeutet Bejahung statt Verneinung, die höchste dionysische Metamorphose. Alle diese bisher noch unaufgeklärten Punkte machen den Gipfel der Lehre von der ewigen Wiederkunft aus.

Mühsam nur erblicken wir den Gipfel aus der Ferne. Die ewige Wiederkunft ist das Sein des Werdens. Das Werden jedoch ist zwiefach: Aktiv- und Reaktiv-werden, Aktiv-werden reaktiver Kräfte und Reaktiv-werden aktiver Kräfte. Sein nun kommt nur dem Aktiv-werden zu; es wäre widersprüchlich, bejahte sich das Werden in einem Reaktiv-werden. Auch die ewige Wiederkunft wäre in sich widersprüchlich, wäre sie Rückkehr reaktiver Kräfte. Sie lehrt uns, daß das Reaktiv-werden nicht zu sein hat. Sie lehrt uns überdies die Existenz eines Aktiv-werdens. Die ewige Wiederkunft erschafft mit Notwendigkeit das Aktiv-werden, wenn sie das Werden reproduziert. So ist die Bejahung in sich doppelt: Das Sein des Werdens kann nicht umfassend bejaht werden, ohne daß im selben Augenblick nicht auch die Existenz des Aktiv-werdens bejaht wird. Die ewige Wiederkehr weist demnach zwei Seiten auf: sie ist das universelle Sein des Werdens, aber das universelle Sein des Werdens wird nur einem einzigen Werden zugeschrieben. Allein das Aktiv-werden besitzt Sein, das Sein des Werdens im Ganzen. Rückkehren ist dies Ganze, aber dies Ganze bejaht sich in einem einzigen Augenblick. Insoweit die ewige Wiederkehr als universelles Sein des Werdens bejaht wird, insoweit des weiteren das Aktiv-werden als Symptom und Produkt der universellen ewigen Wiederkehr bejaht wird, wandelt sich die Bejahung und gewinnt an Tiefe. Als physikalische Doktrin bejaht die ewige Wiederkehr das Sein des Werdens. Als selektive Ontologie aber bejaht sie das Sein des Werdens gleichsam so, wie sie im Aktiv-werden „sich bejaht“. Wir können beobachten, daß inmitten des Einverständnisses, das zwischen Zarathustra und seinen Tieren vorherrscht, ein Mißklang in Form eines Problems auftaucht, das die Tiere nicht verstehen und nicht kennen, und das doch das Problem des Ekels und Überdrusses von Zarathustra, wie seiner Heilung, ist: „O ihr Schalks-Narren und Drehorgeln! antwortete Zarathustra und lächelte wieder . . . ihr machtet schon ein Leier-Lied daraus“[103]. Dies Leier-Lied ist der Kreislauf und das Ganze, das universelle Sein. Die umfassende Formel des Jasagens aber lautet: das Ganze, Ja, das universelle Sein, Ja – aber das universelle Sein wird nur einem einzigen Werden, das Ganze nur einem einzigen Augenblick zugeschrieben.

DRITTES KAPITEL

Die Kritik

1. Die Transformation der Wissenschaften vom Menschen

Die Bilanz der Wissenschaften dünkt Nietzsche eine traurige: allenthalben das Vorherrschen *passiver, reaktiver, negativer* Begriffe. Allenthalben der Versuch, die Phänomene von reaktiven Kräften aus zu interpretieren. Wir konnten es schon in Physik und Biologie sehen. Versenken wir uns nun in die Wissenschaften vom Menschen, wohnen wir einer fortschreitenden Entfaltung dieser reaktiven und negativen Interpretation bei: hier dienen „die Nützlichkeit", „die Gewohnheit", gar „das Vergessen" als explikative Begriffe[1]. Überall, in den Wissenschaften vom Menschen wie selbst in denen der Natur, gibt sich die Unkenntnis über die Ursprünge und die Genealogie der Kräfte offen zu erkennen. Man könnte meinen, daß die Gelehrten den Sieg der reaktiven Kräfte zum Modell schlechthin erhoben haben und daran nun ihr Denken ketten möchten. Sie dokumentieren ihren Respekt vor den Fakten, erweisen ihre Liebe zum Wahren. Aber das Faktum ist eine Interpretation: welcher Typ derselben? Das Wahre bringt einen Willen zum Ausdruck: wer will das Wahre? Und was will derjenige, der sagt: ich will das Wahre? Nie zuvor hat man so sehr wie heute von Seiten der Wissenschaft die Erforschung von Natur und Mensch in eine bestimmte Richtung vorantreiben sehen – aber nie zuvor hat man auch die Unterwerfung unters herrschende Ideal und unter die herrschende Ordnung so weit getrieben. Den Gelehrten, selbst den demokratischen und sozialistischen, mangelt es keineswegs an Mitleid: nur haben sie eine Theologie ersonnen, die nicht mehr dem Herzen, dem Gefühl verpflichtet ist[2]. „Man sehe sich die Zeiten eines Volkes an, in denen der Gelehrte in den Vordergrund tritt: es sind Zeiten der Ermüdung, oft des Abends, des Niederganges"[3].

Das Verkennen der Aktion, alles dessen, was aktiv ist, springt bei den Wissenschaften vom Menschen unmittelbar ins Auge: so etwa, wenn die Aktion durch ihre *Nützlichkeit* beurteilt wird. Seien wir bloß nicht so schnell mit dem Hinweis zur Hand, daß die Lehre des Utilitarismus heute überholt sei. Sollte dem freilich wirklich so sein, dann im wesentlichen dank Nietzsche. Im übrigen kann es vorkommen, daß eine Lehre sich nur unter der Bedingung überholen läßt, daß ihre Prinzipien erweitert und zu den nur noch besser verborgenen Postulaten derjenigen Lehren werden, die jene überholen.

Nietzsche fragt: Worauf verweist der Begriff der Nützlichkeit? Das heißt: *Wem* nützt oder schadet eine Handlung? *Wer* also betrachtet die Handlung unter dem Blickwinkel ihrer Nützlichkeit und Schädlichkeit, vom Gesichtspunkt ihrer Motive und Konsequenzen aus? Nicht der Handelnde, denn der hält gewiß nicht die Aktion im Blick fest. Jedoch ein Dritter, Patient oder Zuschauer. Er betrachtet die Aktion, die er selbst nicht unternimmt, genau, weil er sie nicht unternimmt, als Etwas, das nach dem Nutzen, den er ihm entnimmt oder entnehmen kann, abgeschätzt wird: Ihm, der doch nicht handelt, dünkt schlicht, im Besitz eines natürlichen Rechts auf die Aktion zu sein, er meint, es verdient zu haben, wenn er aus ihr Nutzen oder Gewinn zieht[4]. Ahnen wir die Quelle der „Nützlichkeit": das Ressentiment, Quelle aller passiven Begriffe im allgemeinen, nichts als dessen Ansprüche. – „Nützlichkeit" ist hier nur beispielhaft verwendet worden. Weitergehender allerdings scheint in jeder Wissenschaft, wie auch Philosophie, der Hang vorherrschend, die wirklichen Verhältnisse zwischen den Kräften durch ein abstraktes Verhältnis zu ersetzen, das diese alle, gleichsam als ihr gemeinsames „Maß", zum Ausdruck bringen soll. In dieser Hinsicht kommt dem objektiven Geist Hegels nicht mehr Geltung zu als der nicht minder „objektiven" Nützlichkeit. In diesem abstrakten Verhältnis, ungeachtet seiner jeweiligen Bestimmung, wird man stets dazu gebracht, die wirklichen Aktivitäten (erzeugen, sprechen, lieben, usw.) durch die Perspektive eines Dritten auf dieselben zu ersetzen: Vermengt wird darin die Essenz einer Aktivität mit dem Gewinn seitens eines Dritten, der vorgeblich daraus Nutzen ziehen darf oder dem ein Recht zukommen soll, deren Effekte gleichsam für sich zu beanspruchen (Gott, der objektive Geist, die Menschheit, selbst noch das Proletariat . . .).

Greifen wir zu einem anderen Beispiel, der Linguistik: Gewöhnlich wird die Sprache vom Hörenden aus beurteilt. Nietzsche träumt auch hier von einer anderen Philologie, einer aktiven. Das Geheimnis des Wortes liegt ebensowenig auf Seiten des Hörenden, wie das Geheimnis des Willens auf Seiten des Gehorchenden oder das Geheimnis der Kraft auf Seiten des Reagierenden. Die aktive Philologie Nietzsches weist nur ein Prinzip auf: Ein Wort will nur in dem Maße etwas sagen, wie der, welcher es ausspricht, beim Sagen etwas will. Und nur eine einzige Regel besitzt jene Philologie: das Sprechen wie eine wirkliche Aktivität zu behandeln, sich auf den Standpunkt dessen zu stellen, der spricht. „Das Herrenrecht, Namen zu geben, geht so weit, daß man sich erlauben sollte, den Ursprung der Sprache selbst als Machtäußerung der Herrschenden zu fassen: sie sagen: ‚das *ist* das und das', sie siegeln jegliches Ding und Geschehen mit einem

Laute ab und nehmen es dadurch gleichsam in Besitz"[5]. Die aktive Linguistik trachtet den auszumachen, der spricht und Namen gibt. Wer bedient sich dieses Wortes, auf wen wendet er es zunächst an, auf sich selbst, auf einen anderen, der zuhört, auf eine andere Sache – und mit welcher Absicht? Was will er, wenn er dieses Wort ausspricht? Die Transformation des Sinns eines Wortes bedeutet, daß jemand anderes – eine andere Kraft und ein anderer Wille – sich seiner bemächtigt, es auf etwas anderes anwendet, da er etwas anderes will. Nietzsches oft falsch verstandene Konzeption der Etymologie und Philologie hängt als Ganzes von diesem Prinzip und dieser Regel ab. – Nietzsche wird sie in eindrucksvoller Weise in *Die Genealogie der Moral* zur Anwendung bringen, wenn er sich dem Wort „gut", seinem Sinn und dessen Transformation zuwendet: Wie „gut" zunächst von den Herren erzeugt wurde, die es sich selbst applizierten, dann von den Sklaven aufgegriffen, aus dem Munde der Herren geklaubt wurde, über die diese nun herfielen: es sind „Böse"[6].

Was vermöchte wohl eine solche aktive Wissenschaft wie diese Philologie, vollgesogen mit aktiven Begriffen? Nur sie ist befähigt, die aktiven Kräfte zu entdecken, aber auch die reaktiven Kräfte als das zu erkennen, was sie sind: Kräfte nämlich. Nur eine aktive Wissenschaft ist imstande, die wirklichen Aktivitäten zu interpretieren – aber auch die realen Verhältnisse zwischen den Kräften. Sie präsentiert sich unter drei Formen: als *Symptomatologie*, da sie die Phänomene interpretiert und sie wie Symptome behandelt, deren Sinn in den Kräften zu suchen ist, die sie hervorbringen. Als *Typologie*, da sie die Kräfte selbst von deren Qualität aus, ob aktiv oder reaktiv, interpretiert. Als *Genealogie*, da sie die Herkunft der Kräfte, entsprechend ihrem vornehmen oder niedrigen Charakter, abschätzt, da sie ihren Vorfahren im Willen zur Macht und in dessen Qualität aufspürt. Die unterschiedlichen Wissenschaften, selbst die der Natur noch, finden in dieser Konzeption zu ihrer Einheit. Mehr noch, auch Wissenschaft und Philosophie gelangen darin zur Einheit[7]. Setzte die Wissenschaft einmal ihrem Gebrauch passiver Begriffe ein Ende, so hörte sie auf, positivistisch zu sein – und die Philosophie hörte auf, eine Utopie, ein Traumgebilde jenseits der Aktivität zu sein, dazu bestimmt, jenen Positivismus auszugleichen. Der Philosoph ist Symptomatologe, Typologe, Genealoge. Man erkennt die nietzschesche Trinität des „Philosophen der Zukunft": der *Philosoph als Arzt* (der Arzt, der die Symptome interpretiert), der *Philosoph als Künstler* (der Künstler, der die Typen formt), der *Philosoph als Gesetzgeber* (der Gesetzgeber, der den Rang, die Genealogie bestimmt)[8].

2. Die Formulierung der Frage bei Nietzsche

Die Metaphysik formuliert die Frage nach dem Wesen in der Form: „Was ist . . .?" Möglich, daß es uns in Fleisch und Blut übergegangen ist, diese Frage als eine selbstverständliche zu erachten. Tatsächlich verdanken wir sie Sokrates und Platon. Man muß auf Platon zurückgehen, um einsehen zu können, in welchem Ausmaß die Frage „Was ist . . .?" eine spezifische Art des Denkens voraussetzt. Dieser fragt: Was ist das Schöne? Was das Gerechte? . . . Sorgsam ist er bemüht, diese Form des Fragens von jeder anderen abzuheben. Platon stellt Sokrates ebenso jungen Leuten, starrköpfigen Alten wie berühmten Sophisten gegenüber. Ihnen allen scheint gemeinsam zu sein, auf jene Frage mit dem Zitieren dessen zu beginnen, was schön ist: eine Jungfrau, eine Stute, ein Kessel . . . Sokrates triumphiert: Man antwortet auf die Frage „Was ist das Schöne?" nicht, indem man zitiert, *was* schön ist. Von daher erklärt sich die Platon so teure Unterscheidung zwischen schönen Dingen, die nur beispielhaft, akzidentiell und je nach ihrem Werden schön sind – und dem nur und notwendig Schönen, *dem, was das Schöne* gemäß seinem Sein und seinem Wesen *ist.* Daher ist bei Platon der Gegensatz von Wesen und Erscheinung, Sein und Werden allemal und zunächst in einer bestimmten Art und Weise des Fragens begründet, in einer Frageform. Allerdings ist hier der Ort, sich zu fragen, ob der Triumph des Sokrates – einmal mehr – verdient ist. Denn uns scheint, daß diese sokratische Methode wenig fruchtbar ist; genauer, sie herrscht vor in sogenannten aporetischen Dialogen, in denen der Nihilismus zum Herrscher avanciert. Wenn man gefragt wird „Was ist das Schöne?", ist es zweifellos einfältig, zu zitieren, was schön ist, aber es steht keineswegs zweifelsfrei fest, ob die Frage „Was ist das Schöne?" nicht vielleicht selbst auch einfältig ist. Keineswegs ist sicher, daß sie legitimerweise und gut gestellt ist, selbst und gerade dann nicht, wenn nach dem Wesen gefragt werden soll. Bisweilen blitzt in den Dialogen ein Funke auf – und läßt uns für einen Augenblick ahnen, welche Vorstellung die Sophisten hatten – um bald doch wieder zu erlöschen. Sie mit Alten und jungen Burschen in einen Topf zu werfen, ist unzulässig. Als wenn der Sophist Hippias ein kleines Kind gewesen wäre, das auf die Frage „Was ist . . .?" sich damit begnügte, mit „Wer" zu antworten. Er meinte vielmehr, daß die Frage „Wer?" die beste aller möglichen und am geeignetsten sei, das Wesen zu bestimmen. Denn diese Frage verwies nicht, wie Sokrates annahm, auf diskrete Beispiele, sondern auf die Kontinuität der in ihrem Werden erfaßten Gegenstände, auf das Schön-werden aller in Beispielen zitierbaren oder zitierten Gegenstände. Zu fragen, wer/was schön, gerecht sei, und nicht was das Schöne, das Gerechte sei, war demnach Frucht einer ausgereiften Methode, in der eine Konzeption des ursprünglichen Wesens und eine umfassende sophistische Kunst impliziert war, die im Gegensatz zur Dialektik stand. Eine empiristische und vielfältige Kunst.

„‚Was denn?‘ fragte ich neugierig. ‚*Wer* denn? solltest du fragen!‘ Also sprach Dionysos und schwieg darauf, in der Art, die ihm eigen ist: nämlich verführerisch“[9]. Die Frage „Wer?“ bedeutet nach Nietzsche: etwas sei gegeben, welche Kräfte bemächtigen sich seiner, wessen Willen ist es untertan? Wer drückt sich aus, manifestiert sich, ja verbirgt sich in ihm? Zum Wesen gelangen wir nur durch die Frage „Wer?“: *denn das Wesen ist einzig und allein der Sinn und der Wert des Dings.* Bestimmt wird das Wesen kraft der in Affinität zu diesem Ding, dieser Sache stehenden Kräfte und durch den in Affinität zu jenen Kräften stehenden Willen. Mehr noch: Stellen wir die Frage: „Was ist . . .?“, fallen wir darin nicht nur der schlimmsten Metaphysik anheim; tatsächlich stellen wir ebenfalls nur die Frage „Wer?“, aber auf ungeschickte, blinde, auf konfuse und unbewußte Weise: „Das ‚was ist das?‘ ist eine *Sinn-Setzung* von etwas anderem aus gesehen. Die ‚*Essenz*‘, die ‚*Wesenheit*‘ ist etwas Perspektivisches und setzt eine Vielheit schon voraus. Zugrunde liegt immer ‚was ist das für *mich*?‘ (für uns, für alles, was lebt, usw.)“[10]. Fragen wir, was das Schöne sei, so fragen wir, von welchem Blickwinkel aus uns die Dinge als schön erscheinen; und was uns nicht schön erscheint, unter welchem anderen Blickwinkel wird es das? Und in Hinsicht auf dieses oder jenes Ding: Welche Kräfte verschönen oder verschönten es, indem sie es in Besitz nahmen, welche anderen Kräfte unterwarfen sich diesen, oder im Gegenteil, welche widersetzten sich? Die vielfältige Kunst negiert keineswegs das Wesen: sie macht es nur im jeweiligen Fall von einer Affinität zwischen Phänomen und Kräften, von einer Koordination aus Kraft und Wille abhängig. Das Wesen eines Dings wird in der Kraft ausgemacht, in deren Besitz es ist und die sich in ihm zum Ausdruck bringt, wird in den zu dieser Kraft in Affinität stehenden anderen Kräften entwickelt, schließlich durch die Kräfte, die sich jener Kraft entgegenstellen und über sie siegen können, gefährdet oder zerstört: Das Wesen bildet immer der Sinn und der Wert. So ertönt denn in der Frage „Wer?“ für alle und an alle Dinge gerichtet: welche Kräfte, welcher Wille? Das ist die *tragische* Frage. In ihrer Tiefe und ihrem Umfang ist sie gänzlich auf Dionysos gerichtet, denn Dionysos ist der sich verbergende und offenbarende Gott, er ist Wollen, ist derjenige, welcher . . . Die Frage „Wer?“ findet ihre oberste Instanz in Dionysos oder im Willen zur Macht; Dionysos, der Wille zur Macht, ist es, der sie so oft ausfüllt, wie sie gestellt wird. Man sollte nicht fragen: „Wer will?“, „Wer interpretiert?“, „Wer schätzt?“ – denn allzumal und überall ist es der Wille zur Macht, *der* . . .[11]. Dionysos ist der Gott der Verwandlungen, das Eine des Vielen, das Eine, das das Viele bejaht und in ihm sich bejaht. „Also wer?“ – stets er. Deshalb schweigt Dionysos auch – versucherisch: Zeit, sich zu verbergen, eine andere Gestalt anzunehmen und die Kräfte zu wechseln. In Nietzsches Werk dokumentiert das wundervolle Gedicht *Klage der Ariadne* dies grundlegende Verhältnis einer Weise zu fragen und der in allen Fragen präsenten göttlichen Figur – einer vielfältigen Frage und der dionysischen oder tragischen Bejahung[12].

3. Nietzsches Methode

Aus dieser Frageform erwächst eine bestimmte Methode. Ein Begriff, ein Gefühl, ein Glaube gesetzt, wird man sie wie Symptome eines Willens behandeln, der etwas will. Was will er, *der* dies sagt, jenes denkt oder sinnlich erfährt? Es geht darum, zu zeigen, daß er es nicht sagen, denken oder fühlen könnte, hätte er nicht diesen Willen, diese Kräfte, diese Weise zu sein. Was will er, der spricht, der liebt oder erschafft? Und umgekehrt, was will derjenige, der den Nutzen einer Aktion beansprucht, die er nicht ausführt, der sich auf die „Selbstlosigkeit“ beruft? Und gar der asketische Mensch? Und die Utilitaristen, mit ihrem Begriff der Nützlichkeit? Und Schopenhauer, wenn er den befremdlichen Begriff der *Willensverneinung* bildet? Sollte das die Wahrheit sein? Aber schließlich und endlich, was wollen sie, die nach Wahrheit Suchenden, die sagen: Ich suche die Wahrheit?[13] – Wollen ist kein Akt gleich den anderen. Wollen ist gleichermaßen genetische und kritische Instanz aller unserer Aktionen, Gefühlsregungen und Gedanken. Darin beruht die Methode: dem Willen zur Macht einen Begriff zuzuführen, um diesen zum Symptom eines Willens werden zu lassen, ohne den er nicht einmal gedacht werden könnte (noch das Gefühl gefühlt, noch die Aktion ausgeführt). Solch eine Methode entspricht der tragischen Frage. Sie ist selbst die *tragische Methode.* Oder noch präziser, wird das Wort „Drama“ dabei jedes dialektischen und christlichen Pathos entledigt, das seinen Sinn aufs Spiel setzt, dann ist sie *Dramatisierungsmethode.* „Was willst du?“ wird Dionysos von Ariadne gefragt. Was ein Wille will – das ist der letzte, der latente Inhalt der entsprechenden Sache.

Wir sollten uns durch den Ausdruck: was der Wille will, nicht täuschen lassen. Der Wille will kein Objekt, kein Ziel und keinen Zweck. Denn Ziel und Objekte, ja selbst Motive bilden noch Symptome. Was ein Wille will, ist, je nach Qualität, seine Differenz zu bejahen oder das Differente zu verneinen. Man will immer nur Qualitäten: das Schwere, das Leichte . . . Der Wille will stets seine eigene Qualität und die Qualität der korrespondierenden Kräfte. Wie Nietzsche hinsichtlich der vornehmen, jasagenden und leichten Seele ausführt: „irgendeine Grundgewißheit, welche eine vornehme Seele über sich selbst hat, etwas, das sich nicht suchen, nicht finden und vielleicht auch nicht verlieren läßt“[14]. Wenn wir also fragen: „Was will derjenige, der das denkt?“ entfernen wir uns keineswegs von der fundamentaleren Frage „Wer?“, wir geben ihr nur eine Regel und einen methodischen Entwicklungsverlauf vor. Tatsächlich fordern wir, daß auf die Frage nicht durch das Nennen von Beispielen geantwortet wird, sondern durch die Bestimmung eines *Typus*. Ein Typus genau ist durch die Qualität des Willens zur Macht geformt, durch deren Nuance und durch das Verhältnis der korrespondierenden Kräfte: alles übrige ist Symptom. Ein Wille will kein Objekt, sondern einen Typus, den Typus dessen, der spricht, der denkt, der handelt, der nicht handelt, der reagiert, usw. Ein Typus wird nur definiert, indem das definiert wird, was der Wille in den Exemplaren dieses Typus will. Was will, wer nach der Wahrheit sucht? Dies ist die einzige Art und Weise herauszubekommen, *wer* die Wahrheit sucht. Die Dramatisierungsmethode präsentiert sich derart als die einzige dem Projekt Nietzsches und der Form der von ihm gestellten Fragen angemessene Methode: als differentielle, typologische und genealogische Methode.

Wahr ist, daß diese Methode zuvor einen zweiten Einwand aus dem Weg räumen muß: ihren vorgeblich anthropologischen Charakter. Aber dazu reicht aus, in Betracht zu ziehen, welcher *Typus* der Mensch selbst ist. Wenn es stimmt, daß der Sieg der reaktiven Kräfte dem Menschen konstitutiv ist, dann zielt die gesamte Dramatisierungsmethode auf das Aufspüren anderer Typen, die andere Kräfteverhältnisse ausdrücken, auf die Entdeckung einer anderen Qualität des Willens zur Macht, die imstande ist, deren allzumenschliche Nuancen umzuwandeln, umzuwerten. Nietzsche spricht vom Unmenschlichen und Übermenschlichen. Ein Ding, ein Tier, ein Gott sind nicht minder dramatisierbar als ein Mensch oder als menschliche Bestimmungen. Auch sie bilden Metamorphosen von Dionysos, Symptome eines Willens, der etwas will. Auch sie geben einen Typus wieder, einen dem Menschen unbekannten Typus von Kräften. Die Dramatisierungsmethode überschreitet allseits den Menschen. Ein Wille zur Erde, was wäre ein Wille, der fähig ist, die Erde zu bejahen? Was will er, dieser Wille, in dem die Erde selbst ein Nicht-Sinn bleibt? Welches ist seine Qualität, die auch zur Qualität der Erde wird? Nietzsche antwortet: „die Leichte . . ."[15].

4. Gegen seine Vorläufer

Was besagt „Wille zur Macht"? Jedenfalls nicht, daß der Wille die Macht will, daß Macht das Ziel seines Begehrens oder seiner Suche, noch daß Macht deren Antrieb sei. Im Ausdruck „Macht begehren" liegt nicht weniger Absurdität wie in „Willen zum Leben": „Der traf freilich die Wahrheit nicht, der das Wort nach ihr schoß vom ‚Willen zum Dasein': diesen Willen gibt es nicht! Denn: was nicht ist, das kann nicht wollen; aber was im Dasein ist, wie könnte das noch zum Dasein wollen?"; „Herrschsucht: doch wer hieße es *Sucht*"[16]. Daher meint Nietzsche, daß der Wille zur Macht ein vollkommen neuer Begriff sei, von ihm geschaffen und in die Philosophie eingebracht. Mit der notwendigen Bescheidenheit führt er aus: „Dieselbe als Morphologie und *Entwicklungslehre des Willens zur Macht* zu fassen, wie ich sie fasse – daran hat noch niemand in seinen Gedanken selbst gestreift: sofern es nämlich erlaubt ist, in dem, was bisher geschrieben wurde, ein Symptom von dem, was bisher verschwiegen wurde, zu erkennen"[17]. Freilich fehlt es nicht an Autoren, die vor Nietzsche von einem Willen zur Macht oder etwas Analogem gesprochen haben; wie es an solchen nicht mangeln wird, die nach Nietzsche erneut wieder davon sprechen werden. Doch wie diese nicht Schüler Nietzsches sind, so auch jene nicht seine Lehrmeister. Sie äußerten sich darüber stets in einem von Nietzsche ausdrücklich verurteilten Sinne: als ob die Macht das oberste Ziel des Willens sei, und auch sein wesentliches Motiv. *Als ob Macht das sei, was der Wille will.* Eine solche Konzeption ist in wenigstens dreifacher Hinsicht widersinnig und gefährdet die Philosophie des Willens in ihrer Gesamtheit:

1. Ihr folgend wird die Macht als Objekt einer *Repräsentation* interpretiert. Im Ausdruck: Der Wille will Macht oder begehrt Herrschaft, wird ein derart inniges Verhältnis zwischen der Repräsentation und der Macht erstellt, daß jegliche Macht repräsentiert und jegliche Repräsentation die der Macht ist. Der Zweck des Willens ist gleichermaßen Objekt der Repräsentation, und umgekehrt. Bei Hobbes will der Mensch im Naturzustand seine Überlegenheit repräsentieren und sich von den anderen anerkannt sehen; bei Hegel will das Bewußtsein von einem anderen anerkannt und als Selbstbe-

wußtsein repräsentiert werden; noch bei Adler handelt es sich um die Repräsentation einer Überlegenheit, die bei Bedarf das Vorhandensein einer organischen Minderwertigkeit kompensiert. In allen diesen Fällen gibt die Macht immer das Objekt einer Repräsentation ab, einer *Anerkennung*, die materialiter den Vergleich von Bewußtseinen voraussetzt. So muß dem Willen zur Macht notwendig ein Motiv korrespondieren, das ebenso dem Vergleich als Antriebskraft dient: Eitelkeit, Hochmut, Eigenliebe, Prahlerei oder selbst noch das Minderwertigkeitsgefühl. Nietzsche fragt: *Wer* begreift den Willen zur Macht als einen Willen, sich anerkennen zu lassen? Wer begreift die Macht selbst als ein Objekt von Anerkennung? Wer will sich essentiell als höherwertig repräsentieren – und selbst noch seine Minderwertigkeit als Überlegenheit repräsentieren? Der Kranke ist es, der „die Überlegenheit wenigstens *darstellen* will"[18]. „Es ist ‚der Sklave' . . . welcher zu guten Meinungen über sich zu *verführen* sucht; es ist ebenfalls der Sklave, der vor diesen Meinungen nachher sofort selbst niederfällt, als ob er sie nicht hervorgerufen hätte. – Und noch einmal gesagt: Eitelkeit ist ein Atavismus"[19]. Was uns als Macht dargeboten wird, ist nichts als deren Repräsentation, vom Sklaven erstellt. Was uns als Herr dargeboten wird, ist nichts als die Idee, die sich der Sklave von ihm macht, ist die Idee, die sich der Sklave von sich selbst bildet, wenn er sich auf dem Platz des Herrn sieht, ist der Sklave in eigener Gestalt, nachdem er effektiv gesiegt hat: „dies Bedürfnis *nach* dem Vornehmen ist von Grund aus verschieden von den Bedürfnissen der vornehmen Seele selbst, und gerade das beredte und gefährliche Merkmal ihres Mangels"[20]. Warum haben die Philosophen dieses falsche Bild des Herren, der Ähnlichkeit ausschließlich mit dem siegreichen Sklaven aufweist, überhaupt akzeptiert? Alles ist für einen höchst dialektischen Taschenspielertrick vorbereitet: Einmal den Sklaven in den Herren hineinversetzt, nimmt man wahr, daß die Wahrheit des Herren im Sklaven liegt. Tatsächlich hat sich alles, Sieg wie Niederlage, zwischen Sklaven abgespielt. Die Manie zu repräsentieren, repräsentiert zu werden, sich repräsentieren zu lassen; Repräsentanten und Repräsentierte zu besitzen: es ist dies die allen Sklaven gemeinsame Manie, die einzige Beziehung, die sie untereinander begreifen, und die sie, mit ihrem Sieg, auferlegen. Der Begriff der Repräsentation ist Gift für die Philosophie; unmittelbar Produkt von Sklaven und der Sklavenbeziehung, stellt sie die schlimmste Interpretation der Macht dar, die erbärmlichste und niedrigste[21].

2. Worin besteht der erste Irrtum der Philosophie des Willens? Erniedrigen wir die Macht zum Objekt einer Repräsentation, so unterwerfen wir sie zwangsläufig jenem Faktor, demzufolge eine Sache

repräsentiert wird oder nicht, anerkannt wird oder nicht. Nun geben nur die kursierenden, die geltenden Werte Kriterien der Anerkennung an die Hand. Als Wille, sich anerkennen zu lassen, ist der Wille zur Macht notwendig ein solcher, der die in einer jeweiligen Gesellschaft herrschenden Werte sich zuweisen läßt (Geld, Ehren, Herrschaft, Ansehen . . .)[22]. Aber auch hier erneut: Wer begreift die Macht als Erlangung zuschreibbarer Werte? „. . . der gemeine Mann *(war)* nur das, was er *galt* – gar nicht daran gewöhnt, Werte selbst anzusetzen, maß er auch sich keinen anderen Wert bei, als seine Herren ihm beimaßen", oder gar, die er sich selbst beimessen ließ[23]. Rousseau warf Hobbes vor, vom Menschen im Naturzustand ein Bildnis entworfen zu haben, das Gesellschaft voraussetze. Ein analoger Vorwurf, wenn auch einer davon gänzlich abweichenden Denkweise verpflichtet, ist bei Nietzsche vorfindlich: Die gesamte Konzeption des Willens zur Macht, von Hobbes bis Hegel, setzt das Vorhandensein etablierter Werte voraus, die sich beimessen zu lassen die Willen einzig trachten. Symptomatisch ist denn auch in dieser Philosophie des Willens: der Konformismus, das vollständige Verkennen des Willens zur Macht als *Erschaffung* neuer Werte.

3. Wir müssen noch weiter fragen: Wie werden etablierte Werte zugeschrieben? Immer am Ende eines Kampfes, einer Auseinandersetzung, wie immer deren Form auch sein mag: offen oder unterschwellig, fair oder hinterhältig. Von Hobbes bis Hegel wird der Wille zur Macht in einen Kampf verstrickt, weil dieser jene bestimmt, denen die herrschenden Werte von Vorteil sein werden. Etablierten Werten eignet, innerhalb eines Kampfes eingesetzt zu werden – aber es eignet dem Kampf, sich jeweils auf etablierte Werte zu beziehen: Kampf um Macht, Kampf um Anerkennung oder um Leben – das Schema bleibt sich allemal gleich. Es kann nicht nachdrücklich genug auf Folgendes hingewiesen werden: *wie sehr die Begriffe von Kampf, Krieg, Rivalität oder selbst Gegenüberstellung, Vergleich Nietzsche und seiner Konzeption des Willens zur Macht fremd sind.* Gewiß nicht, weil er die Existenz des Kampfes negierte; aber dieser scheint ihm nicht im geringsten werte-stiftend. Zumindest sind die Werte, die er stiften mag, solche der triumphierenden Sklaven: Der Kampf stellt nicht das Prinzip oder die treibende Kraft der Rangfolge dar, sondern das Mittel, mit dem der Sklave die Rangfolge umkehrt. Weder ist der Kampf je aktiver Ausdruck von Kräften noch Manifestation eines Willens zur Macht, der jasagt. Ebensowenig gibt sein Ausgang den Sieg des Herren oder des Starken wieder. Der Kampf ist im Gegenteil das Mittel, kraft dessen die Schwachen über die Starken siegen – ihrer numerischen Stärke wegen. Deshalb setzt sich Nietzsche von Darwin ab: Dieser hat Kampf

und Auslese durcheinandergeworfen und nicht gesehen, daß der Kampf ein Ergebnis zeitigte, das im Gegensatz zu dem steht, was er annahm; daß er wohl eine Auslese vornahm, aber nur der Schwachen und allein deren Sieg sicherte[24]. Zu höflich, um zu kämpfen, sagte Nietzsche von sich selbst[25]. Und den Willen zur Macht betreffend heißt es noch: „abgesehen . . . im Kampf“[26].

5. *Gegen den Pessimismus und gegen Schopenhauer*

Dieser dreifache Widersinn wäre bedeutungslos, führte er in die Philosophie des Willens nicht einen äußerst bedauerlichen „Ton“, eine affektive Tonalität ein. Das Wesen des Willens wird stets mit Trauer und Niedergeschlagenheit enthüllt. Alle, die die Essenz im Willen zur Macht oder etwas Analogem aufspüren, hören nicht auf, über ihre Entdeckung zu stöhnen, so als zögen sie aus ihr die erstaunliche Schlußfolgerung, ihr fliehen oder ihre Wirkungen beschwörend abwehren zu müssen. Alles hat den Anschein, als ob das Wesen des Willens uns in eine unliebsame, unerträgliche und trügerische Lage versetzte. Und das ist leicht zu erklären: Indem die Philosophen aus dem Willen einen Willen zur Macht im Sinne einer „Herrschsucht“ machen, werden sie der Unendlichkeit, der Unstillbarkeit dieser Sucht inne; indem sie die Macht zum Objekt der Repräsentation machen, nehmen sie den irrealen Charakter eines solchermaßen Repräsentierten wahr; indem sie den Willen zur Macht in einen Kampf verstricken, bemerken sie den Widerspruch im Willen selbst. Hobbes erklärt, daß der Wille zur Macht gleichsam wie in einem Traume sei, aus dem herauszutreten ihm nur die Furcht vor dem Tode gelingen lasse. Hegel insistiert auf der Unwirklichkeit der Verfassung des Herren, ist dieser doch von der Anerkennung durch den Knecht abhängig. Alle setzen sie den Willen dem Widerspruch aus, und den Widerspruch dem Willen. Die repräsentierte Macht ist nichts als Schein; das Wesen des Willens setzt sich in dem, was er will, nur fest, um sich im Schein zu verlieren. Daher legen die Philosophen dem Willen eine seis rationale, seis kontraktuelle *Begrenzung* auf, die allein ihn lebensfähig machen und den Widerspruch lösen soll.

In allen diesen Hinsichten entwirft auch Schopenhauer keine neue Philosophie des Willens – im Gegenteil. Seine Begabung liegt darin, die äußersten Konsequenzen aus der überkommenen Philosophie zu ziehen, sie bis in ihre letzten Konsequenzen zu treiben. Schopenhauer begnügt sich nicht mit einem Wesen des Willens, er macht den

Willen zum Wesen aller Dinge; „Die Welt von innen gesehen". Der Wille ist das Wesen im allgemeinen, an sich, geworden. Aber damit ist das, was er will (seine Objektivierung) Vorstellung, der allgemeine Schein, geworden. Sein Widerspruch wird ursprünglicher Widerspruch: als Wesen will er den Schein, in dem er sich reflektiert. „Das Schicksal, den Willen in der Welt erwartend, in der es sich spiegelt": dies gerade ist das Leiden an diesem Widerspruch. Die Formel des Willens zum Leben lautet: Die Welt als Wille *und* Vorstellung. Darin wird eine Entwicklung offenbar, die mit Kant begonnen hatte. In der Erhebung des Willens zum Wesen der Dinge oder der Welt von innen gesehen, wird im Prinzip die Unterscheidung zweier Welten abgewiesen: Ein und dieselbe Welt ist sinnlich und über-sinnlich. Aber in der Ablehnung dieser Unterscheidung von Welten wird zugleich jedoch nur die Unterscheidung von Innen und Außen eingeführt, zwei Gegensätze, die sich wie Wesen und Erscheinung, oder wie die beiden Welten selbst verhalten. Auch wenn er den Willen zum Wesen der Welt erhebt, fährt Schopenhauer fort, die Welt als eine Täuschung, als Schein und Vorstellung zu begreifen[27]. – Eine Begrenzung des Willens allein kann Schopenhauer also nicht genügen. Der Wille muß verneint werden, muß sich selbst verneinen. Seine Entscheidung: „wir sind etwas Dummes und, besten Falls, sogar etwas Sich-selbst-Aufhebendes"[28]. Schopenhauer lehrt uns, daß eine rationale oder kontraktuelle Begrenzung des Willens unbefriedigend bleibt, daß bis zur mystischen Aufhebung fortgeschritten werden muß. Und genau das ist von Schopenhauer zurückbehalten worden – etwa bei Wagner: nicht seine Kritik der Metaphysik, nicht „sein harter Tatsachen-Sinn", nicht sein Anti-Christentum, nicht seine profunden Analysen der menschlichen Mittelmäßigkeit und nicht die Art und Weise, in der er aufzeigte, daß die Phänomene Symptome eines Willens sind – vielmehr die Art und Weise, in der er den Willen fortschreitend unerträglicher, lebloser gemacht hat, während er ihn im gleichen Atemzug „Wille zum Leben" taufte[29].

6. *Grundsätze der Philosophie des Willens*

Nach Nietzsche hat die Philosophie des Willens die alte Metaphysik abzulösen: sie zu zerstören und zu überwinden. Nietzsche wähnt, die erste Philosophie des Willens entwickelt zu haben; alle anderen stellten noch letzte Anverwandlungen der Metaphysik dar. Für den, der sie begreift, weist eine solche Philosophie des Willens zwei Grundsätze auf, die die frohe Botschaft bilden: wollen = erschaffen, Wille = Freude: „Wollen kommt mir stets als mein Befreier und Freudebringer. Wollen befreit: das ist die wahre Lehre von Willen und Freiheit – so lehrt sie euch Zarathustra . . . Wille – so heißt der Befreier und Freudebringer: also lehrte ich euch, meine Freunde! Aber nun lernt dies hinzu: der Wille selber ist noch Gefangener. Der Wille befreit . . ."[30] – „. . . daß der Wille endlich sich selber erlöste und Wollen zu Nicht-Wollen würde – doch ihr kennt, meine Brüder, dies Fabellied des Wahnsinns! Weg führte ich euch von diesen Fabelliedern, als ich euch lehrte, ‚der Wille ist ein Schaffender'"; „es ist das eigentliche *Herrenrecht*, Werte zu schaffen"[31]. Warum präsentiert Nietzsche diese beiden Grundsätze, Erschaffung und Freude, als das Wesentliche der Lehre von Zarathustra, als die zwei Enden eines Hammers, der einschlagen und herausreißen soll? Diese Grundsätze mögen vage und unbestimmt scheinen, sie erhalten eine präzise Bedeutung, wenn ihr kritischer Aspekt geltend gemacht wird, d.h. die Art und Weise, wie sie sich von den überlieferten Konzeptionen des Willens absetzen. Nietzsche erklärt: Der Wille zur Macht wurde so aufgefaßt, als wolle der Wille die Macht, als ob die Macht das sei, was der Wille wolle, von da aus machte man die Macht zu etwas Repräsentiertem: von da aus bildete man sich von der Macht die Vorstellung eines Sklaven, eines Ohnmächtigen; von da aus beurteilte man die Macht entsprechend der Zuschreibung vorgängig etablierter Werte; von da aus begriff man den Willen zur Macht in Abhängigkeit von einem Kampf, dessen Einsatz gerade diese herrschenden Werte bildeten; von da aus identifizierte man den Willen zur Macht mit dem Widerspruch und mit dem Leiden am Widerspruch. Gegen diese *Ankettung* des Willens verkündet Nietzsche, daß Wollen *befreit*; gegen das *Leiden* am Willen verkündet Nietzsche, daß der Wille *Freude spendet*. Gegen das Bild eines Willens, der davon träumt, sich herrschende Werte zuschreiben zu lassen, verkündet Nietzsche, daß Wollen heißt, neue Werte zu *schaffen*.

Wille zur Macht besagt nicht, daß der Wille Macht will. Wille zur Macht impliziert keinen Anthropomorphismus, weder seinem Ursprung, noch seiner Bedeutung, noch seinem Wesen nach. Wille zur Macht muß ganz anders interpretiert werden: Die Macht ist *das, was* im Willen will. Die Macht ist das genetische und differentielle Element im Willen. Daher ist der Wille zur Macht wesentlich schaffend. Daher auch läßt sich die Macht niemals an der Repräsentation messen: Weder wird sie je repräsentiert, noch interpretiert oder geschätzt – denn sie ist, *die* interpretiert, *die* schätzt, *die* will. Aber was will sie? Genau das, was aus dem genetischen Element hervorgeht. Das genetische Element (Macht) bestimmt das Verhältnis der Kraft zur Kraft und qualifiziert die in Beziehung stehenden Kräfte. Plastisches Element, bestimmt es zugleich sich und anderes, qualifiziert sich und anderes. Der Wille zur Macht will ein derartiges Verhältnis von Kräften, eine derartige Qualität derselben. Und auch eine derartige Qualität der Macht: zu bejahen und zu verneinen. Dieser jeweils variable Komplex erstellt einen Typus, dem gegebene Phänomene entsprechen. Ein jedes bringt Kräfteverhältnisse, Kräfte- und Machtqualitäten, Nuancen dieser Qualitäten, kurz einen Kräfte- und Willenstypus zum Ausdruck. Der Terminologie Nietzsches folgend müssen wir formulieren: Jedes Phänomen verweist auf einen Typus, der seinen Sinn und Wert konstituiert, aber auch auf den Willen zur Macht als dasjenige Element, dem die Bedeutung seines Sinns und der Wert seines Wertes allererst entspringt. *Der Wille zur Macht ist derart wesentlich schaffend und schenkend:* Er strebt nicht, er sucht nicht, er begehrt nicht, vor allem begehrt er nicht die Macht. Er *gibt*: die Macht ist etwas im Willen Unausdrückbares (beweglich, variabel, plastisch;), die Macht ist gleichsam die „schenkende Tugend" im Willen; durch die Macht ist der Wille selbst sinn- und wertschenkend[32]. Die Frage, ob der Wille zur Macht in letzter Instanz einzig oder vielfältig sei, darf nicht gestellt werden – sie zeugte noch von einem allgemeinen Mißverständnis der Philosophie Nietzsches. Der Wille zur Macht ist plastisch und vom jeweiligen Fall, in dem er sich bestimmt, nicht zu lösen; ganz so, wie die ewige Wiederkehr das Sein ist, aber das Sein, das sich im Werden bejaht, ist der Wille zur Macht das Eine, aber das Eine, das sich im Vielen bejaht. Seine Einheit ist die des Vielen und schreibt sich nur dem Vielen zu. Der Monismus des Willens zur Macht ist nicht zu trennen von einer vielfältigen Typologie.

Das sinn- und wertschaffende Element definiert sich notwendig auch als das *kritische* Element. Ein Kräftetypus bezeichnet nicht nur eine Qualität, sondern ein Verhältnis von Kräften. Der aktive Typus bezeichnet nicht nur aktive Kräfte, sondern ein nach Rangfolgen organisiertes Ganzes, in dem die aktiven Kräfte über die reaktiven siegen und diese zum Wirken gebracht werden; umgekehrt bezeichnet der reaktive Typus ein Ganzes, in dem die reaktiven Kräfte triumphieren und die aktiven Kräfte von dem trennen, was diese können. In diesem Sinne impliziert der Typus die Machtqualität, vermöge derer bestimmte Kräfte über andere den Sieg davontragen. *Hoch* und *vornehm* bezeichnen für Nietzsche die Überlegenheit der aktiven Kräfte, ihre Affinität zur Bejahung, ihre Tendenz, aufzusteigen, ihre Leichtigkeit. *Niedrig* und *gemein* bezeichnen den Triumph der reaktiven Kräfte, ihre Affinität zum Negativen, ihre Schwere und Schwerfälligkeit. Viele Phänomene lassen sich nur so interpretieren, daß sie den drückenden Sieg der reaktiven Kräfte wiedergeben. Trifft das nicht auf das menschliche Phänomen insgesamt zu? Es gibt

Dinge, die nur durch die reaktiven Kräfte und deren Sieg existieren können. Es gibt Dinge, die man nur aussprechen, denken und fühlen, Werte, an die man nur glauben kann, insofern man von reaktiven Kräften angetrieben wird. Nietzsche präzisiert: insoweit man eine schwere und niedrige Seele besitzt. Jenseits von Irrtum, jenseits selbst von Dummheit: eine gewisse Niedrigkeit, Verschlagenheit der Seele[33]. Deswegen ist die Typologie der Kräfte und die Lehre des Willens zur Macht nicht zu scheiden von der Kritik, die die Genealogie der Werte, ihre Vornehmheit und Niedrigkeit zu bestimmen weiß. – Zu Recht möchte man fragen, warum und in welchem Sinne das Vornehme „mehr wert" sei als das Gemeine, oder das Hohe mehr wert als das Niedere. Mit welchem Recht also? Allerdings sind wir außerstande, diese Frage zu beantworten, solange wir den Willen zur Macht noch an sich oder abstrakt – versehen allein mit den zwei gegensätzlichen Qualitäten der Bejahung und Verneinung – betrachten. Warum sollte das Jasagen mehr wert sein als das Neinsagen?[34] Wir sehen, daß die Lösung nur durch die Prüfung der ewigen Wiederkehr geliefert werden kann: „mehr wert" und absolut wert ist das, was wiederkehrt, was auf sich nimmt, wiederzukehren: was wiederkehren will. Die Prüfung der ewigen Wiederkunft nun läßt die reaktiven Kräfte nicht überleben – ebensowenig wie die Macht zum Neinsagen. Die ewige Wiederkunft wertet das Negative um: sie verwandelt das Schwere in etwas Leichtes, läßt das Negative auf die Seite der Affirmation übergehen, verwandelt die Verneinung in die Macht ja zu sagen. Die Kritik genau stellt die Verneinung in ihrer neuen Form dar: aktiv gewordene Zerstörung, fest an die Bejahung gebundene Aggressivität. Kritik ist die Zerstörung als Freude, die Aggressivität des Schaffenden. Der Werte-Stiftende kann nicht geschieden werden vom Zerstörer, vom Verbrecher und vom Kritiker: Kritik der herrschenden Werte, der reaktiven Werte, Kritik der Niedrigkeit[35].

7. Plan der Genealogie der Moral

Die Genealogie der Moral stellt das systematischste Buch Nietzsches dar. Dessen Intention ist eine doppelte: Zum einen bietet es sich weder als eine Gesamtheit von Aphorismen noch als ein Gedicht an – vielmehr als ein Schlüssel zur Auslegung von Aphorismen und zur Wertschätzung eines Gedichts[36]. Zum anderen liefert es eine detaillierte Analyse des reaktiven Typus, der Art und Weise, in der die reaktiven Kräfte den Sieg davontragen und des Prinzips, unter dem sie dies tun. Die erste Abhandlung geht über das Ressentiment, die zweite über das schlechte Gewissen, die dritte über das asketische Ideal. Alle drei: Ressentiment, schlechtes Gewissen und asketisches Ideal, geben gleichermaßen wieder die Figuren des Triumphes der reaktiven Kräfte und die Formen des Nihilismus. Jener doppelte Aspekt der *Genealogie der Moral*, Schlüssel zu sein für die Interpretation im allgemeinen und Analyse des reaktiven Typus im besonderen, kommt nicht von ungefähr. Zweifellos, wer behindert die Kunst der Auslegung und der Wertschätzung, wer entstellt die Genealogie und kehrt die Rangfolge um, wenn nicht die reaktiven Kräfte selbst? Diese beiden Aspekte bilden folglich die *Kritik*. Was diese ist, in welcher Hinsicht die Philosophie eine Kritik ist, bleibt indes noch zu untersuchen.

Wir wissen, daß die reaktiven Kräfte siegen, indem sie sich auf eine Fiktion stützen. Stets beruht ihr Sieg auf dem Negativen als etwas Imaginäres: Sie trennen die aktive Kraft von dem ab, was diese kann. Die aktive Kraft wird demnach wirklich reaktiv – aber unter der Wirkung einer Mystifikation. 1. Von Beginn der ersten Abhandlung an präsentiert Nietzsche das Ressentiment als „eine imaginäre Rache“, die „geistigste Rache“[37]. Überdies ist in der Herausbildung des Ressentiments ein Trugschluß impliziert, den Nietzsche eingehend analysiert: der Paralogismus der Kraft, die von dem getrennt ist, was sie kann[38]; 2. Die zweite Abhandlung hebt ihrerseits hervor, daß das schlechte Gewissen nicht zu lösen ist von „ideale(n) und imaginäre(n) Ereignisse(n)“[39]. Das schlechte Gewissen ist seiner Natur nach antinomisch, drückt eine Kraft aus, die sich gegen sich selbst kehrt[40]. In diesem Sinne steht es am Ursprung dessen, was Nietzsche die „verkehrte Welt“ nennt[41]. Allgemein kann nicht übersehen werden, welchen Spaß es Nietzsche bereitet, das Ungenügen der Kantischen Konzeption der Antinomien hervortreten zu lassen: Kant hat weder ihre Quelle noch ihren Umfang adäquat begriffen[42]; 3. Das asketische Ideal verweist schließlich auf die abgründigste Mystifikation, die des alle anderen, alle Fiktionen der Moral und der Erkenntnis umfassenden *Ideals*. *Elegantia syllogismi*, sagt Nietzsche[43]. Dieses Mal handelt es sich um einen Willen, der das Nichts will, „aber es ist und bleibt ein *Wille*!“[44].

Unser Bestreben ist hier allein, die formale Struktur der *Genealogie der Moral* herauszuschälen. Lassen wir die Annahme fallen, daß die Anordnung der drei Abhandlungen eine zufällige sei, dann können wir uns der Schlußfolgerung nicht verschließen: daß in der *Genealogie der Moral* Nietzsche erneut die *Kritik der reinen Vernunft* hat durchführen wollen. Paralogismus der Seele, Antinomie der Welt, Mystifikation des Ideals: Nietzsche ist der Auffassung, daß die Idee der Kritik eins ist mit Philosophie, daß gerade aber Kant diese Idee verfehlt, sie verpfuscht und aufs Spiel gesetzt hat nicht erst in seiner Anwendung, sondern von seinen Prinzipien her. Schestov gefiel sich darin, in Dostojewskis *Aufzeichnungen aus einem Totenhaus* die wahre Kritik der reinen Vernunft aufzuspüren. Daß Kant die Kritik überhaupt verfehlt habe, ist allererst ein nietzschescher Gedanke. Nietzsche aber traut keinem anderen als nur sich selbst zu, die wahre Kritik zu begreifen und verwirklichen zu können. Dieses Projekt ist von allergrößter Bedeutung für die Geschichte der Philosophie; es richtet sich nicht nur gegen den Kantianismus, mit dem es rivalisiert, sondern gegen die gesamte Kantische Nachkommenschaft, von der es sich mit aller Gewalt absetzt. Was ist aus der Kritik nach Kant – von Hegel bis Feuerbach, im Durchgang durch die berühmte „kritische Kritik" – denn auch geworden? Eine Kunst, mittels deren der Geist, das Selbstbewußtsein, der Kritiker sich die Dinge und Ideen aneignete, oder auch eine Kunst, vermöge derer der Mensch sich wieder Bestimmungen bemächtigte, die ihm, wie es hieß, genommen worden waren: kurz die Dialektik. Die Dialektik aber, diese neue Kritik, vermeidet es sorgsam, die vorgängige Frage zu stellen: *Wer* soll die Kritik führen, wer ist dazu imstande? Man spricht uns von der Vernunft, vom Geist, vom Selbstbewußtsein, vom Menschen, aber *um wen* handelte es sich in allen diesen Vorstellungen? Erkläre man uns nicht, wer der Mensch, was der Geist sei. Der Geist scheint Kräfte in sich zu bergen, die allenthalben bereit sind, sich mit jeglicher Macht, ob Staat oder Kirche, zu versöhnen. Wenn der kleine Mensch sich wieder kleine Dinge aneignet, wenn der reaktive Mensch reaktive Bestimmungen wieder zu den seinen macht, glaubt man dann allen Ernstes, daß die Kritik damit große Fortschritte gemacht und ihre Aktivität demonstriert hätte? Wenn der Mensch das reaktive Wesen ist, mit welchem Recht sollte er dann die Kritik führen können? Indem wir die Religion aufarbeiten, hören wir deshalb auf, religiöse Menschen zu sein? Indem wir die Theologie in eine Anthropologie verwandeln und den Menschen an die Stelle von Gott setzen, schaffen wir dann das Wesentliche ab: die Stelle, den Platz? Alle diese Ambiguitäten haben ihren Ausgangspunkt in der Kantschen Kritik[45]. Sie vermochte nicht die wirkliche Instanz aufzudecken, die fähig ist, die Kritik zu führen. Sie erschöpft sich vielmehr im Kompromiß: Niemals läßt sie uns die reaktiven Kräfte überwinden, die sich im Menschen, im Selbstbewußtsein, in der Vernunft, in der Moral, in der Religion zum Ausdruck bringen. Sie führt vielmehr zum umgekehrten Ergebnis: sie macht diese Kräfte noch ein wenig mehr zu den „unseren". Letzten Endes geht es Nietzsche gegenüber Kant wie Marx gegenüber Hegel: Für Nietzsche handelt es sich darum, die Kritik erneut auf ihre Füße zu stellen – wie für Marx die Dialektik. Diese Analogie indessen, weit entfernt, Nietzsche und Marx einander näherzubringen, trennt sie vielmehr noch tiefgehender. Denn die Dialektik ist selbst der Kantschen Kritik, so wie sie war, entsprungen. Es wäre niemals nötig gewesen, die Dialektik auf ihre Füße zu stellen, noch in irgendeiner Weise „Dialektik zu treiben", wenn die Kritik selbst und zuallererst nicht auf dem Kopf gestanden hätte.

8. Nietzsche und Kant – unter dem Gesichtspunkt der Grundsätze

Kant begriff als erster Philosoph, daß die Kritik als solche umfassend und positiv zu sein habe. Umfassend, weil ihr „sich alles unterwerfen muß"; positiv, affirmativ, weil sie die Macht der Erkenntnis nicht einschränkt, ohne bis dahin vernachlässigte Mächte freiwerden zu lassen. Wie sehen nun aber die Resultate eines solch großen Projektes aus? Glaubt der Leser der *Kritik der reinen Vernunft* allen Ernstes, daß „Kants *Sieg* über die theologische Begriffs-Dogmatik (‚Gott', ‚Seele', ‚Freiheit', ‚Unsterblichkeit') jenem Ideale Abbruch getan" habe – kann man glauben, daß Kant ihm Abbruch tun wollte? Gibt Kant nicht, was die *Kritik der reinen Vernunft* angeht, von den ersten Seiten an zu verstehen, daß sie keineswegs eine Kritik ist? Anscheinend hat Kant die Positivität der Kritik mit einer demutsvollen Anerkennung der Rechte des Kritisierten verwechselt. Nie ward je eine konziliantere totale Kritik, eine respektvollere, gesehen. Freilich läßt sich die Diskrepanz zwischen dem Projekt und den Resultaten (mehr noch, zwischen dem allgemeinen Projekt und den besonderen Intentionen) mühelos erklären. Kant hat bloß eine sehr alte Konzeption der Kritik bis an ihr Ende getrieben. Er begriff dieselbe als eine Kraft, die wohl auf alle Anmaßungen der Erkenntnis und der Wahrheit abzielen sollte, aber keineswegs auf die Erkenntnis, die Wahrheit selbst. Als eine Kraft, die auf alle Anmaßungen der Moralität abzielen sollte, aber keineswegs auf die Moral selbst. Dementsprechend verkehrt sich die umfassende Kritik in eine Politik des Kompromisses: Vor Eintritt in den Krieg werden vorgängig die Einflußsphären aufgeteilt. Man unterscheidet die Ideale: Was kann ich wissen? Was muß ich tun? Was darf ich hoffen? Man begrenzt sie wechselseitig, denunziert die schlechten Anwendungen, klagt die Übergriffe an – doch der unkritisierbare Charakter eines jeden Ideals bleibt dem Kantianismus inhärent wie der Wurm der Frucht: Die wahre Erkenntnis, die wahre Moral, die wahre Religion.

Was Kant weiterhin, in seiner Terminologie, eine Tatsache nennt: die Tatsache der Moral, die Tatsache der Erkenntnis . . . Die kantische Neigung, die Bereiche zu begrenzen, erscheint unumwunden in der *Kritik der Urteilskraft.* Wir müssen hier erfahren, was wir schon von Anfang an wußten: daß die Kritik Kants auf nichts anderes zielt denn auf das Rechtfertigen, daß sie an das zu glauben beginnt, was sie kritisiert.

Ist das die angekündigte große Politik? Nietzsche stellt fest, daß es bisher noch keine „große Politik" gegeben hat. Die Kritik ist nichts und sagt nichts, solange sie nur sagt: die wahre Moral pfeift auf die Moral. Die Kritik hat nichts getan, solange sie sich nicht auf die Wahrheit selbst, auf die wahre Erkenntnis, die wahre Moral, die wahre Religion erstreckt[47]. Wenn Nietzsche die Tugend denunziert, sind es nicht die falschen Tugenden, die er bloßstellt und sind es nicht diejenigen, die sich der Tugend als einer Maske bedienen. Es ist die Tugend an sich selbst, d. h. die Kleinheit der wahren Tugend, die unglaubliche Mittelmäßigkeit der wahren Moral, die Niedrigkeit ihrer authentischen Werte. „Zarathustra läßt hier keinen Zweifel: er sagt, die Erkenntnis der Guten, der ‚Besten' gerade sei es gewesen, was ihm Grausen vor dem Menschen überhaupt gemacht habe; aus *diesem* Widerwillen seien ihm die Flügel gewachsen"[48]. Solange wir noch die falsche Moral oder die falsche Religion kritisieren, bleiben wir armselige Kritiker, das Gegenteil ihrer Würde, bleiben wir traurige Apologeten. Es bleibt dies eine Kritik von Friedensrichtern. Wir kritisieren die Prätendenten, verurteilen die Gebietsübergriffe – aber die Gebiete selbst scheinen uns heilig. Gleiches gilt für die Erkenntnis: Eine diesen Namen würdige Kritik darf sich nicht auf die Pseudo-Erkenntnis des Unerkennbaren, sondern muß sich allererst auf die wahre Erkenntnis dessen richten, was erkannt werden kann[49]. Daher wähnt Nietzsche, in diesem wie allen anderen Bereichen das einzig mögliche Prinzip einer totalen, umfassenden Kritik in dem gefunden zu haben, was er seinen „Perspektivismus" nennt. In dem, daß es weder Faktum noch moralisches Phänomen gibt, sondern einzig und allein die moralische Interpretation von Phänomenen[50]. Daß es keine Täuschungen der Erkenntnis gibt, sondern daß die Erkenntnis selbst eine Täuschung ist: ein Irrtum, schlimmer noch, eine Verfälschung[51]. (Letztere Behauptung verdankt Nietzsche Schopenhauer. Dieser interpretierte auf solche Weise den Kantianismus – ihn darin radikal transformierend und gänzlich im Gegensatz zu den Dialektikern. Schopenhauer vermochte demnach das Prinzip der Kritik vorzubereiten – wenn er auch über die Moral, seinen schwächsten Punkt, gestolpert ist.)

9. Realisierung der Kritik

Kants Genie in der *Kritik der reinen Vernunft* macht aus, eine immanente Kritik entworfen zu haben. Die Kritik sollte keine des Verstandes durch das Gefühl, durch die Erfahrung, durch eine wie immer geartete äußere Instanz sein. Und auch das Kritisierte verblieb nicht außerhalb der Vernunft: in dieser sollte nicht nach Irrtümern Ausschau gehalten werden, die andernorts herstammten: aus dem Körper, den Sinnen oder Leidenschaften, sondern nach Täuschungen, die innerhalb der Vernunft selbst ihren Sitz und Ursprung hatten. Kant, beiden Ansprüchen ausgesetzt, entschied, daß die Kritik eine der Vernunft durch die Vernunft selbst zu sein habe. Gründet aber nicht darin der Kantische Widerspruch: die Vernunft im gleichen Atemzug zum Gericht und zum Angeklagten, zum Richter und zu einer Partei zu erheben – richtend und gerichtet?[52]. – Kant mangelte es an einer Methode, die ermöglicht hätte, die Vernunft immanent, von innen zu kritisieren, ohne ihr die Bürde aufzuerlegen, auch noch Richter sein zu müssen. In der Tat realisiert Kant sein Projekt einer immanenten Kritik nicht. Die Transzendentalphilosophie deckt Bedingungen auf, die dem Bedingten noch äußerlich bleiben. Die transzendentalen Grundsätze sind bedingende Prinzipien, keine einer inneren Genesis. Wir aber fordern die Genese der Vernunft selbst, eine Genese auch des Verstandes und seiner Kategorien: Welches sind die Kräfte des Verstandes und der Vernunft? Welcher Wille verbirgt und manifestiert sich in der Vernunft? Wer steht hinter, gar in ihr? Im Willen zur Macht und der daraus entspringenden Methode verfügt Nietzsche über das Prinzip einer internen Genese. Vergleichen wir den Willen zur Macht mit einem transzendentalen Prinzip, vergleichen wir den Nihilismus im Willen zur Macht mit einer Struktur *a priori*, dann wollen wir vor allem ihre Differenz zu psychologischen Bestimmungen hervorstreichen. Bleibt, daß die Prinzipien bei Nietzsche niemals transzendental sind: diese werden gerade durch die Genealogie ersetzt. Einzig und allein der Wille zur Macht als genetisches und genealogisches, als gesetzgebendes Prinzip ist imstande, die interne Kritik zu realisieren. Er allein ermöglicht eine Umwertung.

Der Philosoph als Gesetzgeber tritt bei Nietzsche als Philosoph der Zukunft in Erscheinung. Gesetzgeber bedeutet Erschaffen von Werten. „*Die eigentlichen Philosophen aber sind Befehlende und Gesetzgeber*“[53]. Eine solche nietzschesche Inspiration beseelt auch einige bewundernswerte Texte von Schestov: „Für uns entspringen alle Wahrheiten dem *parere*, selbst die metaphysischen. Und dennoch ist die einzige Quelle der metaphysischen Wahrheiten das *jubere*, und solange die Menschen nicht am *jubere* teilnehmen werden, wird es ihnen scheinen, als sei die Metaphysik unmöglich"; „Die Griechen spürten, daß die Unterwerfung, die gehorsame Annahme alles dessen, was sich darbietet, dem Menschen das wahrhaftige Sein verberge. Um zur wahren Realität zu gelangen, heißt es, sich als Herr der Welt zu begreifen, heißt es, das Befehlen und das Erschaffen zu lernen ... Dort, wo der hinreichende Grund fehlt oder, in unseren Augen, alle Möglichkeit des Denkens aufhört, erblickten sie den Anfang der metaphysischen Wahrheit"[54]. – Sage man nicht, daß der Philosoph seinen Aktivitäten die des Gesetzgebers hinzufügen müsse, weil er dafür am günstigsten plaziert sei, als ob seine eigene Unterwerfung unter die Weisheit ihn ermächtigte, die bestmöglichen Gesetze zu entdecken, denen die Menschen sich zu unterwerfen hätten. Ganz anderes will gesagt sein: daß der Philosoph als Philosoph *kein* Weiser ist, daß er aufhört zu gehorchen, daß er die alte Weisheit durch das Befehlen ersetzt, daß er die alten Werte zerschlägt und neue Werte schafft, daß seine ganze Wissenschaft in diesem Sinne gesetzgeberisch ist: „Ihr ‚Erkennen' ist *Schaffen*, ihr Schaffen ist eine Gesetzgebung, ihr Wille zur Wahrheit ist – *Wille zur Macht*"[55]. Wenn es wahr ist, daß diese Vorstellung des Philosophen vorsokratische Wurzeln aufweist, so scheint es, daß ihr Wiederauftreten in der Moderne kantisch und kritisch ist. *Jubere* an Stelle des *parere*: bildet nicht das den Kern der Kopernikanischen Revolution, und die Art und Weise, in der sich die Kritik von der alten Weisheit absetzt und gegen die dogmatische oder theologische Unterwerfung aufbegehrt? Die Idee der *gesetzgeberischen Philosophie als Philosophie*: tatsächlich ist sie es, die die Idee der immanenten Kritik als Kritik zu einem Ganzen fügt. Beide gemeinsam stellen sie den Hauptbeitrag des Kantianismus, seinen befreienden Beitrag, dar.

Aber auch hier noch gilt es zu fragen, in welcher Weise Kant seine Vorstellung des gesetzgebenden Philosophen selbst begreift. Weshalb reiht Nietzsche in dem Augenblick, da er dessen Vorstellung wiederaufzugreifen und weiterzuentwickeln scheint, Kant unter die „Arbeiter der Philosophie" ein, unter jene also, die sich damit zufriedengeben, die herrschenden Werte zu inventarisieren – im absoluten Gegensatz zu den Philosophen der Zukunft?[56] Für Kant wirkt gesetzgeberisch innerhalb eines Bereichs tatsächlich nur jeweils eines unserer Vermögen: der Verstand, die Vernunft. Wir sind selber Gesetzgeber, sofern wir den richtigen Gebrauch dieses Vermögens überwachen und unseren anderen Vermögen eine diesem richtigen Gebrauch konforme Aufgabe vorgeben. Wir sind Gesetzgeber, sofern wir jeweils diesem Vermögen wie uns selber gehorchen. Aber wem gehorchen wir unter diesem oder jenem Vermögen, welcher

Kraft in diesem oder jenem Vermögen? Der Verstand, die Vernunft haben eine lange Geschichte: sie bilden die Instanzen, die uns selbst dann noch gehorchen lassen, wenn wir schon keinen anderen mehr gehorchen wollen. Hören wir auf, Gott, dem Staat, unseren Eltern zu Willen zu sein, taucht allzugleich die Vernunft auf, die uns überredet, folgsam zu bleiben – indem sie nämlich sagt: Du bist es, der befiehlt. Die Vernunft stellt unsere Versklavungen und unsere Unterwürfigkeiten wie Überlegenheiten dar, die uns zu vernünftigen Wesen stempeln. Im Begriff der praktischen Vernunft „erfand (Kant) eigens eine Vernunft dafür, in welchen Fällen man sich *nicht* um die Vernunft zu kümmern brauche: nämlich wenn das Bedürfnis des Herzens, wenn die Moral, wenn die ›Pflicht‹ redet"[57]. Und was versteckt sich letzten Endes hinter der berühmten Kantischen Einheit von Gesetzgeber und Untertan? Nichts weiter als die aufpolierte Theologie, eine Theologie protestantischen Geschmacks: Man stattet uns mit der doppelten Bürde des Priesters und des Gläubigen, des Gesetzgebers und des Untertanen aus. Kants Traum: die Distinktion der beiden Welten, der sinnlichen und der übersinnlichen, nicht auszulöschen, sondern die *Einheit der Person* beider Welten zu sichern. Ein und dieselbe Person als Gesetzgeber und Untertan, als Subjekt und Objekt, als Noumenon und Phänomen, als Priester und Gläubiger. Diese Ökonomie verdankt sich der Theologie: „Der Erfolg Kants ist bloß ein Theologen-Erfolg"[58]. Glaubt man, indem man in uns den Priester und den Gesetzgeber aufrichtet, daß wir deshalb aufhörten, vor allem Gläubige und Untertanen zu sein? Dieser Gesetzgeber und dieser Priester vollziehen Amt, Gesetzgebung und Repräsentation der herrschenden Werte, sie interiorisieren bloß die etablierten Werte. Der richtige Gebrauch der Vermögen geht fatalerweise bei Kant einher mit solchen Werten: der wahren Erkenntnis, der wahren Moral, der wahren Religion . . .

10. Nietzsche und Kant – unter dem Gesichtspunkt der Konsequenzen

Vergegenwärtigen wir uns den Gegensatz der nietzscheschen Konzeption der Kritik zur kantischen, dann lassen sich fünf Punkte ausmachen: 1. Nicht transzendentale Prinzipien, die bloße Bedingungen vorgeblicher Tatsachen darstellen, sondern genetische und plastische Prinzipien, die vom Sinn und vom Wert der Glaubensüberzeugungen, Interpretationen und Wertschätzungen Rechenschaft ablegen; 2. Kein Denken, das sich gesetzgeberisch dünkt, weil es nur der Vernunft gehorcht, sondern ein Denken, das *gegen* die Vernunft denkt:

„bei allem ist eins unmöglich – Vernünftigkeit!“[59]. Man täuscht sich zentral über den Irrationalismus, wenn man meint, daß diese Doktrin der Vernunft anderes entgegensetzte denn Denken: etwa die Macht des Faktischen, des Herzens, des Gefühls, der Laune oder der Leidenschaft. Im Irrationalismus handelt es sich auch nicht um etwas anderes als Denken, geht es ebenso darum, zu denken. Der Vernunft entgegengesetzt wird nur das Denken selbst – und dem vernünftigen Wesen der Denker selbst[60]. Weil die Vernunft die Rechte dessen einstreicht und zum Ausdruck bringt, der das Denken unterdrückt, erobert sich das Denken seine Rechte wieder zurück und setzt sich gegen die Vernunft als gesetzgeberisch: Der *Würfelwurf*, dies war der Sinn des Würfelwurfs; 3. Keinen Kantischen Gesetzgeber, sondern den Genealogen. Jener ist Richter, Friedensrichter, der die Aufteilung der Gebiete überwacht und damit einhergehend die Verteilung der herrschenden Werte. Die genealogische Inspiration steht der richterlichen entgegen. Der wahre Gesetzgeber ist der Genealoge. Er ist ein wenig göttlich, ist Philosoph der Zukunft. Nicht den Frieden durch Kritik verkündet er uns, sondern uns bisher noch unbekannte Kriege[62]. Auch für ihn heißt denken: Urteil sprechen, richten, aber dies heißt: Werte abschätzen und interpretieren, heißt Werte schaffen. Das Problem des Urteilens wird zu dem der Gerechtigkeit und der Rangfolge; 4. Nicht das vernünftige Wesen, den Funktionär der kursierenden Werte, der zugleich Priester und Gläubiger, Gesetzgeber und Untertan, siegreicher und besiegter Sklave, der reaktive Mensch in eigenen Diensten ist. Nun denn, *wer* führt die Kritik? Worin besteht der Gesichtspunkt der Kritik? Die kritische Instanz stellt ebensowenig den Wirklichkeit gewordenen Menschen wie irgendeine sublimierte Form des Menschen: Geist, Vernunft, Selbstbewußtsein, dar. Ist weder Gott noch Mensch, denn zwischen beiden klafft noch zu wenig Differenz, allzugut nehmen sie jeweils noch den Platz des anderen ein. Die kritische Instanz gibt der Wille zur Macht ab, der Gesichtspunkt der Kritik ist der des Willens zur Macht. Doch in welcher Form? Nicht in der des Übermenschen, der das positive Produkt der Kritik selbst darstellt. Vielmehr existiert ein „relativ übermenschlicher Typus“[62]: der kritische Typus als der Mensch, *der überstiegen, überwunden sein will* . . . „zu Vätern und Vorfahren könntet ihr euch umschaffen des Übermenschen: und dies sei euer bestes Schaffen!“[63]; 5. Das Ziel der Kritik: nicht die Zwecke des Menschen oder der Vernunft, sondern endlich den Übermenschen, den überschrittenen, überwundenen Menschen. In der Kritik handelt es sich nicht darum zu rechtfertigen, sondern anders zu fühlen: um eine andere Sensibilität.

11. Der Begriff der Wahrheit

„Wahrheit (wurde) als Sein, als Gott, als oberste Instanz selbst gesetzt ... Der Wille zur Wahrheit bedarf einer Kritik – bestimmen wir hiermit unsere eigene Aufgabe –, der Wert der Wahrheit ist versuchsweise einmal *in Frage zu stellen*“[64]. Darin zeigt sich Kant als letzter klassischer Philosoph: Weder stellt er je den Wert der Wahrheit in Frage, noch die Vernunftgründe unserer Unterwerfung unter das Wahre. Diesbezüglich ist er nicht minder dogmatisch als die anderen. Weder er noch sie fragen: Wer sucht die Wahrheit? Das heißt: Was will der, der die Wahrheit sucht? Welchem Typus gehört er an, und welcher ist sein Wille zur Macht? Versuchen wir, dieses Ungenügen der Philosophen seiner Natur nach zu begreifen. Alle Welt weiß sehr wohl, daß der Mensch faktisch sehr selten die Wahrheit sucht: Vom Wahren trennen uns unsere Interessen und Beschränktheiten mehr denn unsere Irrtümer. Die Philosophen jedoch unterstellen, daß das Denken als solches auf der Suche nach dem Wahren sei, daß es „de jure“ das Wahre liebe, es „de jure“ wolle. Indem sie eine Verbindung zwischen dem Denken und der Wahrheit herstellt und derart den Willen eines reinen Denkers auf die Wahrheit bezieht, umgeht es die Philosophie, die Wahrheit auf einen konkreten Willen, der der ihre wäre, auf einen Typus von Kräften, auf eine Qualität des Willens zur Macht beziehen zu müssen. Nietzsche nimmt das Problem dort auf, wo es gestellt wird: Für ihn geht es nicht darum, den Willen zur Wahrheit in Frage zu stellen, einmal mehr daran zu erinnern, daß die Menschen *faktisch* die Wahrheit nicht lieben. Nietzsche fragt, was die Wahrheit als Begriff, als Vorstellung bezeichnet, welche qualifizierten Kräfte und welchen qualifizierten Willen dieser Begriff *de jure* voraussetzt. Nietzsche kritisiert nicht die falschen Anmaßungen der Wahrheit, vielmehr die Wahrheit selber und als Ideal. Der Methode Nietzsches entsprechend muß der Begriff der Wahrheit dramatisiert werden. „Der Wille zur Wahrheit, der uns noch zu manchen Wagnissen verführen wird, jene berühmte Wahrhaftigkeit, von der alle Philosophen bisher mit Ehrerbietung geredet haben: was für Fragen hat dieser Wille zur Wahrheit uns schon vorgelegt! ... *Was* in uns will eigentlich ‚zur Wahrheit‘? – In der Tat, wir machten lange halt vor der Frage nach der Ursache dieses Willens – bis wir, zuletzt, vor einer noch gründlicheren Frage ganz und gar stehenblieben. Wir fragten nach dem *Werte* dieses Willens. Gesetzt, wir wollen Wahrheit: *warum nicht lieber* Unwahrheit? Und Ungewißheit! Selbst Unwissenheit? ... Und sollte man's glauben, daß es uns schließlich bedünken will, als sei das Problem noch nie bisher gestellt – als sei es von uns zum ersten Male gesehn, ins Auge gefaßt, gewagt?"[65]

Der Wahrheitsbegriff qualifiziert eine Welt als wahrhaftige. Selbst innerhalb der Wissenschaft bildet die Wahrheit der Phänomene eine eigene, von der der Phänomene distinkte „Welt". Eine wahrhaftige Welt nun setzt als ihr Zentrum einen wahrhaftigen Menschen voraus[66]. – Wer ist dieser wahrhaftige Mensch und was will er? Erste Hypothese: Er will nicht getäuscht werden, will sich nicht täuschen lassen. Denn „es (ist) schädlich, gefährlich, verhängnisvoll, getäuscht zu werden". Eine solche Hypothese unterstellt indes, daß die Welt selbst schon wahrhaftig sei. Denn in einer radikal falschen Welt wird nämlich der Wille, sich nicht täuschen zu lassen, verhängnisvoll, gefährlich und schädlich. In der Tat hat der Wille zur Wahrheit sich herausbilden müssen, trotz der „Unnützlichkeit und Gefährlichkeit . . . der ‚Wahrheit um jeden Preis'". Bleibt folglich eine weitere Hypothese: *Ich will die Wahrheit* bedeutet: *Ich will nicht täuschen*, und „‚ich will nicht täuschen' (begreift) auch den einzelnen Fall (ein), ‚ich will mich nicht täuschen'"[67]. – Wenn jemand die Wahrheit will, so nicht im Namen dessen, was die Welt ist, sondern im Namen dessen, was die Welt nicht ist. Es ist abgemacht, daß „das Leben . . . auf Irrtum, Betrug, Verstellung, Blendung, Selbstverblendung angelegt" ist – aber der das Wahre will, will zu allererst diese starke Macht des Falschen abwerten: und verwandelt so das Leben in einen „Irrtum" und die Welt in „Schein". Er setzt das Leben der Erkenntnis, diese Welt einer anderen Welt, einer jenseitigen, eben der wahrhaftigen, entgegen. Die wahrhaftige Welt ist nicht zu trennen von jenem Willen, die „diesseitige" Welt als Schein zu behandeln. Von diesem Zusammenhang aus enthüllt der Gegensatz von Erkenntnis und Leben, die Unterscheidung zweier Welten ihren wirklichen Charakter: es ist eine Unterscheidung, ein Gegensatz *moralischen Ursprungs*. Der Mensch, der nicht täuschen will, will eine bessere Welt und ein besseres Leben; all die Gründe dafür, nicht zu täuschen, sind moralische Gründe. Stets stoßen wir auf die „Tugendsamkeit" dessen, der das Wahre will: eine seiner Lieblingsbeschäftigungen ist der Aufweis und die Zuweisung von Fehlern – er macht verantwortlich, verneint die Unschuld, stellt das Leben unter Anklage und verurteilt es, denunziert den Schein. „Allmählich hat sich mir herausgestellt, . . . daß die moralischen (oder unmoralischen) Absichten in jeder Philosophie den eigentlichen Lebenskeim ausmachten, aus dem jedes Mal die ganze Pflanze gewachsen ist . . . Ich glaube demgemäß nicht, daß ein ‚Trieb zur Erkenntnis' der Vater der Philosophie ist"[68]. – Freilich, diese moralische Opposition ist selbst nur Symptom. Wer eine andere Welt, ein anderes Leben will,

will etwas viel Tiefgründigeres: „Leben *gegen* Leben"[69]. Der will, daß das Leben tugendhaft werde; daß es sich bessere und den Schein berichtige, daß es als Brücke zur anderen Welt diene. Der will, daß das Leben sich selbst verneine und sich gegen sich selbst kehre: „ein Versuch . . . die Kraft zu gebrauchen, um die Quellen der Kraft zu verstopfen"[70]. Hinter der moralischen Opposition zeichnen sich derart die Umrisse eines ganz andersartigen Widerspruchs ab: des religiösen oder asketischen Widerspruchs.

Von der spekulativen Position zur moralischen Opposition, von der moralischen Opposition zum asketischen Widerspruch . . . Der asketische Widerspruch bildet aber seinerseits ein Symptom, das es zu interpretieren gilt. Was will der Mensch des asketischen Ideals? Der das Leben verneint, will doch immer noch ein vermindertes, *sein* vermindertes und entartetes Leben, will die Erhaltung *seines* Typus, mehr noch, die Macht und den Sieg desselben, den Sieg der reaktiven Kräfte und die von ihnen ausgehende Ansteckung. An diesem Punkt enthüllen die reaktiven Kräfte den bedrohlichen Verbündeten, der sie zum Siege führt: den Nihilismus und Willen zum Nichts[71]. Der Wille zum Nichts ist es, der das Leben nur unter dessen reaktiver Form erträgt. Er ist es, der sich der reaktiven Kräfte bedient, mittels deren das Leben sich widersprechen, sich verneinen, zugrunde gehen *muß*. Es ist der Wille zum Nichts, der von Anfang an alle Werte beseelt, die man dem Leben „überlegen" heißt. Der größte Irrtum Schopenhauers lag just darin: geglaubt zu haben, daß in den über dem Leben stehenden Werten der Wille sich verneine. Tatsächlich verneint nicht der Wille sich in den höheren Werten – vielmehr beziehen sich die höheren Werte auf einen Willen, das Leben zu verneinen und auszulöschen. Dieser Wille zum Nein definiert den „Wert" der höheren Werte. Seine Waffe: das Leben unter die Herrschaft reaktiver Kräfte zu stellen, derart, daß das Leben als Ganzes von dem getrennt wird, was es kann und, fortschreitend kleiner werdend, immer weiter rollt: „ins Nichts? ins *‚durchbohrende Gefühl seines Nichts'?*"[72] Der Wille zum Nichts *und* die reaktiven Kräfte bilden die beiden konstitutiven Elemente des asketischen Ideals.

Die Interpretation legt somit in ihrer Schürfarbeit drei mächtige, schwere Blöcke frei: Erkenntnis, Moral und Religion; und das Wahre, das Gute und das Göttliche als über dem Leben stehende Werte. Alle drei sind aneinander gekettet: Das asketische Ideal stellt das dritte Moment dar, ist aber auch Sinn und Wert der beiden anderen. Man mag daher so gut es geht die jeweiligen Einflußsphären aufteilen, ja man mag sogar jedes Moment den anderen entgegensetzen – das asketische Ideal in seiner Durchtriebenheit, die niemanden gefährdet, findet sich allenthalben wieder, dabei alle Bereiche in mehr oder minder kondensiertem Zustand okkupierend. Wer vermöchte noch zu glauben, daß die Erkenntnis, die Wissenschaft, und selbst die Wissenschaft des Freigeistes, die „Wahrheit um jeden Preis", das asketische Ideal gefährden könnten? „Überall sonst, wo der Geist heute streng, mächtig und ohne Falschmünzerei am Werke ist, entbehrt er jetzt überhaupt des Ideals . . .: *abgerechnet seines Willens zur Wahrheit.* Dieser Wille aber, dieser *Rest* von Ideal, ist, wenn man mir glauben will, jenes Ideal selbst in seiner strengsten, geistigsten Formulierung, esoterisch ganz und gar, alles Außenwerks entkleidet"[73].

12. Erkenntnis, Moral und Religion

Dennoch könnte es vielleicht nicht ohne Grund sein, weswegen man Erkenntnis, Moral und Religion unterscheidet und sogar entgegensetzt. Wir waren von der Wahrheit zum asketischen Ideal aufgestiegen, um die Wurzel des Wahrheitsbegriffs offenzulegen. Seien wir einen Augenblick mehr um die Evolution als die Genealogie bedacht und steigen wir wieder vom asketischen oder religiösen Ideal herunter zum Willen zur Wahrheit. Hier muß nun ohne Umschweife anerkannt werden, daß die Moral sich an die Stelle der Religion als Dogma gesetzt hat, und daß die Wissenschaft immer mehr im Begriffe steht, den Platz der Moral einzunehmen. „Dergestalt ging das Christentum *als Dogma* zugrunde, an seiner eigenen Moral"; „*was* eigentlich über den christlichen Gott gesiegt hat: die christliche Moralität selbst" oder auch „Zucht zur Wahrheit, welche am Schlusse sich die Lüge im Glauben an Gott verbietet"[74]. Es gibt Dinge, die heute kein Gläubiger, nicht einmal ein Priester mehr aussprechen oder denken könnte – allenfalls einige Bischöfe oder Päpste: Gottes Vorsehung und Güte, die göttliche Vernunft, die göttliche Zweckbestimmung – „das ist nun *vorbei*, das hat das Gewissen *gegen* sich", ist unmoralisch geworden[75]. Häufig bedarf die Religion der Freigeister, um in veränderter, angepaßter Form zu überleben. Die Moral ist die Fortsetzung der Religion – aber mit anderen Mitteln; die Erkenntnis ist die Fortsetzung der Moral und Religion – aber mit anderen Mitteln. Überall das asketische Ideal, aber die Mittel haben sich geändert, es sind nicht mehr dieselben reaktiven Kräfte. Deshalb verwechselt man so leicht und so bereitwillig auch die Kritik mit einer Abrechnung zwischen verschiedenen reaktiven Kräften.

„Dergestalt ging das Christentum *als Dogma* zugrunde, an seiner eigenen Moral . . ." Aber Nietzsche fügt hinzu: „dergestalt muß nun auch das Christentum *als Moral* noch zugrunde gehen". Will er damit sagen, daß der Wille zur Wahrheit der Untergang der Moral sein muß, auf eben die Weise, in der auch die Moral der Untergang der Religion ist? Viel wäre damit nicht gewonnen: Der Wille zur Wahrheit ist immer noch das asketische Ideal, die Art und Weise bleibt weiterhin christlich. Nietzsche fordert anderes: einen Wechsel des Ideals, ein anderes Ideal, „anders fühlen". Aber wie ist ein solcher Wechsel in der modernen Welt möglich? Solange wir fragen, was das asketische und religiöse Ideal sei, solange wir dem Ideal selbst diese Frage stellen, drängen sich immer wieder Moral und Tugend vor, um an dessen Statt zu antworten. Die Tugend antwortet: Was ihr angreift, bin ich selbst, denn ich stehe für das asketische Ideal ein; in der Religion gibt es Schlechtes, aber auch Gutes. Ich habe dies Gute in mich aufgenommen, ich will dies Gute. Und wenn wir fragen: Was aber ist diese Tugend, was will sie? – dann fängt die ganze Geschichte von vorne an, und die Wahrheit tritt vor und sagt: Ich will die Tugend, ich stehe für sie ein. Sie ist mein Anfang und mein Ende. Führte ich nicht zu ihr hin, wäre ich ein Nichts. Nun, wer wollte leugnen, daß ich etwas bin? – Unter dem Vorwand einer Evolution gibt man vor, uns die genealogischen Stadien, die wir eben durchlaufen haben – von der Wahrheit zur Moral, von der Moral zur Religion –, schnellen Schrittes wieder herabsteigen zu lassen, mit dem Kopf nach unten. Die Tugend antwortet für die Religion, die Wahrheit für die Tugend. Hier nun genügt es, die Bewegung fortzusetzen. Man wird uns die Stufen nicht herabsteigen lassen können, ohne daß wir nicht auch wieder unseren Ausgangspunkt erreichten, der jetzt als Sprungbrett dient: Die Wahrheit selbst ist nicht der Kritik enthoben, stellt kein göttliches Recht dar. Die Kritik muß zur Kritik der Wahrheit geraten. „Nachdem die christliche Wahrhaftigkeit einen Schluß nach dem andern gezogen hat, zieht sie am Ende ihren *stärksten Schluß*, ihren Schluß *gegen* sich selbst; dies aber geschieht, wenn sie die Frage stellt *‚was bedeutet aller Wille zur Wahrheit?'* . . . Und hier rühre ich wieder an mein Problem, an unser Problem, meine *unbekannten* Freunde (– denn noch *weiß* ich von keinem Freunde): welchen Sinn hätte *unser* ganzes Sein, wenn nicht den, daß in uns jener Wille zur Wahrheit sich selbst *als Problem* zum Bewußtsein gekommen wäre? . . . An diesem Sich-bewußt-Werden des Willens zur Wahrheit geht von nun an – daran ist kein Zweifel – die Moral *zugrunde:* jenes große Schauspiel in hundert Akten, das den nächsten zwei Jahrhunderten Europas aufgespart bleibt, das furchtbarste, fragwürdigste und vielleicht auch hoffnungsreichste aller Schauspiele . . ."[76]. In diesem Text äußerster Strenge kommt jedem Begriff Gewicht zu: „einen Schluß nach dem andern" bedeutet die absteigenden Stufen – vom asketischen Ideal zu seiner moralischen

Form, vom moralischen Gewissen/Bewußtsein zu seiner spekulativen Form. Der „stärkste Schluß", „Schluß gegen sich selbst" aber bezeichnet dies: Das asketische Ideal besitzt jenseits des Willens zur Wahrheit kein Versteck mehr, hat niemanden mehr, der an seiner Statt antwortet. Es genügt, den Schluß weiter zu ziehen, tiefer zu steigen als man wollte, daß wir steigen – und schon wird das asketische Ideal aufgescheucht, seiner Maske entrissen: und verfügt über keinen mehr, der seine Rolle übernehmen könnte. Keine moralische Person, kein Gelehrter steht mehr bereit. Wir sind zu unserem Problem zurückgekehrt, aber auch zu dem Zeitpunkt, der unserem neuerlichen Aufstieg vorangeht: der Augenblick des Anders-fühlens, da das Ideal wechselt. Nietzsche will demnach nicht sagen, daß das Ideal der Wahrheit das asketische oder gar moralische Ideal ersetzen solle; er erklärt vielmehr, daß die Infragestellung des Willens zur Wahrheit (seine Auslegung und Wertschätzung) das asketische Ideal daran hindern soll, sich durch andere Ideale ersetzen zu lassen, die es unter anderen Formen nur fortsetzen würden. Decken wir im Willen zur Wahrheit die Fortdauer des asketischen Ideals auf, dann entziehen wir diesem Ideal die Bedingung seines Fortbestehens, entreißen ihn seiner letzten Verkleidung. In diesem Sinne sind auch wir die „Wahrhaftigen" und „Erkennenden"[77]. Aber wir ersetzen nicht das asketische Ideal, wir lassen nicht den Platz selbst übrig, wir sind gewillt, den Platz, die Stätte in Brand zu setzen, wir wollen ein anderes Ideal an einem anderen Platz, eine andere Art des Erkennens, einen anderen Begriff von Wahrheit, d.h. eine Wahrheit, die sich nicht mehr in einem Willen zum Wahren voraussetzt, die vielmehr einen *ganz anderen Willen* zur Voraussetzung hat.

13. *Denken und Leben*

Nietzsche formuliert gegenüber der Erkenntnis häufig den Vorwurf, sich anzumaßen, dem Leben sich entgegenstellen, es messen und beurteilen zu können, sich als Selbstzweck zu verstehen. In dieser Form trat schon die sokratische Umkehrung in *Die Geburt der Tragödie* auf. Nietzsche wird nicht aufhören zu erklären, daß die Erkenntnis, dieses dem Leben untergeordnete bloße Hilfsmittel, sich als Selbstzweck, als Richter, als oberste Instanz aufgespielt habe[78]. Freilich müssen wir solche Aussagen entsprechend ihrer Bedeutung bewerten: Der Gegensatz zwischen der Erkenntnis und dem Leben, das Verfahren, dank dessen sich die Erkenntnis über das Leben erhebt, bilden für sich nur Symptome. Die Erkenntnis stellt sich dem Leben entgegen, gewiß; aber eben weil sie ein Leben zum Ausdruck bringt, das dem Leben widerspricht, ein reaktives Leben, das in der Erkenntnis ein Mittel sucht und findet, seinen Typus zu erhalten und siegen zu lassen. (Daher gibt die Erkenntnis dem Leben Gesetze vor, die es von dem trennen, was es kann, die es daran hindern und ihm verbieten, Wirkungen zu zeitigen, indem sie es im engen Rahmen wissenschaftlich beobachtbarer Reaktionen belassen: ein wenig den Tieren im Zoo vergleichbar. Aber diese das Leben messende, einengende und formprägende Erkenntnis ist selbst gänzlich dem Modell eines reaktiven Lebens – und innerhalb der Grenzen desselben – nachgebildet.) – Man sollte sich daher über die größere Vielschichtigkeit anderer Texte Nietzsches, die sich bei Symptomen nicht aufhalten und geradewegs in die Interpretation eindringen, nicht wundern. In ihnen wirft Nietzsche der Erkenntnis nicht nur vor, sich als Selbstzweck mißzuverstehen, sondern darüber hinaus das Denken zu einem bloßen Mittel im Dienste des Lebens zu degradieren: derart lautet etwa der Vorwurf Nietzsches an Sokrates. „Das Denken dient (bei Sokrates) dem Leben, während bei allen früheren Philosophen das Leben dem Denken und Erkennen diente“[79]. Der Widerspruch beider Textarten wird schwinden, wenn wir uns einmal auf die unterschiedlichen Nuancen im Wort „Leben“ einlassen: Stellt Sokrates das Leben in den Dienst der Erkenntnis, so muß darin das ganze Leben verstanden werden, das reaktiv wird; stellt er aber das Denken in den Dienst des Lebens, so heißt es, das reaktive Leben als besonderes zu begreifen, das zum Modell des ganzen Lebens und selbst noch des Denkens erhoben wird. Der vermeintliche Widerspruch wird noch weniger wahrnehmbar, wenn wir erst der Differenz zwischen „Erkennen“ und „Denken“ innewerden. (Zeigt sich nicht hier erneut ein tiefgehend transformiertes, gegen Kant gewendetes Kantisches Thema?)

Ernennt sich die Erkenntnis erst einmal zum Gesetzgeber, wird das Denken zum großen Verlierer. Die Erkenntnis ist das Denken selbst, aber das der Vernunft wie dem allen, was sich in ihr ausdrückt, unterworfene Denken. Der Erkenntnistrieb bildet folglich das Denken, aber dasselbe in seinem Verhältnis zu reaktiven Kräften, die sich seiner bemächtigen oder es erobern. Denn es sind die gleichen Grenzen, die einmal die Erkenntnis dem Leben und ein andermal das vernunftgemäße Leben dem Denken vorschreibt. Das Leben ist der Erkenntnis unterworfen – und zugleich das Denken dem Leben. Auf jeden Fall ist es die Vernunft, die uns bald abrät, bald untersagt, gewisse Grenzen zu überschreiten: weil es unnötig ist (die Erkenntnis ist da, um vorauszusehen), weil es schlecht wäre (das Leben ist da, um tugendhaft zu sein), weil es unmöglich ist (hinter dem Wahren ist nichts mehr, das zu sehen oder zu denken wäre)[80].

– Aber bringt die Kritik, begriffen als eine der Erkenntnis selbst, nicht neue Kräfte zum Ausdruck, die in der Lage sind, dem Denken einen anderen Sinn zu geben? Ein Denken, das bis ans Ende dessen ginge, was das Leben kann, ein Denken, das das Leben bis ans Ende dessen triebe, was es kann? Statt einer sich dem Leben entgegenstellenden Erkenntnis ein Denken, das das Leben *bejahte*. Das Leben wäre die aktive Kraft des Denkens, aber dieses die bejahende Macht des Lebens. Beide gemeinsam, sich wechselseitig ziehend, gingen sie in dieselbe Richtung, im Gleichschritt, vorwärts im Bemühen um eine bisher noch beispiellose Schöpfung. Denken würde bedeuten: *entdecken, neue Möglichkeiten des Lebens erfinden*. „Nun gibt es Lebensläufe, wo die Schwierigkeiten ins Ungeheure gewachsen sind, die der Denker; und hier muß man, wo etwas davon erzählt wird, aufmerksam hinhören, denn hier vernimmt man etwas von *Möglichkeiten des Lebens*, von denen nur zu hören und auf das Leben der Späteren Licht herabgießt, hier ist alles so erfinderisch, besonnen, verwegen, verzweifelt und voller Hoffnung, wie etwa die Reisen der größten Weltumsegler und auch in der Tat etwas von der gleichen Art, Umsegelungen der entlegensten und gefährlichsten Bereiche des Lebens. Das Erstaunliche in solchen Lebensläufen liegt darin, daß zwei feindselige, nach verschiedenen Richtungen hin drängende Triebe hier gezwungen werden, gleichsam unter *einem* Joche zu gehen; der, welcher das Erkennen will, muß den Boden, auf dem der Mensch lebt, immer wieder verlassen und sich ins Ungewisse wagen, und der Trieb, der das Leben will, muß immer wieder sich zu einer ungefähr sicheren Stelle hintasten, auf der sich stehen läßt“[81]. Mit anderen Worten: Das Leben überschreitet die ihm von der Erkenntnis gesetzten Grenzen – und das Denken die des Lebens. Das Denken hört auf, *ratio*, das Leben hört auf, *Reaktion* zu sein. Der Denker bringt so die schöne Affinität des Lebens und des Denkens zum Vorschein: verwandelt das Leben das Denken in etwas Aktives, so das Denken das Leben in etwas Affirmatives. Diese Affinität im allgemeinen tritt bei Nietzsche nicht nur als vor-sokratisches Geheimnis par excellence auf, sondern kommt auch als Wesen der Kunst zur Erscheinung.

14. Die Kunst

Nietzsches Konzeption der Kunst ist eine tragische. Sie gründet auf zwei Prinzipien, die als sehr alte, aber auch als Prinzipien begriffen werden müssen, deren Zukunft noch aussteht. Die Kunst ist zuallererst das Gegenteil eines Verfahrens „ohne Interesse“: weder heilt, beruhigt, sublimiert, desinteressiert sie, noch „kommt" man in ihr vom Begehren, vom Trieb oder vom Wollen „los". Die Kunst vielmehr ist „Stimulans des Willens zur Macht", ist „Erregung des Willens". Mühelos verstehen wir den kritischen Sinn dieses Prinzips: es entlarvt jegliche reaktive Konzeption der Kunst. Wenn Aristoteles die Tragödie als eine gleichsam medizinische Purgation oder moralische Sublimation verstand, so bestimmte er ihr wohl ein Interesse, aber eines, das mit den reaktiven Kräften verschmolz. Schneidet Kant das Schöne von jeglichem, selbst moralischem Interesse ab, dann geht er solchermaßen immer noch von den Reaktionen des Zuschauers aus, aber eines immer weniger begabten Zuschauers, der für das Schöne einen nur mehr desinteressierten Blick übrig hat. Entwirft Schopenhauer seine Theorie des Desinteressements, dann verallgemeinert er eine zugegebenermaßen persönliche Erfahrung, die eines Jünglings, für den Kunst (wie für andere der Sport) eine Hemmung sexueller Strebungen bewirkt[82]. Stärker denn je drängt sich Nietzsches Frage auf: Wer betrachtet das Schöne „ohne Interesse"? Immer wieder ist die Kunst aus dem Blickwinkel eines Zuschauers und eines immer weniger künstlerischen Zuschauers aus beurteilt worden. Nietzsche nun macht eine Ästhetik des Schaffenden, die Ästhetik Pygmalions, geltend. Wie vermag unter diesem neuen Blickpunkt die Kunst als Stimulans des Willens zur Macht zu erscheinen? Warum bedarf der Wille zur Macht einer Erregung, wo er doch kein Motiv, kein Ziel und keine Repräsentation nötig hat? Weil er als affirmativ sich nur in Beziehung zu aktiven Kräften, zu einem aktiven Leben setzen kann. Die Bejahung ist das Resultat eines Denkens, das ein aktives Leben, es begleitend und bedingend, voraussetzt. Nietzsche zufolge ist noch nicht begriffen worden, was das Leben eines Künstlers bedeutet: die Aktivität dieses Lebens, die der im Werk selbst eingeschlossenen Bejahung als Stimulans dient, der Wille zur Macht des Künstlers schlechthin.

Das zweite Kunstprinzip liegt darin vor: Kunst bildet die höchste Macht des Falschen, sie preist die „Welt als Irrtum", heiligt die Lüge und verwandelt den Willen zur Täuschung in ein höheres Ideal[83]. Dies zweite Prinzip zitiert in gewisser Weise das Reziproke des ersten: Das im Leben Aktive kann nur in Beziehung zu einer tieferen Bejahung vollzogen werden. Die Aktivität des Lebens ist gleichsam eine Macht des Falschen: täuschen, verschleiern, blenden, verführen. Aber um ausgeübt werden zu können, muß diese Macht des Falschen gezüchtet, verdoppelt oder vervielfältigt, also auf eine höhere Stufe der Macht gehoben werden: Die Macht des Falschen bis hin zum Willen zur Täuschung, dem künstlerischen Willen, treiben, der als einziger imstande ist, mit dem asketischen Ideal zu konkurrieren und sich diesem mit Erfolg entgegenzustellen[84]. Eben die Kunst erfindet Lügen, die das Falsche bis zu jener höchsten affirmativen Macht erhebt, sie macht aus dem Willen zur Täuschung etwas, das sich in der Macht zum Falschen bejaht. *Schein* bedeutet für den Künstler nicht mehr die Verneinung des Wirklichen in der Welt, sondern diese Züchtung, diese Berichtigung, diese Verdopplung, diese Bejahung[85]. Darin gewinnt „Wahrheit" möglicherweise eine neue Bedeutung. Wahrheit ist Schein. Wahrheit bedeutet Vollzug, Wirken der Macht, Aufsteigen zur höchsten Macht. Bei Nietzsche sind wir die Künstler = wir die Suchenden nach Erkenntnis oder Wahrheit = wir die Erfinder neuer Möglichkeiten des Lebens.

15. Ein neues Bild des Denkens

Das dogmatische Bild des Denkens kommt in drei wesentlichen Thesen zum Vorschein: 1. Man erklärt uns, daß der Denker schlechthin das *Wahre* liebe und wolle (Wahrhaftigkeit des Denkers); daß das Denken als solches formal das Wahre besitze oder in sich berge (die angeborenen Ideen, das *a priori* der Begriffe); daß Denken der natürliche Vollzug eines Vermögens sei, daß es folglich ausreichend sei, „wirklich" zu denken, um wahrheitsgemäß zu denken (rechte Natur des Denkens, universell geteilter gesunder Menschenverstand); 2. Man erklärt uns weiterhin, daß wir vom Wahren abgekommen seien, allerdings auf Grund von Kräften, die dem Denken äußerlich sind (Körper, Leidenschaften, sinnliche Interessen). Weil wir nicht nur denkende Wesen sind, verfallen wir dem Irrtum, nehmen wir das Falsche für das Wahre. Der „Irrtum": er wäre, im Denken als solchem, allein der Effekt äußerlicher, dem Denker sich entgegenstellender Kräfte; 3. Man erklärt uns schließlich, daß eine Methode ausreiche, um gut, um wirklich/wahr zu denken. Wohl stellt die Methode ein Artefakt dar, aber ein solches, durch das wir auf die Natur des Denkens stoßen, mit ihm verschmelzen und den Effekt fremder Kräfte ausschalten, die das Denken stören und uns ablenken. Mittels der Methode wenden wir den Irrtum ab. Was zählt Ort und Zeit, wenn wir uns nur der Methode bedienen: sie läßt uns in den Bereich dessen eintreten, „was zu allen Zeiten, an allen Orten gilt".

Am meisten erstaunt an diesem Bild des Denkens die Art und Weise, in der das Wahre als Abstrakt-Allgemeines begriffen ist. Niemals bezieht man sich auf wirkliche Kräfte, die das Denken *ausmachen*, niemals bezieht man das Denken selbst auf wirkliche Kräfte, die dieses doch *als Denken* voraussetzt. Niemals bezieht man das Wahre auf das, was von ihm vorausgesetzt wird. Doch gibt es keine Wahrheit, die nicht, bevor sie solche wird, die Wirkung eines Sinns oder die Realisierung eines Wertes wäre. Die Wahrheit als Begriff ist gänzlich unbestimmt. Alles hängt vom Sinn und Wert dessen ab, was wir denken. Stets haben wir nur die Wahrheiten, die wir, in Funktion vom Sinn dessen, was wir begreifen, und vom Wert dessen, was wir glauben, tatsächlich auch verdienen. Denn ein denkbarer oder gedachter Sinn wird in dem Maße immer vollzogen, wie die ihm im Denken entsprechenden Kräfte sich auch ein Ding außerhalb des Denkens aneignen und sich seiner bemächtigen. Es ist klar, daß das Denken niemals durch sich selbst denkt, so wenig wie es durch sich selbst das Wahre findet. Die Wahrheit eines Denkens muß gemäß den Kräften, die es – und zwar dieses eher als jenes – zu denken determinieren, interpretiert und in seinem Wert geschätzt werden. Spricht man uns von der Wahrheit „schlechthin", vom Wahren, wie es an sich, für sich oder gar für uns ist, dann haben wir zu fragen, welche Kräfte sich in dieser Wahrheit verstecken, also welcher Sinn und welcher Wert ihr zukomme. Verwirrendes Faktum: Das als Abstrakt-Allgemeines begriffene Wahre, das als *reine Wissenschaft* gefaßte Denken haben noch nie irgend jemandem ein Leid zugefügt. Tatsache ist vielmehr, daß die herrschende Ordnung und die anerkannten Werte darin schon immer ihre beständigste Stütze gefunden haben: „Die ‚Wahrheit' aber . . . ein bequemes und gemütliches Geschöpf, welches allen bestehenden Gewalten wieder und wieder versichert, niemand solle ihrethalben irgendwelche Umstände haben; man sei ja nur ‚reine Wissenschaft'"[86]. Also verbirgt das dogmatische Bild des Denkens: die Arbeit der bestehenden Kräfte, die das Denken als reine Wissenschaft bestimmen, die Arbeit der etablierten Mächte, die sich idealiter im Wahren, wie es an sich ist, zum Ausdruck bringen. Stets noch lastet der befremdende Ausspruch von Leibniz auf der gesamten Philosophie: neue Wahrheiten zu schaffen „ohne die eingewurzelten Gefühle durcheinanderzubringen". Von Kant bis Hegel hat sich die Erscheinung des Philosophen als einer, alles in allem, staatsbürgerlich-gesitteten und frommen Persönlichkeit durchgehalten, die es liebte, die Zwecke der Kultur mit dem Wohle des Staates, der Moral und der Religion verschmelzen zu lassen. Die Wissenschaft, die sich als kritische apostrophierte, weil sie die Mächte der Welt zum Vergleich vor sich treten hieß, um ihnen schließlich doch nur zu geben, was sie ihnen schuldig war: die Sanktion des Wahren, wie es an sich, für sich oder für uns ist[87].

Ein neues Bild des Denkens bedeutet zunächst: daß das Wahre kein Element des Denkens mehr bildet. Das Element des Denkens ist der Sinn und der Wert. Nicht das Wahre und Falsche machen dessen Kategorien aus, sondern das *Vornehme* und das *Gemeine*, das *Hohe* und das *Niedrige*, entsprechend den Kräften, die sich des Denkens bemächtigen. Vom Wahren und Falschen haben wir stets, was uns gebührt: Es gibt Wahrheiten der Niedrigkeit, solche des Sklaven. Umgekehrt haben unsere höchsten Gedanken teil am Falschen; überdies schrecken sie niemals davor zurück, aus dem Falschen eine starke, eine bejahende und künstlerische Macht zu erstellen, die ihr Wirken, ihre Verifikation, ihr Wahr-werden im Kunstwerk findet[88]. Daraus ergibt sich eine weitere Konsequenz: Der negative Zustand des Denkens macht keineswegs den Irrtum aus. Der inflationäre Gebrauch dieses Begriffs in der Philosophie zeugt nur vom Beharrungsvermögen des dogmatischen Bildes. Diesem zufolge zeitigt alles dem Denken faktisch sich Entgegenstellende nur diese eine Wirkung im Denken: es dem Irrtum auszusetzen. Der Begriff des Irrtums würde demnach de jure nur das Ärgste wiedergeben, was dem Denken widerfahren kann, nämlich vom Wahren getrennt zu werden. Hier erneut greift Nietzsche das Problem dort auf, wo es de jure gestellt ist. Aber gerade der wenig ernste Charakter der von den Philosophen zitierten Beispiele, um den Irrtum zu illustrieren („Guten Tag Theaitetos" zu sagen, wenn man Theodoros trifft, oder $2+3 = 6$), dokumentiert doch ausreichend, daß dieser Begriff des Irrtums einzig und allein eine Extrapolation gerade noch kindlicher, künstlicher oder grotesker Situationen darstellt. Wer, es sei denn das Kind in der Schule, sagt $2+3 = 6$? Wer, es sei denn der Kurzsichtige oder der Zerstreute, sagt zu Theodoros, wenn er ihn trifft, „Guten Tag Theaitetos"? Das angewandte, erwachsene Denken besitzt andere Feinde, kennt negative Zustände ganz anderer Tiefe. Die Dummheit macht eine Struktur des Denkens schlechthin aus; keine Art, sich zu täuschen. Sie bringt de jure den Un-Sinn des Denkens zum Ausdruck. Die Dummheit stellt weder einen Irrtum noch ein Gewebe aus Irrtümern dar. Man kennt einfältige Gedanken, einfältige Reden, die gänzlich aus Wahrheiten bestehen; aber diese sind niedrig, Erzeugnisse einer niedrigen, platten Seele, schwer wie Blei. *Die Dummheit, und weitergehender, das, dessen Symptom sie ist: eine niedrige Weise des Denkens.* Dies drückt in Wirklichkeit ein von reaktiven Kräften dominiertes Denken aus. In der Wahrheit wie im Irrtum deckt ein stupides Denken nur die niedrigsten Wahrheiten und Irrtümer, nur das Niedrigste auf, das den Sieg der Sklaven, die Herrschaft erbärmlicher Werte oder die Macht einer festgefügten Ordnung wiedergibt. Nietzsche, im Kampf mit seiner Zeit, hört nicht auf zu entlarven: Wieviel Niedrigkeit gehört dazu, um dies sagen, um jenes denken zu können!

Der Begriff der Wahrheit läßt sich nur in Abhängigkeit von einer vielfältigen, pluralistischen Typologie bestimmen. Diese Typologie beginnt bezeichnenderweise mit einer Topologie. Es gilt herauszufinden, zu welcher *Region* diese und jene Irrtümer gehören, welcher ihr *Typus* ist, *wer* sie formuliert und wahrnimmt. Das Wahre der Prüfung durch das Niedrige, aber auch das Falsche der Prüfung durch das Hohe aussetzen: darin darf die wirkliche Aufgabe der Kritik und das einzige Mittel gesehen werden, uns in der „Wahrheit" wiederzuerkennen. Fragt jemand nach dem Nutzen der Philosophie, muß aggressiv geantwortet werden, dünkt sich diese Frage doch beißend ironisch. Die Philosophie steht weder dem Staat noch der Kirche zu Diensten – die haben andere Sorgen. Sie dient keiner bestehenden Macht. Die Leistung der Philosophie besteht darin: zu betrüben. Eine Philosophie, die niemanden betrübt und keinem widerspricht, ist keine Philosophie. Ihre Leistung gründet darin, der Dummheit Schaden zuzufügen, aus dieser etwas zu machen, dessen es sich zu schämen gilt[89]. Ihr einziger Gebrauch liegt darin: die Niedrigkeit des Denkens in allen ihren Formen bloßzustellen. Gibt es, außer der Philosophie, sonst noch eine Disziplin, die sich vornimmt, alle Mystifikationen, welche Quellen und Ziele sie auch immer haben mögen, einer Kritik zu unterziehen? Alle Fiktionen aufzudecken, ohne die die reaktiven Kräfte nicht die Oberhand gewönnen? In der Mystifikation jenes Gemisch aus Niedrigkeit und Dummheit ausfindig zu machen, das auch die erstaunliche Komplizenschaft von Opfer und Henker begründet? Die schließlich das Denken zu etwas Aktivem, Aggressivem und Affirmativem heranbildet? Die freie Menschen hervorbringt, d. h. solche, die die Zwecke der Kultur nicht mit dem Gewinn des Staates, der Moral oder der Religion verwechseln? Die gegen das Ressentiment, das schlechte Gewissen antritt, die uns das Denken ersetzen? Die das Negative und sein falsches Ansehen schlägt? Wer, wenn nicht die Philosophie, hat Interesse an alledem? Die Philosophie als Kritik gibt uns ihr Positivstes preis: ein Unterfangen der Entmystifizierung zu sein. Und sie gibt uns zu bedenken, nicht allzu überhastet ihr Scheitern in dieser Hinsicht hinauszuposaunen. Wie weit fortgeschritten sie jetzt schon immer sein mögen, Dummheit und Niedrigkeit wären noch weiter fortgeschritten, überlebte nicht ein wenig Philosophie, die sie in jeder Epoche daran hinderte, nach Gutdünken zu wachsen und ihnen jeweils untersagte – und wäre es nur hinter vorgehaltener Hand – so dumm und so niedrig zu sein, wie jede es jeweils wünschte. Gewisse Auswüchse von ihnen werden doch unterbunden – aber wer unterbindet sie, wenn nicht die Philosophie? Wer zwingt sie, sich zu maskieren, vornehme und intelligente Gesichter, das Gesicht eines Denkers, aufzusetzen? Gewiß, es gibt auch eine strenggenommen philosophische Mystifikation; das dogmatische Bild des Denkers und die Karikatur der Kritik legen beredt davon Zeugnis ab. Aber die Mystifikation der Philosophie setzt genau in dem Augenblick ein, wo diese auf ihre Rolle als ... Entmystifizierende verzichtet und den Part der herrschenden Mächte übernimmt – wenn sie es aufgibt, Schaden zu tun, die Niedrigkeit zu entlarven. Es stimmt, räumt Nietzsche ein, daß die Philosophen heute *Kometen* geworden sind[90]. Von Lukrez bis zu den Philosophen des 19. Jahrhunderts aber müssen wir diese Kometen beobachten, ihnen wenn möglich folgen, deren phantastischen Weg wiederfinden. Diese Kometen-Philosophen wußten aus der Vielfältigkeit, dem Pluralismus, eine Kunst des Denkens, eine kritische Kunst zu erstellen. Sie vermochten den Menschen zu sagen, was hinter ihrem schlechten Gewissen und Ressentiment sich verbarg. Sie vermochten den anerkannten Werten und bestehenden Mächten das Bild, und war es nur das, eines freien Menschen entgegenzuhalten. Wie kann, nach Lukrez, immer noch möglich sein zu fragen: Wozu Philosophie?

Es ist möglich, weil das Bild des Philosophen weiterhin verdunkelt wird. Man macht ihn zu einem Weisen, wo er doch nur der Freund der Weisheit ist. Freund in sehr zweideutigem Sinne überdies, also Anti-Weiser, der sich die Maske des Weisen aufsetzen muß, um überleben zu können. Man macht ihn zu einem Freund der Wahrheit, wo er doch das Wahre der härtesten Prüfung unterzieht, aus der die Wahrheit, gleich Dionysos, nur als zerstückelte hervorgeht: der Prüfung von Sinn und Wert. Durch alle diese notwendigen Verkleidungen ist das Bild des Philosophen unkenntlich gemacht, aber auch durch all den Verrat, der ihn zum Philosophen der Religion, zum Philosophen des Staates, zum Sammler aller kursierenden herrschenden Werte, zum Funktionär der Geschichte werden läßt. Das authentische Bild des Philosophen überlebt den nicht, der es für eine bestimmte Zeit in seiner Epoche zu verkörpern wußte. In der folgenden Epoche muß es wieder neu aufgegriffen, zu neuem Leben erweckt, muß ihm ein neues Betätigungsfeld gefunden werden. Wird das kritische Geschäft der Philosophie nicht in jeder Epoche neu wieder angepackt, stirbt die Philosophie und mit ihr das Bild des Philosophen und des freien Menschen. Dummheit und Niedrigkeit hören nicht auf, neue Legierungen zu bilden. Dummheit und Niedrigkeit sind stets die unserer Zeit, unserer Zeitgenossen, sind unsere Dummheit und Niedrigkeit[91]. Im Unterschied zum Begriff des Irrtums löst sich die Niedrigkeit nicht von der Zeit, d.h. von dieser Übertragung des Gegenwärtigen, nicht von der Aktualität, in der sie sich verkörpert und sich bewegt. Deshalb weist die Philosophie ein essentielles Verhältnis zur Zeit auf: Stets gegen seine Zeit, stets Kritiker der gegenwärtigen Welt, formt der Philosoph Begriffe, die nicht ewig und nicht historisch, die vielmehr unzeitgemäß und inaktuell sind. Die Philosophie verwirklicht sich im Gegensatz von Nicht-Gegenwärtigem und Gegenwärtigem, Unzeitgemäßem und Zeitgemäßem unserer Zeit[92]. Im Unzeitgemäßen stecken sehr viel dauerhaftere Wahrheiten als historische und ewige Wahrheiten zusammen: die Wahrheiten kommender Zeiten. Aktiv denken heißt „unzeitgemäß – das heißt gegen die Zeit und dadurch auf die Zeit und hoffentlich zugunsten einer kommenden Zeit – zu wirken“[93]. Die Kette der Philosophen ist nicht die ewige Kette der Weisen und noch weniger die Verkettung der Geschichte, sondern eine gerissene Kette, ist die Aufeinanderfolge von Kometen, ihre Diskontinuität und Wiederholung, die sich weder auf die Ewigkeit des Himmels, den sie durchfliegen, noch auf die Geschichtlichkeit der Erde, die sie überfliegen, zurückführen lassen. Es gibt eine ewige ebensowenig wie eine historische Philosophie. Ewigkeit wie Geschichtlichkeit der Philosophie lassen sich darauf zurückführen: auf die stets und in jeder Epoche wieder unzeitgemäße Philosophie.

Indem er das Denken in das Element des Sinns und des Wertes einfügt, indem er das aktive Denken zur Kritik der Dummheit und der Niedrigkeit erhebt, schlägt Nietzsche ein neues Bild des Denkens vor. Denn dieses ist niemals nur natürliches Vollziehen eines Vermögens. Das Denken denkt nie allein und durch sich; ebensowenig wird es einfach nur durch ihm angeblich äußerlich bleibende Kräfte gestört. Denken hängt ab von Kräften, die sich seiner bemächtigen. Solange unser Denken noch von reaktiven Kräften besetzt wird, solange es seinen Sinn in reaktiven Kräften findet, müssen wir wohl oder übel bekennen, noch nicht zu denken. Zu denken bezeichnet die Aktivität des Denkens, aber dieses besitzt auch seine ihm eigenen Weisen des Inaktivseins, in das es sich mit allen seinen Kräften und vollkommen versenken kann. Die Fiktionen, dank deren die reaktiven Kräfte die Oberhand gewinnen, sind die *niedrigsten* im Denken, machen die Art und Weise aus, in der es inaktiv bleibt und sich damit beschäftigt, nicht zu denken. Wenn Heidegger verkündet, daß wir noch nicht denken, dann liegt zumal ein Ursprung dieses Themas bei Nietzsche. Wir harren der Kräfte, die fähig sind, das Denken zu etwas Aktivem, absolut Aktivem, und der Macht, die imstande ist, es zu einer Bejahung zu machen. Die Denktätigkeit ist immer eine sekundäre Macht des Denkens; kein natürlicher Vollzug eines Vermögens, sondern ein außergewöhnliches Ereignis im Denken, für das Denken selbst. Zu denken ist eine n^{te} . . . Macht des Denkens. Noch muß es aber zu dieser Macht erhoben werden, damit es „die Leichte“, „die Bejahende“, „die Tanzende“ werde. Nie vermöchte es dies aber, übten nicht Kräfte auf es Gewalt aus. Dem Denken muß sich eine Gewalt in Form eines Gedankens aufdrängen, eine Macht muß *es zwingen zu denken*, es einem Aktiv-werden aussetzen. Nietzsche heißt eine solche Dressur, einen solchen Zwang „Kultur". Sie ist ihm wesentlich Aufzucht, Züchtung und Auslese[94]. Sie gibt die Gewalt der Kräfte wieder, die sich des Denkens bemächtigen, um aus ihm etwas Aktives, Bejahendes zu machen. – Der Begriff der Kultur bleibt unverstanden, solange nicht alle die Weisen erfaßt sind, in denen er sich von der Methode abhebt. Diese setzt immer einen guten Willen des Denkers voraus, „eine vorher bedachte Entscheidung". Die Kultur demgegenüber stellt einen vom Denken erlittenen Gewaltakt dar, eine Formation des Denkens unter der Hand züchtender Kräfte, eine Dressur, die das gesamte Unbewußte des Denkens mit einbezieht. Die Griechen sprachen nicht von Methode, sondern von *paideia*; sie wußten, daß das Denken nicht ausgehend von einem guten Willen zu denken anfängt, sondern auf Grund von Kräften, die auf es einwirken und zum Denken zwingen. Selbst Platon unterschied noch zwischen dem, was zum Denken zwingt und dem, was das Denken inaktiv läßt. Im Höhlengleichnis ordnet er die *paideia* der Gewalt unter, die von einem Gefangenen ausgehalten wird, sei es um der Höhle zu entrinnen, sei es um zu ihr zurückzukehren[95]. Diese griechische Idee einer züchtenden Gewalt der Kultur ist es, zu der Nietzsche in nunmehr berühmten Texten Anschluß findet: „Man sehe nur unsre alten Strafordnungen an, um dahinterzukommen, was es auf Erden für Mühe hat, ein ‚Volk von Denkern' heranzuzüchten": dazu sind selbst Martereien unabdingbar. „*Denken* lernen; man hat auf unseren Schulen keinen Begriff mehr davon". „Der wunderliche Tatbestand ist aber, daß alles, was es von Freiheit, Feinheit, Kühnheit, Tanz und meisterlicher Sicherheit auf Erden gibt oder gegeben hat, ... sich erst vermöge der ‚Tyrannei solcher Willkür-Gesetze' entwickelt hat"[96].

Gewiß doch, in diesen Texten steckt Ironie: das „Volk der Denker", von dem Nietzsche spricht, ist ja nicht das griechische Volk, sondern erweist sich als das deutsche. Indessen, wo liegt die Ironie? Nicht in der Vorstellung der Kultur als grausamer Dressur. Jene Ironie erscheint viel eher im Zweifel über das künftige Schicksal der Kultur. Mit den Griechen begonnen, enden wir wie die Deutschen. In mehreren fremd anmutenden Texten wird die Enttäuschung von Ariadne und Dionysos gerade darüber von Nietzsche hervorgekehrt: vor einem Deutschen zu stehen, wenn man einen Griechen haben wollte[97]. – Die Gattungstätigkeit der Kultur weist ein Endziel auf: den Künstler, den Philosophen heranzubilden[98]. Deren gesamte züchtende Gewalt untersteht dieser Zielbestimmung: „(ich) beschäftige mich hier mit einer Art von Männern, deren Teleologie etwas über das Wohl eines Staates hinausweist"[99]. Die hauptsächlichen kulturellen Aktivitäten der Kirchen und Staaten erstellen viel eher die lange Leidensliste der Kultur selbst: „er fördert sie, um sich zu fördern und begreift ein Ziel nicht, welches höher steht als sein Wohl und seine Existenz". Andrerseits jedoch beruht die Konfusion der kulturellen Aktivität mit dem Wohl des Staates tatsächlich auf etwas Realem. Die Kulturarbeit der aktiven Kräfte ist zu jedem Zeitpunkt der Gefahr ausgesetzt, von ihrer Sinnbestimmung abgedrängt zu werden: dann kann es vorkommen, daß nunmehr die reaktiven Kräfte aus ihr ihren Vorteil ziehen. Es kommt vor, daß Kirche oder Staat diese Gewalt der Kultur in Anspruch nehmen, um damit ihre ureigensten Ziele zu verwirklichen. Es kommt vor, daß reaktive Kräfte diese Gewalt von der Kultur abdrängen, sie zu einer selbst reaktiven Kraft formen, zu einem Mittel, das Denken noch mehr zu verdummen und zu erniedrigen. Und es kommt vor, daß sie die Gewalt der Kultur mit ihrer eigenen Gewalt, ihrer eigenen Kraft verschmelzen[100]. Nietzsche wird diesen Prozeß als „Degenereszenz der Kultur" bezeichnen. Später noch werden wir erfahren, in welchem Umfang er unabwendbar, in welchem er abwendbar ist, aus welchen Gründen und durch welche Mittel. Wie dem auch sei, Nietzsche unterstreicht derart die Ambivalenz der Kultur: einst griechisch, wird sie jetzt deutsch . . .

Das heißt einmal mehr darauf aufmerksam zu machen, in welch starkem Maße das neue Bild des Denkens äußerst komplexe Kräfteverhältnisse impliziert. Die Theorie des Denkens hängt von einer Typologie der Kräfte ab. Und erneut beginnt diese mit einer Topologie. Denken ist durch bestimmte Koordinaten bedingt. Wir haben die Wahrheiten, die uns zustehen – entsprechend dem Ort, an den wir unsere Existenz verlegen, der Stunde unseres Wachseins, dem Element, das wir aufsuchen. Es gibt keine falschere Vorstellung von der Wahrheit als die, wonach sie gleichsam aus dem Brunnen geschöpft wird. Wir ergreifen die Wahrheit nur dort, wo sie, zu ihrer Zeit und in ihrem Element, sich gerade befindet. Eine jede Wahrheit ist die eines Elements, einer Zeit und eines Ortes: Der Minotaurus entsteigt nicht dem Labyrinth[101]. Wir werden so lange nicht denken, als man uns nicht zwingt, dorthin zu gehen, wo die Wahrheiten sind, die zu denken geben, wo Kräfte wirken, die das Denken zu etwas Aktivem und Affirmativem machen. Keine Methode, sondern *paideia:* Formung, Kultur. Die Methode im allgemeinen stellt ein Mittel dar, uns daran zu hindern, solche Orte aufzusuchen, oder uns die Möglichkeit offenzuhalten, ihn verlassen zu können (der Strick im Labyrinth). „Und wir, wir bitten Sie inständigst, hängen Sie sich daran auf! . . ." Nietzsche erklärt: Drei Anekdoten genügen, das Leben eines Denkers wiederzugeben[102]. Gewiß eine für den Ort, eine für die Stunde, eine für das Element. Die Anekdote ist im Leben, was der Aphorismus im Denken: etwas zum Interpretieren. Empedokles und sein Vulkan: das wäre eine solche Denker-Anekdote. Die Höhe der Gipfel und die Höhlen, das Labyrinth; Mitternacht – Mittag; das luftige, eisvogelhafte Element und auch das verdünnte Element des im Keller Liegenden. An uns, die extremen Orte aufzusuchen, zu extremen Zeiten, da die höchsten, die tiefsten Wahrheiten sich erheben und aufleben. Die Orte des Denkens sind die tropischen Zonen, vom tropischen Menschen heimgesucht. Nicht die gemäßigten Zonen und nicht der maßvolle, methodische oder moralische Mensch.

VIERTES KAPITEL

Vom Ressentiment zum schlechten Gewissen

1. Reaktion und Ressentiment

Im normalen Zustand, dem der Gesundheit, kommt den reaktiven Kräften immer die Rolle zu, das Handeln einzuschränken. Dabei teilen sie dieses auf, verzögern oder verhindern es abhängig von einer anderen Handlung, deren Wirkung wir zu erleiden haben. Demgegenüber bringen die aktiven Kräfte den Schaffensprozeß zur Explosion: in einem ausgewählten Augenblick, einem günstigen Moment lassen sie ihn, zwecks einer schnellen und genauen Anpassung, in eine vorbestimmte Richtung preschen. Auf diese Weise formiert sich ein *Gegen*stoß, eine *Erwiderung*. Daher kann Nietzsche erklären: „die eigentliche Reaktion, die der Tat“[1]. So gesehen, ist der aktive Typus keiner, der ausschließlich aktive Kräfte in sich zusammenfaßte; er bringt den „normalen“ Zustand einer die Aktion verzögernden Reaktion und einer die Reaktion überstürzenden Aktion zur Darstellung. Vom Herren heißt es, daß er re-agiere, eben weil er seine Reaktionen zur Wirkung bringt. Der aktive Typus schließt die reaktiven Kräfte ein, aber derart, daß sie sich durch eine Macht, zu gehorchen oder ausagiert zu werden, definieren. Der aktive Typus drückt ein Verhältnis zwischen aktiven und reaktiven Kräften aus, so daß letztere selbst zum Wirken gebracht werden.

Von hier aus wird einsichtig, daß eine Reaktion allein zur Bildung eines Ressentiments noch nicht ausreicht. Letzteres bezeichnet einen Typus, in dem die reaktiven Kräfte die Oberhand über die aktiven gewinnen. Dies vermögen sie auf eine einzige Weise: indem sie aufhören, ausagiert zu werden. Wir können das Ressentiment vor allem nicht durch die Kraft einer Reaktion bestimmen. Fragen wir, was der Mensch des Ressentiments sei, dürfen wir auf keinen Fall folgenden Grundsatz außer acht lassen: er re-agiert nicht. Im Wort „Ressentiment“ steckt ein überdeutlicher Hinweis: *die Reaktion hört auf, ausagiert zu werden und wird statt dessen gefühlt* (senti). Die reaktiven Kräfte obsiegen über die aktiven, da sie sich ihrer Aktion entziehen. An diesem Punkt tauchen zwei Fragen auf: 1. Wie siegen sie, wie entziehen sie sich? Worin besteht der Mechanismus dieser „Krankheit“? 2. Wie werden demgegenüber die reaktiven Kräfte normalerweise zur Wirkung gebracht, ausagiert? Normal bedeutet in diesem Zusammenhang nicht „häufig“, sondern im Gegenteil „normativ“ und „selten“. Wie bestimmt sich diese Norm, diese „Gesundheit“?

2. Das Prinzip des Ressentiments

Freud hat häufig ein Schema des Lebens vorgetragen, das er als „topische Annahme" bezeichnete. Nicht ein und dasselbe System wird erregt und erhält die Spur dieser Erregung auf Dauer. Es könnte gar nicht die Veränderungen, denen es ausgesetzt ist, getreu bewahren und zugleich eine stets frische Aufnahmebereitschaft vorweisen: „Wir nehmen an, daß ein vorderstes System des Apparats die Wahrnehmungsreize aufnimmt, aber nichts von ihnen bewahrt, also kein Gedächtnis hat, und daß hinter diesem einen ein zweites System liegt, welches die momentane Erregung des ersten in Dauerspuren umsetzt." Diese beiden Systeme oder „Niederschriften" entsprechen der Unterscheidung von Bewußtsein und Unbewußtem: „unsere Erinnerungen (sind) . . . an sich unbewußt" – und demgegenüber: „das Bewußtsein (entsteht) an Stelle der Erinnerungsspur". Die Herausbildung des bewußten Systems muß daher als Ergebnis eines Entwicklungsprozesses begriffen werden: Am Schnittpunkt von Innen und Außen, innerer und äußerer Welt „bildet sich so eine Rinde, die endlich durch die Reizwirkung so durchgebrannt ist, daß sie der Reizaufnahme die günstigsten Verhältnisse entgegenbringt" und von den Objekten ein nur direktes und modifizierbares Bild bewahrt, das von der dauerhaften oder selbst unveränderlichen Spur im unbewußten System vollständig unterschieden ist[2].

Freud ist weit entfernt, diese topische Annahme ohne weitere Vorbehalte zu akzeptieren. Tatsache ist, daß wir alle Elemente derselben bei Nietzsche finden. Er unterscheidet zwei Systeme des reaktiven Apparates: Bewußtsein und Unbewußtes[3]. Das reaktive Unbewußte wird durch Gedächtnisspuren, durch dauerhafte Eindrücke gekennzeichnet. Es ist ein vegetatives, wiederkäuendes Verdauungssystem, das „ein passivisches Nicht-wieder-los-werden-Können des einmal eingeritzten Eindrucks" zum Ausdruck bringt. Und ganz sicher führen die reaktiven Kräfte selbst während dieser endlosen Verdauung die ihnen übertragenen Aufgaben aus: sich im unauslöschlichen Eindruck festzuhaken, die Spur zu besetzen. Aber wer vermag nicht die Unzulänglichkeit dieser ersten Sorte reaktiver Kräfte zu bemerken? Anpassung wäre auf immer unmöglich, verfügte der reaktive Apparat nicht über ein weiteres System von Kräften. Es braucht ein System, in dem die Reaktion aufhört, Reaktion auf Spuren zu sein, um statt dessen Reaktion auf die präsente Erregung oder auf das unmittelbare Bild des Objekts zu werden. Diese zweite Sorte von Kräften löst sich nicht vom Bewußtsein ab, ist eine stets erneuerte Rinde einer stets frischen Rezeptivität, ein Bereich, wo „wieder Platz wird für Neues“. Man erinnere sich, daß Nietzsche das Bewußtsein zu seiner unerläßlichen Bescheidenheit zurückrufen wollte: daß es, seiner Herkunft, Natur und Funktion nach, ausschließlich reaktiv ist. Nichtsdestoweniger eignet dem Bewußtsein eine relative Vornehmheit. Die zweite Art reaktiver Kräfte läßt uns erkennen, unter welcher Form und unter welchen Bedingungen die Reaktion zur Wirkung gebracht werden kann: Beziehen sich die reaktiven Kräfte auf die Erregung im Bewußtsein als auf ihr Objekt, dann wird die entsprechende Reaktion selbst etwas Ausagiertes.

Freilich müssen beide Systeme oder Arten reaktiver Kräfte voneinander geschieden bleiben. Dürfen die Spuren nicht ins Bewußtsein eindringen. Eine distinkte und dazu beauftragte aktive Kraft hat das Bewußtsein zu unterstützen und in jedem Augenblick neu dessen Frische, Flüssigkeitsgrad, das veränderliche und leichte chemische Element auszubilden. Das Vergessen stellt dieses über-bewußte aktive Vermögen dar. Der Fehler der Psychologie war es, dieses Vergessen als eine negative Bestimmung gefaßt, deren aktiven und positiven Charakter aber verkannt zu haben. Nietzsche definiert dies Vermögen: „Vergeßlichkeit ist keine bloße *vis inertiae,* wie die Oberflächlichen glauben, sie ist vielmehr ein aktives, im strengsten Sinne positives Hemmungsvermögen“, „Hemmungsapparat“, „plastische, nachbildende, ausheilende . . . Kraft“[4]. *In ein und demselben Augenblick wird folglich die Reaktion etwas Ausagierendes, da sie sich auf die Erregung im Bewußtsein bezieht, und verbleibt die Reaktion auf die Spur im Unbewußten etwas Ungespürtes:* „was nur von uns erlebt, erfahren, in uns hineingenommen wird, uns im Zustande der Verdauung (man dürfte ihn ‚Einverseelung‘ nennen) ebensowenig ins Bewußtsein tritt, als der ganze tausendfältige Prozeß, mit dem sich unsre leibliche Ernährung, die sogenannte ‚Einverleibung‘ abspielt . . . womit sofort abzusehn ist, inwiefern es kein Glück, keine Heiterkeit, keine Hoffnung, keinen Stolz, keine *Gegenwart* geben könnte ohne Vergeßlichkeit“. Nicht zu übersehen ist die partikuläre Situation dieses Vermögens: aktive Kraft, ist sie von der Aktivität zu den reaktiven Kräften beordert worden, um dort „Türwärterin“ oder „Aufrechterhalterin“ zu spielen und zu verhindern, daß die beiden Systeme des reaktiven Apparates sich vermischen. Aktive Kraft, ist ihre Aktivität ausschließlich funktional. Einmal der Aktivität entsprungen, ist sie ihr nun entzogen. Um das Bewußtsein zu erneuern, muß sie fortwährend Energie der zweiten Art reaktiver Kräfte in Anspruch nehmen, sie zu der ihren machen, um sie dem Bewußtsein zur Verfügung zu stellen.

Deshalb ist sie, mehr als alle anderen, Veränderungen, selbst noch funktionalen Störungen, Fehlleistungen, unterworfen: „Der

Mensch, bei dem dieser Hemmungsapparat beschädigt wird und aussetzt, ist einem Dyspeptiker zu vergleichen (und nicht nur zu vergleichen) – er wird mit nichts ‚fertig' . . .". Unterstellen wir einmal das Scheitern des Vergessens, das Wachs des Bewußtseins wäre gleichsam zu hart geworden, die Erregung würde tendenziell mit ihrer Spur im Unbewußten verschwimmen und die Reaktion auf die Spuren umgekehrt zum Bewußtsein aufsteigen und in dieses eindringen. An diesem Punkt *wird die Reaktion auf die Spuren gespürt und wird zugleich die Reaktion auf die Erregung aufhören, ausagiert zu werden.* Die sich daraus ergebenden Folgen sind beträchtlich: Die aktiven Kräfte, nicht mehr in der Lage, eine Reaktion zum Wirken zu bringen, werden der materiellen Bedingungen ihres Vollzugs beraubt, verfügen über keine Gelegenheit mehr, ihre Aktivität auszuüben, *sind von dem getrennt, was sie können.* Endlich sehen wir also, auf welche Weise die reaktiven Kräfte über die aktiven siegen: Nimmt die Spur die Stelle der Erregung im reaktiven Apparat ein, dann setzt sich die Reaktion an die Stelle der Aktion und gewinnt über sie die Oberhand. Man wird hier allerdings zugeben müssen, daß in einer solchen Manier des Siegens sich effektiv alles zwischen reaktiven Kräften abspielt; daß dieselben nicht siegen, weil sie etwa eine gegenüber den aktiven Kräften stärkere Kraft bildeten. Selbst das funktionale Mißlingen des Vergessens rührt daher, daß die aktiven Kräfte in einer Art der reaktiven Kräfte nicht die Energie finden, die erforderlich wäre, um die anderen reaktiven Kräfte zu verdrängen und das Bewußtsein zu erneuern. *Alles spielt sich zwischen reaktiven Kräften ab:* die einen hindern die anderen daran, bewirkt zu werden, die einen zerstören die anderen. Welch sonderbarer unterirdischer Kampf, der gänzlich im Innern des reaktiven Apparates abläuft ohne deshalb nicht weniger Folgen für die Aktivität als Ganzes zu zeitigen. Kehren wir zur Definition des Ressentiments zurück: Das Ressentiment stellt eine Reaktion dar, die spürbar wird und zugleich aufhört, ausagiert zu werden. Diese Formel definiert Krankheit allgemein. Nietzsche gibt sich nicht mit der Aussage zufrieden, das Ressentiment sei eine Krankheit – die Krankheit als solche ist vielmehr eine Form des Ressentiments[5].

3. Die Typologie des Ressentiments[6]

Der erste Aspekt des Ressentiments ist folglich ein topologischer: Es gibt eine Topologie der reaktiven Kräfte. Deren Wechsel des Standortes, deren Umstellungen und Verschiebungen konstituieren das Ressentiment. Was den Menschen des Ressentiments charakterisiert, ist das Eindringen der Gedächtnisspuren, das Aufsteigen des Gedächtnisses ins Bewußtsein. Sicherlich ist damit nicht alles über das Gedächtnis gesagt: Weiter wäre zu fragen, wie das Bewußtsein befähigt ist, sich ein Gedächtnis nach eigenem Zuschnitt zu bilden, ein zum Wirken gebrachtes und fast aktives Gedächtnis, das nicht mehr nur auf Spuren beruht. Bei Nietzsche wie bei Freud wird die Theorie des Gedächtnisses zur Theorie zweier Gedächtnisse[7]. Solange wir jedoch beim ersten Gedächtnis verweilen, bleiben wir auch innerhalb der Grenzen des reinen Prinzips des Ressentiments; der Mensch des Ressentiments ist eine Hundeart, die nur auf Spuren reagiert (Spürhund). Er besetzt nur Spuren: Da die Erregung für ihn lokal mit einer Spur verschmilzt, vermag der Mensch des Ressentiments seine Reaktionen nicht mehr auszuagieren. – Diese topologische Definition hat uns indessen in eine „Typologie" des Ressentiments einzuführen. Denn wenn die reaktiven Kräfte mittels jenen Umweges über die aktiven siegen, bilden sie selbst einen Typus, der als wesentlichstes Symptom vorweisen kann: ein außergewöhnliches Gedächtnis. Nietzsche hebt diese Unfähigkeit, etwas zu vergessen, hervor, betont das Vermögen des Nicht-Vergessens und dessen abgrundtief reaktive Natur, die von allen Seiten aus betrachtet werden muß[8]. In der Tat verkörpert ein Typus eine sowohl biologische, psychische, historische wie soziale und politische Realität.

Warum ist das Ressentiment *Geist der Rache?* Man könnte versucht sein zu meinen, daß der Mensch des Ressentiments nur einer akzidentiellen Erklärung offensteht: Einer zu starken Erregung ausgesetzt (Schmerz), hätte er, da zu schwach für einen Gegenstoß, es aufgegeben, zu reagieren. Er würde gleichsam nur ein Verlangen spüren, sich zu rächen und wäre willens, auf dem Wege einer Verallgemeinerung, diese Rache nun gegenüber der ganzen Welt auszuüben. Eine solche Interpretation irrt, da sie allein Quantitäten berücksichtigt, also die Quantität der erhaltenen Erregung, die dann „objektiv" mit der Kraftmenge eines rezeptiven Subjekts verglichen wird. Für Nietzsche indessen zählt nicht die abstrakt betrachtete Kraftmenge, sondern das im Subjekt vorfindliche determinierte Verhältnis von Kräften verschiedenster Natur: eben dies nennt man einen Typus. Wie stark die erhaltene Erregung, welches die totale Kraft des Subjekts selbst auch sein mag, der Mensch des Ressentiments bedient sich ihrer nur, um die Spur jener Erregung zu besetzen, so daß er außerstande ist, zu agieren oder selbst auf die Erregung zu reagieren. Dazu muß er keine unmäßige Erregung empfunden haben. Das mag geschehen, muß aber nicht. Er muß auch nicht zur Verallgemeinerung greifen, um die Welt als Ganze zum Gegenstand seines Ressentiments zu machen. Seines Typus wegen „reagiert“ der Mensch des Ressentiments nicht: seine Reaktion findet nicht darin ihren Abschluß, sie wird gefühlt statt ausagiert. Sie klammert sich an ihr wie immer geartetes Objekt, an dem Rache zu nehmen ist – es muß für diesen unendlichen Aufschub zahlen. *Mag die Erregung auch gut und schön sein, der Mensch des Ressentiments sie auch als solche empfinden:* Sie mag sehr wohl auch über die Kraft desselben nicht hinausgehen und dieser mag eine ebenso große abstrakte Kraftmenge aufweisen wie ein anderer – er wird deshalb doch nicht weniger das entsprechende Objekt als eine persönliche Kränkung, als einen Affront empfinden, macht er es doch für seine eigene Ohnmacht verantwortlich, nichts anderes als nur die Spur besetzen zu können. Dies seine ihm eigene, für ihn typische Ohnmacht. Der Mensch des Ressentiments wertet jedes Sein und Objekt in dem Maße als Kränkung, wie er proportional dazu dessen Wirkung erleidet. Schönheit, Güte bereiten ihm notwendig ebensosehr Qualen wie etwa Schmerzen oder wie ein Unglück, das ihm widerfährt. „Man weiß von nichts loszukommen, man weiß mit nichts fertig zu werden, man weiß nichts zurückzustoßen – alles verletzt. Mensch und Ding kommen zudringlich nahe, die Erlebnisse treffen zu tief, die Erinnerung ist eine eiternde Wunde“[9]. Der Mensch des Ressentiments ist an sich selbst ein schmerzvolles Wesen: die Sklerose oder die Verhärtung seines Bewußtseins, die Raschheit, mit der jegliche Erregung in ihm erstarrt und zu Eis wird, das Gewicht der Spuren, die in ihn eindringen – alles das sind grausame Leiden. Und tiefer noch ist *das Gedächtnis der Spuren an sich und durch sich selbst hassenswert.* Es ist giftig und entwürdigend, da es das Objekt packt, um seine Ohnmacht auszugleichen, sich der Spuren der entsprechenden Objekte nicht entziehen zu können. Demgemäß bleibt die Rache des Ressentiments, selbst wenn sie sich verwirklicht, ihrem Prinzip nach nicht weniger „geistig“, imaginär und symbolisch. Das essentielle Band zwischen der Rache und dem Gedächtnis der Spuren weist Ähnlichkeiten mit dem Freudschen anal-sadistischen Komplex auf. Nietzsche selbst präsentiert das Gedächtnis als eine nie endende Verdauung und den Typus des Ressentiments als einen analen[10]. Dieses Darm- und Giftgedächtnis genau nennt Nietzsche die Spinne, die Tarantel, den Geist der Rache . . . – Ersichtlich, wo Nietzsche hinauswill: eine Psychologie zu entwerfen, die wirklich eine Typologie ist, die Psychologie „auf der Ebene des Subjekts“ zu begründen[11]. Der Transformation der Typen (Umkehrung und Umwertung) sind sogar die Möglichkeiten der Heilung unterworfen.

4. Die Eigenschaften des Ressentiments

Wir sollten uns durch den Ausdruck „Geist der Rache“ nicht in die Irre führen lassen. *Geist* läßt die Rache nicht zu einer Absicht, einem nicht realisierten Ziel werden, sondern gibt im Gegenteil der Rache ein Mittel an die Hand. Wir haben solange nicht das Ressentiment verstanden, als wir in ihm nur ein *Verlangen* nach Rache, ein Verlangen nach Revolte und Triumph sehen. Im Rahmen seines topologischen Prinzips hat das Ressentiment einen realen Zustand von Kräften zur Folge: den reaktiver Kräfte, die sich nicht mehr ausagieren lassen, die sich der Aktion der aktiven Kräfte entziehen. Es gibt der Rache ein Mittel an die Hand: jenes, das normale Verhältnis von aktiven und reaktiven Kräften umzukehren. Daher ist das Ressentiment selbst schon Revolte, und schon deren Triumph. Es stellt den Sieg der Schwachen als Schwache dar, die Revolte der Sklaven und ihren Sieg als Sklaven. In ihrem Triumph formen die Sklaven einen Typus. Der Typus des Herren (aktiver Typus) ist durch die Vergeßlichkeit und durch die Macht ausgezeichnet, die Reaktion zum Wirken zu bringen. Der Typus des Sklaven aber (reaktiver Typus) ist durch das außergewöhnliche Gedächtnis, durch die Macht des Ressentiments definiert. Daraus gehen mehrere, den zweiten Typus bestimmende Eigenschaften hervor.

Die Ohnmacht zu bewundern, Ehrfurcht zu zeigen, zu lieben[12] – Das Gedächtnis ist in sich selbst voll von Haß. Sogar in den rührendsten, zärtlichsten Erinnerungen schlummern Haß und Rachsucht. Man kann beobachten, wie die Wiederkäuenden des Gedächtnisses den Haß mittels jenes subtilen Verfahrens verschleiern, das darin besteht, sich selbst alles das anzulasten, was sie faktisch dem Wesen vorwerfen, dessen Erinnerung sie zu hegen vorgeben. Aus demselben Grunde sollten wir auch denen mißtrauen, die im Angesicht eines Guten oder Schönen – sich selbst anklagend – behaupten, es nicht zu verstehen, seiner nicht würdig zu sein: ihre Bescheidenheit macht allemal Angst. Wieviel Haß gegenüber dem Schönen steckt nicht in solchen Deklarationen der Unbedarftheit und Minderwertigkeit. Alles das hassen, was man als angenehm oder als bewundernswert empfindet, ein Jedes durch Witzeleien oder niedere Interpretationen in seinem Rang zu schmälern, in allen Dingen eine Falle zu erblicken, in die man nicht geraten darf: Versucht ja nicht, mich zu überlisten! Das Auffallendste am Menschen des Ressentiments ist nicht seine Boshaftigkeit, sondern sein widerwärtiges Übelwollen, seine Fähigkeit herabzusetzen. Ihr widersteht nichts. Weder respektiert er seine Freunde, noch gar seine Feinde. Nicht einmal das

Unglück, oder die Ursache des Unglücks[13]. Denken wir dagegen an die Trojaner, die in Helena die Ursache ihres Unglücks bewunderten und respektierten. Der Mensch des Ressentiments aber muß aus dem Unglück selbst etwas Mittelmäßiges, Mediokres machen, er muß Gegenbeschuldigungen erheben und Fehler verteilen: sein Hang, die Ursachen zu schmälern, das Unglück jemandem zuzuschreiben: „irgendwer muß daran schuld sein". Demgegenüber geht die aristokratische Ehrfurcht für die Ursachen des Unglücks geradewegs einher mit der Unmöglichkeit, sein eigenes Unglück ernst zu nehmen. Die Ernsthaftigkeit, mit der dagegen der Sklave sein Unglück aufnimmt, zeugt von einer krankhaften Verdauung, einem niederen Denken, das zu einem Gefühl der Ehrfurcht außerstande ist.

Die „Passivität". – Im Ressentiment „(tritt das Glück) wesentlich als Narkose, Betäubung, Ruhe, Frieden, ‚Sabbat', Gemütsausspannung und Gliederstrecken, kurz *passivisch* (auf)"[14]. Passiv bei Nietzsche bedeutet keineswegs nicht-aktiv. Dies wäre reaktiv; passiv aber heißt nicht zum Wirken gebracht. Passiv ist allein die Reaktion, die nicht ausagiert wird. Passiv kennzeichnet den Triumph der Reaktion, den Augenblick, in dem diese, da nicht mehr ausagiert, eben Ressentiment wird. Der Mensch des Ressentiments kann nicht und will nicht lieben – aber er will geliebt werden. Das will er: daß man ihn liebe, ernähre, tränke, streichle, einlulle. Er, der Ohnmächtige, der Dyspeptiker, der Frigide, der an Schlaflosigkeit Leidende, er, der Sklave. Der Mensch des Ressentiments ist deswegen auch sehr empfindlich: gegenüber allen Übungen, die auszuführen ihm verwehrt sind, wähnt er, daß als mindeste Entschädigung deren Vorteile ihm zustehen. Demzufolge sieht er es als einen Beweis notorischer Bosheit an, wenn man ihn nicht liebt und nicht ernährt. Der Mensch des Ressentiments ist der Gewinnler und Profitler schlechthin. Das Ressentiment vermochte sich in der Welt nur auszubreiten, weil es dem Nutzen zum Sieg verhalf, weil es den Profit nicht nur zu einem Verlangen, einem Gedanken machte, sondern darüber hinaus zu einem ökonomischen, sozialen und theologischen, einem umfassenden System, zu einem göttlichen Mechanismus gleichsam. Nicht den Profit zu erkennen ist ein theologisches Verbrechen und das einzige Verbrechen wider den Geist. In diesem Sinne besitzen die Sklaven eine *Moral* – eine solche der *Nützlichkeit*[15]. Wir fragten: Wer betrachtet die Aktion vom Standpunkt ihrer Nützlichkeit oder Schädlichkeit aus? Und desgleichen, wer betrachtet die Aktion vom Standpunkt des Guten oder Schlechten, des Lobenswerten oder Tadelnswerten aus? Möge man doch einmal alle Qualitäten Revue passieren lassen, die die Moral „lobenswert" an sich, „gut" an sich heißt, beispielsweise den unglaubwürdigen Begriff der Interesselosigkeit. Man wird schnell inne, daß in ihnen sich die Ansprüche und Gegenbeschuldigungen eines passiven Dritten verbergen: Er bringt ein Interesse für Aktionen in Anschlag, die er gar nicht ausführt; er preist den interesselosen Charakter von Aktionen, aus denen er Gewinn schlägt[16]. Die Moral an sich verschleiert den utilitären Standpunkt; der Utilitarismus aber verbirgt den Standpunkt eines passiven Dritten, den triumphierenden Standpunkt eines Sklaven, der sich zwischen die Herren stellt.

Die Zurechnung von Fehlern, die Verteilung von Verantwortlichkeiten, die fortwährende Anklage. – Dies alles nimmt die Stelle der Aggressivität ein: „das *aggressive* Pathos gehört ebenso notwendig zur Stärke als das Rach- und Nachgefühl zur Schwäche“[17]. Da er Vorteil, Nutzen als sein Recht erachtet, und auch, von Aktionen zu profitieren, die er nicht begeht, bricht der Mensch des Ressentiments in bitterste Vorwürfe aus, sobald einmal seine Erwartungen enttäuscht werden. Und wie sollten sie nicht, da die Frustration und die Rache gleichsam das Apriori des Ressentiments ausmachen? Deine Schuld, wenn mich niemand liebt, deine Schuld, wenn ich mein Leben verpfuscht habe, aber auch deine Schuld, wenn du das deine verpfuscht hast; dein und mein Unglück sind beides deine Schuld. Hier kommt die erschreckende weibliche Macht des Ressentiments zum Tragen: Sie begnügt sich nicht damit, die Verbrechen und die Verbrecher ans Licht zu zerren, sie will Verantwortliche, Schuldige. Wir erraten, was die Kreatur des Ressentiments will: daß die anderen böse sind, sie braucht es, daß die anderen böse sind, damit sie sich selbst gut fühlen kann. *Du bist böse, also bin ich gut:* dies die grundlegende Formel des Sklaven, die, vom Typologischen her gesehen, das Wesentliche des Ressentiments wiedergibt, alle früheren Charaktereigenschaften zusammenfaßt und in sich vereinigt. Man vergleiche diese Formel mit der des Herren: *Ich bin gut, also bist du böse.* Die Differenz beider stellt einen Gradmesser der Revolte des Sklaven und ihres Erfolges dar: „Diese Umkehrung des *werte-setzenden* Blicks, . . . gehört eben zum Ressentiment: die Sklaven-Moral bedarf, um zu entstehn, immer zuerst einer Gegen- und Außenwelt“[18]. Der Sklave hat es *zuerst* nötig, zu postulieren, daß der andere böse ist.

5. Ist er gut? Ist er böse?

Hier die beiden Formulierungen: Ich bin gut, also bist du böse. – Du bist böse, also bin ich gut. Wir verfügen über die Dramatisierungsmethode. Wenden wir sie an. Wer spricht diese, wer die andere Formulierung aus? Was will jeder? Es kann nicht ein und derselbe beide aussprechen, *denn der Gute des Einen ist gerade der Böse des Anderen.* „Es ist *nicht* derselbe Begriff ‚gut'"[19]; die Worte *gut, böse,* ja sogar *also* weisen mehrere Bedeutungen auf. Hier erneut wird sich zeigen, daß die Dramatisierungsmethode, in ihrer wesentlichen Vielfältigkeit und Immanenz, der Untersuchung eine Regel vorgeben kann. Diese fände schwerlich anderen Orts die wissenschaftliche Regel, die sie als Semiologie und Axiologie konstituiert und ihr gestattet, den Sinn und Wert eines Wortes zu bestimmen. Wir fragen also: Wer ist das, der *anfängt* zu sagen: „Ich bin gut"? Gewiß nicht derjenige, welcher sich mit anderen vergleicht oder seine Taten und Werke an höheren oder transzendenten Werten mißt: der würde nicht beginnen . . . Wer „Ich bin gut" sagt, erwartet nicht, daß man ihm erwidert, er sei gut. Er nennt sich so, gibt sich diese Bezeichnung – in dem Maße, wie er agiert, bejaht und genießt. Gut kennzeichnet die Aktivität, die Bejahung, die Freude, die sich in ihrem Vollzug erweisen: eine gewisse Qualität der Seele, „irgendeine Grundgewißheit, welche eine vornehme Seele über sich selbst hat, etwas, das sich nicht suchen, nicht finden und vielleicht auch nicht verlieren läßt"[20].

Was Nietzsche zuweilen „Vornehmheit", „Distinktion" heißt, ist die innere Eigenschaft dessen, was man bejaht (man braucht es nicht zu suchen), was man in Tätigkeit versetzt (man findet es nicht), an dem man sich erfreut (man kann es nicht verlieren). Der Bejahende und Wirkende ist zugleich der, welcher ist: „Das dafür ausgeprägte Wort *esthlos* bedeutet der Wurzel nach einen, der *ist,* der Realität hat, der wirklich ist, der wahr ist"[21]; „(er) weiß sich als das, was überhaupt erst Ehre den Dingen verleiht, (er) ist *werteschaffend.* Alles, was sie an sich kennt, ehrt sie: eine solche Moral ist Selbstverherrlichung. Im Vordergrunde steht das Gefühl der Fülle, der Macht, die überströmen will, das Glück der hohen Spannung, das Bewußtsein eines Reichtums, der schenken und abgeben möchte"[22]; „es (sind) ‚die Guten' selber gewesen, das heißt die Vornehmen, Mächtigen, Höhergestellten und Hochgesinnten, welche sich selbst und ihr Tun als gut, nämlich als ersten Ranges empfanden und ansetzten, im Gegensatz zu allem Niedrigen, Niedrig-Gesinnten, Gemeinen und Pöbelhaften"[23]. In das Prinzip geht kein Vergleich, keine Gegenüberstellung ein. Daß andere in dem Maße böse sind, wie sie nicht bejahen, nicht handeln, nicht genießen, stellt eine nur sekundäre Schlußfolgerung, eine negative Konsequenz dar. Gut bezeichnet allererst die Herren. Böse weist auf die Konsequenz und bezeichnet den Sklaven. Böse, das heißt verneinend, passiv, schlecht, unglücklich. Nietzsche entwirft einen Kommentar des wunderbaren

Gedichtes von Theognis, der gänzlich auf einer lyrischen Bejahung aufgebaut ist: Wir, die Guten, sie die Bösen, die Schlechten. Vergeblich würde man in dieser aristokratischen Wertschätzung nach einer auch nur geringen moralischen Nuance suchen; es handelt sich um eine Ethik und eine Typologie: Typologie der Kräfte, Ethik der entsprechenden Daseinsweisen.

„Ich bin gut, also bist du böse": im Munde des Herren leitet das Wort *also* nur eine negative Schlußfolgerung ein. Negativ ist die Schlußfolgerung. Und diese wird nur als Konsequenz aus einer vollen Bejahung gesetzt: „wir Vornehmen, wir Guten, wir Schönen, wir Glücklichen"[24]. Beim Herren steckt alles Positive in den Prämissen. Er braucht solche des Tuns und der Bejahung, und er braucht die Freude an diesen Prämissen, um auf etwas Negatives schließen zu können, das nicht wesentlich, das kaum von Bedeutung ist. Es ist nur „ein Nebenher, eine Komplementärfarbe"[25]. Seine einzige Bedeutung beruht darin, die Spannung der Tat und der Bejahung zu erhöhen, beider Bündnis noch enger zu schmieden und die Freude, die damit einhergeht, zu steigern: der Gute „sucht (seinen) Gegensatz nur auf, um zu sich selber noch dankbarer, noch frohlockender ja zu sagen"[26]. Dergestalt ist der Status der Aggressivität: sie ist das Negative, doch das Negative als Schlußfolgerung aus positiven Prämissen, das Negative als Produkt von Aktivität, das Negative als Folge einer Macht zur Bejahung. Der Herr erkennt sich in einem Syllogismus wieder, worin zwei positive Propositionen nötig sind, um eine Negation zu erhalten: die Negation am Ende ist bloßes Mittel, die Prämissen zu verstärken. – „Du bist böse, also bin ich gut." Damit hat sich alles geändert. Das Negative geht in die Prämissen ein, wohingegen das Positive als Schlußfolgerung gefaßt wird, als Schlußfolgerung aus negativen Prämissen. Im Negativen ist das Wesentliche enthalten, wohingegen das Positive nur durch die Negation Bestand hat. Das Negative ist „das Original, der Anfang, die eigentliche *Tat*" geworden[27]. Der Sklave bedarf der Prämissen der Reaktion und der Verneinung, des Ressentiments und des Nihilismus, um eine scheinbar positive Schlußfolgerung zu erhalten. Und doch kommt ihr nur der Schein von Positivität zu. Deswegen legt Nietzsche so großen Wert auf die Trennung von Ressentiment und Aggressivität: sie differieren ihrer ganzen Natur nach. Der Mensch des Ressentiments muß sich notgedrungen ein Nicht-Ich ausdenken, sich dann diesem Nicht-Ich entgegensetzen, um sich schließlich als Selbst zu setzen. Welch sonderbarer Syllogismus des Sklaven: es bedarf in ihm zweier Negationen, um den Anschein einer Affirmation hervorzubringen. Wir ahnen schon, unter welcher Form dem Syllogismus des Sklaven so großer Erfolg in der Philosophie beschieden ward: in Form der *Dialektik.* Die Dialektik als Ideologie des Ressentiments.

„Du bist böse, also bin ich gut." Hier meldet sich der Sklave zu Wort. Wir wollen nicht leugnen, daß auch hier Werte geschaffen werden. Aber welch bizarre Werte! Man beginnt damit, den anderen als böse zu apostrophieren. Der sich gut hieß, wird jetzt auf einmal böse genannt. Böse ist der Handelnde, der sich nicht zurückhält und handelt, der also die Tat nicht von den Konsequenzen her betrachtet, die sie für Dritte haben mag. Gut ist jetzt der, welcher sich vom Handeln zurückhält: Genau deshalb ist er gut, weil er jede Aktion auf den Standpunkt dessen bezieht, der nicht handelt, der die Folgen erfährt, oder besser noch auf den subtilen Standpunkt eines göttlichen Dritten, der deren *Intentionen* unter die Lupe nimmt: „gut ist jeder, der nicht vergewaltigt, der niemanden verletzt, der nicht angreift, der nicht vergilt, der die Rache Gott übergibt, der sich wie wir im Verborgnen hält, der allem Bösen aus dem Wege geht und wenig überhaupt vom Leben verlangt, gleich uns, den Geduldigen, Demütigen, Gerechten"[28]. „Dergestalt entwickelt sich gut und böse: die ethische Bestimmung von gut und schlecht wird durch das moralische Urteil verdrängt. Das ethisch Gute wird das moralisch Böse, das ethisch Schlechte wird das moralisch Gute. ‚Gut' und ‚böse' sind nicht ‚gut' und ‚schlecht', sondern der Austausch, die Inversion, die *Umkehrung* ihrer Bestimmung." Darauf wird Nietzsche mit Nachdruck bestehen: „Jenseits von Gut und Böse" heißt auf keinen Fall „Jenseits von Gut und Schlecht". Im Gegenteil . . .[29]. Gut und böse sind neue Werte, aber welch sonderbare Art, diese Werte zu schaffen! Man erschafft sie in der Umkehrung von gut und schlecht. Man erschafft sie nicht etwa, indem man zu handeln anfinge, vielmehr indem man sich dessen enthält. Nicht, indem man bejaht, vielmehr indem man zu verneinen beginnt. Daher heißt man diese Werte auch ungeschaffen, göttlich, transzendental, über dem Leben stehend. Aber bedenken wir, was diese Werte kaschieren, ihren Modus des Geschaffen-Seins. In ihnen verbirgt sich ein ungewöhnlicher Haß, der Haß ist gegen alles, was im Leben aktiv und bejahend ist, gegen das Leben schlechthin. Kein einziger moralischer Wert, der auch nur den Bruchteil einer Sekunde überlebte, wäre er von diesen Prämissen, deren Konsequenzen sie alle sind, einmal abgeschnitten. Und weitergehender noch, kein einziger religiöser Wert, der von diesem Haß und dieser Rache, aus denen er die Konsequenzen zieht, abtrennbar wäre. Die Positivität ist eine nur des Scheins: Man zieht den Schluß, daß die Erbarmungswürdigen, die Armen, die Schwachen und Sklaven die Guten sind, da die Starken „böse" und „verdammt" sind. Erfunden wurde der gute Unglückliche und der gute Schwache:

keine süßere Rache an den Glücklichen und Starken läßt sich ausdenken. Was wäre die christliche Liebe ohne die Macht des jüdischen Ressentiments, die sie antreibt und leitet? Die christliche Liebe stellt keineswegs das Gegenteil des jüdischen Ressentiments dar, ist vielmehr dessen Folge, nur dessen krönender Abschluß[30]. Die Religion kaschiert nur mehr oder minder (und häufig, in Krisenzeiten, kaschiert sie überhaupt nicht) die Prinzipien, aus denen sie unmittelbar hervorgegangen ist: die Last der negativen Prämissen, der Geist der Rache, die Macht des Ressentiments.

6. Der Paralogismus

Du bist böse, ich bin das Gegenteil von dem, was du bist; also bin ich gut. – Worin besteht der Paralogismus? Nehmen wir ein Logik treibendes Lamm. Der Syllogismus des blökenden Lamms lautete folgendermaßen: Die Raubvögel sind böse (d. h. die Raubvögel sind alle Bösen zusammen, die Bösen sind Raubvögel), nun bin ich das Gegenteil von einem Raubvogel; also bin ich gut[31]. Deutlich ist, daß im Untersatz der Raubvogel für das genommen wird, was er ist: eine Kraft, die sich nicht von ihren Effekten oder Äußerungen abtrennt. Im Obersatz aber wird vorausgesetzt, daß der Raubvogel imstande wäre, seine Kraft nicht zu äußern, seine Effekte zurückzuhalten, und sich von dem abzutrennen vermöchte, was er kann: er ist böse, weil er sich nicht zurückhält. Es wird also vorausgesetzt, daß es ein und dieselbe Kraft ist, die sich effektiv im tugendhaften Lamm zurückhält, im bösen Raubvogel aber sich freien Lauf läßt. Da der Starke sich am Handeln hindern könnte, ist der Schwache jemand, der handeln könnte, würde er sich nicht daran hindern.

Der Paralogismus des Ressentiments beruht darauf: *der Fiktion einer Kraft, die getrennt ist von dem, was sie kann.* Dank dieser Fiktion obsiegen die reaktiven Kräfte. Nicht zufrieden damit, sich faktisch der Aktivität zu entziehen, müssen sie auch noch das Kräfteverhältnis umkehren, sich den aktiven Kräften entgegensetzen und sich ihnen gegenüber als überlegen darstellen. Diese Aufgabe erfüllt der Prozeß des Anklagens im Ressentiment: die reaktiven Kräfte „projizieren" ein abstraktes und neutralisiertes Bild der Kraft; eine von ihren Effekten abgetrennte Kraft wird schuldig sein dann, wenn sie agiert, hingegen verdienstvoll, wenn sie nicht agiert; hinzu kommt die Einbildung, man bedürfe mehr (abstrakte) Kraft, sich zurückzuhalten als zu agieren. Es ist deshalb so überaus wichtig, diese Fiktion in allen Einzelheiten zu analysieren, weil mittels ihrer, wie wir sehen werden, nicht nur die reaktiven Kräfte eine anstekkende Macht erringen, sondern darüber hinaus die aktiven Kräfte *wirklich* reaktiv werden: 1. das Moment der Kausalität: Man teilt die Kraft. Während die Kraft sich doch nicht von ihrer Äußerung abtrennen läßt, wird diese in eine Wirkung verwandelt, die nun auf die Kraft als distinkter und abgesonderter Ursache bezogen wird: „(man) setzt dasselbe Geschehen einmal als Ursache und dann noch einmal als deren Wirkung. Die Naturforscher machen es nicht besser, wenn sie sagen ‚die Kraft bewegt, die Kraft verursacht'"[32]. In der Aussage beispielsweise, daß der Blitz leuchtet, wird „ein Erinnerungszeichen, eine abkürzende Formel" als Ursache genommen[33]. Darin ist das reale Bedeutungsverhältnis durch ein imaginäres Kausalitätsverhältnis ersetzt[34]. Man fängt an, die Kraft in sich selbst zurückzudrängen, um im folgenden aus ihrer Äußerung etwas anderes zu machen, das in der Kraft eine distinkte Wirkursache findet. 2. Das Moment der Substanz: Die dergestalt geteilte Kraft wird in ein Substrat, ein Subjekt projiziert, dem freistehen soll, sie zu äußern oder auch nicht; die Kraft wird neutralisiert, zum Akt eines Subjekts erhoben, das ebensogut auch nicht handeln könnte. Nietzsche hört nicht auf, die im „Subjekt" steckende Fiktion oder grammatische Funktion ans Licht zu ziehen. Sei es das Atom der Epikureer, die Substanz Descartes, Kants Ding an sich: alle diese Subjekte stellen die Projektion „untergeschobne(r) Wechselbälge" dar[35]! 3. Das Moment der wechselseitigen Bestimmung: Die derart neutralisierte Kraft wird moralisiert. Denn einmal unterstellt, daß eine Kraft die Kraft, die sie „hat", sehr wohl auch nicht äußern könnte, dann ist es umgekehrt ebensowenig absurd anzunehmen, daß eine Kraft die Kraft, die sie „nicht hat", äußern könnte. Von dem Augenblick an, da die Kräfte in ein fiktives Subjekt projiziert sind, kommt diesem entweder Schuld oder Verdienst zu: trifft es Schuld dafür, daß die Kraft die Aktivität ausführt, die sie hat, gebührt ihm Verdienst dafür, daß die Kraft sie nicht ausführt, die sie . . . nicht hat: „als ob die Schwäche der Schwachen selbst – das heißt doch sein *Wesen,* sein Wirken, seine ganze einzige unvermeidliche, unablösbare Wirklichkeit – eine freiwillige Leistung, etwas Gewolltes, Gewähltes, eine *Tat,* ein *Verdienst* sei"[36]. Die konkrete Distinktion von Kräften, die ursprüngliche Differenz qualifizierter Kräfte (gut und schlecht), wird verdrängt durch den moralischen Gegensatz zwischen substantialisierten Kräften (gut und böse).

7. Die Entwicklung des Ressentiments: der jüdische Priester

Die Analyse hat uns von einem ersten zu einem zweiten Aspekt des Ressentiments geführt. Spricht Nietzsche vom schlechten Gewissen, dann unterscheidet er in ihm explizit zwei Stadien: ein erstes, das schlechte Gewissen „in seinem Rohzustande", rohes Material, oder „ein Stück Tierpsychologie . . . nichts mehr"; ein zweites Stadium, ohne das das schlechte Gewissen nicht wäre, was es ist, ein Moment, das sich jene vorgängige Materie zunutze macht und sie Form gewinnen läßt[37]. Diese Unterscheidung entspricht der von Topologie und Typologie. Alles deutet darauf hin, daß sie auch schon für das Ressentiment gilt. Auch dieses besitzt zwei Momente oder Aspekte. Topologisch der eine, Frage der Tierpsychologie, das Ressentiment als Rohmaterial bildend: Er gibt die Art und Weise wieder, in der die reaktiven Kräfte sich dem Tun der aktiven Kräfte entziehen *(Verschiebung* der reaktiven Kräfte, Eindringen der Gedächtnisspuren ins Bewußtsein). Typologisch der zweite Aspekt, die Art wiedergebend, in der das Ressentiment Gestalt gewinnt: Das Spurengedächtnis wird ein typischer Charakterzug, da es den Geist der Rache verkörpert und die ununterbrochene Anklagekampagne führt; unter diesen Umständen stellen sich die reaktiven Kräfte den aktiven entgegen und trennen sie ab von dem, was sie können *(Umkehrung* des Kräfteverhältnisses, *Projektion* eines reaktiven Bildes). Offenkundig ist, daß ohne dieses zweite Moment des Ressentiments der Revolte der reaktiven Kräfte kein Erfolg beschieden oder daß der lokale Sieg noch kein umfassender wäre. Offenkundig wird überdies, daß in keinem der beiden Fälle die reaktiven Kräfte deshalb siegen, weil sie eine stärkere Kraft als die der aktiven Kraft bildeten: Im ersten Fall spielt sich alles zwischen den reaktiven Kräften selbst ab *(Verschiebung);* im zweiten Fall trennen diese die aktiven Kräfte ab von dem, was sie können – allerdings vermittels einer Fiktion, einer Mystifikation *(Umkehrung durch Projektion).* Freilich heißt es noch zwei Probleme zu lösen, bevor das Ressentiment gänzlich verstanden ist: 1. Wie erzeugen die reaktiven Kräfte diese Fiktion? 2. Unter wessen Einfluß erzeugen sie sie? Das heißt: Wer heißt die reaktiven Kräfte von der ersten Stufe zur zweiten überzugehen? Wer bearbeitet das Material des Ressentiments? Wer gibt ihm Form, wer ist der „Künstler" des Ressentiments?

Die Kräfte können nicht geschieden werden von dem differentiellen Element, aus dem ihre Qualität hervorgeht. Die reaktiven Kräfte freilich geben ein verkehrtes Bild dieses Elements wieder: die Kräftedifferenz wird, unter dem Blickwinkel der Reaktion, zur Opposition der reaktiven gegen die aktiven Kräfte. Es genügte folglich, daß die reaktiven Kräfte die Gelegenheit bekämen, dieses Bild zu entwerfen und zu projizieren, damit das Kräfteverhältnis sowie die ihm korrespondierenden Werte ihrerseits eine Umkehrung erfahren. Diese Gelegenheit stellt sich genau in dem Augenblick ein, da sie ein Mittel finden, sich der Aktivität zu entziehen. Die reaktiven Kräfte, die nicht mehr ausagiert werden, projizieren nun das verkehrte Bild. Von dieser reaktiven Projektion sagt Nietzsche, daß sie eine Fiktion sei: Fiktion einer über-sinnlichen Welt im Gegensatz zu dieser Welt, Fiktion eines Gottes im Widerspruch zum Leben. Nietzsche hebt diese Fiktion ab von der aktiven Macht des Traumes, und selbst noch vom positiven Bild der das Leben bejahenden und verherrlichenden Götter: „Diese reine *Fiktions-Welt* unterscheidet sich dadurch sehr zu ihren Ungunsten von der Traumwelt, daß letztere die Wirklichkeit *widerspiegelt*, während *sie* die Wirklichkeit fälscht, entwertet, verneint“[38]. Sie geht der gesamten Entwicklung des Ressentiments ja voraus, das heißt, den Operationen, vermöge deren zugleich die aktive Kraft von dem abgetrennt wird, was sie kann (Verfälschung), angeklagt und für schuldig gesprochen wird (Entwertung), und die entsprechenden Werte umgekehrt werden (Verneinung). In dieser und durch diese Fiktion *repräsentieren* sich die reaktiven Kräfte *als die überlegenen.* „Um Nein sagen zu können zu allem, was die *aufsteigende* Bewegung des Lebens, die Wohlgeratenheit, die Macht, die Schönheit, die Selbstbejahung auf Erden darstellt, mußte sich der Genie gewordene Instinkt des *Ressentiments* eine *andre* Welt erfinden, von wo aus jene *Lebens-Bejahung* als das Böse, als das Verwerfliche an sich erschien“[39].

Freilich mußte das Ressentiment erst noch „Genie“ werden, bedurfte es noch eines Fiktionsartisten, der die Gelegenheit zu nutzen wußte und die Projektion in die gewünschte Richtung zu lenken, die Anklage zu führen und die Umkehrung zu vollziehen vermochte. Denn glauben wir ja nicht, daß der Übergang von einem zum anderen Moment, so schnell und präzise er auch geschehen sein mag, sich auf ein bloßes mechanisches Aneinanderketten beschränkte. Es bedurfte hierzu der Intervention eines genialen Künstlers. Stärker denn je erschallt Nietzsches Frage: „Wer?“ *Zur Genealogie der Moral* „enthält die erste Psychologie des Priesters“[40]. Der das Ressentiment Form gewinnen läßt, der die Anklage führt und das Unterfangen der Rache immer weiter treibt, der die Umwertung der Werte wagt – ist der Priester. Und im besonderen der jüdische, der Priester in seiner jüdischen Gestalt[41]. Er, der Meister der Dialektik, ist es, der dem Sklaven die Idee des reaktiven Syllogismus nahebringt. Er schmiedet dessen negative Prämissen. Er begreift die Liebe, eine neue Liebe, die die Christen sich gutschreiben, als Schlußfolgerung, Krönung, als giftige Blume eines unvorstellbaren Hasses. Er war es, der so anhob zu reden: „die Elenden sind allein die Guten, die Armen, Ohnmächtigen, Niedrigen sind allein die Guten, die Leidenden, Entbehrenden, Kranken, Häßlichen sind auch die einzig Frommen, die einzig Gottseligen, für sie allein gibt es Seligkeit – dagegen ihr, ihr Vornehmen und Gewaltigen, ihr seid in alle Ewigkeit die Bösen, die Grausamen, die Lüsternen, die Unersättlichen, die Gottlosen, ihr werdet auch ewig die Unseligen, Verfluchten und Verdammten sein!"[42]. Ohne ihn hätte der Sklave nie vermocht, sich über den Rohzustand des Ressentiments zu erheben. Freilich, um die Intervention des Priesters angemessen abschätzen zu können, muß noch geklärt werden, in welcher Form er Komplize der reaktiven Kräfte war – allerdings nur Komplize und ohne völlig in ihnen aufzugehen. Er stellt ihren Sieg sicher, er bedarf dieses Sieges, und doch verfolgt er ein Ziel, das nicht mit dem ihren verschmilzt. Sein Wille ist Wille zur Macht, sein Wille zur Macht ist Nihilismus[43]. Erneut stoßen wir hier auf die Behauptung: daß der Nihilismus, die Macht zur Verneinung, reaktiver Kräfte bedarf – aber auch auf den umgekehrten Satz: der Nihilismus, die Macht zur Verneinung ist es, die den reaktiven Kräften zum Sieg verhilft. Dieses Doppelspiel gibt dem jüdischen Priester eine unerreichte Tiefe und Ambivalenz: er ergreift „freiwillig, aus der tiefsten Klugheit der Selbsterhaltung, die Partei aller *décadence*-Instinkte . . . – *nicht* als von ihnen beherrscht, sondern weil (er) in ihnen eine Macht erriet, mit der man sich *gegen* ‚die Welt' durchsetzen kann"[44].

Wir haben auf die berühmt-berüchtigten Zeilen näher einzugehen, wo Nietzsche das Judentum und den jüdischen Priester behandelt. Nicht selten hat man gerade ihnen die zweifelhaftesten Interpretationen angedeihen lassen. Wir wissen, welch zweideutiges Verhältnis die Nazis zum Werk Nietzsches aufrechterhalten haben: zweideutig, weil sie es für sich in Anspruch zu nehmen liebten, dies aber nur vermochten, indem sie Zitate verstümmelten, Ausgaben fälschten, wesentliche Texte untersagten. Demgegenüber kann bei Nietzsche schwerlich von zweideutigen Beziehungen zum Bismarck-Reich, oder gar zum Pangermanismus oder zum Antisemitismus gesprochen werden. Er mißtraute dem allen, haßte es: „Maxime: Mit keinem Menschen umgehn, der an dem verlognen Rassen-Schwindel Antheil hat"[45]. Und unüberhörbar dieser aus dem Herzen kommende Aufschrei: „Und, zuletzt, was glauben Sie, das ich empfinde, wenn der Name Zarathustra von Antisemiten in den Mund genommen wird? . . ."[46]. Um den Sinn der Überlegungen

Nietzsches zum Judentum zu verstehen, gilt es sich in Erinnerung zu rufen, daß innerhalb der Hegelschen Schule die „jüdische Frage“ zu einem dialektischen Thema par excellence aufgestiegen war. Hier erneut nimmt Nietzsche die Frage wieder nur auf – allerdings auf seine ihm eigene Art und Methode. Er fragt: Wie hat sich in der Geschichte des jüdischen Volkes der Priester herausgebildet? Unter welchen Bedingungen ist dies geschehen, Bedingungen, die sich in der Folgezeit für die *gesamte europäische Geschichte als entscheidende* erweisen sollten? Wenig setzt mehr in Erstaunen als Nietzsches Bewunderung für die Könige Israels und das Alte Testament[47]. Das jüdische Problem ist unlöslich verbunden mit dem der Herausbildung des Priesters in der Welt Israels: dies ist das wirkliche Problem typologischer Natur. Aus diesem Grunde insistiert Nietzsche auf Folgendem: Ich bin der Erfinder der Psychologie des Priesters[48]. Wahr ist allerdings auch, daß bei Nietzsche solche die Rasse betreffenden Überlegungen nicht fehlen. Aber die Rasse interveniert niemals in anderer Form denn als Element innerhalb eines *verschlungenen Ganzen*, als Faktor innerhalb eines gleichermaßen physiologischen, psychologischen, politischen und sozialen *Komplexes*. Eben einen solchen Komplex nennt Nietzsche einen Typus. Der Typus des Priesters und nichts anderes zählt für ihn. Und so ist denn dieses gleiche jüdische Volk, das zu einem bestimmten Zeitpunkt seiner Geschichte im Priester seine Daseinsbedingungen gefunden hatte, heute abermals am meisten befähigt, Europa zu retten, es vor sich selbst zu schützen, indem es neue Bedingungen ersinnt[49]. Man sollte keine Zeile Nietzsches über das Judentum lesen, ohne sich nicht beständig in Erinnerung zu rufen, was er Fritsch, einem antisemitischen und rassistischen Autor, geschrieben hat: „Doch bitte ich darum, mich fürderhin nicht mehr mit diesen Zusendungen zu bedenken: ich fürchte zuletzt für meine Geduld . . .“

8. Schlechtes Gewissen und Innerlichkeit

Das Ziel des Ressentiments formuliert sich in folgenden zwei Momenten: die aktive Kraft der materiellen Bedingungen ihres Vollzugs zu berauben; sie formal von dem abzutrennen, was sie kann. Ist es richtig, daß die aktive Kraft auf fiktive Weise von dem abgetrennt wird, was sie kann, so nicht minder, daß ihr, als Ergebnis dieser Fiktion, etwas Reales widerfährt. Damit wird unsere Frage erneut aktuell: Was wird die aktive Kraft wirklich? Nietzsche antwortet mit äußerster Genauigkeit: Was immer der Grund dafür sein mag, warum eine aktive Kraft verfälscht und der materiellen Bedingungen ihres Vollzugs beraubt und von dem abgetrennt wird, was sie kann – *sie wendet sich nach innen, sie wendet sich gegen sich selbst.* Sich verinnerlichen, sich gegen sich selbst kehren stellt die Art dar, in der die aktive Kraft wirklich reaktiv wird. „Alle Instinkte, welche sich nicht nach außen entladen, *wenden sich nach innen* – dies ist das, was ich die *Verinnerlichung* des Menschen nenne: . . . *das* ist der Ursprung des ‚schlechten Gewissens'"[50]. In diesem Sinne verläuft das schlechte Gewissen über das Ressentiment. Derart, wie es sich uns darbot, ist das Ressentiment nicht abzulösen von der abscheulichen Aufforderung, der Verlockung wie dem Willen, weithin ansteckend zu wirken. Unter den Auspizien einer lockenden Liebe birgt es seinen ganzen Haß: Wenn ich dich anklage, so um deiner willen; ich liebe dich, damit du dich zu mir gesellst, bis daß du dich zu mir gesellst, bis daß du selber ein leidendes, krankes, reaktives, ein gutes Wesen geworden bist . . . „wann würden sie (die Menschen des Ressentiments, d. Üb.) eigentlich zu ihrem letzten, feinsten, sublimsten Triumph der Rache kommen? Dann unzweifelhaft, wenn es ihnen gelänge, ihr eignes Elend, alles Elend überhaupt den Glücklichen *ins Gewissen zu schieben:* so daß diese sich eines Tags ihres Glücks zu schämen begännen und vielleicht untereinander sich sagten, ‚es ist eine Schande, glücklich zu sein! *Es gibt zu viel Elend*'"[51]. Im Ressentiment klagt die reaktive Kraft an und in es projiziert sie sich. Aber das Ressentiment wäre nichts, brächte es den Angeklagten nicht dazu, selbst seine Fehler zu bekennen, „sich nach innen (zu) wenden": Die *Verinnerlichung,* Introjektion der aktiven Kraft, stellt keineswegs das Gegenteil der *Projektion* dar, vielmehr ist sie nur Konsequenz und Folge der reaktiven Projektion. Wir sollten im schlechten Gewissen keinen neuen Typus sehen: allenfalls, daß wir im reaktiven Typus, in dem des Sklaven, konkrete Abarten vorfinden, in denen das Ressentiment fast noch im Rohzustand vorkommt, andere, in denen das schlechte Gewissen, seinen höchsten Entwicklungsstand erreichend, das Ressentiment unter sich bedeckt. Unablässig durchlaufen die reaktiven Kräfte die Etappen ihres Sieges: Das schlechte Gewissen verlängert das Ressentiment, führt uns noch tiefer in jenes Gebiet, in dem die Ansteckung allmächtig wird. Die aktive Kraft wird reaktiv, der Herr wird Sklave.

Wird sie auch von dem abgetrennt, was sie kann, so löst sich doch die aktive Kraft nicht in Luft auf. Sich gegen sich selbst kehrend, *erzeugt sie Leiden.* Sich seiner nicht mehr freuen, sondern Leiden erzeugen: „diese unheimliche und entsetzlich-lustvolle Arbeit einer mit sich selbst willig-zwiespältigen Seele, welche sich leiden macht, aus Lust am Leiden-Machen"; „am Schmerz, am Unfall, am Häßlichen, an der willkürlichen Einbuße, an der Entselbstung, Selbstgeißelung, Selbstopferung (wird) ein Wohlgefallen empfunden und *gesucht*"[52]. Das Leiden, statt von den reaktiven Kräften reguliert zu werden, wird nun von der ehemals aktiven Kraft hervorgerufen. Dem erwächst etwas Wunderliches, Unergründliches: eine Vermehrung, eine Selbstbefruchtung, eine Hyper-Produktion von Leiden. Das schlechte Gewissen ist das sein Leiden vermehrende Gewissen, es hat das Mittel gefunden, das Leiden herstellen zu lassen: indem die aktive Kraft sich gegen sich selbst kehrt – eine absonderlich-drekkige Fabrik. Vermehrung des Leidens durch Verinnerlichung, durch Introjektion der Kraft: derart lautet die erste Definition des schlechten Gewissens.

9. Das Problem des Leidens

Derart lautet zumindest die Definition des ersten Aspekts des schlechten Gewissens: Sein topologischer Aspekt, Rohzustand oder Material. Die Interiorität, die innere Welt, stellt einen komplexen Begriff dar. Verinnerlicht wird zunächst die aktive Kraft; die verinnerlichte Kraft jedoch wird Leidenserzeugerin; und da das Leiden in einer stets wachsenden Fülle hervorgebracht wird, gewinnt die innere Welt an „Tiefe, Breite, Höhe", ergibt einen immer gefräßigeren Schlund. Das bedeutet, zweitens, daß das Leiden seinerseits *verinnerlicht*, sensualisiert, vergeistigt wird. Was besagen diese Worte? Dies: *Man erfindet dem Leiden einen neuen Sinn, einen inneren, intimen Sinn.* Das Leiden wird als Folge einer Sünde, einer Schuld gedacht. Du hast dir Leiden geschaffen, weil du gesündigt hast, du wirst dich retten, indem du dir Leiden bereitest. Das Leiden, begriffen als Folge einer intimen Schuld und als innerer Mechanismus der Rettung; das nach Maßgabe seiner Hervorbringung verinnerlichte Leiden, „dessen Umdeutung in Schuld-, Furcht- und Strafgefühle"[53]: dies der zweite Aspekt des schlechten Gewissens, sein typologisches Moment, das schlechte Gewissen als Schuldgefühl.

Um das Eigentümliche dieser Erfindung verstehen zu können, muß ein noch allgemeineres Problem in seiner Bedeutung erschlossen werden: Worin besteht der Sinn des Leidens? Der Sinn des Daseins hängt gänzlich von ihm ab; das Dasein besitzt in dem Maße einen Sinn, als dem Leiden im Dasein selbst ein Sinn zukommt[54]. Nun ist das Leiden eine Reaktion. Und es spricht vieles dafür, daß sein einziger Sinn in der Möglichkeit begründet liegt, diese Reaktion auszuagieren, oder zum mindesten deren Spur zu lokalisieren, sie zu isolieren, auf daß jegliche Ausbreitung bis zu dem Augenblick vermieden wird, da man aufs neue re-agieren kann. Der aktive Sinn des Leidens erscheint somit als *externer Sinn*. Um das Leiden von einem aktiven Standpunkt aus zu bewerten, muß es im Element seiner Äußerlichkeit belassen werden. Dazu bedarf es einer umfassenden Kunst, der der Herren. Ihnen ist ein Geheimnis gegeben. Sie wissen, daß das Leiden einen einzigen Sinn besitzt: jemandem Freude zu bereiten, dem nämlich, der es zufügt oder der es anschaut. Ist der aktive Mensch in der Lage, sein eigenes Leiden nicht ernst zu nehmen, so weil er sich immer einen vorstellt, dem es Freude bereitet. Eine solche Imagination spielt keine geringe Rolle im Glauben an die aktiven Götter, die die griechische Welt bevölkerten: „Jedes Übel ist gerechtfertigt, an dessen Anblick ein Gott sich erbaut: . . . Welchen letzten Sinn hatten im Grunde trojanische Kriege und ähnliche tragische Furchtbarkeiten? Man kann gar nicht daran zweifeln: sie waren als *Festspiele* für die Götter gemeint“[55]. Heute neigt man eher dazu, das Leiden als Argument gegen das Dasein in Anschlag zu bringen. Eine solche Argumentation zeugt von einer Art des Denkens, die uns teuer, freilich aber reaktiv ist. Wir nehmen darin nicht nur den Platz des Leidenden ein, sondern machen den Standpunkt des Menschen des Ressentiments, der seine Reaktionen nicht mehr ausagieren kann, zu dem unseren. Wollten wir doch verstehen, daß der aktive Sinn des Leidens in einer anderen Perspektive aufscheint: Das Leiden ist kein Argument gegen das Leben, vielmehr ein Anreiz für dasselbe, ein „Köder für das Leben“, ein Argument, das zu seinen Gunsten spricht. Leiden sehen oder selbst leiden, Schmerzen zufügen, macht eine Struktur des Lebens als aktivem aus, bildet eine aktive Äußerung desselben. Dem Leiden kommt eine unmittelbare Bedeutung für das Leben zu: „Es widersteht, wie mir scheint, der Delikatesse, noch mehr der Tartüfferie zahmer Haustiere (will sagen moderner Menschen, will sagen uns), es sich in aller Kraft vorstellig zu machen, bis zu welchem Grade die *Grausamkeit* die große Festfreude der älteren Menschheit ausmacht, ja als Ingredienz fast jeder ihrer Freuden zugemischt ist . . . Ohne Grausamkeit kein Fest: so lehrt es die älteste, längste Geschichte des Menschen – und auch an der Strafe ist so viel *Festliches!*“[56] Darin liegt Nietzsches Beitrag vor zu jenem ausnehmend vergeistigten Problem: Worin besteht der Sinn des Leidens und des Schmerzes?

Um so mehr muß die erstaunliche Erfindung des schlechten Gewissens bewundert werden: dem Leiden, dem Schmerzen einen neuen, *einen inneren Sinn* zu erstellen. Keine Frage mehr, sein Leiden auszuagieren, oder es von einem aktiven Standpunkt aus zu bewerten. Im Gegenteil, man betäubt das Leiden durch Affekte, einen „wilden Affekt“: Das Leiden wird zur Folge einer Schuld und zum

Mittel der Rettung erklärt; man heilt sich vom Leiden, indem man noch mehr Leiden schafft; man betäubt sich, das heißt, man heilt sich vom Leiden, indem man selbst noch die Wunde infiziert[57]. Schon in *Die Geburt der Tragödie* hatte Nietzsche jene grundlegende These vorgetragen: Die Tragödie geht in dem Augenblick zugrunde, da das Drama zu einem inneren Konflikt gerät und das Leiden verinnerlicht wird. Aber wer erfindet und will den internen Sinn des Leidens?

10. Die Entwicklung des schlechten Gewissens: der christliche Priester

Verinnerlichung der Kraft, dann Verinnerlichung des Leidens selbst: Der Übergang vom ersten zum zweiten Moment des schlechten Gewissens erfolgt nicht etwa automatischer als die Verkettung der beiden Aspekte des Ressentiments. Erneut bedarf es der Intervention des Priesters. Dessen zweite Inkarnation stellt der christliche Priester dar: „Erst unter den Händen des Priesters, dieses eigentlichen Künstlers in Schuldgefühlen, hat es Gestalt gewonnen"[58]. Der Christen-Priester läßt das schlechte Gewissen aus seinem rohen oder animalischen Zustand heraustreten und präsidiert selbst der Verinnerlichung des Leidens. Arzt-Priester, der er ist, heilt er das Leiden, indem er die Wunde infiziert. Künstler-Priester, der er ist, führt er das schlechte Gewissen seiner höheren Form zu: dem Leiden, Folge einer Sünde. – Aber wie verfährt er? „Wollte man den Wert der priesterlichen Existenz in die kürzeste Formel fassen, so wäre geradewegs zu sagen: der Priester ist der *Richtungs-Veränderer* des Ressentiments"[59]. Wir erinnern uns, daß der innerlich leidensvolle Mensch des Ressentiments nach einer Ursache für sein Leiden und seinen Schmerz forscht. So klagt er an, klagt alles an, was im Leben aktiv ist. Hier schon finden wir den Priester in einer ersten Gestalt: er führt und organisiert die Anklage. Schau dort die Menschen, die sich gut heißen, ich sage dir, sie sind böse. Die Macht des Ressentiments findet sich auf diese Weise gänzlich auf den anderen, gegen den anderen gerichtet. Freilich ist das Ressentiment ein explosiver Stoff: es bewirkt, daß die aktiven Kräfte reaktiv werden. Jetzt muß es sich den neuen Bedingungen anpassen und seine Richtung ändern. Jetzt muß der reaktive Mensch *in sich selbst* die Ursache seines Leidens ausfindig machen. Das schlechte Gewissen suggeriert ihm, diese Ursache „in sich (zu) suchen, in einer *Schuld,* in einem Stück Vergangenheit, er soll sein Leiden selbst als einen *Strafzustand* verstehn"[60]. Und abermals taucht der Priester auf, um diese Richtungsänderung anzuleiten: „Recht so, mein Schaf! Irgendwer muß daran schuld sein: aber du selbst bist dieser Irgend-Wer, du selbst bist daran allein schuld – *du selbst bist daran allein schuld!*"[61]. Der Priester erfindet den Begriff der *Sünde:* „Die ‚Sünde' -. . .- ist bisher das größte Ereignis in der Geschichte der kranken Seele gewesen: in ihr haben wir das gefährlichste und verhängnisvollste Kunststück der religiösen Interpretation"[62]. Das Wort *Schuld* verweist von nun an auf die von mir begangene Schuld, auf meine Schuld. Dergestalt ist das Leiden verinnerlicht, zur Folge einer Sünde geworden, ist sein Sinn ein nur mehr intimer.

Das Verhältnis von Christentum und Judentum ist von zwei Blickpunkten aus abzuschätzen. Einerseits stellt das Christentum die Vollendung des Judentums dar. Es setzt dessen Unternehmen fort und führt es zum Abschluß. Die gesamte Macht des Ressentiments mündet in den Gott der Armen, der Kranken und Sünder. An mehreren berühmten Stellen betont Nietzsche den haßerfüllten Charakter des Paulus, die Niedrigkeit des Neuen Testaments[63]. Selbst der Tod Christi war nur Umweg, der auf jüdische Werte zurückführt: Durch diesen Tod wird ein Pseudo-Gegensatz zwischen Liebe und Haß errichtet, die Liebe noch verführerischer gemacht, als wäre sie von jenem Haß unabhängig, ihm entgegengesetzt, Opfer desselben[64]. Man entschlägt sich der Wahrheit, die Pontius Pilatus aufzudecken wußte: daß das Christentum Konsequenz des Judentums ist, in ihm alle seine Prämissen vorfindet, daß es nur folgerichtig aus *diesen* Prämissen hervorgeht. – Von einem anderen Standpunkt wiederum aus ist auch wahr, daß das Christentum etwas Neues, eine neue Note, einführt. Es begnügt sich nicht damit, das Ressentiment zu vollenden, es ändert dessen Richtung. Es zwingt jene neue Erfindung auf, das schlechte Gewissen. Nun sollte man auch hier nicht meinen, daß die neue Richtung des Ressentiments im schlechten Gewissen vollkommen entgegengesetzt zur ursprünglichen Richtung verliefe. Abermals handelt es sich nur um eine zusätzliche Verlockung, Verführung. Das Ressentiment sagte: „Es ist deine Schuld", das schlechte Gewissen sagt „Es ist meine Schuld". Aber gerade das Ressentiment gibt solange nicht Ruhe, bis seine Ansteckung weithin wirkt. Ihm steht das Reaktiv-werden der ganzen Welt vor Augen, das Ziel, daß auch die, welche wohlauf sind, krank werden. Ihm genügt nicht die Anklage, der Angeklagte muß sich schuldig fühlen. Am schlechten Gewissen demonstriert das Ressentiment, was es will, in ihm erreicht es den Höhepunkt seiner ansteckenden Macht: die Änderung der Richtung. Es ist meine Schuld, es ist meine Schuld, . . . bis daß alle Welt diesen Refrain nachplappert, bis daß alles, was in diesem Leben aktiv ist, dies gleiche Schuldgefühl entwickelt. Andere Bedingungen der Macht des Priesters gibt es nicht: Seiner Natur nach ist der Priester derjenige, welcher sich zum Herren über die erhebt, die leiden[65].

In all dem finden wir Nietzsches Ehrgeiz: dort, wo die Dialektiker nur Antithesen oder Gegensätze sehen, aufzuzeigen, daß feinere Differenzen an den Tag zu bringen, tiefere Koordinationen und Korrelationen zu bewerten sind: nicht das hegelsche unglückliche Bewußtsein, das nur Symptom ist, sondern das schlechte Gewissen! Die Definition des ersten Aspekts des schlechten Gewissens lautete: *Vermehrung des Leidens durch Verinnerlichung der Kraft.* Die Definition des zweiten Aspekts lautet: *Verinnerlichung des Leidens durch Richtungsänderung des Ressentiments.* Wir haben die Art und Weise hervorgehoben, in der das schlechte Gewissen über das Ressentiment verläuft. Ebenso muß der Parallelismus beider Instanzen betont werden. Nicht nur weisen beide Abarten jeweils die zwei Momente des Topologischen und Typologischen auf, auch im Übergang des einen zum anderen Moment tritt jeweils die Person des Priesters auf den Plan. Zudem wirkt der Priester stets mittels einer Fiktion. Von uns schon untersucht wurde die Fiktion, auf der die Umkehrung der Werte im Ressentiment beruht. Aber ein weiteres Problem steht noch an: Auf welcher Fiktion gründet die Verinnerlichung des Leidens, die Richtungsänderung des Ressentiments im schlechten Gewissen? Dieses Problem ist so kompliziert deshalb, weil es Nietzsche zufolge jenes umfassende Phänomen ins Spiel bringt, das wir *Kultur* nennen.

11. Die Kultur aus prähistorischer Sicht

Kultur bedeutet Zucht und Züchtung, Auslese. Nietzsche nennt deren Bewegung „Sittlichkeit der Sitte"[66]. Sie ist unlöslich verbunden mit Halseisen, mit Marterinstrumenten und Qualen, die der Züchtung des Menschen dienen. In diesem grausamen Vorgang macht das Auge des Genealogen indessen zwei Elemente aus[67]: 1. Das, welchem innerhalb eines Volkes, einer Rasse oder Klasse gehorcht wird, ist stets historisch, willkürlich, grotesk, einfältig und beschränkt; das repräsentiert in den meisten Fällen schlimmste reaktive Kräfte; 2. in dem Faktum aber, einer Sache, wie deren Bestimmung auch immer sein mag, zu gehorchen, zeichnet sich ein Prinzip ab, das alle Völker, Rassen und Klassen übersteigt. Dem Gesetz gehorchen, weil es Gesetz ist: Die Form des Gesetzes verweist darauf, daß sich gegenüber dem Menschen eine bestimmte Aktivität, eine bestimmte aktive Kraft auswirkt, deren Unterfangen es ist, den Menschen zu bearbeiten, zu züchten. *Wiewohl in der Geschichte unauflöslich miteinander verbunden,* dürfen beide Momente doch nicht verwechselt werden: Einerseits der historische Druck eines Staates, einer Kirche usw. auf die Individuen, die es einzugliedern gilt; andrerseits die Aktivität des Gattungswesens Mensch, die Aktivität der Menschengattung, insoweit sie auf das Individuum als solches einwirkt. In dieser Unterscheidung gründet Nietzsches Verwendung der Begriffe „ursprünglich" und „vorhistorisch": die Sittlichkeit der Sitte geht der Weltgeschichte voraus[68]; die Kultur stellt jene Gattungstätigkeit dar: „die eigentliche Arbeit des Menschen an sich selber in der längsten Zeitdauer des Menschengeschlechts, seine ganze *vorhistorische* Arbeit . . . wieviel ihr auch von Härte, Tyrannei, Stumpfsinn und Idiotismus innewohnt"[69]. Ein jedes historische Gesetz ist willkürlich, beliebig – aber nicht beliebig, vielmehr prähistorisch und generisch ist das Gesetz, Gesetzen zu gehorchen. (Bergson wird diese These wieder aufgreifen, wenn er in *Die beiden Quellen der Moral und der Religion* zeigt, daß jede Gewohnheit beliebig ist, naturgebunden aber die Gewohnheit, überhaupt Gewohnheiten zu übernehmen.)

Prähistorisch bedeutet generisch. Kultur ist die prähistorische Aktivität des Menschen. Worin besteht diese? Immer geht es darum, dem Menschen Gewohnheiten, „Herkommen" zu übermitteln, ihn Gesetzen gehorchen zu lassen, ihn zu bearbeiten, zu züchten. Den Menschen züchten heißt, ihn so zu formen, daß er seine reaktiven Kräfte zum Wirken bringen kann. Die Aktivität der Kultur erstreckt sich grundsätzlich auf die reaktiven Kräfte, legt ihnen Gewohnheiten, zwingt ihnen Vorbilder auf, um sie instand zu setzen, zum Wirken gebracht zu werden. Die Kultur als solche streckt sich nach mehreren Richtungen hinaus. Sie wagt sich sogar an die reaktiven Kräfte des Unbewußten, an die tiefsitzenden Verdauungs- und Darmkräfte (Reich der Nahrungsaufnahme und -verarbeitung und etwas Analoges zu dem, was Freud die Erziehung der Schließmuskeln nennen wird)[70]. Ihr wesentliches Ziel jedoch ist die Stärkung des Bewußtseins. Diesem Bewußtsein, das, durch den flüchtigen Charakter der Erregung definiert, im Vermögen zu vergessen Halt und Stütze findet, muß Konsistenz und Geschlossenheit vermittelt werden, deren es ursprünglich entbehrt. Die Kultur stattet das Bewußtsein mit einem neuen Vermögen aus, das der Vergeßlichkeit entgegengesetzt scheint: dem Gedächtnis[71]. Dies Gedächtnis hier ist indessen nicht das Gedächtnis der Spuren. Dieses Urgedächtnis hier ist nicht mehr dem Vergangenen verhaftet, sondern der Zukunft verpflichtet. Es ist kein Gedächtnis der Sensibilität, sondern des Willens. Kein Gedächtnis von Spuren mehr, sondern von Worten[72]. Es ist Vermögen, zu versprechen, Verpflichtung an die Zukunft, Erinnerung der

Zukunft selbst. Sich an das Versprechen zu erinnern, das man gab, heißt nicht, sich zu erinnern, daß man es zu einem bestimmten Zeitpunkt in der Vergangenheit abgab, sondern daß man es in einem zukünftigen Augenblick wird halten müssen. Dies genau macht das auf Züchtung ausgerichtete Ziel der Kultur aus: einen Menschen heranzubilden, der fähig ist, Versprechen abzugeben, also über das Kommende zu verfügen, einen freien und mächtigen Menschen. Allein ein solcher ist aktiv, der seine Reaktionen beeinflußt, bei dem alles aktiv ist oder ausagiert wird. Versprechen-können ist der Effekt der Kultur als auf den Menschen bezogenes Tun des Menschen; der Mensch, der versprechen kann, ist das Produkt der Kultur als Gattungstätigkeit.

Wir begreifen, warum die Kultur prinzipiell vor keiner Grausamkeit zurückschreckt: „vielleicht ist sogar nichts furchtbarer und unheimlicher an der ganzen Vorgeschichte des Menschen, als seine *Mnemotechnik* . . . Es ging niemals ohne Blut, Martern, Opfern ab, wenn der Mensch es nötig hielt, sich ein Gedächtnis zu machen“[73]. Wieviel Qual ist vor Erreichen des Ziels (dem freien, aktiven und mächtigen Menschen) nicht vonnöten, um die reaktiven Kräfte abzurichten, sie zu zwingen, beeinflußbar zu werden. Dabei hat die Kultur stets das folgende Mittel angewandt: die Umwandlung des Leidens in ein Tauschmittel, eine Geldform, ein Äquivalent; nämlich gerade als Äquivalent für das Vergessen, einen verursachten Schaden, ein nicht eingehaltenes Versprechen[74]. Die jenes Mittels sich bedienende Kulturbewegung heißt *Gerechtigkeit*, das Mittel selbst *Strafe*. Verursachter Schaden = erlittener Schmerz: darin ist die Gleichung der Strafe wiedergegeben, die ein Verhältnis des Menschen zum Menschen determiniert. Es ist, entsprechend dieser Gleichung, als *Verhältnis von Gläubiger und Schuldner* bestimmt: Die Gerechtigkeit versetzt den Menschen in die Lage, *selbstverantwortlich eine Schuld zu übernehmen.* Das Verhältnis Gläubiger–Schuldner bringt die Aktivität der Kultur in ihrem Zucht- oder Gestaltungsprozeß zur Darstellung. Dies Verhältnis zwischen Mensch und Mensch stellt, entsprechend der prähistorischen Aktivität, das „ursprünglichste Personen-Verhältnis“ dar, das „älter (ist) als selbst die Anfänge irgendwelcher gesellschaftlicher Organisationsformen“[75]. Zudem gibt es das Modell ab für die „gröbsten und anfänglichsten Gemeinschafts-Komplexe“. Nietzsche sieht demnach im Kredit (im Entleihen) und nicht im Tausch den Archetypus gesellschaftlicher Organisation. Der Mensch, der mittels seines Schmerzes den Schaden zahlt, den er verursachte, der Mensch, dem die Fähigkeit zugeschrieben wird, selbstverantwortlich eine Schuld zu übernehmen, der Mensch, der für seine reaktiven Kräfte verantwortlich ist und dementsprechend behandelt wird: das sind die von der Kultur ins Werk gesetzten Werte, um ihr Ziel zu erreichen. – Nietzsche unterbreitet uns folgende genetische Entwicklungslinie: 1. Die Kultur als prähistorische oder Gattungstätigkeit, Unternehmen der Zucht und Züchtung; 2. das von dieser Aktivität ins Werk gesetzte Mittel, die Gleichung der Strafe, das Verhältnis Gläubiger–Schuldner, der verantwortliche Mensch; 3. das Produkt der Aktivität: der aktive, mächtige und freie Mensch, der Mensch, der versprechen kann.

12. Die Kultur aus posthistorischer Sicht

Wir hatten uns ein das schlechte Gewissen betreffendes Problem gestellt. Der genetische Verlauf scheint uns nun in keiner Weise seiner Lösung näherzubringen. Im Gegenteil: Die ins Auge springende Schlußfolgerung ist gerade, daß weder das schlechte Gewissen noch das Ressentiment im Prozeß der Kultur und Gerechtigkeit intervenieren: „Das ‚schlechte Gewissen', diese unheimlichste und interessanteste Pflanze unsrer irdischen Vegetation, ist *nicht* auf diesem Boden gewachsen"[76]. Zum einen, der Ursprung der Gerechtigkeit liegt keineswegs in der Rache oder im Ressentiment – wenn es auch zuweilen vorkommt, daß Moralisten, selbst noch Sozialisten, die Gerechtigkeit aus einem reaktiven Gefühl ableiten: etwa dem Gefühl, beleidigt worden zu sein, oder dem Geist der Rache, oder einer auf gerechte Rache sinnenden Reaktion. Eine solche Derivation erklärt indessen nichts: immer noch bliebe zu zeigen, wie das Leiden des anderen eine Befriedigung der Rache, eine Entschädigung für Rache darstellen kann. Man würde nun aber niemals die grausame Gleichung verursachter Schaden = erlittener Schmerz begreifen, führte man nicht jenes dritte Moment ein, den der Freude beim Zufügen oder beim Betrachten des Schmerzes[77]. Dieses dritte Moment, ein dem Leiden externer Sinn, hat seinen Ursprung aber ganz woanders als in der Rache oder in der Reaktion: Es verweist auf einen aktiven Gesichtspunkt, auf aktive Kräfte, die, zu ihrer eigenen Freude, sich zur Aufgabe stellen, die reaktiven Kräfte zu züchten, abzurichten. Die Gerechtigkeit ist diese generische Aktivität, sie versetzt die reaktiven Kräfte in die Lage, beeinflußt zu werden, sie billigt dem Menschen die Verantwortung für eine solche Fähigkeit zu. Man sollte die Gerechtigkeit von der Art und Weise abheben, in der das Ressentiment, endlich das schlechte Gewissen sich bilden: durch den Triumph der reaktiven Kräfte, durch deren Unfähigkeit, zum Wirken gebracht zu werden, durch ihren Haß gegen alles Aktive, durch ihren Widerstand, ihre fundamentale Ungerechtigkeit. So ist denn das Ressentiment, weit entfernt, Ursprung der Gerechtigkeit zu sein, „der *letzte* Boden, der vom Geiste der Gerechtigkeit erobert wird ... Der aktive, der angreifende, übergreifende Mensch ist immer noch der Gerechtigkeit hundert Schritte näher gestellt als der reaktive“[78].

Und ebensowenig wie die Gerechtigkeit ihren Ursprung im Ressentiment findet, zeitigt die Strafe als ihr Ergebnis das schlechte Gewissen. Wie vielfältigen Sinnes die Strafe auch immer sein mag, stets gibt es einen Sinn, den sie *nicht aufweist:* Sie entbehrt der Eigenschaft, im Schuldigen das Gefühl der Schuld zu wecken: „Der echte Gewissensbiß ist gerade unter Verbrechern und Sträflingen etwas äußerst Seltenes, die Gefängnisse, die Zuchthäuser sind *nicht* die Brutstätten, an denen diese Spezies von Nagewurm mit Vorliebe gedeiht ... Ins große gerechnet, härtet und kältet die Strafe ab; sie konzentriert; sie verschärft das Gefühl der Entfremdung; sie stärkt die Widerstandskraft. Wenn es vorkommt, daß sie die Energie zerbricht und eine erbärmliche Prostration und Selbsterniedrigung zuwege bringt, so ist ein solches Ergebnis sicherlich noch weniger erquicklich als die durchschnittliche Wirkung der Strafe: welche sich durch einen trocknen, düsteren Ernst charakterisiert. Denken wir aber gar an jene Jahrtausende *vor* der Geschichte des Menschen, so darf man unbedenklich urteilen, daß gerade durch die Strafe die Entwicklung des Schuldgefühls am kräftigsten *aufgehalten* worden ist – wenigstens in Hinsicht auf die Opfer, an denen sich die strafende Gewalt ausließ“[79]. Vergleiche man doch einmal Punkt für Punkt den Zustand der Kultur, in dem der Mensch, um den Preis seines Leidens, sich für seine reaktiven Kräfte verantwortlich fühlt, mit jenem anderen Zustand des schlechten Gewissens, in dem sich der Mensch dagegen für seine reaktiven Kräfte schuldig fühlt und sie demgemäß auch als schuldig (nach)empfindet (ressent). Auf welche Weise wir die Kultur und die Gerechtigkeit auch betrachten, stets werden wir den Vollzug einer formgebenden Aktivität, das Gegenteil von Ressentiment und schlechtem Gewissen also, zu Gesicht bekommen.

Dieser Eindruck wird erhärtet bei der Begutachtung dessen, was die kulturelle Aktivität hervorbringt: nämlich den freien und aktiven Menschen, den Menschen, der versprechen kann und darf. Wie die Kultur das prähistorische Element des Menschen darstellt, so ist das Produkt derselben das posthistorische: „Stellen wir uns dagegen ans Ende des ungeheuren Prozesses, dorthin, wo der Baum endlich seine Früchte zeitigt, wo die Sozietät und ihre Sittlichkeit der Sitte endlich zutage bringt, *wozu* sie nur das Mittel: so finden wir als reifste Frucht an ihrem Baum das *souveräne Individuum,* das nur sich selbst gleiche, das von der Sittlichkeit der Sitte wieder losgekommene, das autonome übersittliche Individuum (denn ‚autonom' und ‚sittlich' schließt sich aus), kurz den Menschen des eigenen unabhängigen langen Willens, der *versprechen darf*"[80]. Nietzsche gibt uns an dieser Stelle zu lernen auf, daß das Produkt der Kultur nicht mit deren Mittel zu verwechseln sei. Die Gattungstätigkeit des Menschen bringt den für seine reaktiven Kräfte verantwortlichen Menschen hervor: *Schuld-Verantwortlichkeit* (responsabilité-dette). Diese Verantwortlichkeit ist indessen nur Mittel der Zucht und Züchtung: sie mißt fortschreitend die Tauglichkeit der reaktiven Kräfte, zum Wirken gebracht zu werden. Das Endprodukt der Gattungstätigkeit bildet keineswegs der verantwortliche Mensch selbst oder der moralische Mensch, vielmehr der autonome oder übersittliche Mensch, d. h. der, welcher effektiv seine reaktiven Kräfte ausagiert und bei dem alle reaktiven Kräfte ausagiert werden. Dieser allein „darf" versprechen, eben weil er keinem Tribunal mehr verantwortlich ist. Das Produkt der Kultur ist nicht der dem Gesetz gehorchende Mensch, sondern das souveräne und gesetzgebende Individuum, das sich durch die Macht über sich selbst, über das Schicksal, über das Gesetz auszeichnet: der Freie, Leichte, *der Unverantwortliche*. Bei Nietzsche kommt dem Begriff der Verantwortlichkeit, selbst in seiner höchsten Form, nur der beschränkte Wert eines bloßen Mittels zu: Das autonome Individuum ist nicht mehr für seine reaktiven Kräfte vor einem Gericht verantwortlich, ist vielmehr deren Meister, Herrscher, Gesetzgeber, deren Autor und Akteur. Er ist es, der spricht, der nicht mehr zu *antworten* hat. Die Schuld-Verantwortlichkeit besitzt keinen weiteren Sinn als in jener Bewegung unterzugehen, durch die der Mensch sich befreit: Der Gläubiger befreit sich, da er an den Rechten der Herren teilhat, der Schuldner befreit sich, gerade um den Preis seines Fleisches und seines Schmerzes; beide befreien sich und lösen sich von dem Prozeß, der sie herangezüchtet hat[81]. Demnach ist die allgemeine Bewegung der Kultur: das Aufgehen des Mittels im Produkt. Dies alles: Verantwortlichkeit als solche vor dem Gesetz, das Gesetz als solches der Gerechtigkeit, die Gerechtigkeit als Mittel der Kultur, geht auf im Produkt der Kultur. Die Sittlichkeit der Sitte erschafft den von der Sittlichkeit der Sitte befreiten Menschen, der Geist der Gesetze den vom Gesetz befreiten Menschen. Dergestalt spricht Nietzsche von der Selbstaufhebung der Gerechtigkeit[82]. Kultur macht die Gattungstätigkeit des Menschen aus; da diese ganze Aktivität jedoch züchtend wirkt, erzeugt sie als ihr Endziel jenes Individuum, in dem das Gattungsspezifische selbst seinen Untergang erfährt.

13. Die Kultur aus historischer Sicht

Wir haben bisher so getan, als ob die Kultur von der Vorgeschichte zur post-histoire verlaufen wäre. Wir haben sie als Gattungstätigkeit gefaßt, die, durch die langwierige Arbeit der Vorgeschichte, zum Individuum als ihrem posthistorischen Produkt vorgedrungen ist. Und in der Tat können wir darin, in Übereinstimmung mit der Überlegenheit der aktiven über die reaktiven Kräfte, deren Wesen ausmachen. Indessen haben wir einen wichtigen Punkt außer acht gelassen: den faktischen Sieg der niederen und reaktiven Kräfte. Wir haben die *Geschichte* vernachlässigt. Von der Kultur gilt in einem, daß sie seit langem schon untergegangen ist und daß ihr Beginn noch aussteht. Die Gattungstätigkeit verliert sich im Dunkel der Vergangenheit wie ihr Produkt sich im Dunkel der Zukunft. In der Geschichte erhält die Kultur einen gegenüber ihrem Wesen sehr abweichenden Sinn, wird sie doch von gänzlich andersartigen und fremden Kräften ins Schlepptau genommen. Die Gattungstätigkeit in der Geschichte läßt sich nicht von jener Bewegung trennen, die sie, wie zugleich ihr Produkt, denaturiert. Mehr noch, die Geschichte ist selbst diese Denaturierung: sie wird eins mit der „Degenereszenz der Kultur“. – An Stelle der Gattungstätigkeit legt uns die Geschichte Rassen, Völker, Klassen, Kirchen und Staaten vor. An die Gattungstätigkeit klammern sich gesellschaftliche Organisationen, Verbände, Gemeinschaften *reaktiven* Charakters, Parasiten, die sie zum Verschwinden bringen und absorbieren. Im Schatten dieser Gattungstätigkeit, deren Bewegung sie verfälschen, richten die reaktiven Kräfte jene Kollektivitäten ein, die Nietzsche „Herden“ nennt[83]. An Stelle der Gerechtigkeit und des Prozesses ihrer Selbstaufhebung präsentiert uns die Geschichte Gesellschaften, die nicht untergehen wollen und die sich nichts anderes als nur ihre eigenen Gesetze vorstellen können. Wo ist denn der Staat, der Zarathustras Rat beherzigen wollte: „Laßt euch nur umstürzen!“[84]. Das Gesetz in der Geschichte geht auf im Inhalt, der es wiedergibt, zudem ein reaktiver Inhalt, der es schwer macht und es daran hindert, abzutreten – es sei denn anderer, noch stumpfsinnigerer und schwererer Inhalte wegen. – Statt des souveränen Individuums als Produkt der Kultur unterbreitet uns die Geschichte ihr eigenes Produkt, den gezähmten Menschen, in dem sie den berühmten Sinn der Geschichte ausmacht: die „sublime Mißgeburt“, das „Herdentier, etwas Gutwilliges, Kränkliches und Mittelmäßiges . . . der heutige Europäer“[85]. – Die ganze Grausamkeit der Kultur präsentiert die Geschichte wahrhaftig als legitimen Besitz von Völkern, Staaten und Kirchen, als deren Ausdruck von *deren* Kraft. Und in der Tat sind alle Verfahren des Abrichtens in Gebrauch, freilich entstellt und in ihr Gegenteil verkehrt. Moral, Kirche, Staat sind immer noch Züchtungsversuche, Theorien von Rangfolgen. In den stumpfsinnigsten Gesetzen, in den borniertesten Gemeinschaften geht es immer noch darum, den Menschen zu bearbeiten und seine reaktiven Kräfte in Dienst zu stellen. Doch in den Dienst welcher Sache? Und welche Bearbeitung, welche Züchtung? Man bedient sich der Verfahren des Abrichtens nur, um den Menschen zum Herdentier zu degradieren, zum gutwilligen und zahmen Geschöpf. Man bedient sich der Verfahren der Züchtung nur, um die Starken zu zerbrechen und die Schwachen, die Leidenden oder Sklaven auszulesen. Züchtung und Rangfolge werden in ihr Gegenteil verkehrt. Die Züchtung, einst Ausdruck von Aktivität, ist nur mehr Mittel zur Erhaltung, Organisation und Verbreitung des reaktiven Lebens[86].

Geschichte tritt folglich als der Akt in Erscheinung, vermittels dessen die reaktiven Kräfte sich der Kultur bemächtigen oder sie zu ihren Gunsten wenden. Der Triumph der reaktiven Kräfte stellt keinen einmaligen „Unfall" in der Geschichte dar, sondern ist Prinzip und Sinn der „Weltgeschichte". Dieser Gedanke einer historischen Degenereszenz der Kultur nimmt im Werk Nietzsches einen vorrangigen Platz ein: er wird ihm als Argument in seinem Kampf gegen die Philosophie der Geschichte und gegen die Dialektik zu Diensten sein. Er ist es auch, der Nietzsches Enttäuschung zugrunde liegt: einst „griechisch", wird die Kultur „deutsch" . . . Von den *Unzeitgemäße(n) Betrachtungen* an ist Nietzsche bestrebt, eine Erklärung dafür zu liefern, warum und wie die Kultur in den Dienst der reaktiven Kräfte übergehen konnte, die sie doch denaturieren[87]. Tiefgründiger noch entwickelt Zarathustra dann jenes dunkle Symbol des Feuerhundes[88]. Dieser symbolisiert die Gattungstätigkeit, in ihm kommt das Verhältnis des Menschen zur Erde zum Ausdruck. Allerdings ist die Erde just von zwei Krankheiten befallen: dem Menschen und dem Feuerhund selbst. Denn der Mensch ist zahm und die Gattungstätigkeit verunstaltet, denaturiert, überdies stellt sie sich den reaktiven Kräften, die mit der Kirche, dem Staat verschmelzen, zur Verfügung. – „‚Kirche?' antwortete ich, ‚ist eine Art von Staat, und zwar die verlogenste. Doch schweig still, du Heuchelhund! Du kennst deine Art wohl am besten schon! Gleich dir selber ist der Staat ein Heuchelhund; gleich dir redet er gern mit Rauch und Gebrüll – daß er glauben mache, gleich dir, er rede aus dem Bauch der Dinge. Denn er will durchaus das wichtigste Tier auf Erden sein, der Staat; und man glaubt's ihm auch'". Zarathustra ruft nach einem anderen Feuerhund: „der spricht wirklich aus dem Herzen der

Erde“. Ist das noch Gattungstätigkeit? Dieses Mal indessen gefaßt im Element der Vorgeschichte, dem jener Mensch entspricht, der im Element der post-histoire geschaffen wird? Wiewohl unzulänglich, muß diese Interpretation doch ins Auge gefaßt werden. Schon in den *Unzeitgemäße(n) Betrachtungen* hatte Nietzsche ja Vertrauen ins „Unhistorische und Überhistorische“ als Element der Kultur gesetzt (was er den griechischen Sinn der Kultur hieß)[89].

Bekennen wir ehrlich: Es gibt eine Anzahl von Fragen, deren Beantwortung wir noch vertagen müssen. Etwa: Welcher Status kommt diesem doppelten Element der Kultur zu? Besitzt es Realität? Ist es mehr als nur eine „Vision“ Zarathustras? Die Kultur löst sich im Verlauf der Geschichte nicht von jener Bewegung, die sie denaturiert und der Verfügungsgewalt der reaktiven Kräfte unterstellt; noch weniger trennt sich die Kultur von der Geschichte selbst. Die Aktivität der Kultur, die Gattungstätigkeit des Menschen: ist das nicht eine bloße Vorstellung? Wenn der Mensch wesentlich (d.h. gattungsmäßig) ein reaktives Wesen ist, wie könnte er, und wie konnte er überhaupt in der Vorgeschichte, eine Gattungstätigkeit entfalten? Wie sollte, selbst in der post-histoire, ein aktiver Mensch auftauchen können? Wenn der Mensch seinem Innersten nach reaktiv ist, so scheint die Aktivität ein vom Menschen unterschiedenes Wesen betreffen zu müssen. Weist dagegen der Mensch eine Gattungstätigkeit auf, so scheint diese nur akzidentiell verzerrt werden zu können. Für den Augenblick müssen wir uns mit einer Bestandsaufnahme der Thesen Nietzsches begnügen und deren Bedeutungsanalyse auf später verschieben. Nun denn: Der Mensch ist wesentlich reaktiv; es gibt die Gattungstätigkeit des Menschen, freilich zwangsläufig entstellt, ihr Ziel verfehlend und auf den zahmen Menschen hinauslaufend; diese Aktivität gilt es auf einer anderen Ebene wieder aufzugreifen, auf einer Ebene, wo sie wohl erschafft, aber anderes als den Menschen . . .

Allerdings kann jetzt schon angegeben werden, warum die Gattungstätigkeit notwendig der Geschichte anheimfällt und sich zugunsten der reaktiven Kräfte wendet. Ist das Schema der *Unzeitgemäße(n) Betrachtungen* unzulänglich, so gibt das Werk Nietzsches doch auch andere Richtungen vor, in denen eine Lösung gefunden werden mag. Die Aktivität der Kultur setzt sich zum Ziel, den Menschen zu züchten, d. h. die reaktiven Kräfte dazu tauglich zu machen, in Dienst gestellt und zum Wirken gebracht zu werden. Freilich bleibt diese Befähigung zu dienen im Verlauf des Prozesses der Aufzucht mehrdeutig. Denn sie gestattet zugleich den reaktiven Kräften, sich anderen reaktiven Kräften zur Verfügung zu stellen und diesen den Anstrich einer Aktivität, einen Anschein von Gerechtigkeit zu verleihen, gemeinsam mit ihnen eine Fiktion zu erstellen, die über die aktiven Kräfte siegen läßt. Erinnern wir uns, daß innerhalb des Ressentiments einige reaktive Kräfte andere davon abhielten, zum Wirken gebracht zu werden. Für das gleiche Ziel bringt das schlechte Gewissen nahezu gegensätzliche Mittel in Anschlag: *im schlechten Gewissen bedienen sich reaktive Kräfte ihrer Befähigung, zum Wirken gebracht werden zu können, um bei anderen reaktiven Kräften den Anschein des Wirkens hervorzurufen.* In diesem Verfahren steckt nicht weniger Fiktion als beim Ressentiment. *Auf eine solche Weise formieren sich im Schutze der Gattungstätigkeit Verbände reaktiver Kräfte.* Diese klammern sich an jene Aktivität und bringen sie zwangsläufig von ihrer ursprünglichen Sinnbestimmung ab. Dank der Aufzucht der Menschen geraten die reaktiven Kräfte in eine einzigartige Lage: sich vereinigen und eine kollektive Reaktion hervorbringen zu können, die die Gattungstätigkeit usurpiert.

14. Schlechtes Gewissen, Verantwortlichkeit, Schuld

Klammern sich derart die reaktiven Kräfte an die Gattungstätigkeit, dann unterbrechen sie die „Linie“. Erneut geht an dieser Stelle eine Projektion ein: projiziert wird die Schuld, das Verhältnis Gläubiger–Schuldner, das zugleich aber auch in dieser Projektion seine Natur ändert. Vom Gesichtspunkt der Gattungstätigkeit aus war der Mensch gehalten worden, für seine reaktiven Kräfte Verantwortung zu tragen; diese selbst wurden als vor einem aktiven Tribunal sich zu Verantwortende angesehen. Die reaktiven Kräfte benützen nunmehr ihre Aufzucht, um gemeinsam mit weiteren reaktiven Kräften einen komplexen Verband zu erstellen: sie fühlen sich gegenüber diesen anderen verantwortlich, diese hinwieder sich als ihre Richterinnen und Herrinnen. Die Vereinigung der reaktiven Kräfte geht so einher mit einer Umwandlung der Schuld: sie wird Schuld gegenüber der „Gottheit“, der „Sozietät“, dem „Staat“, gegenüber reaktiven Instanzen. Die Schuld geht ihres aktiven Charakters verlustig, durch den sie an der Befreiung des Menschen partizipierte: unter ihrer neuen Form ist sie unausschöpfbar, *unabzahlbar:* „jetzt *soll* gerade die Aussicht auf eine endgültige Ablösung ein für allemal sich pessimistisch zuschließen, jetzt *soll* der Blick trostlos vor einer ehernen Unmöglichkeit abprallen, zurückprallen, jetzt *sollen* die Begriffe ‚Schuld‘ und ‚Pflicht‘ sich rückwärts wenden – gegen *wen* denn? Man kann nicht zweifeln: zunächst gegen den ‚Schuldner‘ . . . endlich aber sogar gegen den ‚Gläubiger‘“[90]. Möge man doch einmal prüfen, was das Christentum „Erlösung" nennt. Darin geht es um keine Befreiung von Schuld mehr, sondern um deren Vertiefung. Darin geht es um kein Leiden mehr, mittels dessen man die Schuld abzahlt, sondern um eines, kraft dessen man sich immer tiefer in diese Schuld verstrickt, kraft dessen man sich in alle Ewigkeit als Schuldner fühlt. Das Leiden zahlt nur für die Zinsen der Schuld; *das Leiden ist verinnerlicht, die Schuld(en)-Verantwortlichkeit* (responsabilité-dette) *zur Schuld-Verantwortlichkeit* (responsabilité-culpabilité) *geworden.* So daß am Ende der Gläubiger die Schuld(en) selbst sich zurechnen, den Körper der Schuld(en) sich aufbürden muß. Nietzsche spricht vom Geniestreich des Christentums: „Gott selbst sich für die Schuld des Menschen opfernd, Gott selbst sich an sich selbst bezahlt machend, Gott als der einzige, der vom Menschen ablösen kann, was für den Menschen selbst unablösbar geworden ist".

Wir sollten die Wesensdifferenz beider Formen der Verantwortlichkeit, der der Schuld(en) und der der Schuld, nicht übersehen. Am Ursprung der ersten steht die Aktivität der Kultur; nur Mittel derselben, entwickelt sie den externen Sinn des Leidens und hat, um endlich der herrlichen Unverantwortlichkeit den Platz zu räumen, im Produkt unterzugehen. In der zweiten ist alles reaktiv: ihr Ursprung liegt in der Anklage des Ressentiments, sie klammert sich an die Kultur und drängt diese von ihrer Sinnbestimmung ab, sie führt selbst eine Richtungsänderung des Ressentiments herbei, das in der Folge keinen Schuldigen außerhalb mehr sucht, sie verewigt sich im selben Akt, in dem sie auch das Leiden verinnerlicht. – Wir erklärten: Der Priester ist es, der, indem er die Richtung des Ressentiments ändert, das Leiden verinnerlicht; dadurch gestaltet er das schlechte Gewissen. Wir fragten: Wie kann das Ressentiment seine Richtung ändern und doch zugleich seine Züge von Haß und Rache bewahren? Die vorhergehende langwierige Analyse hat uns Elemente einer Antwort an die Hand gegeben: 1. Im Schutze der Gattungstätigkeit, und diese am Ende usurpierend, errichteten die reaktiven Kräfte Verbände (Herden). Während einige reaktive Kräfte den Eindruck vermitteln, zu agieren, dienen andere als bloßes Material: „wo es Herden gibt, ist es der Schwäche-Instinkt, der die Herde gewollt hat, und die Priester-Klugheit, die sie organisiert hat"[91]; 2. in diesem Milieu gewinnt das schlechte Gewissen Gestalt. Aus der Gattungstätigkeit herausgewachsen, projiziert sich die Schuld in den reaktiven Verband, und wird derart das Verhältnis eines endlos zahlenden Schuldners zu einem endlos den Gewinn einstreichenden Gläubiger: „Schuld gegen die Gottheit". Das Leiden des Schuldners ist verinnerlicht, die Verantwortlichkeit für die Schuld(en) wird zum Schuldgefühl. So kommt also der Priester daher, um die Richtung des Ressentiments zu ändern: Wir reaktiven Wesen haben den Schuldigen nicht außerhalb zu suchen, wir alle sind ihm gegenüber, gegenüber der Kirche, gegenüber Gott schuldig[92]; 3. der Priester vergiftet aber nicht nur die Herde, er organisiert sie, verteidigt sie. Er denkt sich die Mittel aus, die uns das vermehrte, das verinnerlichte Leiden ertragen lassen. Er macht die Schuld, die er uns einimpft, zu etwas, womit man leben kann. Er läßt uns an einer scheinbaren Aktivität, einer scheinbaren Gerechtigkeit, dem Gottesdienst, teilnehmen; er *weckt Interesse* für den Verband in uns, „Lust am Gedeihen der Gemeinde“[93]. Unsere an Hauspersonal gemahnende Dreistigkeit und Respektlosigkeit hat als Gegengift zum schlechten Gewissen herzuhalten. Vor allem aber hat das Ressentiment trotz seiner Richtungsänderung nichts von seinen Befriedigungsquellen, nichts von seiner Virulenz und nichts von seinem Haß gegen die *anderen* verloren. „Es ist meine Schuld“: so erschallt unser Balzschrei, mit dem wir, neue Sirenen, die anderen anlocken und von ihrem Weg abbringen. Indem sie die Richtung des Ressentiments ändern, haben die Menschen des schlechten Gewissens das Mittel gefunden, die Rache noch mehr zu befriedigen und die Ansteckung noch weiter zu treiben: „wie sie im Grunde dazu selbst bereit sind, büßen zu *machen,* wie sie darnach dürsten, *Henker* zu sein“[94]; 4. zu erkennen ist in alledem, daß, nicht anders als beim Ressentiment, die Form des schlechten Gewissens eine Fiktion impliziert. Grundlage des schlechten Gewissens ist die Ablenkung der Gattungstätigkeit, deren Usurpation, ist die *Projektion* der Schuld(en).

15. Das asketische Ideal und das Wesen der Religion

Bisweilen tut Nietzsche so, als ob es gute Gründe gäbe, zwei oder mehrere Typen von Religionen zu unterscheiden. In diesem Sinne wäre die Religion ihrem Wesen nach ebensowenig an das Ressentiment wie an das schlechte Gewissen gebunden. Auch Dionysos ist ein Gott. „Ich würde nicht zweifeln, daß es viele Arten Götter gibt . . . Es fehlt nicht an solchen, aus denen man einen gewissen Halkyonismus und Leichtsinn nicht hinwegdenken darf . . . Die leichten Füße gehören vielleicht selbst zum Begriffe ‚Gott‘“[95]. Nietzsche gibt unaufhörlich zu verstehen, daß auch aktive und affirmative Götter und Religionen existieren. Jede Züchtung schließt eine Religion ein. Entsprechend seiner Methode, an der er getreulich festhält, schreibt Nietzsche der Religion eine Vielzahl von Bedeutungen zu, je nach den Kräften, die sich ihrer bemächtigen können: so existiert eine Religion der Starken, deren Sinn grundlegend züchtend und erziehend ist. Wird im übrigen Christus einmal als persönlicher Typus ins Auge gefaßt, dann läßt sich unschwer leugnen, in welch starkem Maße ihm Ressentiment und schlechtes Gewissen abgehen; er definiert sich vielmehr durch eine frohe Botschaft, und gibt uns ein Leben vor, das nicht das des Christentums ist – wie ja auch das Christentum eine Religion ist, die nicht Christi Religion ist[96].

Diese typologischen Erwägungen drohen uns freilich das Wesentliche zu verdecken. Womit keineswegs gesagt sei, daß die Typologie nicht das Wesentliche wäre – allein eine gute Typologie ist nur jene, die dem Prinzip der höheren Stufen oder der Affinität der Kräfte treu bleibt: („in allen Dingen kommen nur die höheren Stufen in Betracht"). Der Religion kommen so viele Bedeutungen zu, wie sich Kräfte ihrer bemächtigen können. Allerdings stellt die Religion selbst eine Kraft dar, die in mehr oder minder starker Affinität zu den Kräften steht, die ihrer Herr werden oder die sie ihrerseits überwältigt. Solange die Religion in den Fängen von Kräften anderer Natur verbleibt, vermag sie nicht ihre höhere Stufe zu erreichen, die allein in Betracht kommt, auf der sie aufhören würde, ein bloßes Mittel abzugeben. Wird sie demgegenüber von Kräften gleicher Natur erobert, oder, erstarkend, ergreift sie selbst Besitz von ihnen und schüttelt das Joch derer ab, die sie in ihrer Kindheit beherrscht hatten, dann offenbart sich ihr mit dieser höheren Stufe zugleich ihr eigenes Wesen. Nun handelt es sich immer dann, wenn Nietzsche uns von einer aktiven Religion, einer Religion der Starken, einer Religion ohne Ressentiment noch schlechtes Gewissen spricht, um einen solchen Zustand, in dem die Religion sich von Kräften anderer Natur als der ihren unterjocht findet und sich ihrer Maske nicht entledigen kann: Religion als „Züchtungs- und Erziehungsmittel in der Hand des Philosophen"[97]. Selbst im Verbund mit Christus bleibt die Religion als Anschauung und Glaube der Kraft gänzlich einer Praktik unterworfen, in der man sich „göttlich" nur „fühlt"[98]. Bringt es dagegen die Religion zuwege, „von sich aus *souverän* (zu) walten", es dann also an den anderen Kräften ist, sich eine Maske aufzusetzen, um zu überleben, dann findet die Religion endlich zu ihrem Wesen, was sich im übrigen „immer teuer und fürchterlich (bezahlt)". Deswegen sind Nietzsche zufolge *einerseits die Religion, andrerseits das Ressentiment und das schlechte Gewissen wesentlich miteinander verbunden.* In ihrem Rohzustand betrachtet stellen das Ressentiment und das schlechte Gewissen die reaktiven Kräfte dar, die sich der Elemente der Religion bemächtigen, um sie dem Joch zu entreißen, unter dem die aktiven Kräfte sie gehalten hatten. Formal gesehen stellen das Ressentiment und das schlechte Gewissen die reaktiven Kräfte dar, die von der Religion selbst unterworfen und in der Ausübung ihrer neuen Souveränität weiterentwickelt werden. Ressentiment und schlechtes Gewissen sind dergestalt die höheren Stufen der Religion als solche. Der Erfinder des Christentums heißt nicht Christus, sondern Paulus. Er ist der Mensch des schlechten Gewissens, der Mensch des Ressentiments (die auf das Christentum angewandte Frage „Wer?")[99].

Die Religion ist keine bloße Kraft. Die reaktiven Kräfte würden niemals siegen – und darin die Religion auf ihre höhere Stufe heben – wäre die Religion wiederum nicht vom Willen beseelt, die reaktiven Kräfte zum Sieg zu führen. Über Ressentiment und schlechtes Gewissen hinaus behandelt Nietzsche das asketische Ideal als dritte Etappe. Aber auch *das asketische Ideal war von Beginn an präsent.* Einer ersten Bedeutung gemäß bezeichnet das asketische Ideal den Komplex aus Ressentiment und schlechtem Gewissen: es kreuzt sie beide und verstärkt sie wechselseitig. Es bringt zweitens die Gesamtheit der Mittel zum Ausdruck, kraft derer wir mit der Krankheit des Ressentiments, dem Leiden des schlechten Gewissens schließlich zu leben vermögen, die diese zudem noch organisieren und verbreiten. Der asketische Priester ist in einem Gärtner, Züchter, Hirte und Arzt. Schließlich und endlich – dies sein grundlegender Sinn – kommt im asketischen Ideal der Wille zum Tragen, der die reaktiven Kräfte obsiegen läßt. „Das asketische Ideal drückt seinen Willen aus"[100]. Erneut stoßen wir an dieser Stelle auf den Gedanken einer grundlegenden Komplizenschaft (keineswegs Identität) zwischen reaktiven Kräften und einer Form des Willens zur Macht[101]. Niemals würden die reaktiven Kräfte ohne einen die Projektionen vollziehenden und die unerläßlichen Fiktionen organisierenden Willen zum Erfolg kommen. Die Fiktion einer anderen Welt im asketischen Ideal: sie ist es, die die Schritte des Ressentiments und des schlechten Gewissens begleitet, die gestattet, das Leben und alles in ihm Aktive abzuwerten, die der Welt den Wert eines Scheins oder eines Nichts vermittelt. Die Fiktion einer anderen Welt war immer schon in den anderen Fiktionen als deren Bedingung der Möglichkeit präsent. Umgekehrt braucht der Wille zum Nichts reaktive Kräfte: nicht nur, weil er das Leben ausschließlich in seiner reaktiven Form erträgt; er braucht sie überdies als Mittel, kraft deren das Leben sich widersprechen, sich verneinen, sich auslöschen *muß*. Was wären die reaktiven Kräfte, abgetrennt vom Willen zum Nichts? Aber was wäre der Wille zum Nichts ohne die reaktiven Kräfte? Vielleicht würde er etwas ganz anderes werden als das, als welchen wir ihn zur Stunde sehen. Der Sinn des asketischen Ideals ist demnach folgender: die Affinität der reaktiven Kräfte zum Nihilismus auszudrükken, den Nihilismus als „Motor“ der reaktiven Kräfte sichtbar werden zu lassen.

16. Der Triumph der reaktiven Kräfte

Die nietzschesche Typologie bringt eine ganze Psychologie von „Tiefen“ und „Höhen“ ins Spiel. Speziell die Mechanismen, die einer jeweiligen Etappe im Sieg der reaktiven Kräfte entsprechen, bilden eine Theorie des Unbewußten, deren Konfrontation mit dem Freudianismus insgesamt noch aussteht. Freilich werden wir uns hüten, den Begriffen Nietzsches keine andere denn psychologische Bedeutung zu unterschieben. Ein Typus stellt nicht nur eine ebenso biologische, soziologische, historische wie politische Realität dar; nicht nur Metaphysik und selbst Erkenntnistheorie fußen auf einer Typologie – Nietzsche entwirft vielmehr an Hand dieser Typologie eine Philosophie, die die alte Metaphysik und die transzendentale Kritik ersetzen und den Wissenschaften vom Menschen ein neues Fundament erstellen soll: nämlich die genealogische Philosophie, das heißt die Philosophie vom Willen zur Macht. Dabei darf ebensowenig der Wille zur Macht psychologisch gedeutet werden, so als wollte der Wille, gleichsam als seinen Antrieb, die Macht wie die Genealogie als bloße psychologische Genese (vgl. die Schautafel, S. 160).

Typus	Varietät des Typus	Mechanismen	Prinzip	Produkt	Qualität des Willens zur Macht
Aktiver Typus: Der Herr (die aktiven Kräfte obsiegen über die reaktiven Kräfte; die reaktiven Kräfte werden zum Wirken gebracht).	*Traum und Rausch*	Die Reizmittel des Lebens, die Stimuli des Willens zur Macht.	Apollo und Dionysos	*Der Künstler*	Bejahung
	Das Bewußtsein: System des reaktiven Apparates, in dem die reaktiven Kräfte auf die Erregungen reagieren.	Unterscheidung der Spur von der Erregung (Verdrängung des Spuren-Gedächtnisses).	Vergeßlichkeit (als regulatives Prinzip).	*Der Vornehme*	
	Die Kultur: Gattungstätigkeit, mittels derer die reaktiven Kräfte gezüchtet und gezähmt werden.	Mechanismus der Grausamkeit; *externer Sinn* des Leidens; Aufrichtung des Verhältnisses Gläubiger – Schuldner; Schuld(en)-Verantwortlichkeit.	Gedächtnis: Gedächtnis von Worten (als teleologisches Prinzip).	*Das souveräne Individuum der Gesetzgeber.*	
		Sieg der reaktiven Kräfte			
Reaktiver Typus: Der Sklave (die reaktiven Kräfte obsiegen über die aktiven Kräfte; sie siegen, ohne eine stärkere Macht zu bilden).	Ressentiment	Topologischer Aspekt: *Verschiebung* (Verschiebung der reaktiven Kräfte).	Spuren-Gedächtnis: Errichtung des Spuren-Gedächtnisses; Verschmelzung von Erregung und Spur.	Der Mensch, der nichts zu Ende bringt.	Verneinung
		typologischer Aspekt: *Umkehrung* (Umkehrung der Werte oder des Verhältnisses der Kräfte).	Erste FIKTION: reaktive Projektion des verkehrten Bildes.	Der fortwährende Ankläger. (= Vornehm)	
	Schlechtes Gewissen (Verinnerlichung)	topologischer Aspekt: *Kehrtwendung* (Verinnerlichung der Kraft).	Aktive Kraft, abgetrennt von dem, was sie kann.	Der Mensch, der seine Leiden vermehrt.	
		typologischer Aspekt: *Richtungsänderung* (Verinnerlichung des Leidens durch Richtungsänderung des Ressentiments).	Zweite FIKTION: reaktive Projektion der Schuld(en), Usurpation der Kultur und Bildung von Herden.	*Der schuldige Mensch:* interner Sinn des Leidens, Schuld-Verantwortlichkeit.	
	Asketisches Ideal	Mittel, das schlechte Gewissen und das Ressentiment erträglich zu machen.	Dritte FIKTION: Position einer anderen Welt.	*Der gelähmte Mensch.* (= Gesetzgeber)	
		Ausdruck des Willens zum Nichts.		Der asketische Mensch. (= Künstler)	

FÜNFTES KAPITEL

Der Übermensch: Wider die Dialektik

1. Der Nihilismus

Im Wort Nihilismus bedeutet *nihil* kein Nicht-Sein, sondern zunächst einen Un-Wert (valeur de néant). Das Leben wird un-wert in dem Maße, wie es verneint, abgewertet wird. Die Entwertung setzt immer eine Fiktion voraus: mittels ihrer verfälscht und entwertet man, mittels ihrer setzt man etwas dem Leben entgegen[1]. Darin wird das Leben als Ganzes irreal, als Schein repräsentiert und nimmt insgesamt einen Un-Wert an. Die Vorstellung einer anderen, einer übersinnlichen Welt mit allen ihren Formen (Gott, das Wesen, das Gute, das Wahre), die Vorstellung von über dem Leben stehenden Werten bildet kein Beispiel unter anderen, sondern ist das konstitutive Moment einer jeden Fiktion. Die über dem Leben stehenden Werte lassen sich nicht von ihrem Effekt trennen: der Entwertung des Lebens, der Verneinung dieser Welt. Ist diese Trennung unmöglich, so weil jenen ein Wille zur Verneinung, zur Entwertung zugrundeliegt. Hüten wir uns vor dem Glauben, daß die höheren Werte eine Schwelle darstellten, vor der der Wille haltmacht, gleichsam als ob wir, im Angesicht des Göttlichen, vom Zwang zu wollen befreit wären. Nicht der Wille verneint sich in den höheren Werten, vielmehr setzen sich die höheren Werte zu einem Willen zur Verneinung, zum Vernichten des Lebens in Beziehung. „Nicht-wollen“: diese Vorstellung Schopenhauers ist nur Symptom; sie bezeichnet zunächst einen Willen zur Vernichtung, einen Willen zum Nichts . . . „aber es ist und bleibt ein *Wille!*“[2]. Nihil *in Nihilismus bedeutet die Verneinung als Qualität des Willens zur Macht.* Seinem primären Sinn, seiner Grundlage gemäß bedeutet Nihilismus also: der vom Leben angenommene Un-Wert, die Fiktion höherer Werte, die ihm diesen Un-Wert verleihen, der Wille zum Nichts, der sich in diesen höheren Werten äußert.

Nihilismus kommt ein zweiter, geläufigerer Sinn zu. Hier bezeichnet er nicht mehr einen Willen, sondern eine Reaktion. Reagiert wird gegen die übersinnliche Welt und gegen die höheren Werte, deren Existenz verneint und deren Geltung insgesamt geleugnet wird. Nicht mehr Entwertung des Lebens im Namen höherer Werte, sondern Entwertung der höheren Werte selbst. Entwertung bedeutet nicht mehr vom Leben angenommener Un-Wert, sondern das Nichts der Werte, der höheren Werte. Weithin verkündet so die große Neuigkeit: Es gibt hinter dem Vorhang nichts zu sehen: „Die Kennzeichen, welche man dem ‚wahren Sein' der Dinge gegeben hat, sind die Kennzeichen des Nicht-Seins, des Nichts"[3]. Daher verneint der Nihilist Gott, das Gute, selbst das Wahre und alle Formen des Übersinnlichen. Nichts ist wahr, nichts ist gut, Gott ist tot. Nicht-wollen ist nicht mehr nur Symptom eines Willens zum Nichts, sondern in letzter Instanz eine Verneinung jeden Willens, ein *taedium vitae*. Es gibt keinen Willen des Menschen und keinen der Erde mehr: „Hier ist Schnee, hier ist das Leben verstummt; die letzten Krähen, die hier laut werden, heißen ‚Wozu?', ‚Umsonst!', *‚Nada!'* – hier gedeiht und wächst nichts mehr"[4]. – Dieser zweite Sinn bliebe wohl ein vertrauter, wenn auch nicht minder unverständlich, wäre man nicht in der Lage zu sehen, wie er aus dem erstem erwächst und ihn voraussetzt. Unlängst noch wurde das Leben von droben, von den höheren Werten aus, abgewertet und im Namen dieser Werte verneint. Hier dagegen bleibt man mit dem Leben allein, aber dies Leben ist immer noch das entwertete, das nun, sich in einer Welt ohne Werte, ohne Sinn und Zweck, fortsetzend, mehr und mehr seinem eigenen Nichts entgegenrollt. Unlängst noch waren Wesen und Erscheinung zu Gegensätzen erhoben und das Leben zu Schein erniedrigt worden. Jetzt wird das Wesen verneint, aber der Schein bewahrt: Alles ist nur Schein, dies Leben, das uns bleibt, ist für sich selbst Schein geblieben. Der primäre Sinn des Nihilismus fand sein Prinzip im Willen zur Verneinung als Wille zur Macht. Der zweite Sinn, „Pessimismus aus Schwäche", findet sein Prinzip allein im nackten reaktiven Leben, in den auf sie selbst zurückgeworfenen reaktiven Kräften. Der erste Sinn symbolisiert einen *negativen* Nihilismus, der zweite einen *reaktiven* Nihilismus.

2. Die Analyse des Mitleids

Die fundamentale Komplizität zwischen dem Willen zum Nichts und den reaktiven Kräften enthüllt sich darin: Der Wille zum Nichts ist es, der den reaktiven Kräften zum Sieg verhilft. Wird unter dem Willen zum Nichts das Leben allgemein irreal, so das besondere Leben reaktiv. Also im gleichen Augenblick wird das Leben irreal in seiner Gesamtheit und reaktiv im besonderen. Im Zuge seines Unterfangens der Lebensverneinung nimmt der Wille zum Nichts eine zwiespältige Haltung zum reaktiven Leben ein: er toleriert es und bedarf es zugleich. Toleriert wird es als ein gleichsam am Nullzustand dahinvegetierendes Leben, nötig hat er es als Mittel, kraft dessen das Leben dazu gebracht wird, sich zu widersprechen und zu verneinen. So besitzen also die reaktiven Kräfte einen *Zeugen,* schlimmer einen

Führer ihres Sieges. Es trifft sich nun aber, daß die reaktiven Kräfte, einmal im Siegestaumel, diesen Zeugen und Führer immer weniger ertragen. Sie möchten alleine siegen, den Erfolg keinem anderen verdanken müssen. Mag sein, daß sie, ahnungsvoll, jenes noch verschwommene Ziel fürchten, das mittels ihres Sieges der Wille zur Macht für sich erreichen möchte, vielleicht fürchten sie, daß dieser Wille am Ende sich gegen sie kehrt und sie vernichtet: *Das reaktive Leben kündigt sein Bündnis mit dem negativen Willen* auf, will fortan alleine herrschen. Nun projizieren die reaktiven Kräfte also ihr Bild, dieses Mal freilich, um den Platz des Willens einzunehmen, der ihr Führer war. Bis wohin wird sie dieser Weg bringen? Lieber gar keinen „Willen" als diesen noch zu mächtigen, zu lebendigen Willen. Lieber unsere an einer Stelle grasende Herde als der Hirte, der uns noch zu weit führt. Lieber unsere eigenen Kräfte als einen Willen, den wir nicht brauchen. Bis wohin werden die reaktiven Kräfte gehen? *Lieber passivisch absterben!* In gewisser Weise setzt der „reaktive Nihilismus" den „negativen Nihilismus" fort: Einmal gesiegt, setzen sich die reaktiven Kräfte auf den Platz des Willens zur Verneinung, der sie zum Sieg führte. Die äußerste Vollendung des reaktiven Nihilismus stellt indes der „passive Nihilismus" dar: Lieber passivisch absterben, als von außen gelenkt zu werden.

Diese Geschichte läßt sich auch auf andere Weise erzählen. Gott ist tot, aber woran ist er gestorben? *Er ist,* so Nietzsche, *an Mitleid gestorben.* Bisweilen erzählt man sich, der Tod sei zufällig eingetreten: Gott, alt und müde wie er war und des Wollens überdrüssig, „erstickte eines Tages an seinem allzugroßen Mitleiden"[5]. Bisweilen wird er auch als Auswirkung eines kriminellen Aktes dargestellt: „Sein Mitleiden kannte keine Scham: er kroch in meine schmutzigsten Winkel. Dieser Neugierigste, Über-Zudringliche, Über-Mitleidige mußte sterben. Er sah immer *mich:* an einem solchen Zeugen wollte ich Rache nehmen – oder selber nicht leben. Der Gott, der alles sah, *auch den Menschen:* dieser Gott mußte sterben! Der Mensch *erträgt* es nicht, daß solch ein Zeuge lebt"[6]. – Was ist Mitleid? Es ist die Toleranz für das am Nullzustand dahinvegetierende Leben. Mitleid ist Liebe zum Leben, freilich zu einem schwachen, kranken, reaktiven Leben. Militant wie es ist, verkündet es den Endsieg der Schwachen, der Leidenden, der Ohnmächtigen, der Kleingeratenen. Göttlich wie es ist, schenkt es ihnen den Sieg. *Wer* empfindet Mitleid? Just der, welcher das Leben nur als reaktives erträgt, welcher solch ein Leben und solch einen Sieg nötig hat, welcher seine Tempel auf dem sumpfigen Boden dieses Lebens errichtet. Welcher alles Aktive im Leben haßt, welcher sich des Lebens bedient, um das Leben zu verneinen und zu entwerten, es zu sich selbst in Gegensatz zu stellen. Innerhalb der Symbolik Nietzsches bezeichnet das Mitleid stets diesen Komplex aus Willen zum Nichts und reaktiven Kräften, deren wechselseitige Affinität, diese Toleranz des einen für die anderen. „Mitleiden ist die *Praxis* des Nihilismus . . . Mitleiden überredet zum *Nichts!* . . . Man sagt nicht ‚Nichts': man sagt dafür ‚Jenseits': oder ‚Gott'; oder ‚das wahre Leben'; oder Nirvana, Erlösung, Seligkeit . . . Diese unschuldige Rhetorik aus dem Reich der religiös-moralischen Idiosynkrasie erscheint sofort *viel weniger unschuldig,* wenn man begreift, *welche* Tendenz hier den Mantel sublimer Worte um sich schlägt: die *lebensfeindliche* Tendenz"[7]. Mitleid für das reaktive Leben im Namen höherer Werte, das Mitleid Gottes für den reaktiven Menschen: Keine Schwierigkeit, den Willen zu erraten, der sich in dieser Art, das Leben zu lieben, in diesem Gott der Barmherzigkeit, in diesen höheren Werten verbirgt.

Gott am Mitleiden erstickt: Alles deutet vielmehr darauf hin, daß ihm das reaktive Leben an die Gurgel gesprungen ist. Der reaktive Mensch bringt Gott um, weil dessen Mitleid ihm unerträglich geworden ist. Er vermag keinen Zeugen mehr zu ertragen, will seinen Sieg ganz für sich haben, mit seinen Kräften allein sein. *Er setzt sich auf den Thron Gottes:* Er kennt keine über dem Leben stehende Werte mehr an, sondern nur noch ein reaktives Leben, das mit sich selbst genug hat und das seine eigenen Werte zu kaschieren trachtet. All die Waffen, die Gott ihm gab, das Ressentiment, sogar das schlechte Gewissen, alle diese Figuren seines Sieges, kehrt er nun gegen Gott, setzt sie gegen ihn ein. Das Ressentiment wird atheistisch, aber dieser Atheismus ist noch Ressentiment, immer noch Ressentiment und schlechtes Gewissen[8]. Der Mörder Gottes ist der reaktive Mensch, der „häßlichste Mensch", „röchelnd, wie voll verborgener Scham!"[9]. Er *reagiert* auf Gottes Mitleid: „Es gibt auch in der Frömmigkeit guten Geschmack: der sprach endlich: ‚Fort mit einem *solchen* Gotte! Lieber keinen Gott, lieber auf eigne Faust Schicksal machen, lieber Narr sein, lieber selber Gott sein!"[10]. – Wie weit wird er diesen Weg folgen? Bis zum großen Überdruß. Lieber überhaupt keine Werte als höhere Werte, lieber überhaupt keinen Willen, lieber Nicht-wollen als einen Willen zum Nichts. Lieber passivisch absterben. Es ist der Wahrsager, jener der großen „Müdigkeit", der die Konsequenzen aus Gottes Tod verkündet: das reaktive Leben, mit sich allein, nicht einmal mehr den Willen aufbringend, unterzugehen, von einem passiven Erlöschen träumend: „alles ist leer, alles ist gleich, alles war! . . . Alle Brunnen versiegten uns, auch das Meer wich zurück. Aller Grund will reißen, aber die Tiefe will nicht schlingen! ‚Ach, wo ist noch ein Meer, in dem man ertrinken könnte' . . . Wahrlich, zum Sterben wurden wir schon zu müde"[11]. *Der letzte*

Mensch ist der Abkömmling der Mörder Gottes: Lieber überhaupt keinen Willen, lieber nur eine einzige Herde: „Man wird nicht mehr arm und reich: beides ist zu beschwerlich. Wer will noch regieren? Wer noch gehorchen? Beides ist zu beschwerlich. Kein Hirt und *eine* Herde! Jeder will das Gleiche, jeder ist gleich“[12].

So erzählt, führt uns die Geschichte freilich immer noch zum gleichen Schluß: der Ersetzung des *negativen Nihilismus* durch den *reaktiven Nihilismus,* der sich im *passiven Nihilismus* vollendet. Von Gott zum Mörder Gottes, vom Mörder Gottes zum letzten Menschen. Aber dies Ende bleibt noch Wissen des Wahrsagers. Bis dahin wieviel Anverwandlungen des nihilistischen Themas, wieviel Variationen darüber? Längere Zeit über bemüht sich das reaktive Leben noch, seine eigenen Werte zu verheimlichen, nimmt der reaktive Mensch den Platz Gottes ein: Anpassung, Evolution, Fortschritt, Glück für alle, Wohl der Gemeinschaft; der Gott-Mensch, der moralische, der wahrhaftige, der gesellschaftliche Mensch. Jene sind die neuen Werte, die man uns an Stelle der höheren Werte vorschlägt – und das sind die neuen Rollen, die man uns an Stelle Gottes vorschlägt. Noch die letzten Menschen sagen: „Wir haben das Glück erfunden“[13]. Warum sollte der Mensch Gott getötet haben, wenn nicht, um dessen warmen Platz einzunehmen? Heidegger, Nietzsche kommentierend, bemerkt: „Wenn nämlich Gott im Sinne des christlichen Gottes aus seiner Stelle in der übersinnlichen Welt verschwunden ist, dann bleibt immer noch die Stelle selbst erhalten, obzwar als die leer gewordene. Der leer gewordene Bereich des Übersinnlichen und der idealen Welt kann noch festgehalten werden. Die leere Stelle fordert sogar dazu auf, sie neu zu besetzen und den daraus entschwundenen Gott durch anderes zu ersetzen“[14]. Mehr noch: Es bleibt ein und dasselbe Leben, das einmal aus der Entwertung des Lebens Gewinn schlug, das vom Willen zum Nichts profitierte, als dieser ihm zum Sieg verhalf, das dank höherer Werte im Tempel Gottes Triumphe feierte – und das dann im weiteren Gott von seinem Platz verdrängte, das sich gegen das Prinzip seines eigenen Erfolges kehrte und keine anderen Werte mehr als nur die seinen anerkannte; schließlich das entkräftete Leben, das vorziehen wird, nicht mehr zu wollen, passivisch abzusterben, statt von einem Willen beseelt zu sein, der es überwindet. Stets ist es immer wieder ein und dasselbe Leben: das entwertete, auf seine reaktive Form hinuntergedrückte Leben. Mögen sich die Werte auch ändern, erneuern oder selbst zugrunde gehen: was sich nicht ändert, was nicht zugrunde geht, ist die nihilistische Perspektive, die von Anfang bis Ende dieser Geschichte vorangeht und aus der alle jene Werte, und selbst noch ihre Absenz, erwachsen. Deshalb kann Nietzsche denken, daß der

Nihilismus kein einmaliges Ereignis in der Geschichte ist, sondern das treibende Moment der Geschichte des Menschen als Universalgeschichte. *Negativer, reaktiver und passiver Nihilismus:* sie symbolisieren für Nietzsche ein und dieselbe Geschichte, die markiert wird durch Judentum, Christentum, Reformation, Freigeisterei, demokratische und sozialistische Ideologie ... bis zum letzten Menschen[15].

3. *Gott ist tot*

Die spekulativen Behauptungen bringen die Idee Gottes ihrer Form nach ins Spiel. Gott existiert *oder* existiert nicht, insofern seine Idee den Widerspruch nicht oder doch impliziert. Die Formel „Gott ist tot" ist dagegen von gänzlich anderer Natur: sie läßt die Existenz Gottes von einer Synthese abhängen, sie vollzieht eine Synthese der Idee Gottes mit der Zeit, dem Werden, der Geschichte, dem Menschen. In einem Atemzug behauptet sie: Gott hat existiert *und* ist tot *und* wird wieder auferstehen, Gott ist Mensch geworden *und* der Mensch Gott. Die Formel „Gott ist tot" stellt keine spekulative, sondern eine dramatische, die dramatische Behauptung par excellence dar. Man kann Gott nicht zum Objekt synthetisierender Erkenntnis machen, ohne ihn darin nicht umzubringen. Existenz und Nicht-Existenz hören auf, absolute Bestimmungen zu sein, die aus der Idee Gottes hervorgehen; demgegenüber werden Leben und Tod zu relativen Bestimmungen, die den eine Synthese mit der Gottesidee oder in die Gottesidee eingehenden Kräften entsprechen. Die dramatische Behauptung ist synthetisch, folglich essentiell vielfältig, typologisch und differentiell. Wer stirbt und wer bringt Gott um? „Wenn Götter sterben, sterben sie immer viele Arten Todes"[16].

1. *Vom negativen Nihilismus aus: das Moment des jüdischen und christlichen Bewußtseins/Gewissens.* – Die Gottesidee drückt den Willen zum Nichts, die Entwertung des Lebens aus: „Wenn man das Schwergewicht des Lebens *nicht* ins Leben, sondern ins ‚Jenseits' verlegt – ins *Nichts,* so hat man dem Leben überhaupt das Schwergewicht genommen"[17]. Allerdings zieht die Entwertung, der Haß auf das Leben in seiner Gesamtheit die Verherrlichung des reaktiven Lebens im besonderen nach sich: Sie die Bösen, die Sünder ... wir die Guten. Prinzip und Konsequenz. Das jüdische, das Bewußtsein des Ressentiments (nach der belle époque der Könige Israels) weist die folgenden zwei Aspekte auf: Das Allgemeine erscheint als der Haß auf das Leben, das Besondere als die Liebe zum Leben, vorausgesetzt, daß es krank und reaktiv ist. Daß beide Aspekte in einem

Verhältnis von Prämissen zu Schlußfolgerung, von Prinzip zu Konsequenz stehen, daß diese Liebe eine Folge jenes Hasses darstellt: dies zu verheimlichen ist von äußerster Wichtigkeit.

Der Wille zum Nichts hat noch verführerischer zu werden, was gelingt, indem ein Aspekt dem anderen entgegengesetzt wird und die Liebe zur Antithese des Hasses gerät. Der jüdische Gott bringt seinen Sohn um, um ihn damit von sich selbst und vom jüdischen Volk unabhängig zu machen: das der erste Sinn des Todes Gottes[18]. Selbst Saturn konnte mit solch subtilen Motiven nicht aufwarten. Das jüdische Bewußtsein bringt Gott in der Gestalt des Sohnes um: Es erfindet einen Gott der Liebe, der am Haß leiden soll, statt in ihm seine Prämissen und sein Prinzip vorzufinden. Im Sohn entbindet das jüdische Bewußtsein Gott von seiner Abhängigkeit gegenüber selbst noch den jüdischen Prämissen. Im Mord Gottes ist ihm das Mittel gegeben, *seinen* Gott zum wahrhaft allgemeinen, kosmopolitischen Gott „für alle" zu erheben[19].

Der christliche Gott ist folglich der jüdische, aber zum Kosmopoliten gewordene Gott, die von ihren Prämissen abgetrennte Folgerung. Am Kreuz hat die Erscheinung Gottes als Jude ihr Ende. Am Kreuz stirbt zugleich der alte und wird der neue Gott geboren. Waise, der er ist, fertigt er sich ein Bild des Vaters nach eigenem Vorbild: als Gott der Liebe, aber diese Liebe ist immer noch die des reaktiven Lebens. Hier kommt der zweite Sinn von Gottes Tod zum Vorschein: Da der Vater gestorben ist, entwirft der Sohn uns neuerlich einen Gott. Die einzige Bitte des Sohnes, daß wir an diesen glauben und ihn so lieben, wie er uns liebt, daß wir reaktiv werden mögen, um damit dem Haß zu entgehen. Auf dem Platz des Vaters, der uns einst Angst einflößte, nun ein Sohn, der ein wenig Vertrauen, ein bißchen Glauben erheischt[20]. Scheinbar ihrer haßerfüllten Prämissen entledigt, muß die Liebe des reaktiven Lebens zwangsläufig Wert an sich selbst erhalten und dem christlichen Bewußtsein zum Allgemeinen geraten.

Dritter Sinn von Gottes Tod: Paulus greift sich diesen Tod und setzt ihn einer Interpretation aus, die das Christentum konstituiert. Von den Evangelisten begonnen, treibt Paulus die grandiose Verfälschung zur Perfektion: In erster Linie sollte Christus unserer *Sünden* wegen gestorben sein! Der Gläubiger will seinen eigenen Sohn hergegeben haben, will sich mit seinem eigenen Sohn entgolten haben – so immens war die Schuld des Schuldners! Der Vater bringt seinen Sohn nicht mehr um, damit dieser unabhängig werde, sondern für uns, unserer Sache wegen[21]. Aus Liebe schlägt Gott seinen Sohn ans Kreuz; wir aber werden dieser Liebe nur gerecht, wenn wir uns schuldig fühlen, schuldig für diesen Tod, und indem wir uns anklagen und die Zinsen der Schuld abtragen, ihn wiedergutzumachen trachten. Unter der Liebe Gottes, dem Opfer des Sohnes wird das ganze Leben reaktiv. – Erstorben, erwacht das Leben nur neu als ein reaktives. Dies reaktive Leben macht den Gehalt des Weiterlebens als solchen, den Inhalt der Wiederauferstehung aus. Nur es allein ist von Gott auserwählt, nur es findet Gnade vor Gottes Augen, Gnade vor dem Willen zum Nichts. Die Wiederauferstehung des ans Kreuz geschlagenen Gottes: eine weitere Verfälschung des Paulus, Christi Wiederauferstehung und unser Weiterleben, diese Einheit aus Liebe und reaktivem Leben. Nicht mehr der Vater tötet den Sohn und der Sohn nicht mehr den Vater: dieser stirbt im Sohn und der Sohn steht im Vater wieder auf, für uns, unseretwegen. „Er (Paulus, d. Ü.) konnte im Grunde das Leben des Erlösers überhaupt nicht brauchen – er hatte den Tod am Kreuz nötig *und* mehr noch“: die Wiederauferstehung[22]. – Versteckt wird nicht nur im christlichen Bewußtsein das Ressentiment, sondern dessen ganze Richtung geändert: War das jüdische Bewußtsein eines des Ressentiments, so ist das christliche Bewußtsein schlechtes Gewissen. Das christliche Bewußtsein stellt das umgekehrte, das verkehrte jüdische dar: die Liebe zum freilich reaktiven Leben ist zum Allgemeinen geworden; nun ist die Liebe Prinzip und der Haß, wenngleich immer noch lebendig, erscheint nur als Konsequenz der Liebe, als Mittel gegen das, was ihr trotzt. Jesus, der Krieger, der Hassende – aber alles nur aus Liebe.

2. *Vom reaktiven Nihilismus aus: das Moment des europäischen Bewußtseins/Gewissens.* – Bis hierher bedeutet Gott die in der Gottesidee vorgenommene Synthese des Willens zum Nichts mit dem reaktiven Leben. Diese Synthese weist unterschiedliche Proportionen auf. In dem Maße jedoch, wie das reaktive Leben zum Wesentlichen gerät, führt uns das Christentum einem befremdlichen Schluß zu. Es lehrt uns, daß wir es sind, die Gott töten. Darin bringt es seinen eigenen Atheismus zum Vorschein, den Atheismus des schlechten Gewissens und des Ressentiments. Das reaktive Leben den Platz des göttlichen Willens einnehmend, der reaktive Mensch auf dem Thron Gottes, der Mensch-Gott nicht mehr der Gott-Mensch, sondern der *europäische Mensch*. Der Mensch hat Gott getötet, aber wer hat Gott getötet? Der reaktive, „der häßlichste Mensch“. Der göttliche Wille, der Wille zum Nichts duldete kein anderes als das reaktive Leben; dieses duldet nicht einmal mehr Gott, es erträgt nicht mehr dessen Mitleid, es nimmt ihn mit seinem Opfer beim Wort und erstickt ihn unter dem Mantel der Barmherzigkeit. Sich auf den Grabstein setzend hindert es Gott, wiederaufzuerstehen. Keine Entsprechung des göttlichen Willens mit dem reaktiven Leben mehr, vielmehr Gottes Umbesetzung, Ersetzung durch den reaktiven

Menschen. Dies der vierte Sinn von Gottes Tod: Gott erstickt an der Liebe des reaktiven Lebens, Gott wird durch den Undankbaren erwürgt, den er zu sehr liebt.

3. *Vom passiven Nihilismus aus: das Moment des buddhistischen Bewußtseins/Gewissens.* – Zieht man einmal das Ausmaß der Verfälschungen in Betracht, die bei den Evangelisten begannen und in Paulus ihre entschiedenste Ausprägung fanden, was bleibt dann noch von Christus, worin besteht sein *persönlicher Typus* und welcher Sinn kommt seinem Tode zu? Bei der Beantwortung dieser Fragen mag uns jener Widerspruch leiten, der nach Nietzsches Worten im Evangelium „klafft". Was die Texte uns vom wirklichen Christus ahnen lassen: Die *frohe Botschaft,* die er brachte, die *Abschaffung* der Idee der Sünde, das *Fehlen* jedes Ressentiments und jeden Geistes der Rache, der *Verzicht* auf jeden Krieg, selbst wo er konsequent wäre, die *Offenbarung* eines Gottesreiches hier auf Erden, als Befinden der Seele, und vor allem die *Anerkennung des Todes als Beweis seiner Lehre*[23]. Erkennbar wird, wo Nietzsche hinauswill: Christus war das genaue Gegenteil von dem, wozu Paulus ihn gemacht hat; der wirkliche Jesus war eine Art Buddha, „ein Buddha auf einem sehr wenig indischen Boden"[24]. Allzuweit war er seiner Epoche, seinem Milieu voraus: er lehrte schon das reaktive Leben, heiter zu sterben, passivisch dahinzusterben, er zeichnete dem reaktiven Leben schon dessen wahres Ende, als dieses noch in seinem Kampf mit dem Willen zur Macht verstrickt war. Er überantwortete das reaktive Leben schon einem Hedonismus, verlieh dem letzten Menschen schon Vornehmheit, als die Menschen noch dabei waren, sich zu fragen, ob sie wohl den Platz Gottes einnehmen sollten oder nicht. Er ließ den passiven Nihilismus vornehm werden, als die Menschen noch im negativen Nihilismus steckten und der reaktive Nihilismus gerade erst begonnen hatte. Jenseits von schlechtem Gewissen und Ressentiment erteilte Jesus auch dem reaktiven Menschen eine Lehre: nämlich zu sterben. Er war der zarteste, der interessanteste décadent[25]. Jesus war weder Jude noch Christ, sondern Buddhist: näher dem Dalai-Lama als dem Papst. Und er war so sehr seinem Land, seinem Milieu voraus, daß sein Tod entstellt, seine ganze Geschichte verfälscht, ins Reaktionäre gewendet und in den Dienst vorhergehender Stadien gestellt, zum Nutzen des reaktiven oder negativen Nihilismus verkehrt werden mußte: „durch *Paulus* zu einer heidnischen Mysterienlehre umgedreht, welche endlich sich mit der ganzen *staatlichen Organisation* vertragen lernt . . . und Kriege führt, verurteilt, foltert, schwört, haßt": derart ist der Haß zum Mittel dieses zarten Jesus geworden[26]. Genau darin ist der Unterschied zwischen Buddhismus und dem offiziellen Christentum

des Paulus auszumachen: der Buddhismus bildet die Religion des passiven Nihilismus: „Der Buddhismus ist eine Religion für den Schluß und die Müdigkeit der Zivilisation, das Christentum findet sie noch nicht einmal vor – es begründet sie unter Umständen“[27]. Die christliche und europäische Geschichte zeichnet aus, mit Feuer und Schwert ein Ziel zu verfolgen, das andernorts schon gegeben und auf natürliche Weise erreicht ist: die Vollendung des Nihilismus. Was als verwirklichtes Ziel, als erreichte Perfektion der Buddhismus zu leben vermocht hatte, erlebt das Christentum nur als treibendes Moment. Es mag nicht ausgeschlossen sein, daß auch es eines Tages zu diesem Ziel vorstößt, daß das Christentum sich in einer „Praktik“ bar jeder Paulinischen Mythologie vollendet und zur wirklichen Praktik Christi zurückfindet, denn: „im stillen (macht) überall der Buddhismus in Europa Fortschritte“[28]. Doch welch ein Haß und wieviel Krieg, um dahin zu gelangen! Christus persönlich hatte sich in diesem Endziel eingerichtet, das er, ein Vogel Buddhas in einem wenig buddhistischen Milieu, mit einem Flügelschlag erreicht hatte. Das Christentum dagegen muß alle Stadien des Nihilismus durchlaufen, bis am Ende einer langen und furchtbaren Politik der Rache dies Ziel auch zu dem seinen wird.

4. *Wider den Hegelianismus*

Man sollte in dieser Philosophie der Geschichte und Religion keine Reprise oder selbst Karikatur Hegelscher Konzeptionen sehen. Beider Beziehung ist tiefgründiger – wie auch ihre Differenz. Gott ist tot, Gott ist Mensch geworden, der Mensch ist Gott geworden: Nietzsche, anders als seine Vorgänger, glaubt nicht an diesen Tod. Auf dieses Kreuz geht er keine Wette ein. Das heißt: Er stilisiert diesen Tod nicht zu einem Ereignis, das in sich selbst seinen Sinn birgt. Gott hat so viele Bedeutungen, ihm kommt so viel Sinn zu, als Kräfte sich Christus bemächtigen und ihn umbringen können. Freilich harren wir immer noch der Kräfte, oder der Macht, die diesen Tod auf seine höhere Stufe heben und ihn zu etwas anderem als nur einem scheinhaften und abstrakten Tod machen. Jedem Romantizismus und jeder Dialektik abhold, mißtraut Nietzsche diesem Tod Gottes. In Nietzsche findet somit eine Epoche des naiven Vertrauens ihr Ende, in der man bald die Versöhnung von Mensch und Gott, bald die Ersetzung Gottes durch den Menschen pries. Ihm sind die lärmenden „großen Ereignisse“ suspekt[29]. Ein Ereignis braucht viel Ruhe und viel Zeit, bis es die Kräfte aufspürt, die ihm ein Wesen schenken. – Ohne Zweifel dauert es auch Hegel zufolge seine Zeit, bis ein Ereignis auf sein wahres Wesen stößt. Aber diese Zeit ist notwendig nur, damit der Sinn, wie er „an-sich" ist, auch „für-sich" werde. In Hegels Interpretation bedeutet der Tod Christi den aufgehobenen Gegensatz, die Versöhnung von Endlichem und Unendlichem, die Einheit von Gott und Individuum, von Unwandelbarem und Besonderem. Am christlichen Bewußtsein nun, andere Gegensatzpaare zu durchlaufen, damit diese Einheit auch für-sich wird, was sie schon an-sich ist. Die Zeit dagegen, von der Nietzsche spricht, ist unabdingbar für die Herausbildung von Kräften, die dem Tod Gottes einen Sinn geben, den er an-sich nicht aufwies, die ihm ein Wesen erstellen, das als das prächtige Geschenk der Äußerlichkeit bestimmt ist. Bei Hegel ist die Diversität des Sinns, die Wahl des Wesens, die Notwendigkeit der Zeit nur Schein, bloßer Schein[30]. Allgemeines und Besonderes, Unwandelbares und Einzelnes, Unendliches und Endliches: was soll das alles? Nichts weiter als Symptome. Wer ist dies Besondere, dies Einzelne, dies Endliche? Und was dies Allgemeine, dies Unwandelbare, dies Unendliche? Das eine ist Subjekt, aber *wer* ist dies Subjekt, welche Kräfte? Das andere ist Prädikat oder Objekt, aber „Objekt" welchen Willens? Die Dialektik vermag nicht einmal die Interpretation zu streifen: nie geht sie je einen Schritt über den Bereich der Symptome hinaus. Sie verwechselt die Interpretation mit der Entwicklung des uninterpretierten Symptoms. Deshalb begreift sie in Entwicklung und Wandel nichts tiefsinnigeres als nur einen abstrakten Austausch, in dem das Subjekt Prädikat und das Prädikat Subjekt wird. Was Subjekt und Prädikat jeweils sind, hat sich darin nicht verändert, am Ende bleiben beide so unbestimmt wie am Anfang und so uninterpretiert wie nur möglich: es hat sich alles in den Mittellagen abgespielt. Daß die Dialektik mittels Gegensatz, Entfaltung des Gegensatzes oder Widerspruchs, Aufhebung des Widerspruchs verfährt, kann nicht verwundern. Sie ignoriert das reale Element, aus denen die Kräfte, deren Qualitäten und ihre Verhältnisse hervorgehen; ihre Kenntnis dieses realen Elements beschränkt sich auf dessen verkehrtes Bild, das sich in den abstrakt gefaßten Symptomen reflektiert. Der Gegensatz mag das Gesetz des Verhältnisses zwischen den abstrakten Produkten wiedergeben, die Differenz aber ist immer noch das einzige Entstehungs- und Erzeugungsprinzip, das gerade auch den Gegensatz als bloßen Schein produziert. Die Dialektik ernährt sich von Gegensätzen, weil sie die andersartig subtilen und tiefliegenden differentiellen Mechanismen nicht kennt: etwa die topologischen Verschiebungen und typologischen Variationen. Dies kann an jenem Beispiel ausgewiesen werden, an dem Nietzsche so viel liegt: Seine gesamte Theorie des schlechten Gewissens gilt es als eine Reinterpretation des Hegelschen unglücklichen Bewußtseins zu verstehen; dies scheinbar entzweite Bewußtsein findet seinen Sinn in den differentiellen Verhältnissen von Kräften, die sich hinter Scheingegensätzen verschanzen. Auch im Verhältnis von Christentum und Judentum ist dem Gegensatz die tragende Rolle genommen; allenfalls als Überwurf, als Vorwand darf er dienen. Aller Ambitionen entledigt, hört der Gegensatz auf, gestaltend, antreibend und koordinierend zu wirken und wird so Symptom, nichts als ein der Interpretation ausgeliefertes Symptom. Seines Anspruchs entledigt, von der Differenz Rechenschaft ablegen zu können, erscheint der Gegensatz als das, was er ist: beständiger Widersinn über die Differenz, verworrene Umkehrung der Genealogie. In Wirklichkeit, für das Auge des Genealogen, stellt die Arbeit des Negativen nichts anderes dar als eine grobe Annäherung an die Spiele des Willens zur Macht. Die Symptome abstrakt erfassend, die Bewegung des Scheins zum genetischen Gesetz der Dinge erhebend, vom Prinzip nur mehr ein verkehrtes Bild zurückbehaltend: die Dialektik als Ganze bewegt und vollzieht sich im Element der *Fiktion*. Wie sollte jene Lösung, jene Aufhebung auch nicht fiktiv sein, da die Probleme selbst doch fiktiv sind? Keine Fiktion, aus der sie nicht ein Moment des Geistes, eines ihrer Momente machte. Den Vorwurf, auf dem Kopf zu gehen, darf schwerlich ein Dialektiker gegenüber dem anderen erheben: macht dies doch den grundlegenden Charakter der Dialektik überhaupt aus! Wie sollte sie sich in einer solchen Lage noch ein kritisches Auge bewahren?

Alle diese Unzulänglichkeiten besitzen eine gemeinsame Wurzel: die Unkenntnis der Frage: „Wer?". Stets noch das gleiche sokratische Mißtrauen vor der Kunst der Sophisten. In hegelscher Manier verkündet man uns die Versöhnung von Mensch und Gott, von Religion und Philosophie. In feuerbachscher Manier verkündet man uns, daß der Mensch den Platz Gottes in Beschlag genommen habe, daß er das Göttliche als das ihm Eigene, als sein Wesen zurückgewinne, und auch, daß die Theologie Anthropologie werde. *Aber wer ist Mensch und was ist Gott? Wer ist Besonderes, und was ist Allgemeines?* Feuerbach erklärt, daß der Mensch sich gewandelt habe, Gott geworden sei; daß Gott sich gewandelt habe, das Wesen Gottes zum Wesen des Menschen geworden sei. Doch der Mensch selbst hat sich nicht gewandelt, ist der reaktive Mensch geblieben, Sklave, der auch noch Sklave bleibt, wenn er sich als Gott präsentiert, immer noch Sklave, Maschine zur Fabrikation des Göttlichen. Dies aber, weil Gott sich ebensowenig gewandelt hat und geblieben ist: das Göttliche, das höchste Wesen, Maschine zur Fabrikation des Sklaven. Sich gewandelt, oder vielmehr seine Bestimmungen getauscht hat nur der vermittelnde Begriff, haben die Mittelglieder, die ebensogut jeweils Subjekt wie Prädikat des anderen sein können: Gott und der Mensch[31].

Gott wird Mensch, der Mensch wird Gott. Wer aber ist der Mensch? Stets noch das reaktive Wesen, der Repräsentant, das Subjekt eines schwachen und entwerteten Lebens. Was ist Gott? Stets noch das höchste Wesen als Instrument der Entwertung des Lebens, „Objekt" des Willens zum Nichts, „Prädikat" des Nihilismus. Ebenso vor wie nach dem Tode Gottes bleibt der Mensch, „der er ist", wie Gott bleibt, „was er ist": reaktive Kräfte und Willen zum Nichts. Die Dialektik verkündet die Versöhnung des Menschen mit Gott. Doch was ist die Versöhnung, wenn nicht die alte Komplizenschaft, die alte Affinität zwischen dem Willen zum Nichts und dem reaktiven Leben? Die Dialektik verkündet die Ersetzung Gottes durch den Menschen. Doch was ist diese Ersetzung, wenn nicht die des reaktiven Lebens an die Stelle des Willens zum Nichts, wo das reaktive Leben nur seine eigenen Werte schafft? In diesem Punkt scheint die ganze Dialektik in den Bahnen des reaktiven Lebens abzulaufen, gänzlich in der nihilistischen Perspektive sich zu entwikkeln. Genauer gesagt, es existiert in der Tat ein Gesichtspunkt, von dem her der Gegensatz als genetisches Element der Kräfte in Erscheinung tritt – nämlich jener Gesichtspunkt der reaktiven Kräfte. Von diesen aus gesehen ist das differentielle Element verkehrt, entgegengesetzt reflektiert, zum Gegensatz geworden. Es existiert in der Tat eine Perspektive, die die Fiktion dem Realen entgegensetzt und die Fiktion zu einem Instrument formt, dank dessen die reaktiven Kräfte den Sieg davontragen – nämlich der Nihilismus, die nihilistische Perspektive. Die Arbeit des Negativen steht im Dienste eines Willens. Schon die Frage „wer ist dieser Wille?" genügt, um ahnen zu lassen, wess' Kind die Dialektik ist. Die der Dialektik so teure Entdeckung ist das unglückliche Bewußtsein, dessen Aufhebung ist die Verherrlichung des unglücklichen Bewußtseins einschließlich seiner Hilfsmittel. *Es sind die reaktiven Kräfte, die im Gegensatz zum Ausdruck kommen, es ist der Wille zum Nichts, der in der Arbeit des Negativen zum Ausdruck kommt.* Die Dialektik stellt die natürliche Ideologie des Ressentiments, des schlechten Gewissens dar. Sie ist Denken aus der Perspektive des Nihilismus und von den reaktiven Kräften aus. Sie ist, von Anfang bis Ende, ein fundamental christliches Denken: ohnmächtig, neue Arten des Denkens und neue Arten des Fühlens zu schaffen. Ein großes lärmendes Ereignis, dieser Tod Gottes – aber ein Ereignis, das sich im Getöse reaktiver Kräfte und im Rauch des Nihilismus vollzieht.

5. *Die Anverwandlungen der Dialektik*

In der Geschichte der Dialektik nimmt Stirner eine Sonderstellung, die letzte, die extremste Stellung ein. Stirner war jener kühne Dialektiker, der es unternahm, die Dialektik mit der Kunst der Sophisten zu versöhnen. Ihm gelang, auf den Weg der Frage „Wer?" zurückzufinden. Er vermochte, sie zur wesentlichen Frage überhaupt zu erheben, damit gegen Hegel, Bauer und Feuerbach in einem. „Die Begriffsfrage: ‚was ist der Mensch?' – hat sich dann in die persönliche umgesetzt: ‚wer ist der Mensch?' Bei ‚was' suchte man den Begriff, um ihn zu realisieren; bei ‚wer' ist's überhaupt keine Frage mehr, sondern die Antwort im Fragenden gleich persönlich vorhanden"[32]. Mit anderen Worten genügt es, die Frage „Wer?" zu stellen, um die Dialektik ihrem wahren Ende zuzuführen: *saltus mortalis.* Feuerbach verkündet den Menschen auf dem Platze Gottes. Aber *Ich* bin ebensowenig der Mensch oder das Gattungswesen, ich bin ebensowenig das Wesen des Menschen wie ich Gott und das Wesen Gottes war. Man nimmt einen Austausch zwischen Mensch und Gott vor; aber die Arbeit des Negativen, einmal in Fahrt, ist stets zur Stelle, um uns zu warnen: das bist noch nicht Du: „Ich bin weder Gott, noch der Mensch, weder das höchste Wesen, noch Mein Wesen, und darum ist's in der Hauptsache einerlei, ob ich das Wesen in Mir oder außer Mir denke"; „Weil dem Menschen aber nur ein anderes höchstes Wesen vorsteht, ist in der Tat am höchsten Wesen nichts als eine Metamorphose vor sich gegangen und die Menschenfurcht bloß eine veränderte Gestalt der Gottesfurcht"[33]. – Nietzsche wird sagen: Der häßlichste Mensch, der Gott tötete, weil er dessen Mitleid nicht mehr ertrug, ist immer noch dem Mitleid der Menschen ausgesetzt[34].

Das die Spekulation antreibende Moment der Dialektik liegt im Widerspruch und seiner Aufhebung. Das sie praktisch Antreibende indessen ist die Entfremdung und deren Aufhebung, ist die Entäußerung und die Wiederaneignung des Entäußerten. Die Dialektik enthüllt darin ihre wahre Natur: als allseitige Verfahrenskunst, als Kunst, über das Eigentum zu diskutieren und die Eigentümer zu wechseln, als Kunst des Ressentiments. Stirner genau trifft den Wahrheitskern der Dialektik in seinem Buchtitel: *Der Einzige und sein Eigentum.* Er geht davon aus, daß die Hegelsche Freiheit ein abstrakter Begriff bleibt: „Ich habe gegen die Freiheit nichts einzuwenden, aber Ich wünsche Dir mehr als Freiheit; Du müßtest nicht bloß *los* sein, was Du nicht willst, Du müßtest auch *haben,* was Du willst. Du müßtest nicht nur ein ‚Freier', Du müßtest auch ein ‚Eigner' sein" –. Wer aber eignet sich an oder eignet sich wieder an? Welche Instanz eignet an? Sind nicht auch der objektive Geist, das absolute Wissen Hegels noch Entfremdungsphänomene, geistige und verfeinerte? Oder das Selbstbewußtsein Bauers, die menschliche, die reine, die absolute Kritik? Und Feuerbachs Gattungswesen, Wesen und Sinnliches? Ich bin *nichts* von all dem. Ohne Mühe kann Stirner aufweisen, daß die Idee, das Bewußtsein oder die Gattung nicht minder Entfremdungsphänomene sind wie die traditionelle Theologie. Die relativen Wiederaneignungen bilden absolute Entfremdungen. Mit der Theologie rivalisierend, schlägt die Anthropologie das Ich dem Menschen als dessen Eigentum zu. Aber die Dialektik wird solange nicht haltmachen, bis nicht auch am Ende das Ich selbst Eigentümer ist . . . Bereit, ins Nichts zu münden, wenn es denn sein muß. – Während die wiederaneignende Instanz an Länge, Breite und Tiefe verliert, ändert damit einhergehend der Akt des Wiederaneignens seine Bedeutung und vollzieht sich auf einer fortschreitend schmaler werdenden Grundlage. Bei Hegel ging es um Versöhnung: Die Dialektik war willens und bereit, sich mit der Religion, der Kirche, dem Staat, mit allen den Kräften zu versöhnen, die den ihren Nahrung gaben. Es ist bekannt, was die berühmten Hegelschen Umwandlungen bedeuten: nie vergessen sie, treu und brav aufzubewahren. Die Transzendenz bleibt, innerhalb der Immanenz, transzendent. Mit Feuerbach kommt ein neuer Sinn des „Wiederaneignens" auf: weniger Versöhnung als vielmehr Wiedergewinnung, Wiedergewinnung transzendenter Eigenschaften durch den Menschen. Nichts wird bewahrt, oder doch nur das Menschliche als „absolutes und göttliches Wesen". Selbst die letzte Entfremdung, dies letzte Bewahren verschwindet bei Stirner: Staat und Religion, selbst das menschliche Wesen werden im *Ich* negiert, das mit keinem sich versöhnt und alles seiner „Macht", seinem „Selbstgenuß", seinem „Vorteil" willen vernichtet. Die Entfremdung überwinden bedeutet demnach die kalte, reine Vernichtung, Wiederaufnahme, die nichts von dem übrigläßt, was sie aufnimmt: „Allein nicht das Ich *ist* alles, sondern das Ich *zerstört* alles . . ."[35].

Das alles vernichtende Ich zugleich jenes, das nichts ist: „nur das sich selbst auflösende Ich, das nie seiende Ich, . . . ist wirklich Ich". „Eigner bin Ich meiner Gewalt, und Ich bin es dann, wenn Ich mich als *Einzigen* weiß. Im *Einzigen* kehrt selbst der Eigner in sein schöpferisches Nichts zurück, aus welchem er geboren wird. Jedes höhere Wesen über Mir, sei es Gott, sei es der Mensch, schwächt das Gefühl meiner Einzigkeit und erbleicht erst vor der Sonne dieses Bewußtseins. Stell' Ich auf Mich, den Einzigen, meine Sache, dann steht sie auf dem Vergänglichen, dem sterblichen Schöpfer seiner, der sich selbst verzehrt, und Ich darf sagen: Ich hab' mein' Sach' auf Nichts gestellt"[36]. Ein dreifaches Ziel hatte das Buch Stirners: *eine profunde Analyse der Unzulänglichkeiten des von seinen Vorgängern Wiederangeeigneten zu erstellen; die Aufdeckung des wesentlichen Verhältnisses zwischen der Dialektik und einer Theorie des Ich,* worin allein *das Ich als aneignende Instanz gilt, zu leisten; mit dem Ich einen tiefen Einblick in die Vollendung der Dialektik im Ich zu vermitteln.* So fanden denn die Geschichte im allgemeinen und der Hegelianismus im besonderen ihren Abschluß in einem triumphierenden Nihilismus – freilich auch in vollkommener Auflösung. Die Dialektik ist der Geschichte von Herzen angetan und kontrolliert sie auch, und weist doch selbst eine Geschichte auf, an der sie leidet und die sie nicht kontrolliert. Der Sinn beider, Geschichte und Dialektik vereinigt, ist nicht die Verwirklichung der Vernunft, der Freiheit und nicht die des Menschen als Gattungswesen, vielmehr der Nihilismus und nichts als er. *Stirner kommt als Dialektiker das Verdienst zu, den Nihilismus als Wahrheit der Dialektik enthüllt zu haben.* Dazu genügte ihm, die Frage „Wer?" zu stellen. Das einzelne Ich überantwortet alles, was nicht es ist, dem Nichts, das gerade sein eigenes Nichts, das des Ich, ist. Stirner ist noch zu sehr Dialektiker, als daß er auf solche Worte wie Eigenschaft/Eigentum, Entfremdung und Wiederaneignung verzichten könnte. Er ist freilich auch zu anspruchsvoll, um nicht zu erkennen, wohin ein solches Denken führt: zum Ich, das Nichts ist, zum Nihilismus. – Aus dieser Konstellation erwächst Marx' großes Problem in der *Deutschen Ideologie:* nämlich diesem tödlichen Abgleiten Einhalt zu gebieten. Er übernimmt Stirners Fund, die Dialektik als Theorie des Ich. Darin gibt er ihm Recht, daß auch Feuerbachs Gattungswesen noch Entfremdung bezeichnet. Stirners Ich indessen ist seinerseits eine Abstraktion, eine Projektion des bürgerlichen Egoismus. So entwickelt Marx seine berühmte These vom gesellschaftlich bedingten Ich: in ihm versöhnen sich, entsprechend dem historischen Stand der gesellschaftlichen Verhältnisse, Gattung und Individuum, Allgemeines (Gattungswesen) und Besonderes, gesellschaftliches und individuelles Interesse. Reicht das aus? Was ist die Gattung, und *wer* ist Individuum? Hat hier die Dialektik ihre Gleichgewichtslage oder ihren Stillstand erreicht, oder handelt es sich um eine letzte, sozialistische Anverwandlung der Dialektik vor der Vollendung im Nihilismus? In der Tat ist es ein schwieriges Unterfangen, Geschichte und Dialektik auf jener abschüssigen Bahn, wo sie sich beide wechselseitig hinunterziehen, zum Stehen bringen zu wollen: Markiert nicht auch Marx seine letzte, die proletarische Etappe vor dem Ende?[37]

6. Nietzsche und die Dialektik

Wir haben gute Gründe, bei Nietzsche eine profunde Kenntnis der Hegelschen Bewegung, von Hegel bis hin zu Stirner, vorauszusetzen. Freilich lassen sich die philosophischen Kenntnisse eines Autors weder nach den fremden Zitaten noch nach den vage bleibenden und immer nur mutmaßlich angenommenen bibliographischen Verzeichnissen beurteilen; vielmehr gründen sie in den sei es apologetischen, sei es polemischen Zielrichtungen seines Werkes selbst. Das Werk Nietzsches als Ganzes bleibt unverstanden, wenn wir nicht sehen, „gegen wen" die Hauptbegriffe gerichtet sind. So sind auch, gleich einem zu schlagenden Feinde, die Hegelschen Themen in ihm vorhanden. Unablässig hebt Nietzsche hervor: *den theologischen und christlichen Charakter der deutschen Philosophie* („das Tübinger Stift") – *die Ohnmacht dieser Philosophie, sich der nihilistischen Perspektive zu entziehen* (negativer Nihilismus Hegels, reaktiver Nihilismus Feuerbachs, extremer Nihilismus Stirners) – *die Unfähigkeit dieser Philosophie, zu etwas anderem als dem Ich, dem Menschen oder den Phantasmen des Menschlichen zu kommen* (Nietzsches Übermensch gegen die Dialektik) – *den verschleiernden Charakter der vorgeblich dialektischen Umwandlungen* (die Umwertung der Werte gegen die Wiederaneignung, gegen die abstrakten Permutationen). Es liegt auf der Hand, daß in alldem Stirner eine aufklärende, enthüllende Rolle gespielt hat. Er treibt die Dialektik bis zu ihren letzten Konsequenzen, darin aufweisend, worauf sie hinausläuft und wodurch sie angetrieben wird. Aber weil Stirner noch zu sehr Dialektiker ist, weil er sich der Begriffe Eigenschaft/Eigentum, Entfremdung und Aufhebung der Entfremdung nicht entschlagen kann, stürzt er sich selbst in jenes Nichts, das er unter den Schritten der Dialektik ausgehöhlt hatte. Wer ist Mensch? Ich, nichts als Ich allein. Er bedient sich der Frage „Wer?" jedoch nur, um die Dialektik ins Nichts dieses Ichs aufzulösen. Ihm ist nicht gegeben, diese Frage unter anderen Perspektiven als der humanen, unter anderen Bedingungen als denen des Nihilismus zu formulieren; er ist auch nicht in der Lage, die Frage sich selbst entwickeln zu lassen noch sie in ein anderes Element zu stellen, das ihm affirmativ antworten würde. Was ihm fehlt, ist eine auf die Frage abgestimmte typologische Methode.

Nietzsches positives Anliegen ist ein zweifaches: der Übermensch und die Umwertung der Werte. Nicht wer Mensch ist, sondern *wer den Menschen überwindet:* „Die Sorglichsten fragen heute: ‚wie bleibt der Mensch erhalten?' Zarathustra aber fragt als der einzige und erste: ‚wie wird der Mensch *überwunden?*' Der Übermensch liegt mir am Herzen, *der* ist mein erstes und einziges – und *nicht* der Mensch: nicht der Nächste, nicht der Ärmste, nicht der Leidendste, nicht der Beste“[38]. Überwinden ist der Gegensatz zu bewahren, aber auch zu aneignen und wiederaneignen. Der Übermensch hat nichts mit dem Gattungswesen der Dialektiker, nichts mit der Gattung Mensch und nichts mit dem Ich gemein. Weder Ich bin der Einzige, noch ist es der Mensch. Der Mensch der Dialektik ist der erbärmlichste, ist er doch, da er alles vernichtet hat, was nicht er war, nur mehr Mensch. Er ist aber auch der Beste, da er die Entfremdung überwunden, Gott ersetzt und dessen Eigenschaften/Eigentümer zurückgewonnen hat. Wähnen wir nicht, in Nietzsches Übermenschen eine Art Überbietung desselben vor uns zu haben: vom Menschen und vom Ich unterscheidet er sich seiner ganzen Natur nach. Der Übermensch definiert sich, durch eine *neue Weise zu fühlen:* ein andres Subjekt als der Mensch, ein andrer Typus als der menschliche. Eine *neue Weise zu denken,* andre Prädikate als das Göttliche; denn dieses stellt noch eine Art dar, den Menschen und das Wesentliche Gottes, Gott als Attribut, zu bewahren. Eine *neue Weise Werte zu schätzen:* kein Wechsel von Werten, kein abstrakter Austausch und keine dialektische Umkehrung, sondern ein Wechsel und eine Umkehrung im Element, aus dem der Wert der Werte hervorgeht, eine „Umwertung der Werte“.

Von dieser positiven Aufgabe aus fügen sich alle kritischen Intentionen Nietzsches zu einer Einheit. Das Verbinden, Vermitteln, das allen Hegelianern so teure Verfahren, wird nun gegen diese selbst gewendet. In einer einzigen Polemik verpackt Nietzsche Christentum, Humanismus, Egoismus, Sozialismus, Nihilismus, Geschichts- und Kulturtheorie, die Dialektik höchstpersönlich. Dies alles, zur Partei erhoben, erstellt die Theorie des *höheren Menschen:* Gegenstand der Kritik Nietzsches. Offenkundig wird im höheren Menschen die Disparatheit, wie die chaotische und undisziplinierte Verfassung der dialektischen Momente und wie das Gemisch der menschlichen, allzumenschlichen Ideologien. Der Schrei des höheren Menschen ist vielfältig: „Es war aber ein langer vielfältiger seltsamer Schrei, und Zarathustra unterschied deutlich, daß er sich aus vielen Stimmen zusammensetzte: mochte er schon, aus der Ferne gehört, gleich dem Schrei aus einem einzigen Munde klingen“[39]. Die Einheit des höheren Menschen ist aber auch die der Kritik: aus Teilen und Bruchstücken bestehend, die die Dialektik für ihn gesammelt hat, wird seine Einheit durch das Band gesichert, die das Ganze zusammenhält, das Band des Nihilismus und der Reaktion[40].

7. Die Theorie des höheren Menschen

Die Theorie des höheren Menschen liegt vor im vierten, dem Hauptteil des veröffentlichten Zarathustra. Die Personen, aus denen sich der höhere Mensch zusammensetzt, sind: der Wahrsager, die zwei Könige, der Mann mit den Blutegeln, der Zauberer, der Papst, der häßlichste Mensch, der freiwillige Bettler und der Schatten. Jenseits der Verschiedenheit nimmt man freilich sehr schnell die wesentliche Ambivalenz des höheren Menschen wahr: das reaktive Wesen des Menschen, aber auch seine Gattungstätigkeit. Der höhere Mensch spiegelt das Bild wider, in dem der reaktive Mensch sich als „höheren" repräsentiert, und mehr, sich vergöttlicht. Zugleich stellt der höhere Mensch das Bild dar, in dem das Geschöpf der Kultur oder der Gattungstätigkeit aufscheint. – Der *Wahrsager* ist Wahrsager der großen Müdigkeit, Repräsentant des passiven Nihilismus, Prophet des letzten Menschen. Er sucht ein Meer zum Trinken, ein Meer, um sich darin zu ertränken, aber jeder Tod dünkt ihm zugleich zu aktiv: wir sind des Sterbens zu müde. Er will den Tod, aber als passivisches Dahinsterben[41]. Der *Zauberer* ist das schlechte Gewissen, „der Falschmünzer", der „Büßer des Geistes", der „Geist der Schwermut", der sein Leiden erschafft, um Mitleid zu erregen, um die Ansteckung voranzutreiben. „Deine Krankheit würdest du noch schminken, wenn du dich deinem Arzte nackt zeigtest": der Zauberer schminkt das Leiden, erfindet ihm einen neuen Sinn, er verrät Dionysos und bemächtigt sich des Klageliedes von Ariadne, er ist ein falscher Tragiker[42]. *Der häßlichste Mensch* repräsentiert den reaktiven Nihilismus: Der reaktive Mensch hat sein Ressentiment gegen Gott gekehrt, hat sich auf den Platz Gottes, den er tötete, gesetzt und bleibt doch reaktives Wesen, voll schlechten Gewissens und Ressentiments[43]. *Die zwei Könige* stellen die Sitten dar, die Sittlichkeit der Sitte, und die zwei Enden dieser Sittlichkeit, die beiden äußersten Punkte der Kultur. Sie repräsentieren die Gattungstätigkeit, erfaßt einmal im prähistorischen Prinzip der Bestimmung der Sitten, zum anderen im post-historischen Produkt, in dem die Sitten aufgehoben sind. Angesichts des Triumphes des „Pöbels" sind sie in Verzweiflung geraten: sie müssen mit ansehen, wie sich an die Sitten Kräfte klammern, die die Gattungstätigkeit ihrer Bestimmung entfremden und gleichermaßen ihr Prinzip wie ihr Produkt deformieren[44]. *Der Mann mit den Blutegeln* repräsentiert das Kulturprodukt Wissenschaft. Er ist „der Gewissenhafte des Geistes". Er war nach Gewißheit aus, wollte sich Wissenschaft und Bildung aneignen. „Lieber nichts wissen, als vieles halb wissen!" In dieser aufwendigen Suche nach Gewißheit muß er nun lernen, daß die Wissenschaft nicht einmal eine objektive Erkenntnis des Blutegels, seiner letzten Gründe ermöglicht, sondern nur eine Kenntnis des „Gehirns“ des Blutegels, eine Erkenntnis, die keine mehr ist, da sie sich mit dem Blutegel identifizieren, sich ihm unterwerfen und so denken muß wie er. Die Erkenntnis ist Leben gegen Leben, Leben, das ins Leben schneidet, aber nur der Blutegel schneidet ins Leben, nur er ist Erkenntnis[45]. *Der letzte Papst* hat aus seinem Dasein einen langwährenden Dienst gemacht. Er repräsentiert das Kulturprodukt Religion. Er diente Gott bis zu dessen letzter Stunde und verlor dabei ein Auge. Dies verlorene Auge war sicherlich jenes, das aktive, jasagende Götter sah. Das verbliebene Auge folgte dem jüdischen und christlichen Gott während dessen ganzer Geschichte über: es sah das Nichts, den umfassenden negativen Nihilismus und die Ersetzung Gottes durch den Menschen. Ein alter Diener, verzweifelt darüber, seinen Herrn verloren zu haben: „ohne Herrn, und doch nicht frei, auch keine Stunde mehr lustig, es sei denn in Erinnerungen“[46]. *Der freiwillige Bettler* hat die ganze Spezies Mensch, von den Armen bis zu den Reichen, durchquert, immer auf der Suche nach dem „Himmelreich“, dem „Glück auf Erden“ als Entschädigung, aber auch als Produkt der menschlichen Kultur- und Gattungstätigkeit. Er wollte erfahren, wem dieses Reich zusteht und wer jene Tätigkeit verkörpert: die Wissenschaft, die Sittlichkeit, die Religion? Anderes noch: die Armut, die Arbeit? Das Himmelreich findet sich indessen weder bei den Armen noch bei den Reichen: allenthalben nur der Pöbel, „Pöbel oben, Pöbel unten!“. Der freiwillige Bettler hat als alleinige Entschädigung und wirkliches Produkt einer Gattungstätigkeit das Himmelreich gefunden: allerdings bei den Kühen, in der Gattungstätigkeit der Kühe nur. Diese vermögen wiederzukäuen, und Wiederkäuen bildet das Produkt der Kultur als solche[47]. *Der Schatten* ist der Wanderer selbst, die Gattungstätigkeit, die Kultur in ihrer Bewegung selbst. Der Sinn des Wanderers und seines Schattens beruht darin, daß allein der Schatten wandert. Dieser wandernde Schatten ist die Gattungstätigkeit, allerdings insofern sie ihr Prinzip wie Produkt verloren hat und beide nun wie verrückt sucht[48]. – Die zwei Könige stellen die Wächter der Gattungstätigkeit dar, der Mann mit den Blutegeln das Produkt dieser Tätigkeit als Wissenschaft, der letzte Papst Produkt derselben als Religion; der freiwillige Bettler will jenseits von Wissenschaft und Religion erfahren, was das angemessene Produkt dieser Tätigkeit ist; der Schatten ist die Tätigkeit selbst, soweit sie ihren Zweck verlor und ihr Prinzip sucht.

Wir haben so getan, als ob der höhere Mensch in zwei Arten gespalten sei. In Wirklichkeit weist jede Figur beide Aspekte in veränderlichen Proportionen auf; ist jede Figur zugleich Repräsentant reaktiver Kräfte und deren Triumphes wie Repräsentant der Gattungstätigkeit und deren Produkte. Wir müssen diesen Doppelaspekt stets im Auge behalten, wollen wir verstehen, warum Zarathustra den höheren Menschen so zwieschlächtig behandelt: bald als Feind, der vor keiner Falle, keiner Hinterlist zurückschreckt, um Zarathustra von seinem Weg abzubringen und bald als Gast, fast Gefährten, der sich in ein Unternehmen stürzt, das dem von Zarathustra selbst verwandt ist[49].

8. *Ist der Mensch seinem Wesen nach „reaktiv"?*

Diese Ambivalenz kann in aller Klarheit nur interpretieren, wer jenes allgemeinere Problem stellt: In welchem Ausmaß ist der Mensch seiner Natur nach reaktiv? Einerseits gibt Nietzsche den Sieg der reaktiven Kräfte als etwas im Menschen wie in der gesamten Geschichte wesentliches aus: Ressentiment, schlechtes Gewissen sind dem Menschen konstitutiv, der Nihilismus erstellt den apriorischen Begriff der Weltgeschichte. Gegen den Nihilismus ins Feld zu ziehen, das Denken von Ressentiment und schlechtem Gewissen zu befreien heißt deshalb, den Menschen zu überwinden, den Menschen, und sei es der beste, zu vernichten[50]. Auf kein Akzidens, sondern das Wesen des Menschen selbst hebt die Kritik Nietzsches ab; diagnostiziert sie diesen als Hautkrankheit der Erde[51]. Andrerseits aber spricht Nietzsche vom Herrn als jenem menschlichen Typus, den der Sklave gerade nur besiegt hätte, von der Kultur als jener menschlichen Gattungstätigkeit, die die reaktiven Kräfte gerade nur von ihrer Sinnbestimmung abgelenkt hätten, vom freien und souveränen Individuum als jenem menschlichen Geschöpf dieser Tätigkeit, das der reaktive Mensch gerade nur verunstaltet hätte. Sogar die Geschichte des Menschen scheint aktive Perioden gekannt zu haben[52]. Bisweilen evoziert Zarathustra seine wahrhaftigen Menschen und verkündet er, daß sein Reich auch das Reich des Menschen sein werde[53].

Tiefer noch als die Kräfte und deren Qualitäten existieren das Werden der Kräfte oder die Qualitäten des Willens zur Macht. Auf die Frage „ist der Mensch seinem Wesen nach reaktiv?" müssen wir antworten: das den Menschen Konstituierende steckt tiefer noch. Was ihn und seine Welt konstituiert, ist nicht nur ein besonderer Typus von Kräften, sondern ein allgemeines Werden von Kräften. Nicht die reaktiven Kräfte im besonderen, sondern das Reaktiv-werden aller Kräfte. Ein solches Werden erfordert nun stets, als sein *terminus a quo*, die Präsenz der konträren Qualität, die in ihrem

Werden in ihr Gegenteil übergeht. Es gibt eine Gesundheit, von der der Genealoge sehr wohl weiß, daß sie nur als Voraussetzung eines Krankwerdens existiert. Der aktive Mensch ist dieser schöne, junge und starke Mensch, auf dessen Antlitz doch schon unmerkliche Zeichen einer Krankheit zu entziffern sind, die ihn noch nicht befallen hat, die Ahnung einer Ansteckung, die ihn morgen erst ereilen wird. Man muß die Starken gegen die Schwachen in Schutz nehmen, und doch wissen wir vom hoffnungslosen Charakter dieses Unterfangens. Der Starke mag sich den Schwachen entgegenstemmen, aber er ist außerstande, dem über ihn kommenden, ihm in Form einer subtilen Bürde angehörenden Schwachwerden zu entkommen. Immer wenn Nietzsche von den aktiven Menschen spricht, geschieht das nicht ohne Trauer in der Stimme, sieht er doch schon das ihnen als ihr wesentliches Werden verheißene Schicksal: die durch den theoretischen Menschen in ihr Gegenteil verkehrte griechische Welt, das durch Judäa verkehrte Rom, die durch die Reformation verkehrte Renaissance. Also gibt es sehr wohl eine menschliche Aktivität, aktive Kräfte des Menschen, aber diese besonderen Kräfte bilden nur die Nahrung für ein allgemeineres Werden der Kräfte, das den Menschen und seine Welt definierende Reaktiv-werden aller. Derart kommen bei Nietzsche die beiden Aspekte des höheren Menschen, sein reaktiver und sein aktiver Charakter, zur Einheit. Einem ersten Blick gibt sich die Aktivität des Menschen als Gattungstätigkeit; klammern sich reaktive Kräfte an diese, denaturieren sie und lenken sie von ihrer Sinnbestimmung ab. Einem tieferen Blick jedoch offenbart sich das wahrhaft Gattungsspezifische als Reaktiv-werden aller Kräfte, worin die Aktivität nur als ein von diesem Werden vorausgesetztes Stadium fungiert.

Unablässig sagt Nietzsche seinen „Gästen": Ihr seid Mißratene, mißratene Naturen[54]. Das heißt es in seiner stärksten Bedeutung zu begreifen: nicht dem Menschen gelingt es nicht, höherer Mensch zu sein, nicht der Mensch verfehlt sein Ziel, nicht der Aktivität des Menschen mißrät ihr Produkt. Die Gäste Zarathustras erweisen sich nicht als falsche höhere Menschen, sie erweisen den höheren Menschen, der sie sind, als etwas Falsches. Das Ziel selber ist fehlerhaft, mißraten. Nicht untauglicher Mittel wegen, sondern seiner Natur nach, dessentwegen, was es als Ziel ist. Verfehlt man es, so nicht nach Maßgabe des Nichterreichens; gerade als erreichtes Ziel ist es verfehlt. Das Produkt ist mißraten, nicht auftretender Un- und Vorfälle wegen, sondern der Aktivität, deren Natur wegen, deren Produkt es ist. Nietzsche will sagen, daß die Gattungstätigkeit des Menschen oder der Kultur nur als ein vom Reaktiv-werden vorausgesetztes Stadium Bestand hat, von einem Werden, das das Prinzip der Aktivität zu einem mißratenen und das Produkt derselben zu einem verfehlten werden läßt. Die Dialektik gibt die Bewegung dieser Aktivität wieder und auch sie ist wesentlich mißraten und verfehlt wesentlich. Die Bewegung der Wiederaneignung, das dialektische Tun, ist eins mit dem Reaktiv-werden des Menschen und im Menschen. Sehe man sich doch die Manier an, in der der höhere Mensch sich gibt: seine Verzweiflung, sein Überdruß und Ekel, sein Notschrei, sein „unglückliches Bewußtsein“. Ein jeder kennt und erweist den verfehlten Charakter des Ziels, das er erreicht, den mißratenen Charakter des Produkts, das er ist[55]. Der Schatten hat das Ziel verloren; nicht, daß er es nicht erreicht hätte, aber dies Ziel, bei dem er anlangt, ist selbst ein verlorenes[56]. Die Gattungstätigkeit ist ein falscher Feuerhund, nicht in dem Sinne, daß sie nur scheinhafte Tätigkeit wäre, vielmehr weil ihr nur die Realität zu eigen ist, die dem Reaktiv-werden als primäres Stadium dient[57]. Dergestalt werden die beiden Aspekte des höheren Menschen in Einklang gebracht: einmal der reaktive Mensch als sublimierter oder vergöttlichter Ausdruck der reaktiven Kräfte, zum anderen der aktive Mensch als wesentlich mißratenes Produkt einer Aktivität, die ihr Ziel wesentlich verfehlt. Dies im Gedächtnis, haben wir auch jede Interpretation abzuwehren, die den Übermenschen dort erfolgreich sein läßt, wo der höhere Mensch scheitert. Der Übermensch ist kein Mensch, der *sich* überwindet und dem es gelingt, sich zu überwinden. Der Unterschied von Übermensch und höherem Mensch ist eine von Natur aus, sowohl der Instanz nach, die beide jeweils erschafft, wie dem Ziel nach, das beide jeweils erreichen. Zarathustra fragt: *„Ihr höheren Menschen, meint ihr, ich sei da, gut zu machen, was ihr schlecht machtet?“*[58]. Wir können indes auch nicht der Deutung Heideggers folgen, die den Übermenschen als Verwirklichung und selbst Bestimmung des menschlichen Wesens ausgibt[59]. Denn das wartet nicht auf den Übermenschen, um sich eine Bestimmung zu geben. Es ist allemal als das Menschliche, Allzumenschliche bestimmt. Dem Menschen ist das Reaktiv-werden der Kräfte essentiell. Mehr noch, er schenkt der Welt ein Wesen, dieses Werden nämlich als ein universelles. Das Wesen des Menschen wie der vom Menschen okkupierten Welt ist dies Reaktiv-werden aller Kräfte, ist der Nihilismus und nichts sonst. Der Mensch und seine Gattungstätigkeit: darin haben wir die zwei Hautkrankheiten der Erde vor uns[60].

Bleibt zu fragen: Warum sind denn die Gattungstätigkeit, deren Ziel und Erzeugnis, ihrem Wesen nach verfehlt und mißraten? Warum existieren sie nur als solch Verfehlte und Mißratene? Die Antwort ist einfach, erinnert man sich, daß diese Aktivität die reaktiven Kräfte züchten und instand setzen will, beeinflußt zu werden, sie aktiv werden zu lassen. Wie könnte nun ein solches Projekt durchgeführt werden ohne die Macht zum Jasagen, die das Aktivwerden ausmacht? Die reaktiven Kräfte haben den Verbündeten, der ihnen zum Sieg verhilft, zu finden gewußt: den Nihilismus, das Negative, die Macht des Neinsagens, der Wille zum Nichts, der einem universellen Reaktiv-werden seine Form aufprägt. Von der Macht zum Jasagen abgetrennt, vermögen die aktiven Kräfte dagegen nichts anderes, als nur selbst reaktiv zu werden und sich gegen sich selbst zu kehren. Ihre Aktivität, ihr Ziel und ihr Erzeugnis sind von jeher verfehlt und mißraten. Ihnen fehlt ein Wille, der sie überwindet, eine Qualität, fähig, sie zu manifestieren, ihre Überlegenheit zu tragen. Ein Aktiv-werden besteht einzig und allein durch einen und in einem jasagenden Willen, wie es ein Reaktiv-werden nur gibt durch und im Willen zum Nichts. Eine Aktivität, die sich nicht bis zu den jasagenden Mächten aufschwingt, die sich nur der Arbeit des Negativen anheimgibt, ist unweigerlich zum Scheitern verurteilt; schon in ihrem Prinzip kehrt sie sich in ihr Gegenteil. – Wenn Zarathustra die höheren Menschen als Gäste, als Genossen, als Vorzeichen ansieht, dann macht er dadurch deutlich, daß ihr Projekt dem seinen verwandt ist: aktiv werden. Freilich lernen wir auch sehr bald, daß solche Äußerungen Zarathustras nur zur Hälfte ernst genommen werden dürfen. Sie verdanken sich dem Mitleid. Den ganzen vierten Teil über geben die höheren Menschen zu erkennen, daß sie Zarathustra eine Falle zu stellen trachten, daß sie ihn einer letzten Versuchung aussetzen wollen. Gott brachte dem Menschen Mitleid entgegen – das war sein Tod. Mitleid für den höheren Menschen: dies eine Versuchung für Zarathustra, die auch ihm den Tod bringen müßte[61]. Darin ist ausgesprochen, daß wie ähnlich auch immer beide Projekte, das des höheren Menschen und das Zarathustras, aussehen mögen, so doch eine tieferliegende Instanz interveniert, die beide Unternehmen ihrer Natur nach unterscheidet.

Der höhere Mensch verbleibt im abstrakten Element der Aktivität; niemals, nicht einmal im Denken, erhebt er sich bis zum Element der Bejahung. Der höhere Mensch gibt vor, die Werte umzustürzen, umzukehren und die Reaktion in Aktion zu verwandeln. Zarathustra spricht von anderem: davon, die Werte umzuwerten, die Verneinung in Bejahung zu verwandeln. Nun kann ohne diese tiefgehendere Verwandlung die Reaktion niemals Aktion werden: zunächst muß die Verneinung Macht zum Jasagen werden. Seiner Bedingungen entledigt, die es am Leben erhalten könnten, mißrät das Unternehmen der höheren Menschen nicht etwa zufällig, sondern prinzipiell und seinem Wesen nach. Statt ein Aktiv-werden zu ermöglichen, nährt es gerade umgekehrt das Reaktiv-werden. Statt der Umkehrung der Werte ihr Wechsel und Austausch, ohne daß dabei indessen die nihilistische Perspektive, die sie hervorbrachte, aufgegeben wird; statt die Kräfte zu züchten und aktiv zu machen, nur die Organisation reaktiver Kräfte-Verbände[62]. Bedingungen, die das Unternehmen der höheren Menschen tragfähig gestalten würden, sind demgegenüber solche, die es seiner Natur nach veränderten: die dionysische Bejahung und nicht mehr die Gattungstätigkeit des Menschen. Dies Element der Bejahung macht das des Übermenschlichen aus – das Element gerade auch, welches dem Menschen, eben und besonders dem höheren Menschen, abgeht. Nietzsche bringt diesen Mangel als eine dem Mensch angeborene Insuffizienz vierfach symbolisch zum Ausdruck: 1. Es gibt Dinge, die zu tun der höhere Mensch außerstande ist: lachen, spielen und tanzen[63]. Lachen heißt, das Leben und, in diesem selbst, das Leiden zu bejahen. Spielen heißt, den Zufall und, in ihm, die Notwendigkeit zu bejahen. Tanzen heißt, das Werden und, in ihm, das Sein zu bejahen; 2. die höheren Menschen selbst erkennen im Esel den an, der „über" ihnen steht. Sie verehren ihn gleich einem Gotte, durch ihre alte theologische Denkweise hindurch ahnen sie, was ihnen fehlt und was sie übersteigt, was das Geheimnis des Esels ausmacht, was sein Schreien und seine langen Ohren in sich bergen: der Esel ist das Tier, das I-A schreit, das affirmative und jasagende, das dionysische Tier[64]; 3. dem Symbol des Schattens kommt ein ähnlicher Sinn zu. Der Schatten gibt die Aktivität des Menschen wieder, aber diese braucht, als ihre höhere Instanz, das Licht: Ohne das Licht würde sich der Schatten auflösen, mit ihm macht er eine Verwandlung durch, worin er auf andere Weise verschwindet, nämlich des Mittags, wenn er eine andere Natur annimmt[65]; 4. von den zwei Feuerhunden stellt einer die Karikatur des anderen dar. Der eine macht sich auf der Oberfläche zu schaffen, brüllend und in Rauch eingehüllt, frißt, was ihm die Oberfläche bietet, siedet den Schlamm heiß: was besagt, daß seine Aktivität nur dazu herhalten kann, ein Reaktiv-werden, ein zynisches Werden zu nähren, zu erhitzen und zu unterhalten. Der andere Feuerhund dagegen ist ein jasagendes Tier: „der spricht wirklich aus dem Herzen der Erde . . . Lachen flattert aus ihm wie ein buntes Gewölke"[66].

9. Nihilismus und Umwertung: der Brennpunkt

Die Herrschaft des Nihilismus ist machtvoll. Sie drückt sich nicht nur in den über dem Leben stehenden, sondern auch in den reaktiven Werten aus, die deren Platz einnehmen – selbst noch in der Welt ohne Werte des letzten Menschen. Was herrscht, ist allenthalben das Element der Entwertung, das Negative als Wille zur Macht, der Wille als Wille zum Nichts. Selbst wenn sich die reaktiven Kräfte gegen das Prinzip ihres Sieges erheben, selbst wenn sie eher in Nichtwollen als im Willen zum Nichts enden, so war und ist es doch ein und dasselbe Element, das im Prinzip sichtbar in Erscheinung trat und das sich jetzt, verfeinert bis zur Unkenntlichkeit, hinter der Konsequenz oder Wirkung verbirgt. Überhaupt kein Wille: auch das ist noch eine Anverwandlung des Willens zum Nichts. Unter der Herrschaft des Negativen wird stets das Leben in seiner Gesamtheit entwertet und erringt das reaktive Leben im besonderen den Sieg. Die Aktivität vermag, trotz ihres höheren Rangs gegenüber den reaktiven Kräften, nichts auszurichten; unter dem Zepter des Negativen bleibt ihr kein anderer Ausweg, als sich gegen sich selbst zu kehren. Von dem abgetrennt, was sie kann, wird sie so ihrerseits reaktiv und taugt allenfalls noch als Nährboden für das Reaktiv-werden der Kräfte. Und in Wirklichkeit stellt auch das Reaktiv-werden der Kräfte das Negative als Qualität des Willens zur Macht dar. – Man weiß, was Nietzsche mit Umwertung aller Werte meint: keinen Austausch von Werten, vielmehr einen Austausch des Elements, aus dem der Wert der Werte hervorgeht. Wertschätzung statt Wertminderung, die Bejahung als Wille zur Macht, der Wille als affirmativer. Solange im Element des Negativen ausgeharrt wird, mögen die Werte noch so sehr ausgetauscht oder selbst abgeschafft, Gott noch so oft getötet werden: deren Platz und Attribut als Heiliges und Göttliches bleiben allemal erhalten, wenn auch der Platz nicht besetzt und das Prädikat nicht zugeschrieben wird. Wechselt man dagegen das Element aus, dann und nur dann kann man legitim erklären, alle *seither bekannten oder erkennbaren* Werte umgekehrt, umgestürzt zu haben; den Nihilismus entthront und die Aktivität wieder in ihre Rechte eingesetzt zu haben, freilich nur in Beziehung mit und in Affinität zu einer tieferliegenden Instanz, der jene Werte entspringen. Dann erst feierte, gleich der Bejahung als Wille zur Macht, das Aktiv-werden seine Auferstehung im Universum. Zur Frage steht: wie den Nihilismus bezwingen? Wie das Element der Werte selbst wechseln, wie die Verneinung durch die Bejahung verdrängen?

Möglich, daß wir einer Lösung näher sind, als wir glauben. Uns wird aufgefallen sein, daß für Nietzsche alle bisher analysierten Formen des Nihilismus, einschließlich dessen extreme oder passive Form, Ausprägungen eines nur *unvollendeten, unvollständigen* Nihilismus darstellen. Heißt das nicht umgekehrt, daß die Umwertung der Werte, die den Nihilismus bezwingt, die einzige vollendete, vollkommene Form des Nihilismus verkörpert? In der Tat ist der Nihilismus überwunden, aber überwunden *durch sich selbst*[67]. Wir kommen einer Lösung in dem Maße nur näher, wie wir begreifen, warum die Umwertung der Werte den vollkommenen Nihilismus bildet. – Ein erster Grund mag darin genannt sein: Nur im Austausch des Elements der Werte werden auch all die Werte vernichtet, die vom alten Element abhängen. Radikal und umfassend, jeden Kompromiß ausschließend ist die Kritik der bisherigen bekannten Werte nur dann, wenn sie im Namen einer Umwertung der Werte, und von dieser ausgehend, geführt wird. Demzufolge ist die Umwertung der vollkommene Nihilismus, weil sie erst der Kritik der Werte eine vollendete, „allumfassende" Form verleiht. Eine solche Interpretation läßt freilich noch offen, warum die Umwertung nihilistisch ist – nihilistisch nicht kraft ihrer Folgen, sondern an sich und durch sich.

Die dem alten Element des Negativen unterstellten Werte, die also, welche der radikalen Kritik anheimfallen, sind die bis zum heutigen Tag bekannten oder erkennbaren Werte. „Bis zum heutigen Tag" bezeichnet den Tag der Umwertung. Was bedeutet aber: alle *„erkennbaren* Werte"? Der Nihilismus stellt die Verneinung als Qualität des Willens zur Macht dar. Diese Definition bleibt indes unzulänglich, wenn nicht auch Rolle und Funktion des Nihilismus in Betracht gezogen wird: er tritt beim Menschen in Erscheinung, wird in ihm erkennbar als ein Wille zum Nichts. Und um ehrlich zu sein, tatsächlich würde sich unsere Kenntnis des Willens zur Macht auf ein Geringes beschränken, äußerte er sich nicht im Ressentiment, im schlechten Gewissen, im asketischen Ideal, im Nihilismus, die uns zwingen, ihn wahrzunehmen und zu erkennen. Der Wille zur Macht ist Geist, aber was wüßten wir vom Geist ohne den Geist der Rache, der uns fremdartige Mächte offenbart? Der Wille zur Macht ist Leib, aber was wüßten wir vom Leib ohne die Krankheit, die ihn uns kennenlernen läßt? So ist der Nihilismus, der Wille zum Nichts nicht nur Wille zur Macht, eine Qualität desselben, *sondern die ratio cognoscendi des Willens zur Macht im allgemeinen.* Alle bekannten und erkennbaren Werte sind ihrer Natur nach solche, die dieser ratio entspringen. – Läßt der Nihilismus uns den Willen zur Macht erkennen, so lehrt uns umgekehrt dieser, daß er uns unter einer einzigen Form, der des Negativen, bekannt ist, die nur eine Seite, eine *Qualität* wiedergibt. Wir „denken" den Willen zur Macht unter einer Form, die der kontrastiert, in der wir ihn (er)kennen (daher übersteigt der *Gedanke* der ewigen Wiederkehr alle Gesetze unserer *Erkenntnis).* Entferntes Fortbestehen Kantischer und Schopenhauerscher Themen: Wohl erfahren wir vom Willen zur Macht Leiden und Qual, aber mehr noch ist der Wille zur Macht unbekannte Lust, unbekanntes Glück, der unbekannte Gott. Ariadne singt in ihrem Klagelied: „So liege ich, biege mich, winde mich, gequält von allen ewigen Martern, getroffen von dir, grausamster Jäger, du unbekannter – Gott . . . Sprich endlich! Du Blitz-Verhüllter! Unbekannter! sprich! Was willst du . . . O komm zurück, mein unbekannter Gott! mein *Schmerz!* mein letztes Glück! . . .“[68]. Die andere, die unbekannte Seite des Willens zur Macht, die andere, die unbekannte Qualität des Willens zur Macht: die Bejahung. Und auch die Bejahung hinwieder ist nicht nur Wille zur Macht, eine Qualität desselben, *sondern ratio essendi des Willens zur Macht im allgemeinen.* Sie ist *ratio essendi* des Willens zur Macht im Ganzen, also ratio, die das Negative aus diesem Willen ausstößt, wie die Verneinung *ratio cognoscendi* des Willens zur Macht als Ganze war (also ratio, die sich nicht versagte, das Affirmative aus der Erkenntnis des Willens zu eliminieren). Aus der Bejahung gehen die neuen Werte hervor: bis zu diesem Tage unbekannte Werte, das heißt bis zu dem Augenblick, da der Gesetzgeber den Platz des „Gelehrten“, *das Schaffen den der Erkenntnis,* die Bejahung den aller bekannten Verneinungen einnimmt. – Es wird sichtbar, daß zwischen dem Nihilismus und der Umwertung ein sehr viel tieferes Band besteht, als zunächst von uns angegeben worden war. Der Nihilismus drückt die Qualität des Negativen als *ratio cognoscendi* des Willens zur Macht aus; zu seiner Vollendung kommt er aber nur, wenn er sich in seine konträre Qualität umwertet, in die Bejahung als *ratio essendi* desselben Willens. Dies eine dionysische Umwertung des Leidens in Lust, die Dionysos, auf Ariadne antwortend, entsprechend geheimnisvoll ankündigt: „Muß man sich nicht erst hassen, wenn man sich lieben soll? . . .“. Das heißt: Mußt du mich nicht erst als Verneinenden kennen, wenn du mich als Bejahenden empfinden und freien, als Bejahung mich denken sollst?[69].

Und doch, wie kann die Umwertung der vollendete Nihilismus sein, wenn es stimmt, daß sie sich damit begnügt, ein Element durch ein anderes zu ersetzen? An dieser Stelle muß ein dritter Grund angeführt werden, der unserer Aufmerksamkeit zu entgehen droht, so subtil und minutiös sind inzwischen die Distinktionen Nietzsches geraten. Kommen wir noch einmal auf die Geschichte des Nihilismus und seiner aufeinanderfolgenden Phasen, des negativen, reaktiven und passiven Nihilismus, zurück. Die reaktiven Kräfte verdanken ihren Sieg dem Willen zum Nichts; diesen Sieg einmal errungen, brechen sie ihr Bündnis mit diesem Willen in der Absicht, nunmehr ihre eigenen Werte zur Geltung zu bringen. Dies das große lärmende Ereignis: der reaktive Mensch auf dem Platz Gottes. Der Ausgang des Ganzen ist weithin bekannt: der letzte Mensch, der Nicht-wollen, passivisch Dahinsterben einem jeden Willen zum Nichts vorzieht. Das Ende ist das Ende des reaktiven Menschen, schwerlich des Willens zum Nichts selbst. Dieser setzt, im stillen nun und über den reaktiven Menschen hinaus, sein Unternehmen fort. *Brechen die reaktiven Kräfte ihr Bündnis mit dem Willen zum Nichts, so bricht seinerseits er das Bündnis mit den reaktiven Kräften.* Er flößt den Menschen eine neue Vorliebe, Neigung ein; sich zu zerstören, allerdings, sich aktiv zu zerstören. Hüten wir uns vor allem, das, was Nietzsche Selbstzerstörung, „zerstören machen" heißt, mit dem passiven Dahinsterben des letzten Menschen in eins zu setzen. Also, in Nietzsches Terminologie, den „letzten Menschen" mit dem, der „zugrunde gehen" will[70]. Ist der eine das letzte Geschöpf des Reaktivwerdens, eine letzte Art und Weise, in der der Mensch, des Wollens zu müde, sich erhält, so ist der andere das Erzeugnis einer Züchtung, die zweifellos über den letzten Menschen verläuft, aber nicht bei ihm zum Stillstand kommt. Zarathustra preist den Menschen der aktiven Zerstörung: der will überwunden sein, der geht über das Menschliche hinaus, schon den Weg zum Übermenschen einschlagend, „schreitet (er) über die Brücke", ein Vater und Vorfahre des Übermenschlichen[71]. Zarathustra bringt darin zum Ausdruck: Ich liebe den, der, wohl sich des Nihilismus als der *ratio cognoscendi* des Willens zur Macht bedienend, im Willen zur Macht aber auch eine *ratio essendi* ausmacht, in der der Mensch überwunden, dem Nihilismus also eine Niederlage beigebracht wird.

Die aktive Zerstörung bedeutet: jener Punkt, jener Augenblick der Umwertung im Willen zum Nichts. *Aktiv* wird die Zerstörung dann, wenn das Bündnis zwischen den reaktiven Kräften und dem Willen zum Nichts zerbricht, dieser konvertiert und auf die Seite der *Bejahung* übergeht, darin sich auf eine *Macht zum Jasagen* bezieht, die die reaktiven Kräfte vernichtet. Aktiv wird die Zerstörung in dem Maße, wie das Negative umgewertet und in affirmative Macht umgewandelt wird: „die ewige Lust des Werdens", die in einem Augenblick zum Vorschein tritt, „Lust am Vernichten", die „Bejahung des Vergehens und *Vernichtens*"[72]. Das ist das „Entscheidende in einer dionysischen Philosophie": der Punkt, an dem die Verneinung eine Bejahung des Lebens ausdrückt, die reaktiven Kräfte zerstört und die Aktivität wieder in ihre Rechte einsetzt. An dem das Negative gleichsam Blitz und Donner einer Macht zum Jasagen wird. Höchster, transzendenter oder Brennpunkt, *Mitternacht,* die bei Nietzsche sich nicht durch ein Gleichgewicht oder die Versöhnung von Gegensätzen definiert, vielmehr durch eine Konversion. Konversion des Negativen in sein Gegenteil, Konversion der *ratio cognoscendi* in die *ratio essendi* des Willens zur Macht. Wir fragten:

Warum stellt die Umwertung den vollkommenen Nihilismus dar? Weil es sich in ihr um keine bloße Substitution, sondern um eine Konversion handelt. Seinen Weg über den letzten Menschen nehmend, aber doch weiterschreitend, erreicht der Nihilismus sein vollkommenes Stadium: im Menschen, der zugrunde gehen will. In ihm, im Menschen, der zugrunde gehen, der überwunden werden will, hat die Verneinung mit allem gebrochen, was sie noch zurückhielt, hat sie sich selbst besiegt und ist sie Macht zum Jasagen, schon Macht des Übermenschlichen, ist sie Macht geworden, die vom Übermenschen kündet und ihn vorbereitet. „Aber zu Vätern und Vorfahren könntet ihr euch umschaffen des Übermenschen: und dies sei euer bestes Schaffen!"[73]. Indem die Verneinung alle reaktiven Kräfte *opfert,* indem sie „schonungslose Vernichtung aller Entartenden und Parasitischen" wird und einem *Zuviel von Leben* überantwortet[74]: so allein findet sie zu ihrer Vollendung.

10. Bejahung und Verneinung

Umwertung der Werte bedeutet: 1. *Qualitätswechsel im Willen zur Macht.* Die Werte wie deren Wert entspringen nicht mehr dem Negativen, sondern der Affirmation als solcher. An Stelle es zu entwerten, wird das Leben bejaht – und tatsächlich ist hier noch der Ausdruck „an Stelle" mißverständlich: Die Stelle selbst ändert sich, es bleibt kein Platz mehr für eine andere Welt. Das Element der Werte ändert Stelle und Natur, der Wert der Werte ändert das Prinzip, die ganze Wertschätzung ändert ihren Charakter; 2. *Übergang der* ratio cognoscendi *zur* ratio essendi *im Willen zur Macht.* Die ratio, der Grund, unter der der Wille zur Macht erkannt wird, ist nicht die ratio, unter der er besteht, existiert. Wir denken den Willen zur Macht, wie er ist, wir denken ihn als Sein, soweit wir uns des Erkenntnisgrundes als einer Qualität bedienen, die in ihr Gegenteil übergeht, und soweit wir in diesem Gegenteil den unbekannten Seinsgrund ausmachen; 3. *Konversion des Elements im Willen zur Macht.* Das Negative wird Macht zum Jasagen: es unterwirft sich der Bejahung, stellt sich in den Dienst eines Zuviel von Leben. Nicht mehr ist die Verneinung die Form, unter der das Leben alles das bewahrt, was reaktiv in ihm ist, vielmehr jener Akt, in dem es alle seine reaktiven Formen opfert. Der Mensch, der zugrunde gehen, der überwunden werden will: in ihm ändert die Verneinung ihren Sinn, wird sie Macht zum Jasagen, Vorbedingung ihrer Entwicklung hin zur Bejahung, wird sie Zeichen des Vor-Läufers (Vorzeichen) und eifriger Diener der Bejahung; 4. *Herrschaft der Bejahung im Willen zur Macht.* Allein die Bejahung überlebt als unabhängige Macht; das Verneinende entspringt ihr gleich einem Blitz, der aber auch wieder in ihr aufgeht, in ihr wie gelöschtes Feuer verschwindet. Im Menschen, der zugrunde gehen will, kündigte das Negative das Übermenschliche an, aber einzig die Bejahung erschafft, was derart verkündet ward. Keine andere Macht als die zum Jasagen, keine andere Qualität und kein anderes Element: Die Verneinung als Ganze erfährt in ihrer Substanz eine Konversion, in ihrer Qualität eine Umwertung, *von ihrer eigenen Macht, ihrer Autonomie bleibt nichts mehr übrig.* Konversion des Schweren in Leichtes, des Niedrigen in Hohes, des Leidens in Lust: diese Dreiheit als Tanz, Spiel und Lachen macht in einem aus die Umwandlung des Nichts, die Umwertung des Negativen, die Umwertung oder den Machtwechsel der Negation. Das nennt Nietzsche „Abendmahl"; 5. *Kritik der bekannten Werte.* Die bis zu diesem Tag bekannten Werte verlieren voll und ganz ihren Wert. Erneut taucht hier die Verneinung auf, jedoch in Form einer Macht zum Jasagen, als von der Bejahung und der Umwertung nicht zu lösende Konsequenz. Die souveräne Bejahung entsagt keineswegs der Zerstörung aller bekannten Werte, sie erhebt sie zur allesumfassenden Zerstörung; 6. *Umkehrung des Kräfteverhältnisses.* Die Bejahung erwirkt das Aktiv-werden als universelles Werden aller Kräfte. Darin werden alle reaktiven Kräfte verneint, und alle Kräfte werden zu aktiven. Die Umkehrung der Werte, die Entwertung reaktiver und die Einsetzung aktiver Werte bilden gleichermaßen Operationen, die die Umwertung der Werte, die Konversion des Negativen in Bejahung zur Voraussetzung haben.

Vielleicht, daß wir jetzt in der Lage sind, Nietzsches Texte über Bejahung, Verneinung und beider Verhältnis zu verstehen. Zunächst sind Verneinung und Bejahung als die zwei Qualitäten des Willens zur Macht, als die zwei Gründe (ratio) im Willen zur Macht gegeneinander abgehoben. Jede stellt das Gegenteil der anderen, aber zugleich das Ganze dar, das den anderen Gegensatz ausschließt. Von der Verneinung zu sagen, daß sie bis zu diesem Tage unser Denken, unsere Art zu fühlen und abzuschätzen beherrscht habe, ist wohl das mindeste, was von ihr zu sagen wäre. Tatsächlich ist sie dem Menschen konstitutiv. Und mit dem Menschen versinkt auch die ganze Welt und wird krank, wird das Leben als Ganzes entwertet, gleitet all das Bekannte in sein Nichts hinab. Umgekehrt manifestiert sich die Bejahung nur oberhalb des Menschen, außerhalb seiner, im Übermenschlichen, das sie erschafft, im Unbekannten, das sie mit sich trägt. Das Übermenschliche, Unbekannte ist aber auch das Ganze, das das Negative davonjagt. Der Übermensch als Art ist eben so sehr „die höchste Art alles Seienden". Zarathustra, dies „ungeheure unbegrenzte Ja- und Amen-sagen" ist „das ewige Ja zu allen Dingen selbst"[75]. „Ich aber bin ein Segnender und ein Jasager, wenn du nur um mich bist, du Reiner! Lichter! Du Licht-Abgrund! – in alle Abgründe trage ich da noch mein segnendes Ja-sagen"[76]. Solange das Negative herrscht, wird man vergeblich nach einem Gran Bejahung hier unten und in der anderen Welt suchen: was man da Bejahung heißt, ist grotesk, ein Trauergespenst, das gerade die Ketten des Negativen leicht zum Klirren bringt[77]. Tritt indes die Umwertung in Erscheinung, dann verflüchtigt sich die Verneinung vollkommen und es *bleibt nicht* das Geringste mehr von *einer unabhängigen Macht,* als Qualität oder Grund (ratio), *übrig:* „Höchstes Gestirn des Seins! – das kein Wunsch erreicht, – das kein Nein befleckt, ewiges Ja des Seins, ewig bin ich dein Ja"[78].

Nun, wie kommt es aber, daß Nietzsche die Bejahung als von einer negativen Vorbedingung und desgleichen von einer nahe bevorstehenden negativen Konsequenz nicht abtrennbar zeichnet? „Ich kenne die Lust am *Vernichten* in einem Grade, die meiner *Kraft* zum Vernichten gemäß ist"[79]. 1. Keine Bejahung, auf die nicht *sofort* eine nicht minder ungeheure und grenzenlose Verneinung *folgte.* Zarathustra erhebt sich zu jener „höchsten Stufe der Verneinung". Die Zerstörung als aktives Vernichten aller bekannten Werte ergibt die Spur des Schaffenden: „Siehe die Guten und Gerechten! Wen hassen sie am meisten? Den, der zerbricht ihre Tafeln der Werte, den Brecher, den Verbrecher – das aber ist der Schaffende"; 2. keine Bejahung, die nicht auch eine gewaltige Verneinung sich *vorausgehen* läßt: „im Jasagen ist Verneinen *und Vernichten* Bedingung". Zarathustra führt aus: „Zum Segnenden bin ich worden und zum Ja-Sagenden: und dazu rang ich lange". Der Löwe wird zum Kind, aber dem „heiligen Ja-sagen" des Kindes muß ein „heiliges Nein" des Löwen vorausgehen.[80]. *Die Zerstörung als aktive Zerstörung des Menschen, der zugrunde gehen und überwunden werden will,* ist die Ankündigung des Schaffenden. Von diesen beiden Verneinungen getrennt, stellte die Bejahung nichts dar, wäre sie ohnmächtig, selbst sich zu bejahen[81].

Man hätte meinen können, daß der I-A schreiende Esel das dionysische Tier par excellence sei. Tatsächlich ist er weit davon entfernt: wohl dem Anschein nach dionysisch, ist er in Wirklichkeit von Grund auf christlich. Er ist gerade gut genug, dem höheren Menschen einen Gott abzugeben: Unzweifelhaft die Bejahung als Element der Überwindung der höheren Menschen repräsentierend, entstellt er jene aber gemäß ihrem Imago und ihren Bedürfnissen. Zwar sagt er immer Ja, *vermag aber nicht Nein zu sagen.* „Ich ehre die widerspenstigen wählerischen Zungen und Mägen, welche ‚Ich' und ‚Ja' und ‚Nein' sagen lernten. Alles aber kauen und verdauen – das ist eine rechte Schweine-Art! Immer I-A sagen – das lernte allein der Esel, und wer seines Geistes ist!"[82]. Dionysos sagt einmal im Scherz zu Ariadne, daß sie zu kleine Ohren habe. Damit will er anzeigen, daß sie noch nicht jasagen, die Bejahung nicht weiter entfalten kann[83]. In Wirklichkeit indessen rühmt sich Nietzsche selbst seiner eigenen kleinen Ohren: „Dies interessiert gar nicht wenig die Weiblein – es scheint mir, sie fühlen sich besser von mir verstanden? . . . Ich bin der *Antiesel par excellence* und damit ein welthistorisches Untier – ich bin, auf griechisch und nicht nur auf griechisch, der *Antichrist* . . ."[84]. Ariadne wie auch Dionysos besitzen selbst kleine Ohren, in einem Kreis sich schließende kleine Ohren, so recht für die ewige Wiederkehr. Die langen spitzen Ohren sind, recht besehen, nicht die besseren: vermögen sie doch nicht das „kluge Wort" aufzuschnappen und ihm umfassend Echo zu verleihen[85]. Das kluge Wort lautet Ja, doch geht ihm ebenso ein Echo voraus wie daß es ihm folgt: Nein. Das Ja des Esels ist falsch: ein Ja, das nicht Nein zu sagen weiß, ohne Echo im Gehör des Esels, eine von den zwei Verneinungen, in die es eingebettet sein sollte, abgetrennte Bejahung. Wie der Esel nicht die Bejahung formulieren kann, so vermögen seine Ohren sie und ihr Echo auch nicht zu empfangen. Zarathustra sagt: „mag es auch ein Reim werden, der nicht für jedermanns Ohren taugt. Ich verlernte seit langem schon die Rücksicht auf lange Ohren"[86].

Man wird im Denken Nietzsches keinen Widerspruch ausmachen: Einerseits verkündet er die dionysische Bejahung, die von keiner Verneinung beschmutzt werden kann. Andrerseits prangert er die Bejahung des Esels als eine solche an, die nicht Nein sagen kann, die keine Verneinung in sich trägt. In dem einen Fall läßt die Bejahung nichts mehr von der Verneinung *als einer autonomen Macht oder primären Qualität* übrig: Aus dem Gestirn des Seins, dem Kreislauf der ewigen Wiederkehr, des Willens zur Macht selbst und seines Seinsgrundes wird alles Negative ausgeschlossen, verbannt. In dem anderen Fall jedoch vermöchte die Bejahung niemals wirklich oder vollkommen zu werden, ließe sie es nicht zu, daß das Negative gleichermaßen ihr folgt wie vorausgeht. Es handelt sich hier zweifellos um Verneinungen, freilich Verneinungen als *Mächte zum Jasagen*. Niemals würde die Bejahung sich selbst bejahen können, kündigte zuvor nicht die Verneinung ihr Bündnis mit den reaktiven Kräften auf und würde zur bejahenden Macht im Menschen, der zugrunde gehen will, und schließlich, gelänge es der Verneinung nicht, alle reaktiven Kräfte zu vereinigen, um sie von einem jasagenden Gesichtspunkt aus zu vernichten. *In beiden Formen hört das Nega-*

tive auf, primäre Qualität und autonome Macht zu sein. Das Negative insgesamt ist darin Macht zum Jasagen geworden, ist nurmehr die *Seinsweise* der Bejahung selbst. Deshalb insistiert Nietzsche derart nachdrücklich auf der Unterscheidung des Ressentiments, der Macht zum Verneinen, die in den reaktiven Kräften zum Tragen kommt, von der Aggressivität, der aktiven Seinsweise einer Macht zum Jasagen[87]. Von den ersten bis zu den letzten Seiten des *Zarathustra* wird dieser von seinem „Affen", seinem „Narren", seinem „Zwerg" und „bösem Geist" verfolgt, nachgeahmt, in Gefahr und Versuchung gebracht[88]. Der böse Geist nun ist der Nihilismus: Weil er alles negiert, alles verachtet, wähnt er, die Verneinung auf ihre oberste Stufe zu treiben. Aber von ihr als einer unabhängigen Macht lebend und keine andere Qualität als das Negative aufweisend, verkörpert er eine Kreatur des Ressentiments, des Hasses und der Rache, nichts sonst. Ihm ruft Zarathustra zu: „Ich verachte dein Verachten . . . Aus der Liebe allein soll mir mein Verachten und mein warnender Vogel auffliegen: aber nicht aus dem Sumpfe!"[89]. Dies bedeutet: Nur als Macht zum Jasagen (Liebe) erreicht das Negative seine höchste Stufe (der warnende Vogel, der der Bejahung vorausfliegt und folgt); solange das Negative an sich selbst seine eigene Macht oder Qualität bildet, steckt es im Sumpf, ist es selber Sumpf (reaktive Kraft). Unter der Herrschaft der Bejahung allein wird das Negative auf seine höhere Stufe emporgehoben, in dem Augenblick, da es sich selbst besiegt, überwindet – und lebt weiter, nicht als Macht oder Qualität, sondern als Seinsweise dessen, der mächtig ist. Dann und nur dann wird das Negative Aggressivität, wird die Verneinung aktiv und das Vernichten lustvoll[90].

Zu sehen ist, worauf Nietzsche hinauswill und wem er sich entgegenstellt: nämlich einer jeden Form des Denkens, die sich der Macht des Negativen anheimgibt. Einem jeden Denken, das sich im Element des Negativen tummelt, es als Antrieb, Macht und Qualität benutzt. Wie andere zuweilen eine trübselige Weinlaune, weist dies Denken eine von Trauer überschattete Zerstörungslust, einen von Trauer überschatteten Hang zum Tragischen auf: es ist und bleibt eben ein Denken des Ressentiments. Ein solches Denken *braucht zwei Verneinungen, um nur zu einer Bejahung zu kommen,* beziehungsweise zum Schein einer solchen, zum Gespenst einer Bejahung. (Gleichermaßen bedarf das Ressentiment seiner zwei negativen Prämissen, um daraus die sogenannte Positivität seiner Konsequenz folgern zu können. Oder bedarf das asketische Ideal des Ressentiments und des schlechten Gewissens als zweier negativer Prämissen, um daraus die sogenannte Positivität des Göttlichen folgern zu können. Bedarf endlich die Gattungstätigkeit des Menschen zweimal des

Negativen, um daraus die sogenannte Positivität der Wiederaneignungen folgern zu können.) In diesem vom Narren Zarathustras repräsentierten Denken ist alles falsch, trügerisch und traurig: ist die Aktivität nur Reaktion und die Bejahung nur ein Phantom. Ihm hält Zarathustra die reine Bejahung entgegen: *Eine Bejahung muß und wird genügen, zwei Verneinungen hervorzubringen, zwei Verneinungen, die Teil der Mächte zum Jasagen sind, die die Seinsweise der Bejahung als solcher darstellen.* Und auf eine andere Art wieder braucht es, wie wir sehen werden, zwei Bejahungen, um die Verneinung in ihrer Gesamtheit zu einer Weise des Jasagens zu machen. – Wider das Ressentiment des christlichen Denkers die Aggressivität des dionysischen Denkers. Der famosen Positivität des Negativen hält Nietzsche seinen Befund entgegen: die Negativität des Positiven.

11. Der Sinn der Bejahung

Nietzsche zufolge enthält die Bejahung zwei Verneinungen, allerdings in geradezu konträrer Weise zu dem, was die Dialektik vermeint. Dessenungeachtet bleibt ein Problem: Warum muß die Bejahung diese beiden Verneinungen enthalten? Warum ist das Jasagen des Esels ein falsches, in dem Maße gerade, wie er nicht Nein sagen kann? – Kommen wir auf die Litanei des Esels zurück, wie der häßlichste Mensch sie vorlallt[91]. In ihr lassen sich zwei Elemente unterscheiden: zum einen die Ahnung, daß die Bejahung es ist, die den höheren Menschen fehlt: „Welch verborgene Weisheit ist das, daß er lange Ohren trägt und allein ja und nimmer nein sagt! . . . Jenseits von Gut und Böse ist dein Reich.“ Zum anderen aber jener Widersinn, den zu begehen die höheren Menschen imstande sind, die Natur der Bejahung betreffend: „Er trägt unsre Last, er nahm Knechtsgestalt an, er ist geduldsam von Herzen und redet niemals nein.“

Dergestalt ist der Esel zugleich Kamel. Dessen Züge tragend, war der „tragsame Geist“ zu Beginn des 1. Teils des Zarathustra vorgestellt worden, als Tier, das die schwersten Lasten auf sich nehmen will[92]. Die Liste der Kräfte des Esels und die des Kamels heißt gleichlautend: Selbsterniedrigung, Annahme von Leiden und Krankheit, Duldsamkeit gegenüber dem, der züchtigt, Hang zum Wahren, selbst wenn die Wahrheit Eicheln und Gras zu fressen gibt, Liebe zum Wirklichen, selbst wenn dies Wirkliche eine Wüste ist. Freilich heißt es auch hier, Nietzsches Symbolismus erst noch zu deuten und an Hand anderer Texte zu überprüfen[93]. Dem Esel und dem Kamel sind nicht nur Kräfte gegeben, die schwersten Lasten zu tragen, sie besitzen auch einen Rücken, der deren Gewicht ein- und abzuschätzen vermag. Ihnen dünkt, daß diese Lasten das Gewicht des *Wirklichen* haben. Derart, als Wirkliches wie es ist, empfindet der Esel seine Last. Nietzsche stellt uns so beide, Esel wie Kamel, als Geschöpfe vor, die jeder Verführung und Verlockung widerstehen: empfindlich nur für das, was sie auf ihrem Rücken tragen, was sie „wirklich" heißen. Wir erraten, was das Jasagen des Esels, sein Ja, das nicht Nein zu sagen weiß, bedeutet: *daß bejahen nichts weiter ist als tragen, auf sich nehmen.* Auf das Wirkliche, wie es ist, eingehen, die Realität, wie sie ist, auf sich nehmen.

Eine Eselsidee, dies Wirkliche wie es ist. Als Positivität des Wirklichen erfährt der Esel das Gewicht der Lasten, die ihm aufgebürdet wurden und die er sich selbst aufgebürdet hat. Das geschieht nun: Der Geist der Schwere ist der Geist des Negativen, ist der mit dem Nihilismus und den reaktiven Kräften vereinigte Geist; mühelos vermag das geübte Auge in allen christlichen Tugenden des Esels, in allen Kräften, die ihm beim Tragen Stütze sind, das Reaktive ausfindig zu machen und in allen Lasten, die er trägt, erblickt das versierte Auge die Erzeugnisse des Nihilismus. Aber da der Esel immer nur die von ihren Prämissen abgelösten Folgen, die vom Prinzip ihrer Erzeugung abgetrennten Erzeugnisse wahrnimmt, scheinen ihm die Lasten die Positivität des Wirklichen und die Kräfte, mit denen er ausgestattet ist, die positiven Qualitäten aufzuweisen, die einer Annahme des Wirklichen und des Lebens gemäß sind: „Fast in der Wiege gibt man uns schon schwere Worte und Werte mit: ‚Gut' und ‚Böse' – so heißt sich diese Mitgift . . . Und wir – wir schleppen treulich, was man uns mitgibt, auf harten Schultern und über rauhe Berge! Und schwitzen wir, so sagt man uns: ‚Ja, das Leben ist schwer zu tragen'"[94]. Der Esel stellt zunächst Christus dar: Er ist es, der sich die schwersten Lasten auflädt und die Früchte des Negativen trägt, als wäre in ihnen das positive Geheimnis schlechthin eingebunden. Dann, nachdem der Mensch Gott von seinem Thron verdrängt hat, wird der Esel Freigeist. Er eignet sich alles an, was man ihm auf den Rücken packt. Man braucht ihn nicht einmal mehr zu beladen, er belädt sich selbst. Den Staat, die Religion usw. gewinnt er als eigene Mächte zurück. Er ist Gott geworden: All die alten Werte der anderen Welt sind ihm nun als Kräfte zu eigen, die die diesseitige Welt führen, sind seine eigenen Kräfte. Das Gewicht der Last verschmilzt mit dem Gewicht seiner müde gewordenen, erschlafften Muskeln. Indem er das Wirkliche auf sich nimmt, nimmt er sich selbst an, und indem er sich selbst annimmt, nimmt er das Wirkliche auf sich. Welch grausiger Hang zu Verantwortlichkeiten: und schon kommt auch die ganze Moral im Galopp wieder zurückgeprescht. Bei diesem

Ausgang der Geschichte aber bleiben das Wirkliche und seine Annahme, was sie stets noch waren: falsche Positivität und falsche Bejahung. Angesichts der „Gegenwärtigen" ruft Zarathustra aus: „Alles Unheimliche der Zukunft, und was je verflogenen Vögeln Schauder machte, ist wahrlich heimlicher noch und traulicher als eure ‚Wirklichkeit'. Denn so sprecht ihr: ‚Wirkliche sind wir ganz, und ohne Glauben und Aberglauben': also brüstet ihr euch, ach, auch noch ohne Brüste! Ja, wie solltet ihr glauben *können*, ihr Buntgesprenkelten! – die ihr Gemälde seid von allem, was je geglaubt wurde! ... *Unglaubwürdige:* also heiße *ich* euch, ihr Wirklichen! ... Unfruchtbare seid ihr ... Halboffne Tore seid ihr, an denen Totengräber warten. Und das ist *eure* Wirklichkeit"[95]. Die Gegenwärtigen hängen einer alten Vorstellung nach: daß wirklich und positiv all das sei, was wiegt, daß wirklich und bejahend all das sei, was trägt. Diese Realität aber, die das Kamel und seine Last so eins werden läßt, daß sie gleichsam in einer Fata Morgana ineinander verschwimmen, ist nur die Wüste, nur die Realität der Wüste, der Nihilismus. Schon vom Kamel hatte Zarathustra gesagt, daß es „beladen in die Wüste eilt", und vom „starken, tragsamen Menschen": „nun dünkt das Leben ihm eine Wüste!"[96]. Das Wirkliche begriffen als Objekt, Ziel und Zweck der Bejahung; die Bejahung begriffen als Verwachsensein oder Eingehen auf das Wirkliche, als Auf-sich-nehmen des Wirklichen: das ist der Sinn des Eselschreis. Doch diese Bejahung ist eine nachträgliche, eine Folge von immerwährend negativen Prämissen, ein Antwort-Ja, Antwort auf den Geist der Schwere und alle seine Belastungen und Ansprüche. Der Esel kann nicht Nein sagen; aber in erster Linie kann er zum Nihilismus selbst nicht Nein sagen. Treu und brav sammelt er alle dessen Erzeugnisse, trägt sie in die Wüste und dort, dort tauft er sie: Das Wirkliche wie es ist. Deshalb vermag Nietzsche das Ja des Esels anzuprangern: Der Esel stellt keineswegs das Gegenteil des Affen von Zarathustra dar, auch er entfaltet keine andere Macht als die zum Verneinen, gerade ihr gibt er ergeben Antwort. Er weiß nicht Nein zu sagen, antwortet immer Ja, aber Ja stets dann, wenn der Nihilismus das Gespräch eröffnet.

Bei dieser Kritik der Bejahung als Auf-sich-nehmen denkt Nietzsche ganz gewiß nicht, nicht einmal im entferntesten, an stoizistische Vorstellungen. Der Gegner steht viel näher. Nietzsche führt die Kritik gegen jede Konzeption, die die Bejahung zu einer einfachen Funktion, Funktion des Seins oder des Seienden, degradieren möchte. Wie dabei auch immer das Sein gedacht sein mag: als Wahres oder Wirkliches, als Noumenon oder Phänomen. Und wie auch immer die Funktion gedacht sein mag: als Entwicklung, Exposition,

Enthüllung, Offenbarung, Verwirklichung, Bewußtwerdung oder Erkenntnis. *Seit Hegel präsentiert sich die Philosophie als ein bizarres Gemisch aus Ontologie und Anthropologie, aus Metaphysik und Humanismus, aus Theologie und Atheismus, Theologie des schlechten Gewissens und Atheismus des Ressentiments.* Denn solange die Bejahung als eine Funktion des Sein dargeboten wird, erscheint der Mensch selbst als Funktionär der Bejahung: das Sein bejaht sich im Menschen, da der Mensch das Sein bejaht. Solange die Bejahung als Auf-sich-nehmen definiert wird, das heißt als Übernahme einer Last, errichtet sie zwischen Mensch und Sein eine, wie man sagt, fundamentale Beziehung, ein athletisches und dialektisches Verhältnis. Da erneut und zum letzten Mal springt ins Auge, mit welchem Gegner Nietzsche den Kampf austrägt: mit der Dialektik nämlich, die die Bejahung mit der Wahrhaftigkeit des Wahren oder der Positivität des Wirklichen verwechselt; dabei sind diese Wahrhaftigkeit und diese Positivität allemal von der Dialektik selbst erst, mittels der Produkte des Negativen, fabriziert worden. Das Sein der Hegelschen Logik ist ein nur gedachtes, reines und leeres Sein, das sich bejaht, indem es in sein Gegenteil übergeht. Doch war dies Sein nie von seinem Gegensatz unterschieden, wie es auch nie in das hätte übergehen müssen, was es je schon war. Das Hegelsche Sein ist das einfache, reine Nichts; das Werden, das das Sein mit dem Nichts erstellt, das heißt aber mit sich selbst, ist das gänzlich nihilistische Werden; die Bejahung geht hier in Verneinung über, weil sie nur die Bejahung des Negativen und seiner Produkte ist. Sehr weit in der Widerlegung des Hegelschen Seins ist Feuerbach gegangen. An die Stelle einer nur gedachten Wahrheit tritt die Wahrheit des Sinnlichen. An die Stelle des abstrakten tritt das bestimmte, sinnliche, wirkliche Sein, „das Wirkliche in seiner Wirklichkeit", „das Wirkliche als Wirkliches". Feuerbach wollte, daß das wirkliche Sein auch das Objekt des wirklichen Seins sei: die umfassende Realität des Seins als Objekt des wirklichen und umfassenden Seins des Menschen. Er wollte das bejahende Denken und dachte die Bejahung als Position des Seienden[97]. Weiterhin bewahrt indessen auch das Wirkliche wie es ist bei Feuerbach alle Attribute des Nihilismus als Prädikate des Göttlichen; bewahrt das wirkliche Sein des Menschen alle reaktiven Eigenschaften als Kraft und Neigung, dies Göttliche auf sich zu nehmen. In den „Gegenwärtigen" und den „Wirklichkeits-Menschen" stellt Nietzsche die Dialektik und die Dialektiker bloß: als „Gemälde ... von allem, was je geglaubt wurde".

Nietzsche möchte dreierlei sagen: 1. Das Sein, das Wahre, das Wirkliche sind Anverwandlungen des Nihilismus. Sind Arten, das Leben zu verstümmeln, es reaktiv werden zu lassen, indem es der

Arbeit des Negativen ausgesetzt wird, *indem ihm die schwersten Lasten aufgebürdet werden.* Ebensowenig traut Nietzsche der Eigensuffizienz des Wirklichen wie des Wahren: Sie dünken ihm Äußerungen eines Willens, eines Willens, das Leben zu entwerten, eines Willens, das Leben dem Leben entgegenzustellen; 2. die als Auf-sich-nehmen begriffene Bejahung, als Bejahung dessen, was ist, als Wahrhaftigkeit des Wahren oder Positivität des Wirklichen, bildet eine falsche Bejahung. Es ist dies das Ja des Esels. Der weiß nicht Nein zu sagen, weil er zu allem Ja sagt, was Nein ist. Der Esel wie das Kamel stellen den Gegensatz zum Löwen dar; bei dem wurde die Verneinung Macht zum Jasagen, bei ihnen aber bleibt die Bejahung dem Negativen zu willen, bleibt sie einfache Macht zum Verneinen; 3. eine solche falsche Konzeption der Bejahung stellt noch eine Art und Weise dar, den Menschen zu *erhalten.* Solange das Sein noch Last ist, ist stets auch noch der reaktive Mensch zur Stelle, es zu tragen. Wo sollte das Sein sich besser bejahen als in der Wüste? Und wo auch sollte sich der Mensch besser erhalten? „Der letzte Mensch lebt am längsten". Unter der Sonne des Seins geht ihm selbst der Hang zu sterben abhanden, und so dringt er denn immer tiefer in die Wüste ein, um lange von einem passiven Dahinsterben zu träumen[98]. – Nietzsches ganze Philosophie widersetzt sich den Postulaten des Seins, des Menschen, des Auf-sich-nehmens. „Das ‚Sein' – wir haben keine andere Vorstellung davon als ‚leben'. – Wie kann also etwas Totes ‚sein'?"[99]. Die Welt ist weder wahr noch wirklich – sie lebt. Und die lebende, lebendige Welt ist Willen zur Macht, *Willen zur Täuschung,* der sich in diversen Machten vollzieht. In einer beliebigen Macht den Willen zur Täuschung, unter einer beliebigen Qualität den Willen zur Macht vollziehen, heißt stets wertschätzen. Leben heißt Werte abschätzen. Es gibt keine gedachte Wahrheit der Welt und keine sinnliche Realität der Welt, alles ist Wertschätzung, gerade und vor allem auch des Sinnlichen und des Wirklichen. „Der Wille zum Schein, zur Illusion, zur Täuschung, zum Werden und Wechseln (zur objektivierten Täuschung) gilt hier als tiefer, ursprünglicher, ‚metaphysischer' als der Wille zur Wahrheit, zur Wirklichkeit, zum Schein: – Letzterer ist selbst bloß eine Form des Willens zur Illusion". Das Sein, das Wahre, das Wirkliche sind einzig als Wertschätzungen, d.h. als Lügen, etwas wert[100]. Dergestalt aber, als Mittel, den Willen unter einem seiner Mächte zu vollziehen, waren sie bis auf den heutigen Tag der Macht oder Qualität des Negativen zu Diensten. Das Sein, das Wahre, das Wirkliche stellen gleichsam das Göttliche dar, in dem das Leben sich gegen das Leben stellt. Was darin herrscht, ist die Verneinung als Qualität des Willens zur Macht, die, sich dem Leben widersetzend, es als Ganzes verneint und als reaktives im besonderen siegen läßt. Demgegenüber ist die andere Qualität des Willens zur Macht jene, unter der das Wollen dem ganzen Leben entspricht, eine höhere Macht zum Falschen, zur Täuschung, eine Qualität, unter der das Leben insgesamt bejaht und im besonderen aktiv wird. Bejahen ist noch wertschätzen, aber von einem Willen aus, der seine eigene Differenz im Leben genießt, statt an den Schmerzen des Gegensatzes zu leiden, den er selbst dem Leben eingibt. *Bejahen heißt nicht, sich aufladen, auf sich nehmen, was ist, sondern das, was lebt, entbinden, befreien.* Bejahen heißt: leichter machen. Nicht das Leben mit dem Gewicht höherer Werte belasten, sondern neue Werte *schaffen,* die solche des Lebens sind, die das Leben zum Leichten, zum Aktiven erheben. Strenggenommen existiert Schaffen nur in dem Maße, wie wir, weit entfernt, das Leben von dem abzutrennen, was es kann, uns des Zuviel von Leben bedienen, um neue Lebensformen zu erfinden. „Und was ihr Welt nanntet, das soll erst von euch geschaffen werden: eure Vernunft, euer Bild, euer Wille, eure Liebe soll es selber werden!“[101]. Diese Aufgabe kann aber nicht im Menschen ihre Vollendung finden. Mag er auch so weit gehen und die Verneinung zu einer Macht zum Jasagen aufrichten. Die Bejahung jedoch in aller ihrer Macht zu bejahen, zu ihr selbst Ja zu sagen, das übersteigt die Kräfte des Menschen. „Neue Werte schaffen – das vermag auch der Löwe noch nicht: aber Freiheit sich schaffen zu neuem Schaffen – das vermag die Macht des Löwen“[102]. Nur dann kann der Sinn der Bejahung in aller Klarheit hervortreten, wenn wir uns die grundlegenden Punkte der Philosophie Nietzsches erneut vergegenwärtigen: weder das Wahre noch das Wirkliche, sondern die Wertschätzung; die Bejahung nicht als Auf-sich-nehmen, sondern als Schaffen; nicht der Mensch, sondern der Übermensch als neue Lebensform. Wenn Nietzsche der Kunst so außerordentliche Bedeutung zumißt, so weil sie es ist, die dieses Programm verwirklicht: die höchste Macht zum Falschen, zum Schein, zur Täuschung, die dionysische Bejahung oder das Genie des Übermenschen[103].

Nietzsches These lautet: Das Ja, das nicht Nein zu sagen weiß (das Ja des Esels) stellt eine Karikatur der Bejahung dar. Gerade weil es Ja zu allem sagt, was Nein ist, weil es den Nihilismus trägt, bleibt es dem Willen zur Verneinung wie dem bösen Geist untertan, dessen ganze Lasten es trägt. Das dionysische Ja dagegen ist jenes, welches Nein zu sagen weiß: es ist die reine Bejahung, es hat den Nihilismus überwunden und die Verneinung ihrer autonomen Macht enthoben – dies aber, weil es das Negative den Mächten zum Jasagen unterstellt hat. Bejahen heißt schaffen – nicht tragen, ertragen, auf sich nehmen. Das ist nur das lächerliche Abbild des Denkens, das im

Kopf des Esels Gestalt gewann: „‚Denken' und eine Sache ‚ernst nehmen', ‚schwer nehmen' – das gehört bei ihnen zusammen: so allein haben sie es ‚erlebt'"[104].

12. Die doppelte Bejahung: Ariadne

Was ist die Bejahung in all ihrer Macht? Nietzsche streicht nicht den Begriff des Seins aus. Es schlägt eine neue Konzeption vor: Die Bejahung ist Sein. Das Sein ist kein Objekt der Bejahung und auch kein Element, das sich der Bejahung anbieten, sich ihr aufbürden würde. Die Bejahung ist nicht die Macht des Seins, im Gegenteil. Die Bejahung selbst ist das Sein, das Sein selbst ist die Bejahung in all ihrer Macht. So darf es nicht wundernehmen, daß es bei Nietzsche weder eine Analyse des Seins für sich noch eine des Nichts für sich gibt; man hüte sich freilich, daraus zu schließen, daß diesbezüglich Nietzsche wohl nicht seine letzten Gedanken preisgegeben habe. *Das Sein und das Nichts bilden einzig und allein den abstrakten Ausdruck der Bejahung und der Verneinung als Qualitäten (qualia) des Willens zur Macht*[105]. Die ganze Frage aber geht darum: In welchem Sinne ist die Bejahung das Sein?

Die Bejahung hat nur sich selbst zum Objekt. Das Sein ist sie nun genau soweit, als sie dies, ihr eigenes Objekt, auch ist. Das Sein: die Bejahung als Objekt der Bejahung. An sich selbst, als primäre Bejahung ist sie Werden. Sein aber ist sie, soweit sie Objekt einer weiteren Bejahung ist, die das Werden zum Sein erhebt oder die das Sein dem Werden entnimmt. Aus diesem Grunde ist die Bejahung in all ihrer Macht eine doppelte: die Bejahung wird bejaht. Die primäre Bejahung (Werden) ist Sein, aber dies nur, sofern sie Objekt einer zweiten Bejahung wird. Beide Bejahungen zusammen konstituieren die Macht zum Jasagen in ihrer Gesamtheit. Daß diese Macht notwendig eine doppelte ist, wurde von Nietzsche in Texten höchster symbolischer Signifikanz zum Ausdruck gebracht: 1. *Die beiden Tiere Zarathustras, der Adler und die Schlange.* Aus der Sicht der ewigen Wiederkunft her interpretiert gibt der Adler das große Jahr, die kosmische Periode, die Schlange aber das in diese kosmische Periode eingebundene individuelle Schicksal wieder. Diese Interpretation, wiewohl richtig, weist Mängel auf, insofern sie die ewige Wiederkunft unterstellt, sich aber über die präkonstituierenden Elemente, aus denen diese hervorgeht, ausschweigt. In weiten Kreisen zieht der Adler durch die Lüfte, um seinen Schnabel eine Schlange geringelt, „nicht einer Beute gleich, sondern einer Freundin"[106]; in diesem Bild erweist sich für eine jede, wie immer stolze Bejahung die Notwendigkeit einer Begleitung, einer Verdopplung in einer zweiten Bejahung, die die primäre zum Objekt nimmt; 2. *das göttliche Paar Dionysos–Ariadne.* „Wer weiß außer mir, was *Ariadne* ist!"[107]. Ohne Zweifel eignet auch dem Geheimnis Ariadnes eine Vielzahl von Bedeutungen. Ariadne liebte Theseus. Dieser repräsentiert den höheren Menschen: Er ist der feinsinnige und heroische Mensch, der die Lasten auf sich nimmt und die Ungeheuer besiegt. Nur fehlt ihm genau auch die Tugend des Ochsen, nämlich das Gefühl für die Erde, wenn er abgeschirrt ist und gleichermaßen das Vermögen, die Lasten abzulegen, zurückzuweisen[108]. Solange die Frau den Mann liebt, solange sie dem Mann, und wäre es auch der höhere Mensch, Mutter, Schwester und Gattin ist, bleibt sie ein Frauenbild des Mannes – und verbleibt die weibliche Macht in der Frau noch in Ketten[109]. Furchterregende Mütter, furchtbare Schwestern und Gemahlinnen: die Weiblichkeit verkörpert unter solchen Umständen nur den Geist der Rache und das Ressentiment, die beide auch den Mann beseelen. Einmal von Theseus verlassen, spürt Ariadne die kommende Verwandlung, die ganz ihr eigen ist: die wohltätig und bejahend gewordene, die befreite weibliche Macht, die Anima: „Der Strahl eines Sternes glänzte in eurer Liebe! Eure Hoffnung heiße: ‚Möge ich den Übermenschen gebären!'"[110]. Mehr noch: Kraft ihrer Beziehung zu Dionysos ist Ariadne, Anima, gleichsam eine zweite Bejahung. Die dionysische Bejahung ruft nach einer weiteren Bejahung, von der sie zum Objekt genommen wird. Das dionysische Werden ist das Sein, ist Ewigkeit – indes nur, wenn auch die entsprechende Bejahung selbst bejaht wird: „ewiges Ja des Seins, ewig bin ich dein Ja"[111]. Die ewige Wiederkunft stellt die „extremste Annäherung einer Welt des Werdens an die des Seins" dar, sie bejaht das eine im anderen[112]; jedoch muß noch, um diese Annäherung zu erreichen, eine zweite Bejahung vollzogen werden. Deshalb bedeutet die ewige Wiederkunft selbst einen „hochzeitlichen Ring"[113]. Deshalb ist das dionysische Universum, der ewige Kreislauf, ein „hochzeitlicher Ring", ein Hochzeitsspiegel, der der Seele (anima) harrt, die fähig ist, sich in ihm zu bewundern, aber auch, ihn in ihrer Bewunderung zu spiegeln[114]. Deshalb möchte Dionysos eine Braut: *„Mich* – willst du? mich? mich – ganz? . . ."[115]. (Erneut wird hier sichtbar, daß entsprechend dem Standort, den man einnimmt, die Vermählungen ihren Sinn ändern wie auch die Partner wechseln. Denn von der ewigen Wiederkunft aus, einmal begründet, tritt Zarathustra selbst als Bräutigam und die Ewigkeit als geliebte Frau in Erscheinung. Von dem aus jedoch, das die ewige Wiederkunft begründet, stellt Dionysos die primäre Bejahung, das Werden und das Sein dar, freilich das Werden, das Sein nur ist, insofern es von einer zweiten Bejahung zum Objekt genommen wurde; Ariadne ist diese zweite Bejahung, sie ist die Braut, die liebende weibliche Macht.)

3. *Das Labyrinth oder die Ohren.* Dem Bild vom Labyrinth begegnen wir häufig bei Nietzsche. Es bezeichnet zunächst das Unbewußte, das Selbst; nur der Anima ist es gegeben, uns mit dem Unbewußten zu versöhnen, uns für seine Erforschung einen Leit*faden* an die Hand zu geben. Das Labyrinth bezeichnet des weiteren die ewige Wiederkunft selbst: kreisförmig, ist es kein verlorener Weg, sondern der Weg, der uns zum selben Punkt, zum selben Augenblick zurückführt, der ist, war und sein wird. Noch tiefgründiger schließlich, von dem aus, das die ewige Wiederkunft begründet, bezeichnet das Labyrinth das Werden, die Bejahung des Werdens. Das Sein nun tritt aus dem Werden heraus, bejaht sich im Werden, soweit die Bejahung des Werdens Objekt einer weiteren Bejahung wird (Ariadnefaden). Solange Ariadne noch mit Theseus zugange war, war das Labyrinth als sein Gegenteil genommen worden, es hatte sich den höheren Werten geöffnet und der Faden war der des Negativen, des Ressentiments, war Faden der Moral gewesen[116]. Dionysos aber gibt Ariadne sein Geheimnis preis: Das wahre Labyrinth ist Dionysos selbst, der wahre Faden ist der Faden der Bejahung: „Ich bin dein Labyrinth“[117]. Dionysos ist Labyrinth und Stier, Werden und Sein, freilich Werden, das Sein nur ist, sofern seine Bejahung selbst bejaht wird. Dionysos bittet Ariadne nicht nur, die Bejahung zu hören, sondern sie auch zu bejahen: „Du hast kleine Ohren, du hast meine Ohren: steck ein kluges Wort hinein!“ Das Ohr ist labyrinthisch, ist das Labyrinth des Werdens oder der Irrgarten der Bejahung. Das Labyrinth ist, was uns zum Sein führt, es existiert kein Sein als nur das des Werdens, kein Sein als nur das des Labyrinths selbst. Ariadne besitzt die Ohren von Dionysos: Die Bejahung muß, damit sie die des Seins ist, selbst noch bejaht werden. Ariadne steckt ein kluges Wort in die Ohren von Dionysos. Das heißt: Die dionysische Bejahung vernommen, macht sie diese zum Objekt einer zweiten Bejahung, die Dionysos vernimmt.

Werden Bejahung und Verneinung einmal als Qualitäten des Willens zur Macht betrachtet, dann wird ersichtlich, daß ihr Verhältnis kein eindeutig-reziprokes ist. Die Verneinung *steht im Gegensatz* zur Bejahung, wohingegen die Bejahung von der Verneinung abweicht, *differiert.* Wir dürfen nicht die Bejahung als eine solche denken, die ihrerseits zur Verneinung „in Gegensatz steht“. Das hieße, das Negative in sie einzuführen. Nicht nur gibt der Gegensatz das Verhältnis der Verneinung zur Bejahung wieder, er macht vielmehr das Wesen des Negativen schlechthin aus. Wie die Bejahung Lust und Spiel in der eigenen Differenz ist, so eignet der Verneinung das Leiden und die Arbeit des Gegensatzes. Worin besteht das Spiel der Differenz in der Bejahung? Die Bejahung ist zunächst als Vieles, Werden und Zufall gesetzt. Denn das Viele ist beider Differenz, das Werden ist Differenz zu sich, der Zufall die distributive, die Differenz „zwischen allen". Im folgenden teilt sich die Bejahung, und die Differenz wird in der Bejahung der Bejahung reflektiert: Moment der Reflexion, in dem eine zweite Bejahung die erste zum Objekt nimmt. Derart verdoppelt sich aber die Bejahung: als Objekt der zweiten Bejahung ist sie selbst bejahte Bejahung, doppelte Bejahung, die zu ihrer höchsten Macht aufgestiegene Differenz. Das Werden ist Sein, das Viele das Eine, der Zufall die Notwendigkeit. Die Bejahung des Werdens ist Bejahung des Seins usw., vorausgesetzt, daß sie zum Objekt der zweiten Bejahung wird, die sie zu jener neuen Macht empor trägt. Sein wird dem Werden, das Eine dem Vielen, die Notwendigkeit dem Zufall zugesprochen, vorausgesetzt, daß das Werden, das Viele und der Zufall sich in der zweiten Bejahung reflektieren, die sie zu ihrem Objekt macht. So ist der Bejahung eigen, wiederzukehren, und der Differenz, sich zu wiederholen. Wiederkehren ist das Sein des Werdens, das Eine des Vielen, die Notwendigkeit des Zufalls: das Sein der Differenz als solches oder die ewige Wiederkunft. Betrachten wir die Bejahung in ihrer Gesamtheit, dann dürfen wir nicht, es sei denn aus Sprachbequemlichkeit, die Existenz zweier Mächte zum Jasagen mit der Existenz zweier distinkter Bejahungen verwechseln. Werden und Sein bilden ein und dieselbe Bejahung, die nur, sofern sie das Objekt einer zweiten Bejahung abgibt, von einer Macht zur anderen übergeht. Dionysos nun bedeutet die erste Bejahung, das Werden, Ariadne hingegen, Spiegel, Braut, Reflexion, die zweite Bejahung. Die zweite Macht der ersten Bejahung aber ist die ewige Wiederkunft oder das Sein des Werdens. Der Wille zur Macht als differentielles Element ist es, der die Differenz in der Bejahung erzeugt und entfaltet, der die Differenz in der Bejahung der Bejahung reflektiert, der sie in die selbst bejahte Bejahung zurückkehren läßt. Der zur höchsten Macht erhobene, reflektierte und entfaltete Dionysos: dies sind die Aspekte des dionysischen Wollens, das der ewigen Wiederkunft zugrunde liegt.

13. Dionysos und Zarathustra

Aus der ewigen Wiederkunft ist zu lernen, daß es keine Wiederkehr des Negativen gibt. Die ewige Wiederkunft bedeutet, daß das Sein Auslese, Züchtung ist. Nur das kehrt wieder, was selbst bejaht oder was bejaht wird. Die ewige Wiederkunft ist die Reproduktion des

Werdens, aber die Reproduktion des Werdens ist auch die Produktion eines aktiven Werdens: des Übermenschen, dem gemeinsamen Kind von Dionysos und Ariadne. In der ewigen Wiederkunft wird dem Werden, freilich nur dem Aktiv-werden, Sein zugesprochen. Nietzsches spekulative Lehre lautet: Das Werden, das Viele, der Zufall enthalten keine Verneinung; die Differenz ist die reine Bejahung; Wiederkehren ist das Sein der Differenz unter Ausschluß von jeglichem Negativen. Es mag sein, daß diese Lehre verschwommen und dunkel bliebe ohne die praktische Klarheit, in die sie getaucht ist. Nietzsche deckt alle Mystifikationen auf, die die Philosophie entstellen: den Apparat des schlechten Gewissens, das trügerische Ansehen des Negativen, das aus dem Vielen, dem Werden, dem Zufall ebenso viele Mißgeschicke des Bewußtseins und aus den Mißgeschicken des Bewußtseins ebenso viele Momente der Bildung, der Reflexion, der Entwicklung konstruiert. Daß die Differenz glücklich ist, daß das Werden, das Viele, der Zufall an sich genug haben, an sich selbst Objekte von Lust sind, daß allein die Lust wiederkehrt: solches gibt Nietzsches praktische Lehre zu verstehen auf. Das Viele, das Werden, der Zufall bilden die eigentliche philosophische Lust, in der das Eine sich selbst genießt, wie auch das Sein und die Notwendigkeit. Seit Lukrez nicht mehr (mit Ausnahme von Spinoza) wurde das kritische Unterfangen, das doch die Philosophie auszeichnet, derart weit vorgetrieben. Lukrez, der die Störung der Seele aufdeckte und jene bloßstellte, die dieser Störung bedürfen, um ihre Macht zu festigen – Spinoza, der den Trübsinn, dessen Ursachen aufdeckte und schließlich jene anprangerte, die inmitten dieses Trübsinns ihre Macht errichten – Nietzsche, der das Ressentiment, das schlechte Gewissen und die Macht des Negativen bloßstellte, die ihnen zugrunde liegt: darin läßt sich die „Unzeitgemäßheit" einer Philosophie ablesen, deren erklärtes Ziel es ist, zu befreien. Kein unglückliches Bewußtsein, das nicht sogleich auch Verknechtung des Menschen, Falle für den Willen, günstige Gelegenheit für alle Niedrigkeiten des Denkens darstellte. Die Herrschaft des Negativen ist die Herrschaft mächtiger Dummköpfe: der Kirchen und Staaten, die uns an ihre ureigensten Ziele und Zwecke ketten. Der Mörder beging nur einen traurigen Frevel, da er ihn traurig motivierte: er wollte Gottes Platz einnehmen, er tötete, um zu „stehlen", er blieb, indem er das Göttliche auf sich nahm, noch dem Negativen verhaftet. Es braucht seine Zeit, bis der Tod Gottes endlich zu seinem Wesen findet und ein freudiges Ereignis wird. Zeit, das Negative auszustoßen, das Reaktive auszutreiben, Zeit eines Aktiv-werdens. Und diese Zeit genau ist der Kreislauf der ewigen Wiederkehr.

Das Negative scheidet dahin, vor den Toren des Seins. Der

Gegensatz stellt seine Arbeit ein und die Differenz beginnt mit ihren Spielen. Aber wo ist das Sein, das keine andere Welt ist, und wie vollzieht sich die Züchtung? Nietzsche nennt *Umwertung der Werte* den Punkt, an dem das Negative umgewandelt wird. An dem es seine Macht und Qualität verliert. Die Verneinung hört auf, autonome Macht zu sein, d.h. eine Qualität des Willens zur Macht. Die Umwertung trägt das Negative zur Bejahung im Willen zur Macht, worin es eine bloße Seinsweise der Mächte des Bejahens wird. Nicht mehr Arbeit des Gegensatzes, kein Leiden des Negativen mehr, sondern kriegerisches Spiel der Differenz, Bejahung und Lust an der Zerstörung. Das seiner Macht enthobene, in sein Gegenteil übergegangene, selbst bejahend und schaffend gewordene Nein: das ist Umwertung. Zarathustra ist wesentlich durch diese Umwertung aller Werte gekennzeichnet. Wenn er durch das Negative hindurchgeht, wie es sein Ekel und seine Versuchungen bezeugen, so weder, um sich seiner als Antrieb zu bedienen noch dessen Last der Erzeugnisse auf sich zu nehmen, sondern um zu jenem Punkt zu gelangen, wo der Antrieb ausgewechselt, das Erzeugnis überwunden, wo alles Negative besiegt oder umgewertet wird.

Zarathustras Geschichte in all ihren Momenten ist seiner Beziehung zum Nihilismus, d.h. zum bösen Geist, eingeschrieben. Der böse Geist stellt den Geist des Negativen dar, die Macht zum Verneinen, die unterschiedliche, dem Anschein nach entgegengesetzte Rollen erfüllt. Bald läßt dieser Geist *sich vom Menschen tragen,* ihm einredend, daß das Gewicht, mit dem er ihn belädt, die Positivität selbst sei. Bald *springt er* dagegen *über den Menschen hinweg* und entzieht ihm so jegliche Kräfte und jeden Willen[118]. Der Widerspruch ist reiner Schein: Im ersten Fall ist der Mensch das reaktive Wesen, das sich der Macht bemächtigen und die ihn zuvor beherrschende Macht durch seine eigenen Kräfte ersetzen will. In Wirklichkeit findet hier der böse Geist die Gelegenheit, sich tragen, sich aufnehmen zu lassen und, hinter falscher Positivität verkleidet, seinem ureigensten Werk nachzugehen. Im zweiten Fall ist der Mensch der letzte Mensch: immer noch reaktives Wesen, ist er aber zu kraftlos, um vom Willen Besitz zu ergreifen; er ist der böse Geist, der dem Menschen alle Kräfte entzieht, der ihn kraft- und willenlos zurückläßt. In beiden Fällen kommt der böse Geist als Geist des Negativen zum Vorschein, der, durch die Anverwandlungen des Menschen hindurch, *seine Macht aufrechterhält und seine Qualität bewahrt.* Er symbolisiert den Willen zum Nichts, der den Menschen als reaktives Wesen benutzt, sich von ihm tragen läßt und der zugleich mit diesem nicht verschmilzt und über ihn hinwegspringt. Diesbezüglich differiert die Umwertung ebenso vom Willen zum Nichts wie Zarathustra vom bösen Geist. Mit Zarathustra verliert die Verneinung ihre Macht und Qualität: Jenseits des reaktiven Menschen, *der Vernichter der bekannten Werte;* jenseits des letzten Menschen *der Mensch, der zugrunde gehen und überwunden sein will.* Zarathustra bedeutet die Bejahung, den Geist der Bejahung als Macht, die das Negative in einen Modus verwandelt und den Menschen zu einem aktiven Wesen, das überwunden (und nicht „übersprungen") sein will. Zarathustra steht unter dem Zeichen des Löwen: mit dem Löwen beginnt der erste und schließt der vierte Teil. Er ist das schaffende und affirmativ gewordene „heilige Nein", dies Nein, das die Bejahung anzusprechen weiß, in welche das gesamte Negative, seiner Macht und Qualität nach, umgewandelt und umgewertet wird. Mit der Umwertung findet jener Zustand sein Ende, worin der Wille zur Macht an das Negative als Grund seiner Erkenntnis gebunden war, er zeigt jetzt seine unbekannte Seite vor, den unbekannten Seinsgrund, der das Negative zu einer bloßen Seinsweise werden läßt.

Ein komplexes Verhältnis unterhält – wie die Umwertung zur ewigen Wiederkunft – indessen auch Zarathustra zu Dionysos. In gewisser Weise bildet Zarathustra die Ursache der ewigen Wiederkunft, stellt er den Vater des Übermenschen dar. Der Mensch, der zugrunde gehen und überwunden werden will, ist der Vorfahre und Vater des Übermenschen. Der Zerstörer aller bekannten Werte, der Löwe mit dem heiligen Nein leitet seine letzte Metamorphose ein: er wird Kind. Seine Hände in der Löwenmähne vergraben, spürt Zarathustra, daß die Kinder nahe sind und der Übermensch im Kommen ist. In welchem Sinne nun ist Zarathustra der Vater des Übermenschen und Ursache der ewigen Wiederkunft? Als deren Bedingung. Und doch weist auf eine andere Art die ewige Wiederkunft auch ein unbedingtes, bedingungsloses Prinzip auf, dem selbst Zarathustra unterworfen ist. Die ewige Wiederkunft hängt – in Hinblick auf das sie bedingende Prinzip – von der Umwertung ab; aber die Umwertung in Hinblick auf jenes bedingungslose Prinzip tiefgreifender noch von der ewigen Wiederkunft. Zarathustra ist Dionysos untergeordnet. „Wer bin *ich?* Ich warte des Würdigeren; ich bin nicht wert, an ihm auch nur zu zerbrechen"[119]. Innerhalb der Dreiheit Antichrist, Dionysos, Ariadne und Zarathustra stellt Zarathustra den bedingten Bräutigam Ariadnes, diese aber die bedingungslose Braut von Dionysos dar. Daher kommt, im Verhältnis zur ewigen Wiederkehr und zum Übermenschen, Zarathustra stets eine untergeordnete Stellung zu. Wohl ist er Ursache der ewigen Wiederkehr, aber Ursache, die ihre Wirkung hervorzubringen hinauszögert. Und er ist Prophet, der zaudert, seine Botschaft abzugeben, der den Taumel und die Verlockung des Negativen kennt und der von seinen Tieren ermutigt werden muß. Er ist Vater des Übermenschen, aber Vater, dessen Geschöpfe reif sind, bevor er für sie reif ist, er ist Löwe, dem noch eine letzte Metamorphose fehlt[120]. In Wahrheit stehen die ewige Wiederkunft und der Übermensch am Kreuzpunkt zweier Genealogien, zweier ungleicher genetischer Linien.

Sie verweisen einerseits auf Zarathustra als dem bedingenden Prinzip, das sie nur hypothetisch „postuliert", andrerseits auf Dionysos als dem unbedingten Prinzip, in dem ihr apodiktischer und absoluter Charakter gründet. So dient im Entwurf Zarathustras stets das Ineinander von Ursachen oder die Verknüpfung von Augenblicken, das wechselseitige synthetische Verhältnis der Augenblicke als Hypothese hinsichtlich der Wiederkehr derselben Augenblicke. Von Dionysos aus gesehen aber ist es das synthetische Verhältnis des Augenblicks zu sich, als Gegenwärtiges, Vergangenes und Zukünftiges, das im absoluten Sinne sein Verhältnis zu allen anderen Augenblicken determiniert. Wiederkehren ist keine Passion des durch die anderen angestoßenen Augenblicks, sondern bildet die Aktivität des Augenblicks, der, indem er, ausgehend von dem, was er bejaht, sich selbst determiniert, auch die anderen determiniert. Zarathustras Sternbild ist das des Löwen, das von Dionysos jedoch ist das Gestirn des Seins: das Ja des Spieler-Kindes, tiefgründiger als das heilige Nein des Löwen. Zarathustra ist gänzlich bejahend – sogar wenn er Nein sagt, er, der Nein zu sagen weiß. Aber Zarathustra ist nicht die ganze Bejahung, und nicht deren Tiefstes.

Zarathustra bezieht das Negative auf die Bejahung im Willen zur Macht. Noch muß freilich der Wille zur Macht auf die Bejahung als seinen Seinsgrund (ratio essendi) und diese auf den Willen zur Macht als das Element bezogen werden, das seinen eigenen Grund (ratio) erzeugt, reflektiert und entfaltet: diese Aufgabe kommt Dionysos zu. Alles, was Bejahung ist, findet in Zarathustra seine Bedingung, in Dionysos aber sein unbedingtes Prinzip. Zarathustra bestimmt die ewige Wiederkunft; mehr noch, er bestimmt diese, ihre Wirkung, den Übermenschen zu schaffen. Aber diese Bestimmung geht in der Serie der Bedingungen auf, die im Löwen, im Menschen, der überwunden sein will, im Vernichten aller bekannten Werte ihr letztes Stadium erreicht. Gänzlich anderer Natur ist die Bestimmung von Dionysos: nämlich identisch mit dem Prinzip, ohne das die Bedingungen selbst wirkungslos blieben. Und in der Tat stellt es eine letzte Verkleidung von Dionysos dar, seine Geschöpfe Bedingungen zu unterwerfen, die ihm doch selbst unterworfen sind und die von jenen Geschöpfen übertroffen werden. Der Löwe wird Kind und die Vernichtung der bekannten Werte ermöglicht die Schaffung neuer

Werte. Indessen vollzöge sich unter diesen Bedingungen weder die Schaffung neuer Werte noch formulierte sich das Ja des Kind-Spielers, wären beide nicht zugleich einer tieferliegenden Genealogie unterworfen. So nimmt es denn nicht wunder, daß jeder Begriff Nietzsches am Schnittpunkt zweier ungleicher genetischer Linien steht. Nicht allein die ewige Wiederkunft und der Übermensch, sondern auch das Lachen, das Tanzen, das Spielen. Bezogen auf Zarathustra stellen diese drei, Lachen, Tanzen, Spielen, die jasagenden Mächte der Umwertung dar: Das Tanzen wertet Schweres in Leichtes um, das Lachen Leiden in Freude, das Wurfspiel (der Würfel) Niedriges in Hohes. Auf Dionysos aber bezogen bilden Lachen, Tanzen und Spielen die bejahenden Mächte der Reflexion und der Entwicklung. Das Tanzen bejaht das Werden und das Sein des Werdens; das Lachen, die Lachausbrüche bejahen das Viele und das Eine des Vielen; das Spielen endlich bejaht den Zufall und die Notwendigkeit des Zufalls.

Zusammenfassung

Die moderne Philosophie legt uns Mischungen vor, die von ihrer Kraft und Lebendigkeit zeugen, aber zugleich nicht ohne Gefahr für den Geist sind. Welch bizarrer Mischmasch aus Ontologie und Anthropologie, aus Atheismus und Theologie. Ein wenig christlicher Spiritualismus, ein wenig Hegelsche Dialektik, ein wenig Phänomenologie als moderne Scholastik, ein wenig nietzschesches Feuerwerk ergeben in je wechselnden Proportionen absonderliche Verbindungen. Da reichen Marx und die Vorsokratiker, Hegel und Nietzsche sich die Hände in einer Runde, die dabei ist, die Überwindung der Metaphysik und gar den Tod der eigentlichen Philosophie zu zelebrieren. Und wahrhaftig, Nietzsche hatte sich ausdrücklich zum Ziel gesetzt, die Metaphysik zu „überwinden" – freilich aber auch Jarry in dem, was er, die Etymologie bemühend, „Pataphysik" hieß. Wir haben in diesem Buch versucht, gefährliche Bündnisse zu zerschlagen. Wir haben uns vorgestellt, wie Nietzsche in einem Spiel, das nicht das seine ist, seinen Einsatz wieder zurückzieht. Über die Philosophie und die Philosophen seiner Zeit sprach Nietzsche dies Urteil: Gemälde von allem, was je geglaubt wurde. Vielleicht hätte er solches auch noch von der zeitgenössischen Philosophie gesagt, in der Nietzscheanismus, Hegelianismus und Husserlianismus die Stücke des neuen buntgesprenkelten Denkens bilden.

Zwischen Hegel und Nietzsche ist jeder Kompromiß ausgeschlossen. Nietzsches Philosophie, der große polemische Tragweite eignet, ist ihrer Form nach absolut anti-dialektisch und von der Absicht getragen, alle Mystifikationen, die in der Dialektik ihre letzte Fluchtstätte gefunden haben, aufzudecken. Wovon Schopenhauer nur geträumt, was er nie verwirklicht hatte, da allzusehr noch im Netz des Kantianismus und Pessimismus gefangen, Nietzsche macht es, um den Preis des Bruchs mit Schopenhauer, zu seinem Anliegen: ein neues Bild des Denkens zu entwerfen, das Denken von Lasten zu befreien, die es erdrücken. Drei leitende Ideen bestimmen die Dialektik: die der Macht des Negativen als theoretisches Prinzip, das in Gegensatz und Widerspruch seinen Ausdruck findet; die des Werts von Leiden und Trübsinn, die Aufwertung der „tristen Leidenschaften" als praktisches Prinzip, das sich in der Zerrissenheit, in der Entzweiung manifestiert; die der Positivität als theoretisches und praktisches Produkt der Negation selbst. Es ist wohl kaum übertrieben zu erklären, daß Nietzsches ganze Philosophie ihrem polemischen Gehalt nach der Bloßstellung dieser drei Ideen gilt.

Wenn die Dialektik ihr spekulatives Element im Gegensatz und im Widerspruch findet, so zunächst deshalb, weil sie ein falsches Bild der Differenz wiedergibt – ähnlich dem Ochsen ein auf den Kopf gestelltes. Wohl stellt die Hegelsche Dialektik eine Reflexion der Differenz dar, aber sie verkehrt zugleich deren Bild. Die Bejahung der Differenz als Differenz ersetzt sie durch die Negation des Differierenden; die Selbstbejahung durch die Negation des Anderen; die Bejahung der Bejahung durch die berühmt-berüchtigte Negation der Negation. – Freilich wäre diese Verkehrung ohne Sinn, würde sie nicht praktisch von Kräften angetrieben, die an ihr Interesse haben. Die Dialektik bringt alle Kombinationen der reaktiven Kräfte mit dem Nihilismus, beider Geschichte und Entwicklung, zum Ausdruck. Desgleichen verweist der die Differenz verdrängende Gegensatz auf den Triumph der reaktiven Kräfte, die im Willen zum Nichts das ihnen entsprechende Prinzip vorfinden. Das Ressentiment bedarf negativer Prämissen, zweier Verneinungen, um nur das Phantom einer Bejahung hervorzubringen; das asketische Ideal bedarf des Ressentiments und des schlechten Gewissens wie der Falschspieler seiner gefälschten Karten. Allenhalben triste Leidenschaften; und als Subjekt der ganzen Dialektik das unglückliche Bewußtsein. Zunächst macht die Dialektik, in Reaktion gegen das Leben, das Denken des theoretischen Menschen aus, der das Leben zu bewerten, zu beschränken, zu beurteilen trachtet. Sie ist des weiteren Denken des Priesters, der das Leben der Arbeit des Negativen aussetzt. Er braucht die Verneinung, um seine Macht zu festigen, er verkörpert jenen absonderlichen Willen, der die reaktiven Kräfte zum Sieg führt. In diesem Sinne figuriert die Dialektik als die eigentlich christliche Ideologie. Schließlich und endlich gibt sie das Denken des Sklaven wieder, darin das reaktive Leben an sich und das Reaktiv-werden des gesamten Universums dokumentierend. Doch der Atheismus, den sie uns unterbreitet, ist klerikal und selbst das Bild des Herrn noch eine Sklavenfigur. – Man sollte sich daher nicht wundern, wenn die Bejahung der Dialektik nur zu einem Phantom gerät. Überwundener Gegensatz oder aufgehobener Widerspruch, in beidem ist die Positivität einer radikalen Fälschung ausgesetzt worden. Die dialektische Positivität, das Wirkliche in der Dialektik, ist das Ja des Esels. Dieser wähnt Ja zu sagen, weil er alles auf sich nimmt, dabei nimmt er nur die Erzeugnisse des Negativen auf sich. Dem bösen Geist, dem Affen Zarathustras genügte es, über uns zu springen; die Tragenden sind immer noch versucht zu glauben, daß sie jasagen, wenn sie tragen und daß das Positive sich nach dem Gewicht bemesse. Unter dem Fell des Löwen der Esel: den hieß Nietzsche den „Gegenwärtigen".

Nietzsches Größe, diese beiden Pflanzen, Ressentiment und schlechtes Gewissen, abgesondert zu haben. Wiese seine Philosophie auch nur diesen einen Aspekt auf, wäre ihr schon größte Bedeutung sicher. Tatsächlich gibt bei ihm die Polemik nur eine Aggressivität wieder, die einer tieferen, sowohl aktiven wie bejahenden Instanz entspringt. Die Dialektik ist aus der Kantischen Kritik oder der falschen Kritik hervorgegangen. Die Ausarbeitung der wahren Kritik schließt eine Philosophie ein, die sich für sich selbst entfaltet und das Negative nur als Seinsweise zurückbehält. Den Dialektikern warf Nietzsche vor, einer abstrakten Konzeption von Allgemeinem und Besonderem anzuhängen; befangen in Symptomen, stießen sie nie zu den Kräften und zu dem Willen vor, die jenen erst Sinn und Wert verleihen. Ihre Wertschätzungen vollzogen sich noch im Rahmen der Frage: „Was ist . . .?", die widersprüchliche Frage par excellence. Nietzsche erschafft sich seine eigene Methode, eine wesentlich dramatische, typologische und differentielle. Er macht die Philosophie zu einer Kunst, zur Kunst der Auslegung und Wertschätzung. Gegenüber allen Dingen stellt er die eine Frage: „Wer?". Der, welcher . . . ist Dionysos. Das, was . . . ist der Wille zur Macht als plastisches und genealogisches Prinzip. Nicht die Kraft ist der Wille zur Macht, sondern das differentielle Element, das in einem das Kräfteverhältnis (Quantität) und die jeweilige Qualität der in einem Verhältnis stehenden Kräfte determiniert. In diesem Element der Differenz manifestiert sich die Bejahung und entfaltet sie sich als schaffende. Der Wille zur Macht ist das Prinzip der vielfältigen Bejahung, Prinzip, das schenkt oder die schenkende Tugend.

Darin, daß das Viele, das Werden, der Zufall Objekte reiner Bejahung sein mögen, ist der Sinn der Philosophie Nietzsches formuliert. In der Bejahung des Vielen steckt die spekulative, in der Freude am Unterschiedenen die praktische Behauptung. Der Spieler verliert nur, weil er zu wenig bejaht, weil er dem Zufall das Negative und dem Werden sowie dem Vielen den Gegensatz einführt. Der wahre Würfelwurf bringt notwendig jene Zahl hervor, die gewinnt und die den Wurf wiederholt. Bejaht wird der Zufall und die Notwendigkeit des Zufalls; das Werden und das Sein des Werdens; das Viele und das Eins des Vielen. Die Bejahung teilt sich, um dann, ihre höchste Macht einnehmend, sich zu verdoppeln. Die Differenz reflektiert sich, um dann sich zu wiederholen, sich fortzupflanzen. Diese höchste Macht ist die ewige Wiederkunft, Synthese der Bejahung, die im *Willen* ihr Prinzip findet. Gegen die Last des Negativen die Leichtigkeit des Bejahenden; gegen die Arbeit der Dialektik die Spiele des Willens zur Macht; gegen jene famose Negation der Negation die Bejahung der Bejahung.

Nicht zu leugnen, daß die Verneinung zunächst als eine Qualität des Willens zur Macht hervortritt. Freilich in dem Sinne, wie auch die Reaktion eine Qualität der Kraft ausmacht. Tiefergehend, gibt die Verneinung nur eine Seite des Willens zur Macht wieder, jene, unter der er uns bekannt ist, und bekannt in dem Maße, wie die Erkenntnis selbst ein Ausdruck reaktiver Kräfte ist. Ausschließlich den trostlosen Teil der Erde bewohnt der Mensch, und nur dessen Reaktiv-werden, das ihn durchquert und konstituiert, umfaßt er. Deshalb ist die Geschichte des Menschen die des Nihilismus, Verneinung und Reaktion. Aber auch die langwährende Geschichte des Nihilismus nähert sich dem Abschluß: jenem Endpunkt, da die Verneinung sich gegen die reaktiven Kräfte selbst kehrt. Dieser Moment definiert die Umwertung aller Werte: darin verliert die Verneinung ihre Eigenmacht, wird aktiv, überlebt nurmehr als Seinsweise der Mächte zum Jasagen. Darin ändert sich das Negative und geht in die Dienste der Bejahung über; kommt ihm Geltung nur noch als einleitende Offensive oder als konsequente Aggressivität zu. Die Negativität als Negativität des *Positiven* macht einen Teil der anti-dialektischen Funde Nietzsches aus. Von der Umwertung gilt, daß sie sowohl die ewige Wiederkunft bedingt wie daß sie, einem tieferen Prinzip gemäß, von dieser abhängt. Denn wiederkehren läßt der Wille zur Macht nur, was bejaht wird: er in einem wandelt das Negative um und zeugt wieder die Bejahung. Daß das eine für das andere steht, daß das eine im anderen ist, bedeutet, daß die ewige Wiederkunft Sein ist, aber das Sein Züchtung, Auslese. Als einzige Qualität des Willens zur Macht bleibt die Bejahung, bleibt die Aktion als einzige Qualität der Kraft und das Aktiv-werden als schöpferische Identität der Macht und des Willens.

Anmerkungen

(Soweit nicht anders verzeichnet, sind die Zitate der Hanser-Edition: Friedrich Nietzsche, *Werke in 3 Bänden,* Hrsg. Karl Schlechta, München 1969, entnommen. A. d. Ü.)

Im folgenden die Abkürzungen für die hauptsächlich zitierten Texte Nietzsches:

- Die Geburt der Tragödie: *GT*
- Also sprach Zarathustra: *Z*
- Jenseits von Gut und Böse: *GB*
- Zur Genealogie der Moral: *GM*
- Ecce homo: *EH*
- Umwertung aller Werte: *UaW*
  (Hrsg. Würzbach, München 1969)

Erstes Kapitel

1 *GB,* 211.

2 *GB,* „Wir Gelehrten".

3 *GM,* I, 2.

4 *Z,* III, „Vom Vorübergehen".

5 *EH,* I, 6–7.

6 *GM,* II, 12.

7 *Z,* III, „Von den Abtrünnigen".

8 *Z,* II, „Von großen Ereignissen".

9 Nietzsche fragt: welche Kraft gibt der Religion die Möglichkeit, „von sich aus und *souverän* zu handeln?" *(GB,* 62).

10 *GM,* III, 8–10.

11 *GM,* III, 10.

12 *Die Philosophie im tragischen Zeitalter der Griechen, Werke,* Bd. III, S. 353.

13 l.c. S. 355.

14 *Z,* I, „Vom Freunde".

15 *GM,* III, 8.

16 K. Marx, Doktordissertation: „Differenz der demokritischen und epikureischen Naturphilosophie nebst einem Anhange", in Marx/Engels Werke, *Ergänzungsband* 1, S. 284.

17 *GB,* 36.

18 Schopenhauer, *Die Welt als Wille und Vorstellung,* 4. Buch.

19 *GB,* 19.

20 *Z,* III, „Von den drei Bösen".

21 *Menschliches, Allzumenschliches,* Erster Band, Vorrede, 7.

22 *GM,* I, 10.

23 *GB,* 260.

24 *GM,* I, 10.

25 *Götzen-Dämmerung,* „Das Problem des Sokrates", 3–7. – *UaW,* 1. Buch, 40: „. . . der Pöbel kam mit der Dialektik zum Sieg . . . Dialektik kann nur eine *Notwehr* sein".

26 Gegen die Vorstellung, daß der Wille zur Macht Wille sei, sich „anerkennen" zu lassen, sich folglich kursierende Werte beimessen zu lassen, vgl. *GB,* 261 und *Morgenröte,* 113.

27 *Der Antichrist,* 10.

28 *UaW,* 4. Buch, 539.

29 *EH,* „Die Geburt der Tragödie", 1.

30 *GT,* 16.

31 Zum Gegensatz des vermittelten Bildes und des Symbols (zuweilen „unmittelbar Abbild des Willens" genannt) vgl. *GT,* 5, 16, 17.

32 *UaW,* 4. Buch, 561: „Ich bemühte mich im Grunde um nichts als um zu erraten, warum gerade der griechische Apollinismus aus einem dionysischen Untergrund herauswachsen mußte: der dionysische Grieche nötig hatte, apollinisch zu werden".

33 *GT,* 8 und 10.

34 *GT,* 18.

35 *GT,* 10.

36 *Unzeitgemäße Betrachtungen,* Viertes Stück, „Richard Wagner in Bayreuth".

37 *EH,* „Die Geburt der Tragödie", 1–4.

38 *GT,* 12.

39 *GT,* 13.

40 *GT,* 15.

41 *GT,* 15.

42 *EH,* „Warum ich ein Schicksal bin", 9; *UaW,* 3. Buch, 414; 4. Buch, 469.

43 *UaW,* 4. Buch, 469.

44 *GM,* II.

45 Wie man „Ideale fabriziert", vgl. *GM,* I, 14.

46 *GM,* I, 8. Schon Feuerbach warf, auf allgemeiner Ebene, der Hegelschen Dialektik deren Hang zu fiktiven Antithesen, auf Kosten der wirklichen Koordinationen, vor (vgl. Feuerbach, „Zur Kritik der Hegelschen Philosophie", in: Feuerbach, *Kleine Schriften,* Frankfurt/M. 1966). Ähnlich wird Nietzsche schreiben: „Koordination – statt *Ursache* und *Wirkung*", *UaW,* 2. Buch, 340.

47 *GM,* I, 8.

48 *UaW,* 4. Buch, 469.

49 *Nietzsche contra Wagner,* „Wir Antipoden". Man wird bemerken, daß nicht jeder Rausch dionysisch ist: es gibt einen christlichen Rausch, der zu dem des Dionysos in Gegensatz steht.

50 *UaW,* 4. Buch, 469.

51 *Z,* II, „Von der Erlösung".

52 *EH,* „Also sprach Zarathustra", 6.

53 Siehe die Ängste und den Ekel Zarathustras in Hinblick auf die ewige

Wiederkunft. – Seit den *Unzeitgemäßen Betrachtungen* postuliert Nietzsche im Prinzip: „Alles Dasein, welches verneint werden kann, verdient es auch verneint zu werden; und wahrhaftig sein heißt: an ein Dasein glauben, welches überhaupt nicht verneint werden könnte und welches selber wahr und ohne Lüge ist" (*Unzeitgemäße Betrachtungen,* Drittes Stück, „Schopenhauer als Erzieher", 4).

54 Seit der *Geburt der Tragödie* widersetzt sich Nietzsche der aristotelischen Konzeption der Tragödie als Katharsis. Er macht auf die zwei möglichen Deutungen der *Katharsis* aufmerksam: als sittlich-moralische Sublimation und medizinische Purgation (*GT,* 22). Wie immer aber auch gedeutet, die Katharsis umfaßt das Tragische als Vollzug „deprimierender Affekte" und „reaktiver" Gefühlsregungen (vgl. *UaW,* 4. Buch, 465).

55 *GT,* 22.

56 *UaW,* 4. Buch, 50.

57 *EH,* „Der Fall Wagner", 1.

58 *UaW,* 3. Buch, 192, 221, 222; 4. Buch, 17–60.

59 M. Jeanmaire, *Dionysos,* Paris: „Die Freude, eines seiner hervorstechendsten Persönlichkeitsmerkmale, die ihren Teil dazu beiträgt, ihm jene Dynamik zu verleihen, auf die stets zurückgegriffen werden muß, um die expansive Macht seines Kultes zu begreifen" (S. 27); „Ein wesentliches Kennzeichen der Konzeption, die man sich von Dionysos macht, ist jenes, das die Vorstellung einer in ihrem Wesen beweglichen und beständig den Ort wechselnden Gottheit hervorbringt, eine Beweglichkeit, an der ein Gefolge partizipiert, das zugleich das Modell oder das Bild der Kongregationen oder Thiasus, in denen sich seine Adepten zusammenfinden, abgibt" (273f.); „Von einer Frau geboren, von Frauen eskortiert, die mit seinen mythischen Ammen buhlen, stellt Dionysos einen Gott dar, der den Verkehr mit den Sterblichen fortsetzt und ihnen das Gefühl seiner unmittelbaren Präsenz vermittelt, der sich weniger auf ihre Stufe stellt als daß er sie zu sich emporhebt usw." (339ff.).

60 *Die fröhliche Wissenschaft,* 357.

61 *GT,* 9.

62 *GT,* 9. „Und so stellt gleich das erste philosophische Problem einen peinlichen unlösbaren Widerspruch zwischen Mensch und Gott hin und rückt ihn wie einen Felsblock an die Pforte jeder Kultur. Das Beste und Höchste, dessen die Menschheit teilhaftig werden kann, erringt sie durch einen Frevel und muß nun wieder seine Folgen dahinnehmen, nämlich die ganze Flut von Leiden und von Kümmernissen, mit denen die beleidigten Himmlischen das edel emporstrebende Menschengeschlecht heimsuchen – müssen". Man sieht, wie sehr Nietzsche in der *Geburt der Tragödie* noch „Dialektiker" ist: er rechnet Dionysos die Frevel der Titanen zu, obgleich doch dieser deren Opfer war. Den Tod von Dionysos stilisiert er zu einer Art Kreuzigung.

63 *Nietzsche's Werke,* Bd. XIX, Philologica, Leipzig 1913.

64 *GT,* 9.

65 *EH,* „Also sprach Zarathustra", 8; „Wer weiß außer mir, was *Ariadne* ist!".

66 *UaW*, 3. Buch, 409.

67 *UaW*, 3. Buch, 459.

68 *GM*, III, 23.

69 *UaW*, 3. Buch, 384 und 466.

70 *GM*, II, 23.

71 Ordnen wir einmal die Thesen aus der *Geburt der Tragödie*, die Nietzsche aufgeben oder verändern wird, so finden sich deren fünf: a) Der unter den Gesichtspunkten des Widerspruchs und seiner Aufhebung interpretierte Dionysos wird durch den bejahenden und vielfältigen Dionysos ersetzt; b) Die Antithese Dionysos versus Apollo tritt ab zugunsten der Komplementarität von Dionysos und Ariadne; c) Der Gegensatz Dionysos–Sokrates wird immer unzulänglicher und bereitet den tieferen Gegensatz Dionysos – der Gekreuzigte vor; d) Die dramatische Konzeption der Tragödie macht einer heroischen Konzeption Platz; d) Das Dasein verliert seinen noch frevlerischen Charakter und gewinnt seine radikale Unschuld.

72 *UaW*, 3. Buch, 459: „. . . man *kann* das Ganze nicht richten, messen, vergleichen oder gar verneinen!"

73 *UaW*, 3. Buch, 490.

74 *GM*, I, 13.

75 *UaW*, 3. Buch, 8.

76 *UaW*, 3. Buch, 458–497.

77 Für das Folgende, Heraklit betreffend, vgl. *Die Philosophie im tragischen Zeitalter der Griechen* sowie den Teil über Heraklit in *Nietzsches Werke*, Bd. XIX.

78 Nietzsche trägt einiges zur Nuancierung seiner Interpretation bei. Heraklit hat sich demnach nicht gänzlich von den Gesichtspunkten der Strafe und der Schuld freigemacht (vgl. seine Theorie des vollkommenen Verschlungenseins durch das Feuer). Zum anderen hat er den wahren Sinn der ewigen Wiederkunft auch nur geahnt. Daher spricht Nietzsche in *Die Philosophie im tragischen Zeitalter der Griechen* nur in Andeutungen von der ewigen Wiederkunftlehre bei Heraklit; in *Ecce homo*, „Die Geburt der Tragödie", 3, ist seine Einschätzung verhalten.

79 *Nietzsche's Werke*, Bd. XIX, S. 186: „Die immanente δixγ (Dike) und γνωμη (Gnome), den πσλεμοσ (Polemos) als deren Bereich und wieder das Ganze als Spiel, über allem anschauend waltend der schöpferische Künstler, der wiederum identisch ist mit seinem Werk".

80 *Z*, III, „Die sieben Siegel".

81 *Z*, III, „Vor Sonnen-Aufgang".

82 *Z*, III, „Vor Sonnen-Aufgang".

83 *Z*, IV, „Das Honig-Opfer". – Und *Z*, III, „Von alten und neuen Tafeln": Zarathustra nennt sich hier „Erlöser des Zufalls".

84 *Z*, III, „Vor Sonnen-Aufgang" und „Auf dem Ölberge".

85 Man sollte also keineswegs annehmen, daß Nietzsche zufolge der Zufall durch die Notwendigkeit *negiert* würde. In einer derartigen Operation wie der Umwertung wird vieles negiert oder fallengelassen: etwa wird der Geist der Schwere durch das Tanzen verneint. Nietzsches allgemeine Formel dazu lautet: Verneint sei, was verneint werden kann (nämlich die Verneinung selbst,

der Nihilismus und dessen Ausgeburten). Allerdings stellt der Zufall nicht wie der Geist der Schwere eine Ausgeburt des Nihilismus dar; er ist Objekt reiner Bejahung. Es besteht, in der Umwertung selbst, eine *Korrelation* von Bejahungen: Zufall und Notwendigkeit, Werden und Sein, Vieles und Eines. Man sollte das, was korrelativ bejaht wird, nicht mit dem verwechseln, was durch die Umwertung negiert oder abgeschafft wird.

86 *Z,* IV, „Vom höheren Menschen".

87 *GM,* III, 9.

88 *Z,* II, „Von den Taranteln".

89 *UaW,* 3. Buch, 466.

90 In zwei Texten aus „Umwertung aller Werte" ist auch Nietzsche nicht von der Perspektive frei, die ewige Wiederkunft in Hinblick auf Wahrscheinlichkeiten darzustellen, so als ginge dieser deduktiv aus einer großen Zahl von Würfen hervor: „eine ungeheure Masse von Fällen vorausgesetzt, ist die zufällige Erreichung des *gleichen Wurfes* wahrscheinlicher als die absolute Nie-Gleichheit"; die Welt einmal als bestimmte Größe von Kraft und die Zeit als unendliche Sphäre gesetzt, dann „würde jede mögliche Kombination irgendwann einmal erreicht sein; mehr noch: sie würde unendliche Male erreicht sein". – Freilich 1. In diesen Texten wird ein nur „hypothetischer" Entwurf der ewigen Wiederkehr vorgetragen; 2. Sie sind „apologetisch" in einem zuweilen auch der Wette Pascals zugeschriebenen Sinne. Es geht darum, den Mechanismus beim Wort zu nehmen und aufzuweisen, daß dieser zu einer Schlußfolgerung führt, die „nicht ohne weiteres eine mechanistische" ist; 3. Sie sind „polemisch": der *schlechte Spieler* muß in aggressiver Weise gleichsam auf seinem eigenen Feld geschlagen werden.

91 *Z,* III, „Von der verkleinernden Tugend".

92 Nur in diesem Sinne spricht Nietzsche von „Bruchstücken" als von „grausen Zufällen": *Z,* II, „Von der Erlösung".

93 *UaW,* II, 320.

94 Vgl. *Die Philosophie im tragischen Zeitalter der Griechen* und *Nietzsche's Werke,* Bd. XIX, S. 167ff.

95 *UaW,* II, 319 (Kreislauf = Zyklus, Kraftmenge = Chaos).

96 *Die Philosophie im tragischen Zeitalter der Griechen,* S. 381.

97 *Z,* Vorrede, 5.

98 *UaW,* 4. Buch, 156.

99 *EH,* „Warum ich ein Schicksal bin", 3.

100 *Z,* I, „Vom freien Tode": „Glaubt es mir, meine Brüder! Er starb zu früh; er selber hätte seine Lehre widerrufen, wäre er bis zu meinem Alter gekommen!"

101 Brief an Gast vom 23. April 1883, in: *Friedrich Nietzsches Gesammelte Briefe, Vierter Band,* Briefe an Peter Gast, Leipzig 1908.

102 *UaW,* II, 35 (über die Dampfmaschine); 47, 56, 57 (über die Entbindung von Kräften): „Der Mensch ist das Zeugnis, welche ungeheuren Kräfte in Bewegung gesetzt werden können durch ein kleines Wesen vielfachen Inhalts . . . *Wesen, die mit Gestirnen spielen*" (von Deleuze unterstrichen, d. Ü.); „Es gibt im Moleküle Explosionen und Veränderungen der Bahn aller Atome und plötzliche Auslösungen von Kraft. Es könnte auch mit *einem*

Moment unser ganzes Sonnensystem einen solchen Reiz erfahren, wie ihn der Nerv auf den Muskel ausübt".

103 *GM,* Vorrede, 8.

104 *GM,* Vorrede, 8.

105 In *La poésie de Stéphane Mallarmé* (S. 424) macht Thibaudet auf die Ähnlichkeit aufmerksam. Zu Recht schließt er jeglichen wechselseitigen Einfluß aus. (Die Zitate aus „Ein Würfelwurf niemals auslöschen wird den Zufall" und „Igitur" sind entnommen der deutschen Übersetzung von Carl Fischer: Stéphane Mallarmé, *Sämtliche Gedichte,* Heidelberg 1957, A. d. Ü.).

106 An einer recht sonderbaren Stelle (S. 433) merkt Thibaudet selbst an, daß der Würfelwurf, Mallarmé zufolge, auf einmal ausgeführt wird; allerdings scheint er dies zu bedauern und den Grundsatz mehrerer Würfe eindeutiger zu finden. „Ich bezweifle stark, daß die Fortsetzung seiner Überlegungen ihn dazu gebracht hätte, über folgendes Thema ein Gedicht zu schreiben: mehrere Würfelwürfe löschen den Zufall aus. Und doch ist das gewiß und eindeutig. Man erinnere sich des Gesetzes der großen Zahl . . .". – Gewiß ist indessen nur, daß das Gesetz der großen Zahl kein Fortschreiten der Überlegungen, sondern einen Unsinn einleiten würde. Hyppolite zeugt hier von einer tiefgehenderen Einsicht, wenn er den Mallarméschen Würfelwurf nicht dem Gesetz der großen Zahl, sondern der kybernetischen Maschine annähert (vgl. *Etudes philosophiques,* 1958). Gleiches müßte, nach dem bisher Ausgeführten, auch für Nietzsche gelten.

107 *Die Philosophie im tragischen Zeitalter der Griechen,* S. 377.

108 Als Nietzsche von der „ästhetischen Rechtfertigung des Daseins" sprach, handelte es sich demgegenüber um Kunst als „Stimulans des Lebens": die Kunst bejaht sich im Leben, wie das Leben in der Kunst.

109 Heidegger hat darauf insistiert. Etwa in folgendem: „Der Nihilismus bewegt die Geschichte nach der Art eines kaum erkannten Grundvorganges im Geschick der abendländischen Völker. Der Nihilismus ist daher auch nicht nur eine geschichtliche Erscheinung unter anderen, nicht nur eine geistige Strömung, die neben anderen . . . innerhalb der abendländischen Geschichte auch vorkommt" (Heidegger, „Nietzsches Wort ‚Gott ist tot'", in *Holzwege,* Frankfurt/M. 1950, S. 201).

110 *UaW,* 3. Buch, 459.

111 *Z,* II, „Von der Erlösung". – *EH,* „Warum ich ein Schicksal bin", 1: „Ich . . . bin trotzdem der Gegensatz eines neinsagenden Geistes. Ich bin ein *froher Botschafter,* wie es keinen gab".

112 *UaW,* 1. Buch, 376: „Was wir am Christentum bekämpfen? Daß es die Starken zerbrechen will, daß es ihren Mut entmutigen, ihre schlechten Stunden und Müdigkeiten ausnützen, ihre stolze Sicherheit in Unruhe und Gewissensnot verkehren will, . . . jene schauerliche Art des Zugrundegehens, deren berühmtestes Beispiel *Pascal* abgibt."

113 *Die Philosophie im tragischen Zeitalter der Griechen,* S. 354.

114 *Z,* III, „Von alten und neuen Tafeln": „Der Mensch ist etwas, das überwunden werden muß. Es gibt vielerlei Weg und Weise der Überwindung: da siehe *du* zu! Aber nur ein Possenreißer denkt: ‚der Mensch kann auch

übersprungen werden.'". – *Z,* Vorrede, 4: „Ich liebe den, welcher sich schämt, wenn der Würfel zu seinem Glücke fällt und der dann fragt: bin ich denn ein falscher Spieler?".

115 *UaW,* 3. Buch, 41.

116 *UaW,* 3. Buch, 41: „. . . die Bewegung Pascals . . .: un monstre et un chaos, folglich etwas, das zu *verneinen* ist".

Zweites Kapitel

1 Spinoza, *Die Ethik,* 3. Teil, 2. Lehrsatz: „Freilich, was der Körper vermag, hat noch niemand festgestellt, d.h. niemand hat sich bisher durch Erfahrung darüber unterrichtet, was der Körper nach den bloßen Gesetzen der Natur, sofern diese bloß als körperlich betrachtet wird, zu tun vermöge und was er nicht vermöge, wenn er nicht vom Geiste dazu bestimmt wird" (Leipzig o. J., S. 103).

2 *UaW,* 2. Buch, 255.

3 *UaW,* 2. Buch, 247: *Die fröhliche Wissenschaft,* 357.

4 *UaW,* 2. Buch, 221.

5 *UaW,* 2. Buch, 367.

6 *UaW,* 2. Buch, 167: „der Leib ist ein erstaunlicherer Gedanke als die alte ‚Seele'"; 2. Buch, 220: „Das Erstaunlichere ist vielmehr der *Leib:* man kann es nicht zu Ende bewundern, wie der menschliche *Leib* möglich geworden ist."

7 Über das falsche Problem eines Anfangs des Lebens: *UaW,* 2. Buch, 62 und 63. – Über die Rolle des Zufalls: *UaW,* 2. Buch, 22 und 328.

8 *UaW,* 2. Buch, 85.

9 *GM,* II, 12.

10 *UaW,* 2. Buch, 221.

11 *Die fröhliche Wissenschaft,* 354.

12 *UaW,* 2. Buch, 40, 42, 181, 384.

13 Nietzsches Pluralismus hat gerade hier ihre Originalität. Seine Konzeption des Organismus hält sich nicht an der Vielheit konstituierender Kräfte. Ihn interessiert vielmehr die Vielfalt und Unterschiedenheit der aktiven und reaktiven Kräfte, die Erforschung der aktiven Kräfte selbst. – Man vergleiche diese Konzeption mit dem bewundernswerten Pluralismus von Butler, der sich allerdings mit dem Gedächtnis und der Gewohnheit begnügt.

14 *UaW,* 2. Buch, 220.

15 *Z,* I, „Von den Verächtern des Leibes".

16 *UaW,* 2. Buch, 40.

17 *GB,* 259 und *UaW,* 2. Buch, 59.

18 *UaW,* 2. Buch, 346.

19 *UaW,* 2. Buch, 42. – Fast identisch: *UaW,* 2. Buch, 181.

20 *UaW,* 2. Buch, 337.

21 *UaW,* 2. Buch, 80, 81: „In der chemischen Welt herrscht die schärfste *Wahrnehmung* der Kräfteverschiedenheit. Aber ein Protoplasma, *als eine Vielheit von chemischen* Kräften, hat eine *unsichere und unbestimmte*

Gesamtwahrnehmung eines fremden Dinges"; „*Wahrnehmen* auch für die unorganische Welt einräumen, und zwar absolut genau: da herrscht ‚*Wahrheit*'! – Mit der organischen Welt beginnt die *Unbestimmtheit* und der *Schein*".

22 *UaW*, 2. Buch, 102.

23 *UaW*, 2. Buch, 14.

24 Über das *Kontinuum*, vgl. *UaW*, 2. Buch, 350.

25 *UaW*, 2. Buch, 328.

26 Vgl. die Urteile über Mayer, in den Briefen an Gast.

27 Diese drei Themen kommen zentral vor in *UaW*, 1. und 2. Buch.

28 *GM*, III, 25.

29 *UaW*, 2. Buch, 323.

30 *UaW*, 2. Buch, 368: „Es fehlt die Adiaphorie: die an sich denkbar wäre".

31 *UaW*, 2. Buch, 305, 316–318, 323–324.

32 *UaW*, 2. Buch, 316 (analoger Text: 324).

33 *UaW*, 2. Buch, 323.

34 Platon, Parmenides, vgl. die zweite Hypothese. Dennoch denkt Nietzsche eher an Anaximander.

35 *Die Philosophie im tragischen Zeitalter der Griechen, Werke*, Bd. III, S. 368: „Aber dann fällt ihm die Frage ein: ‚Warum ist denn nicht schon längst alles Gewordne zugrunde gegangen, da doch bereits eine ganze Ewigkeit von Zeit vorüber ist? Woher der immer erneute Strom des Werdens?' Er weiß sich nur durch mystische Möglichkeiten vor dieser Frage zu retten."

36 *UaW*, 2. Buch, 164.

37 Der Entwurf der ewigen Wiederkunft in Abhängigkeit vom vergehenden Augenblick findet sich in *Z*, III, „Vom Gesicht und Rätsel".

38 *UaW*, 2. Buch, 319 und 328.

39 *UaW*, 2. Buch, 328: „Woher die Verschiedenheit innerhalb des Kreises? . . . Gesetzt, es gäbe eine gleichmäßige ‚Kontraktionsenergie' in allen Kraftzentren des Universums, so fragt sich, woher auch nur die geringste Verschiedenheit entstehen könnte?".

40 *UaW*, 2. Buch, 368.

41 *UaW*, 2. Buch, 302.

42 *UaW*, 1. Buch, 174. – 2. Buch, 50: „Aber *wer* will Macht? . . . Absurde Frage! wenn das Wesen selbst Machtwille . . .".

43 *Friedrich Nietzsche, Werke Bd. III*, Aus dem Nachlaß der Achtzigerjahre, S. 750: „Mein Satz ist: daß *Wille* der bisherigen Psychologie eine ungerechtfertigte Verallgemeinerung ist, daß es diesen Willen *gar nicht gibt*, daß statt die Ausgestaltung *eines bestimmten* Willens in viele Formen zu fassen, man den Charakter des Willens *weggestrichen* hat, indem man den Inhalt, das Wohin, heraussubtrahiert hat –: das ist im höchsten Grade bei *Schopenhauer* der Fall: das ist ein bloßes leeres Wort, was er ‚Wille' nennt."

44 *Z*, II, „Von der Selbst-Überwindung": „Wie geschieht dies doch? so frage ich mich. Was überredet das Lebendige, daß es gehorcht und befiehlt und befehlend noch Gehorsam übt? Hört ihr nun mein Wort, ihr Weisesten! Prüft es ernstlich, ob ich dem Leben selber ins Herz kroch, und bis in die

Wurzeln seines Herzens! Wo ich Lebendiges fand, da fand ich Willen zur Macht; und noch im Willen des Dienenden fand ich den Willen, Herr zu sein"; (vgl. *UaW*, 2. Buch, 85).

45 Über die sich nach Kant stellenden Probleme, vgl. M. Guéroult, *La philosophie transcendentale de Salomon Maimon, La doctrine de la science chez Fichte;* und M. Vuillemin, *L'héritage Kantien et la révolution copernicienne.*

46 *UaW*, 1. Buch, 174, und 2. Buch, 124.

47 *UaW*, 2. Buch, 36.

48 *GM*, III, 28.

49 *UaW*, 2. Buch, 26: „In allem Willen ist *Schätzen*".

50 *GM*, Vorrede, 6: „wir haben eine *Kritik* der moralischen Werte nötig, *der Wert dieser Werte ist selbst erst einmal in Frage zu stellen*".

51 Die Theorie der Werte entfernt sich um so mehr von ihren Ursprüngen, desto mehr sie das Prinzip schätzen = schaffen aus den Augen verliert. Eine derartige nietzschesche Inspiration lebt vornehmlich in den Untersuchungen von M. Potin über die Erschaffung von Werten wieder auf. Freilich kann, von Nietzsche aus gesehen, die Entsprechung zu der Erschaffung von Werten keinesfalls deren bloße Anschauung, sondern muß die radikale Kritik aller „kursierenden" Werte sein.

52 *GM*, II, 11.

53 *GM*, I, 10. (Statt sich selbst zu bejahen, und kraft einfacher Schlußfolgerung zu verneinen, beginnen die reaktiven Kräfte mit der Verneinung dessen, was sich von ihnen unterscheidet, sie setzen sich zunächst dem entgegen, was nicht Teil ihrer selbst ist.)

54 Über die angelsächsische Konzeption der Genealogie als Evolution: *GM*, Vorrede, 7, und I, 1–4. Über die Dürftigkeit dieses Denkens: *GB*, 253. Über die deutsche Vorstellung der Genealogie als Evolution, und deren Armseligkeit: *GB*, 244 und *Die fröhliche Wissenschaft*, 357.

55 *GB*, 263.

56 Vgl. *GM*, I, 7.

57 Vgl. die drei Abhandlungen der *Genealogie der Moral.*

58 *UaW*, 1. Buch, 365.

59 *Götzen-Dämmerung*, „Streifzüge eines Unzeitgemäßen", 14.

60 *UaW*, 3. Buch, 8.

61 *UaW*, 2. Buch, 79: „In der Chemie zeigt sich, daß jeder Stoff seine Kraft so weit treibt, als er kann"; 2. Buch, 368: „Es gibt kein Gesetz: jede Macht zieht in jedem Augenblick ihre letzte Konsequenz"; 2. Buch, 363: „Ich hüte mich, von chemischen ‚Gesetzen' zu sprechen: das hat einen moralischen Beigeschmack. Es handelt sich vielmehr um eine absolute Feststellung von Machtverhältnissen."

62 *GM*, I, 9.

63 *GM*, III, 24.

64 *GM*, I, 9.

65 *Unzeitgemäße Betrachtungen*, „Vom Nutzen und Nachteil der *Historie für das Leben*", 8.

66 *UaW*, 2. Buch, 127.

67 *GB*, 263.
68 *Menschliches, Allzumenschliches,* Vorrede, 7.
69 *UaW*, 3. Buch, 386 und 392.
70 Die zwei Tiere Zarathustras sind der Adler und die Schlange: Der Adler ist stark und stolz; doch die Schlange ist nicht minder kräftig, zudem klug und reizvoll; vgl. Vorrede, 10.
71 Ist unsere Interpretation richtig, dann hat Spinoza vor Nietzsche erkannt, daß die Kraft nicht von ihrem Vermögen, affiziert zu werden, abzutrennen ist und daß in diesem Vermögen deren Macht und Stärke zum Ausdruck kommt. Nietzsche kritisiert deswegen Spinoza nicht minder, allerdings eines anderen Punktes wegen: Spinoza vermochte sich nicht zur Vorstellung eines *Willens* zur Macht zu erheben; er hat die Macht mit einer einfachen Kraft verwechselt und die Kraft auch nur als reaktive begriffen (vgl. der *conatus* und die Erhaltung).
72 *UaW*, 2. Buch, 39.
73 *UaW*, 2. Buch, 367.
74 *UaW*, 2. Buch, 83.
75 *UaW*, 2. Buch, 42, 72, 181.
76 *UaW*, 2. Buch, 68.
77 *UaW*, 2. Buch, 165: „. . . *als Folge* dieser höchsten Kraft darzustellen, welche, *gegen sich* sich wendend, nachdem sie nichts mehr zu organisieren hat, ihre Kraft verwendet zu *desorganisieren* . . .".
78 *UaW*, 2. Buch, 164: „Anstatt ‚Ursache und Wirkung' der Kampf des Werdenden miteinander, oft mit der Einschlürfung des Gegners; keine konstante Zahl des Werdenden".
79 *UaW*, 2. Buch, 367.
80 *Z*, II, „Von großen Ereignissen".
81 Vgl. auch *UaW*, 4. Buch, 240 und 251.
82 *Z*, III, „Vom Gesicht und Rätsel".
83 *Z*, III, „Der Genesende".
84 *Z*, III, „Vom Gesicht und Rätsel".
85 *GB*, 188.
86 *EH*, „Warum ich so weise bin", 1.
87 *GM*, I, 6: „. . . daß erst auf dem Boden dieser *wesentlich gefährlichen* Daseinsform des Menschen, der priesterlichen, der Mensch überhaupt *ein interessantes Tier* geworden ist, daß erst hier die menschliche Seele in einem höheren Sinne *Tiefe* bekommen hat und *böse* geworden ist . . .". – Über die Ambivalenz des Priesters, *GM*, III, 15: „Er muß selber krank sein, er muß den Kranken und Schlechtweggekommenen von Grund aus verwandt sein, um sie zu verstehen; aber er muß auch stark sein, mehr Herr noch über sich als über andere, unversehrt namentlich in seinem Willen zur Macht, damit er das Vertrauen und die Furcht der Kranken hat . . .".
88 *GM*, I, 7.
89 *EH*, „Warum ich so weise bin", 1.
90 *Z*, III, „Der Genesende".
91 *UaW*, 4. Buch, 234, 236: „der große *züchtende* Gedanke".
92 *UaW*, 4. Buch, 247.

93 *Z,* III, „Von der verkleinernden Tugend". – II, „Von den Mitleidigen": „Das Schlimmste aber sind die kleinen Gedanken. Wahrlich, besser noch bös getan, als klein gedacht! Zwar ihr sagt: ‚die Lust an kleinen Bosheiten erspart uns manche große Tat'. Aber hier sollte man nicht sparen wollen."

94 *UaW,* 3. Buch, 8.

95 *UaW,* 3. Buch, 7.

96 *GM,* III, 13.

97 *UaW,* 3. Buch, 8.

98 *Z,* Vorrede, 4.

99 *UaW,* 3. Buch, 8; *EH,* „Warum ich so gute Bücher schreibe", 1.

100 *UaW,* 3. Buch, 103.

101 *EH,* „Die Geburt der Tragödie", 3.

102 *UaW,* 3. Buch.

103 *Z,* III, „Der Genesende".

Drittes Kapitel

1 *GM,* I, 2.

2 *GM,* III, 23–25. – Über die Psychologie des Gelehrten, *GB,* 206–207.

3 *GM,* III, 25.

4 *GM,* I, 2, 10; *GB,* 260.

5 *GM,* I, 2.

6 *GM,* I, 4, 5, 10, 11.

7 *GM,* I, Anmerkung am Ende.

8 Vgl. *UaW,* 4. Buch, *Friedrich Nietzsche Werke,* Bd. III, S. 268 ff.; *Nietzsche's Werke,* Bd. X, Leipzig 1903.

9 *Nietzsche's Werke,* Bd. XIV, S. 392.

10 *UaW,* 1. Buch, 174.

11 *UaW,* 1. Buch, 174.

12 *Dionysos-Dithyramben,* „Klage der Ariadne".

13 Dies die Methode, die Nietzsche in allen seinen Büchern beständig anwendet; auf äußerst systematische Weise in der *Genealogie der Moral.*

14 *GB,* 287.

15 *Z,* Vorrede, 3: „Der Übermensch ist der Sinn der Erde. Euer Wille sage: der Übermensch *sei* der Sinn der Erde". – III, „Vom Geist der Schwere": „Wer die Menschen einst fliegen lehrt, der hat alle Grenzsteine verrückt; alle Grenzsteine selber werden ihm in die Luft fliegen, die Erde wird er neu taufen – als die ‚Leichte'".

16 *Z,* II, „Von der Selbst-Überwindung"; III, „Von den drei Bösen".

17 *GB,* 23.

18 *GM,* III, 14.

19 *GB,* 261. – Über das „Streben nach Auszeichnung", vgl. Morgenröte, 113: „Das Streben nach Auszeichnung hat fortwährend ein Augenmerk auf den Nächsten und will wissen, wie es ihm zumute ist: aber die Mitempfindung und das Mitwissen, welche dieser Trieb zu seiner Befriedigung nötig hat, sind weit davon entfernt, harmlos oder mitleidig oder gütig zu sein. Man will viel-

mehr wahrnehmen oder erraten, wie der Nächste an uns äußerlich oder innerlich *leidet,* wie er die Gewalt über sich verliert und dem Eindrucke nachgibt, den unsere Hand oder auch nur unser Anblick auf ihn machen . . .".

20 *GB,* 287.

21 *UaW,* 3. Buch, 255.

22 *UaW,* 4. Buch, 527: „Bis zu welchem Grade die Unfähigkeit eines pöbelhaften Agitators der Menge geht, sich den Begriff ‚Höhere Natur' klarzumachen . . . als ob . . . das Wesentliche und Wertvolle an einem solchen ‚höheren Menschen' eben in der Fähigkeit (liege), Massen in Bewegung zu setzen: kurz, in ihrer Wirkung . . . Aber die ‚höhere Natur' des großen Mannes liegt im Anderssein, in der Unmittelbarkeit, in der Rangdistanz". (Wirkung, die sie hervorrufen = demagogische Vorstellung, die man sich davon macht = geltende Werte, die ihnen zugeschrieben werden.)

23 *GB,* 261.

24 *UaW,* 1. Buch, 365; *Götzen-Dämmerung.*

25 *EH,* „Warum ich so klug bin", 9: „es ist kein Zug von *Ringen* in meinem Leben nachweisbar, ich bin der Gegensatz einer heroischen Natur. Etwas ‚wollen', nach etwas ‚streben', einen ‚Zweck', einen ‚Wunsch' im Auge haben – das kenne ich alles nicht aus Erfahrung".

26 *UaW,* 2. Buch, 67 (die französische Übersetzung ist in diesem Zusammenhang mißverständlich, A. d. Ü.).

27 *GB,* 36; *UaW,* 1. Buch, 186; 3. Buch, 326.

28 *UaW,* 3. Buch, 39.

29 *Die fröhliche Wissenschaft,* 99.

30 *Z,* II, „Auf den glückseligen Inseln"; II, „Von der Erlösung".

31 *Z,* II, „Von der Erlösung"; *GB,* 261.

32 *Z,* III, „Von den drei Bösen": „Herrschsucht: doch wer hieße es *Sucht,* . . .! O wer fände den rechten Tauf- und Tugendnamen für solche Sehnsucht! ‚Schenkende Tugend' – so nannte das Unnennbare einst Zarathustra".

33 Vgl. Nietzsches Urteil über Flaubert: er hat wohl die Dummheit herausgefunden, aber nicht die Verschlagenheit, die jene voraussetzt *(GB,* 218).

34 Es kann hier keine vorgängigen Werte geben, die darüber entscheiden, was *mehr gilt:* vgl. *UaW,* 2. Buch, 524: „Ich unterscheide einen Typus des aufsteigenden Lebens und einen andern des Verfalls, der Zersetzung, der Schwäche. Sollte man glauben, daß die Rangfrage zwischen beiden Typen überhaupt noch zu stellen ist? . . .".

35 *Z,* Vorrede, 9: „. . . den Brecher, den Verbrecher – das aber ist der Schaffende"; I, 15: „Immer vernichtet, wer ein Schöpfer sein muß".

36 *GM,* Vorrede, 8.

37 *GM,* I, 7 und 10.

38 *GM,* I, 13.

39 *GM,* II, 18.

40 *GM,* II, 18: „. . . widersprüchliche Begriffe, wie *Selbstlosigkeit, Selbstverleugnung, Selbstopferung* . . . diese Lust gehört zur Grausamkeit".

41 *GM,* III, 14.

42 Ursprung der Antinomie ist das schlechte Gewissen *(GM,* II). Die Antinomie äußert sich als Gegensatz von Moral und Leben *(UaW,* 1. Buch, 274; *Nietzsche's Werke,* Bd. X, Leipzig 1903, S. 109ff.; *GM,* III).

43 *GM,* III, 25.

44 *GM,* III, 28.

45 *Der Antichrist,* 10: „Unter Deutschen versteht man sofort, wenn ich sage, daß die Philosophie durch Theologen-Blut verderbt ist. Der protestantische Pfarrer ist Großvater der deutschen Philosophie, der Protestantismus selbst ihr *peccatum originale* . . . Der Erfolg Kants ist bloß ein Theologen-Erfolg . . .".

46 *GM,* III, 25.

47 *Die fröhliche Wissenschaft,* 345: „Der Fehler der Feineren unter ihnen ist, daß sie die vielleicht törichten Meinungen eines Volkes über seine Moral oder der Menschen über alle menschliche Moral aufdecken und kritisieren, also über deren Herkunft, religiöse Sanktion, den Aberglauben des freien Willens und dergleichen, und eben damit vermeinen, diese Moral selbst kritisiert zu haben".

48 *EH,* „Warum ich ein Schicksal bin", 5.

49 *UaW,* 1. Buch, 159.

50 *UaW,* 2. Buch, 544.

51 *UaW,* 1. Buch und 2. Buch (vgl. auch die Bestimmung der Wahrheit als „Art von Irrtum, ohne welche eine bestimmte Art von lebendigen Wesen nicht leben könnte", *Friedrich Nietzsche, Werke in 3 Bänden,* Bd. III, S. 844).

52 *UaW,* 1. Buch, 155.

53 *GB,* 211. – *UaW,* 4. Buch, 105.

54 Schestov, *La seconde dimension de la pensée,* N.R.F. September 1932.

55 *GB,* 211.

56 *GB,* 211.

57 *UaW,* 1. Buch, 48. – Analoger Text, *Der Antichrist,* 12.

58 *Der Antichrist,* 10.

59 *Z,* III, „Vor Sonnen-Aufgang".

60 Vgl. *Unzeitgemäße Betrachtungen,* 1. Stück, „David Strauß, der Bekenner und der Schriftsteller", 1; 3. Stück, „Schopenhauer als Erzieher", 1: Der Gegensatz zwischen privatem und öffentlichem Denker (der öffentliche Denker ist der „Bildungsphilister", Repräsentant der Vernunft). – Bei Kierkegaard, Feuerbach, Schestov ist dieses Thema gleichermaßen vorhanden.

61 *EH,* „Warum ich ein Schicksal bin", 1.

62 *EH,* „Warum ich ein Schicksal bin", 5.

63 *Z,* II, „Auf den glückseligen Inseln".

64 *GM,* III, 24.

65 *GB,* 1.

66 *UaW,* 1. Buch, 77: „Damit eine Welt des Wahren, Seienden fingiert werden konnte, mußte zuerst der Wahrhaftige geschaffen sein (eingerechnet, daß ein solcher sich ‚wahrhaftig' glaubt)".

67 *Die fröhliche Wissenschaft*, 344.

68 *GB*, 6.

69 *GM*, III, 13.

70 *GM*, III, 11.

71 *GM*, III, 13.

72 *GM*, III, 25.

73 *GM*, III, 27.

74 *GM*, III, 27, und *Die fröhliche Wissenschaft*, 357.

75 *GM*, III, 27.

76 *GM*, III, 27.

77 „Wir Erkennenden". Ähnlich wird Nietzsche sagen, daß die Herren die „Wahrhaftigen" seien, allerdings in einem anderen Sinn als zuvor: *GM*, I, 5.

78 *UaW*, 1. und 2. Buch.

79 *Nietzsche's Werke*, Bd. XIX, Leipzig 1913, S. 227.

80 Schon in der *Geburt der Tragödie* trat Apollo in dieser Gestalt auf: er zieht Grenzlinien zwischen die Individuen und erinnert „immer wieder an diese als an die heiligsten Weltgesetze mit seinen Forderungen der Selbsterkenntnis und des Maßes ..." (*GT*, 9).

81 *Die Philosophie im tragischen Zeitalter der Griechen*, S. 344f.

82 *GM*, III, 6.

83 *Menschliches, Allzumenschliches*, 29: „Nicht die Welt als Ding an sich, sondern die Welt als Vorstellung (als Irrtum) ist so bedeutungsreich, tief, wundervoll ...", vgl. auch *Nietzsche's Werke*, Bd. XIV, S. 389. – *UaW*, 2. Buch, 447: „Wir haben die *Kunst*, damit wir *nicht an der Wahrheit zugrunde gehn*". – *GM*, III, 25: „... die Kunst, in der gerade die *Lüge* sich heiligt, der *Wille zur Täuschung* das gute Gewissen zur Seite hat, ist dem asketischen Ideale viel grundsätzlicher entgegengestellt als die Wissenschaft ...".

84 *GM*, III, 25.

85 *Götzen-Dämmerung*, „Die ‚Vernunft' in der Philosophie", 6: „Denn ‚der Schein' bedeutet hier die Realität *noch einmal*, nur in einer Auswahl, Verstärkung, Korrektur ... Der tragische Künstler ist *kein* Pessimist – er sagt gerade *Ja* zu allem Fragwürdigen und Furchtbaren selbst, er ist *dionysisch* ...".

86 *Unzeitgemäße Betrachtungen*, „Schopenhauer als Erzieher", 3.

87 *Unzeitgemäße Betrachtungen*, „Schopenhauer als Erzieher", 3, 4, 8.

88 *Menschliches, Allzumenschliches*, 146: „Der Künstler hat in Hinsicht auf das Erkennen der Wahrheiten eine schwächere Moralität als der Denker; er will sich die glänzenden, tiefsinnigen Deutungen des Lebens durchaus nicht nehmen lassen ...".

89 *Unzeitgemäße Betrachtungen*, „Schopenhauer als Erzieher", 8: „... Diogenes, als man einen Philosophen lobte, (wendete) seinerseits (ein): ‚Was hat er denn Großes aufzuweisen, da er so lange Philosophie treibt und noch niemanden *betrübt* hat?' Ja, so sollte es auf der Grabschrift der Universitätsphilosophie heißen: ‚sie hat niemanden betrübt'". – *Die fröhliche Wissenschaft*, 328: Die alten Philosophen haben gegen die Dummheit gepredigt: „Entscheiden wir nicht, ob diese Predigt gegen die Dummheit bessere

Gründe für sich hatte als jene Predigt gegen die Selbstsucht; gewiß aber ist dies, daß sie der Dummheit das gute Gewissen nahm – diese Philosophen haben der Dummheit *Schaden getan!*"

90 *Die Philosophie im tragischen Zeitalter der Griechen. – Unzeitgemäße Betrachtungen,* „Schopenhauer als Erzieher", 7: „Die Natur schießt den Philosophen wie einen Pfeil in die Menschen hinein, sie zielt nicht, aber sie hofft, daß der Pfeil irgendwie hängenbleiben wird".

91 *Der Antichrist,* 38: „Gegen das Vergangne bin ich, gleich allen Erkennenden, von einer großen Toleranz, das heißt *großmütigen* Selbstbezwingung . . . Aber mein Gefühl schlägt um, bricht heraus, sobald ich in die neuere Zeit, in *unsre* Zeit eintrete".

92 *Unzeitgemäße Betrachtungen,* „Vom Nutzen und Nachteil der Historie für das Leben", Vorwort.

93 *Unzeitgemäße Betrachtungen,* „Schopenhauer als Erzieher", 3, 4.

94 *Unzeitgemäße Betrachtungen,* „Schopenhauer als Erzieher", 6. – *UaW,* 4. Buch.

95 Vgl. nicht nur das Höhlengleichnis, sondern auch die Passage über die „Finger" (die Unterscheidung von dem, das nicht zu denken zwingt, zu dem, das zu denken zwingt). – Platon entwirft hier ein Bild des Denkens, das in vielem von dem abweicht, das er ansonsten in anderen Texten unterbreitet. Diese geben eine schon dogmatische Konzeption vor: das Denken als Liebe und Streben zum Wahren, Schönen und Guten hin. Wäre hier nicht der Ort, diese beiden Vorstellungen vom Denken bei Platon als entgegengesetzte zu begreifen und nur die zweite als spezifisch sokratische gelten zu lassen? Will Nietzsche nicht etwas Ähnliches sagen, wenn er rät: „Versuch einer Charakteristik Platons *ohne* Sokrates" (vgl. *Wissenschaft und Weisheit im Kampfe).*

96 *GM,* II, 3. – *Götzen-Dämmerung,* „Was den Deutschen abgeht", 7. – *GB,* 188.

97 *UaW,* 2. Buch, 220: „. . . an dieser Stelle hielt Ariadne es nicht mehr aus . . . ‚Aber mein Herr!' sprach sie, ‚Sie reden Schweinedeutsch!' – ‚Deutsch!' antwortete ich wohlgemut, ‚einfach Deutsch!'". – *Nietzsches Gesammelte Werke,* XIV. Bd. (Aus dem Vorredenmaterial), S. 348: „. . . erschien der Gast vor mir, den ich seit langem schon kenne und sagte: ‚Nun, du Rattenfänger, was treibst du da? Du halber Jesuit und Musikant, – beinahe ein Deutscher!'". Erinnern wir uns auch, daß das bewundernswerte Gedicht *Klage der Ariadne* im *Zarathustra* dem Zauberer zugeschrieben wird; der aber ist ein Verschleierer, ein „Falschmünzer der Kultur".

98 *Unzeitgemäße Betrachtungen,* „Schopenhauer als Erzieher", 8.

99 *Unzeitgemäße Betrachtungen,* „Schopenhauer als Erzieher", 4.

100 *Unzeitgemäße Betrachtungen,* „Schopenhauer als Erzieher", 6.

101 *UaW,* 3. Buch, 409.

102 *Die Philosophie im tragischen Zeitalter der Griechen.*

103 *GB,* 197.

1 *GM,* I, 10.

2 Freud, *GW,* Bd. II/III, S. 543–545; der Artikel „Einige Bemerkungen über den Begriff des Unbewußten in der Psychoanalyse", in *GW,* Bd. VIII; „Jenseits des Lustprinzips" in: *GW,* Bd. XIII.

3 *GM,* II, 1 und I, 10. – Bei Nietzsche gibt es, wie zu ersehen, mehrere Arten von Unbewußtem: die Aktivität ist ihrer Natur nach unbewußt, doch darf dieses Unbewußte nicht mit jenem der reaktiven Kräfte verwechselt werden.

4 *GM,* II, 1 und I, 10. – Dieses Thema ist schon gegeben in den *Unzeitgemäße*(n) *Betrachtungen,* „Vom Nutzen und Nachteil der Historie für das Leben", 1.

5 *EH,* „Warum ich so weise bin", 6.

6 *Anmerkung zu Nietzsche und Freud:* Muß aus dem bisher Ausgeführten gefolgert werden, daß Nietzsche in gewisser Weise Freud beeinflußt habe? Jones zufolge hat Freud dies abgestritten. Die Übereinstimmung zwischen der topischen Annahme Freuds und dem Schema Nietzsches läßt sich hinreichend durch die gemeinsamen „energetischen" Fragestellungen erklären. Man sollte im übrigen sehr viel stärker auf die grundlegenden Unterschiede, die beide Werke trennen, eingehen. Es läßt sich ausmalen, was Nietzsche von Freud hätte denken können: auch bei diesem hätte er wohl eine zu „reaktive" Vorstellung des Seelenlebens, Unkenntnis der wirklichen „Aktivität" und die Unfähigkeit bloßgelegt, die wahre „Umwertung" ins Auge zu fassen und auch einzuleiten. Diese Beurteilung ist um so wahrscheinlicher, als es unter den Schülern Freuds selbst einen authentischen Nietzscheaner gegeben hat: *Otto Rank* hat in späteren Jahren die allzu blasse und kraftlose Sublimationsvorstellung bei Freud gerügt und diesem vorgeworfen, den *Willen* nicht vom schlechten Gewissen und der Schuld abgelöst zu haben. Er hingegen wollte sich auf die unbekannten aktiven Kräfte des Unbewußten innerhalb des Freudianismus stützen und die Sublimation durch einen schöpferischen und künstlerischen Willen ersetzen. Dies ließ ihn sagen: Ich bin gegenüber Freud, was Nietzsche gegenüber Schopenhauer ist (vgl. *Der Wille zum Glück).*

7 Dieses zweite Gedächtnis des Bewußtseins gründet sich auf dem *Wort* und äußert sich als *Vermögen zu versprechen,* vgl. *GM,* II, 1. – Auch bei Freud findet sich ein bewußtes Gedächtnis von „Wortvorstellungen", die sich von Erinnerungsspuren unterscheiden und „wahrscheinlich einer besonderen Niederschrift" entsprechen („Das Unbewußte", *GW,* Bd. X, S. 288).

8 *GM,* I, 10 und II, 1.

9 *EH,* „Warum ich so weise bin", 6.

10 *EH,* „Warum ich so klug bin", 1: „Der deutsche Geist ist eine Indigestion, er wird mit nichts fertig . . . Alle Vorurteile kommen aus den Eingeweiden. – Das Sitzfleisch – ich sagte es schon einmal – die eigentliche *Sünde* wider den heiligen Geist". – *GM,* I, 6: über die „intestinale Krankhaftigkeit und Neurasthenie" des Menschen des Ressentiments.

11 Ein Jung vertrauter Ausdruck, wenn dieser den „objektivistischen"

Charakter der Freudschen Psychologie anprangert. Gerade Jung bewundert Nietzsche dafür, als erster die Psychologie auf der Ebene des Subjekts angesiedelt, d.h. sie als eine eigentliche *Typologie* begriffen zu haben.

12 *GB*, 260 und *GM*, I, 10.

13 Jules Vallès, „aktiver" Revolutionär, beharrte auf der Notwendigkeit, die Ursachen des Unglücks zu respektieren *(Tableau de Paris)*.

14 *GM*, I, 10.

15 *GB*, 260.

16 *Die fröhliche Wissenschaft*, 21: „Der ‚Nächste' lobt die Selbstlosigkeit, weil *er durch sie Vorteile hat!* Dächte der Nächste selber ‚selbstlos', so würde er jenen Abbruch an Kraft, jene Schädigung zu *seinen* Gunsten abweisen, der Entstehung solcher Neigungen entgegenarbeiten und vor allem seine Selbstlosigkeit eben dadurch bekunden, daß er dieselbe *nicht gut* nennte! – Hiermit ist der Urwiderspruch jener Moral angedeutet, welche gerade jetzt sehr in Ehren steht: die *Motive* zu dieser Moral stehen im Gegensatz zu ihrem *Prinzip!*"

17 *EH*, „Warum ich so weise bin", 7.

18 *GM*, I, 10.

19 *GM*, I, 11.

20 *GB*, 287.

21 *GM*, I, 5.

22 *GB*, 260 (vgl. den Willen zur Macht als „schenkende Tugend").

23 *GM*, I, 2.

24 *GM*, I, 10.

25 *GM*, I, 11.

26 *GM*, I, 10.

27 *GM*, I, 11.

28 *GM*, I, 13.

29 *GM*, I, 17.

30 *GM*, I, 8.

31 *GM*, I, 13: „. . . ‚diese Raubvögel sind böse; und wer so wenig als möglich ein Raubvogel ist, vielmehr deren Gegenstück, ein Lamm – sollte der nicht gut sein?'"

32 *GM*, I, 13.

33 *UaW*, I, 70.

34 *Götzen-Dämmerung*, „Die vier großen Irrtümer": eingehende Kritik der Kausalität.

35 *GM*, I, 13; über die Kritik des cartesianischen *cogito*, vgl. *UaW*, I, 68.

36 *GM*, I, 13.

37 *GM*, III, 20.

38 *Der Antichrist*, 15, sowie 16 und 18.

39 *Der Antichrist*, 24.

40 *EH*, „Genealogie der Moral".

41 Nietzsche faßt seine Interpretation der Geschichte des jüdischen Volkes zusammen in *Der Antichrist*, 24, 25, 26: schon der jüdische Priester ist jener, der die Tradition der Könige Israels und des Alten Testaments verzerrt.

42 *GM*, II, 7.

43 *Der Antichrist,* 18: „In Gott dem Leben, der Natur, dem Willen zum Leben die Feindschaft angesagt! Gott die Formel für jede Verleumdung des ‚Diesseits', für jede Lüge vom ‚Jenseits'! In Gott das Nichts vergöttlicht, der Wille zum Nichts heilig gesprochen! . . .". – *Der Antichrist,* 26: „. . . der *Priester,* mißbraucht den Namen Gottes: er nennt einen Zustand der Gesellschaft, in dem der Priester den Wert der Dinge bestimmt, ‚das Reich Gottes'; er nennt die Mittel, vermöge deren ein solcher Zustand erreicht oder aufrechterhalten wird, ‚den Willen Gottes'".

44 *Der Antichrist,* 24. – *GM,* I, 6, 7, 8: dieser Priester verschmilzt nicht mit dem Sklaven, sondern bildet eine besondere Kaste.

45 *Nietzsches Gesammelte Werke,* Bd. 16, „Studien aus der Umwertungszeit 1882–88", München 1925, S. 374.

46 *Briefe an Fritsch,* vom 23. und 29. März 1887. – Über alle diese Punkte, über die Verfälschungen Nietzsches durch die Nazis, vgl. das Buch von P. M. Nicolas, *De Nietzsche à Hitler* (Fasquelle 1936), in dem die beiden Briefe abgedruckt sind (deutsch in: Festschrift zum fünfundzwanzigjährigen Bestehen des *Hammer,* Blätter für deutschen Sinn, Leipzig 1926, A. d. Ü.). – Ein anschauliches Beispiel für einen Text Nietzsches, der von den Nazis ausgeschlachtet wurde, wobei der Sinn in sein genaues Gegenteil verkehrt wurde, findet sich in *GB,* 251.

47 *GB,* 52: „. . . der Geschmack am Alten Testament ist ein Prüfstein in Hinsicht auf ‚groß' und ‚klein' –: . . . Dieses Neue Testament, eine Art Rokoko des Geschmacks in jedem Betrachte, mit dem Alten Testament zu *einem* Buche zusammengeleimt zu haben, als ‚Bibel', als ‚das Buch an sich': das ist vielleicht die größte Verwegenheit und ‚Sünde wider den Geist', welche das literarische Europa auf dem Gewissen hat".

48 *EH,* „Genealogie der Moral".

49 Vgl. *GB,* 251 (berühmter Text über die Juden, Russen und Deutschen).

50 *GM,* II, 16.

51 *GM,* III, 14.

52 *GM,* II, 18 und III, 11.

53 *GM,* III, 20.

54 *Unzeitgemäße Betrachtungen,* „Schopenhauer als Erzieher", 5.

55 *GM,* II, 7.

56 *GM,* II, 6.

57 *GM,* III, 15.

58 *GM,* III, 20.

59 *GM,* III, 15.

60 *GM,* III, 20.

61 *GM,* III, 15.

62 *GM,* III, 20.

63 *Der Antichrist,* 42, 43, 46.

64 *GM,* I, 8.

65 *GM,* III, 15.

66 *Morgenröte,* 9.

67 *GB,* 188.

68 *Morgenröte,* 18.

69 *GM,* II, 2.

70 *EH,* „Warum ich so klug bin".

71 *GM,* II, 1: „Eben dieses notwendig vergeßliche Tier, an dem das Vergessen eine Kraft, eine Form der *starken* Gesundheit darstellt, hat sich nun ein Gegenvermögen angezüchtet, ein Gedächtnis, mit Hilfe dessen für gewisse Fälle die Vergeßlichkeit ausgehängt wird".

72 *GM,* II, 1. – In diesem Punkt bestätigt sich die Ähnlichkeit von Nietzsche und Freud. Freud schreibt dem „Vorbewußten" Erinnerungsreste, Wortvorstellungen, zu, die sich von den Erinnerungsspuren des unbewußten Systems unterscheiden. Diese Unterscheidung gestattet ihm, auf die Frage: „wie machen wir etwas Verdrängtes (vorbewußt)", folgendermaßen zu antworten: „indem wir solche *vbw* Mittelglieder" herstellen (vgl. Freud, *GW,* Bd. XIII, S. 249). Die Frage Nietzsches würde lauten: wie ist es möglich, die „reaktiven" Kräfte „zum Wirken zu bringen"?

73 *GM,* II, 3.

74 *GM,* II, 4.

75 *GM,* II, 8. – Im Verhältnis zwischen Gläubiger und Schuldner „trat zuerst Person gegen Person, hier *maß sich* zuerst Person an Person".

76 *GM,* II, 14.

77 *GM,* II, 6: „. . . wer hier den Begriff der ‚Rache' plump dazwischenwirft, hat sich den Einblick eher noch verdeckt und verdunkelt als leichter gemacht – Rache selbst führt ja eben auf das gleiche Problem zurück: ‚wie kann Leiden-machen eine Genugtuung sein?'". Daran läßt es die Mehrzahl der Theorien fehlen: aufzuzeigen, wie sehr Leiden-machen Vergnügen bereitet.

78 *GM,* II, 11: „Historisch betrachtet, stellt das Recht auf Erden . . . den Kampf gerade *wider* die reaktiven Gefühle vor, den Krieg mit denselben seitens aktiver und aggressiver Mächte".

79 *GM,* II, 14.

80 *GM,* II, 2.

81 *GM,* II, 5, 13, 21.

82 *GM,* II, 10: „Die Gerechtigkeit . . . endet wie jedes gute Ding auf Erden, *sich selbst aufhebend*".

83 *GM,* III, 18.

84 *Z,* II, „Von großen Ereignissen.".

85 *GB,* 62. – *GM,* I, 11.

86 *GM,* III, 13–20. – *GB,* 62.

87 *Unzeitgemäße Betrachtungen,* „Schopenhauer als Erzieher", 6. – Nietzsche erklärt die Abkehr der Kultur von ihrer Sinnbestimmung durch drei „Sehnsüchte": Die Selbstsucht der *Erwerbenden,* die Selbstsucht des *Staates,* die Selbstsucht der *Wissenschaft.*

88 *Z,* II, „Von großen Ereignissen".

89 *Unzeitgemäße Betrachtungen,* „Vom Nutzen und Nachteil der Historie für das Leben", 10 und 8.

90 *GM,* II, 21.

91 *GM,* III, 18.

92 *GM,* II, 20–22.

93 *GM*, III, 18–19.

94 *GM*, III, 14: „Sie wandeln unter uns herum als leibhafte Vorwürfe, als Warnungen an uns – wie als ob Gesundheit, Wohlgeratensein, Stärke, Stolz, Machtgefühl an sich schon lasterhafte Dinge seien, für die man einst büßen, bitter büßen müsse: o wie sie im Grunde dazu selbst bereit sind, büßen zu *machen*, wie sie danach dürsten, *Henker* zu sein. Unter ihnen gibt es in Fülle die zu Richtern verkleideten Rachsüchtigen, welche beständig das Wort ‚Gerechtigkeit' wie einen giftigen Speichel im Munde tragen, immer gespitzten Mundes, immer bereit, alles auszuspeien, was nicht unzufrieden blickt und guten Muts seine Straße zieht".

95 *UaW*, 4. Buch, 585.

96 Die Religion der Starken und ihre züchtende Bedeutung: *GB*, 61. Die bejahenden und aktiven Religionen, im Gegensatz zu den nihilistischen und reaktiven Religionen: *UaW*, 1. Buch, 302, und *Der Antichrist*, 16. – Zum affirmativen Sinn des Heidentums als Religion: *UaW*, 4. Buch, 469. – Aktiver Sinn der griechischen Götter: *GM*, II, 23. – Der Buddhismus, eine nihilistische Religion, aber ohne den Geist der Rache und ohne Schuldgefühl: *Der Antichrist*, 20–23; *UaW*, 1. Buch, 312–313. – Christus als Personentyp, dem Ressentiment, schlechtes Gewissen und die Vorstellung der Sünde fehlen: *Der Antichrist*, 31–35, 40–41. – Jene berühmte Formulierung, mit der Nietzsche seine Philosophie der Religion zusammenfaßt: „Die *Widerlegung* Gottes: – eigentlich ist nur der *moralische* Gott widerlegt" (*UaW*, 3. Buch, 484; 3. Buch, 8). – Diese Texte sind es, auf die sich all die Kommentatoren Nietzsches stützen, die aus dessen Atheismus einen gemäßigten Atheismus herauslesen oder die gar Nietzsche wieder mit Gott versöhnen möchten.

97 *GB*, 62.

98 *Der Antichrist*, 33.

99 *Der Antichrist*, 42: „Der ‚frohen Botschaft' folgte auf dem Fuß die *allerschlimmste:* die des Paulus. In Paulus verkörpert sich der Gegensatz-Typus zum ‚frohen Botschafter', das Genie im Haß, in der Vision des Hasses, in der unerbittlichen Logik des Hasses. *Was* hat dieser Dysangelist alles dem Hasse zum Opfer gebracht! Vor allem den Erlöser: er schlug ihn an *sein* Kreuz". Es ist Paulus, der den Begriff der „Sünde", der „Schuld" erfunden hat: er hat den Tod Christi so „ausgelegt", als ob dieser *für unsere Sünden* gestorben sei (*UaW*, 1. Buch, 336 und 360).

100 *GM*, III, 23.

101 Erinnern wir uns, daß der Priester nicht mit den reaktiven Kräften verschmilzt: er führt sie, geleitet sie zu ihrem Sieg, zieht daraus seinen Vorteil, flößt ihnen Willen zur Macht ein (*GM*, III, 15, 18).

Fünftes Kapitel

1 *Der Antichrist*, 15 (Gegensatz von Traumwelt und Fiktions-Welt).

2 *GM*, III, 28.

3 *Götzen-Dämmerung*, „Die ‚Vernunft' in der Philosophie", 6.

4 *GM*, III, 26.

5 *Z*, IV, „Außer Dienst": Version des „Letzte(n) Papst(es)".

6 *Z*, IV, „Der häßlichste Mensch": Version des „Mörder Gottes".

7 *Der Antichrist*, 7.

8 Über den Atheismus des Ressentiments: *UaW*, 3. Buch, 459; vgl. auch *EH*, „Warum ich so klug bin", 1: wie Nietzsche dem Atheismus des *Ressentiments* seine eigene *Aggression* gegenüber der Religion entgegenstellt.

9 *Z*, IV, „Der häßlichste Mensch".

10 *Z*, IV, „Außer Dienst".

11 *Z*, II, „Der Wahrsager". – *Die fröhliche Wissenschaft*, 125: „Irren wir nicht durch ein unendliches Nichts? Haucht uns nicht der leere Raum an? Ist es nicht kälter geworden? Kommt nicht immerfort die Nacht und mehr Nacht?".

12 *Z*, Vorrede, 5.

13 *Z*, Vorrede, 5.

14 Heidegger, „Nietzsches Wort ‚Gott ist tot'", in *Holzwege*, Frankfurt/M. 1950, S. 201.

15 Nietzsche beschränkt sich nicht auf die europäische Geschichte. Ihm erscheint der Buddhismus als eine Religion des passiven Nihilismus; der Buddhismus verleiht diesem sogar eine gewisse Vornehmheit. Von daher denkt Nietzsche, daß der Orient gegenüber Europa einen Vorsprung innehat: das Christentum verbleibt noch auf den negativen und reaktiven Stadien des Nihilismus (vgl. *UaW*, 1. Buch, 313; *Der Antichrist*, 20–23).

16 *Z*, IV, „Außer Dienst".

17 *Der Antichrist*, 43.

18 *GM*, I, 8: „Gehört es nicht in die geheime schwarze Kunst einer wahrhaft *großen* Politik der Rache, einer weitsichtigen, unterirdischen, langsamgreifenden und vorausrechnenden Rache, daß Israel selber das eigentliche Werkzeug seiner Rache vor aller Welt wie etwas Todfeindliches verleugnen und ans Kreuz schlagen mußte, damit ‚alle Welt', nämlich alle Gegner Israels unbedenklich gerade an diesem Köder anbeißen konnten?"

19 *Der Antichrist*, 17: „Ehemals hatte er nur sein Volk, sein ‚auserwähltes' Volk. Inzwischen ging er, ganz wie sein Volk selber, in die Fremde, auf Wanderschaft, er saß seitdem nirgendwo mehr still: bis er endlich überall heimisch wurde, der große Kosmopolit."

20 Das Thema des Todes Gottes, gedeutet als Tod des Vaters, kam bevorzugt im Romantizismus zum Tragen – etwa bei Jean Paul. Eine wunderbare Version desselben gibt Nietzsche in *Menschliches, Allzumenschliches*, 84: Als eines Tages auf dem Arbeitshof der Gefängniswärter fehlte, trat einer der Gefangenen hervor und sagte laut: „Ich bin der Sohn des Gefängniswärters und gelte alles bei ihm. Ich kann euch retten, ich will euch retten; aber, wohlgemerkt, nur diejenigen von euch, welche mir *glauben*, daß ich der Sohn des Gefängniswärters bin." Nun verbreitete sich die Nachricht, daß der Gefängniswärter „eben plötzlich verstorben" sei. Erneut trat der Sohn hervor: „Ich habe es euch gesagt", sagte er, „ich werde jeden freilassen, der an mich glaubt, so gewiß als mein Vater noch lebt." – Diese christliche Forderung: Glauben zu haben, stellt Nietzsche häufig an den Pranger. *Z*, II, „Von den Dichtern": „Der Glaube macht mich nicht selig, sagte er, zumal nicht der Glaube an

mich". *EH*, „Warum ich ein Schicksal bin", 1: „Ich *will* keine ‚Gläubigen', ich denke, ich bin zu boshaft dazu, um an mich selbst zu glauben, ich rede niemals zu Massen . . . Ich habe eine erschreckliche Angst davor, daß man mich eines Tags *heilig* spricht."

21 Erstes Element der Interpretation von Paulus, *Der Antichrist,* 42, 49; *UaW,* 1. Buch, 360.

22 *Der Antichrist,* 42. – Zweites Element der Interpretation von Paulus, *Der Antichrist,* 42, 43; *UaW,* 1. Buch, 360.

23 *Der Antichrist,* 33, 34, 35, 40. – Der wahrhaftige Christus appelliert nicht an den Glauben, sondern bringt eine neue Praktik: „Das Leben des Erlösers war nichts andres als *diese* Praktik – sein Tod war auch nichts andres . . . Er widersteht nicht, er verteidigt nicht sein Recht, er tut keinen Schritt, der das Äußerste von ihm abwehrt, mehr noch, *er fordert es heraus* . . . Und er bittet, er leidet, er liebt *mit* denen, *in* denen, die ihm Böses tun . . . *Nicht* sich wehren, *nicht* zürnen, *nicht* verantwortlichmachen . . . Sondern auch nicht dem Bösen widerstehen – ihn *lieben* . . . An sich konnte Jesus mit seinem Tode nichts wollen, als öffentlich die stärkste Probe, den *Beweis* seiner Lehre zu geben . . .".

24 *Der Antichrist,* 31. – l.c. 42: „ein neuer, ein durchaus ursprünglicher Ansatz zu einer buddhistischen Friedensbewegung". *UaW,* 1. Buch, 360: „Das *Christentum* ist ein naiver Ansatz zu einer buddhistischen *Friedensbewegung,* mitten aus dem eigentlichen Herde des Ressentiments heraus".

25 *Der Antichrist,* 31.

26 *UaW,* 1. Buch, 360.

27 *Der Antichrist,* 22.

28 *UaW,* 3. Buch, 87.

29 *Z,* II, „Von großen Ereignissen": „ich verlernte den Glauben an ‚große Ereignisse', sobald viel Gebrüll und Rauch um sie herum ist . . . Und gesteh es nur! Wenig war immer nur geschehn, wenn dein Lärm und Rauch sich verzog". *Die fröhliche Wissenschaft,* 125.

30 Über den Tod Gottes und seine Bedeutung in der Philosophie Hegels, vgl. die essentiellen Kommentare von M. Wahl *(Le malheur de la conscience dans la philosophie de Hegel)* und von M. Hyppolite *(Genèse et structure de la phénoménologie de l'esprit).* – Ebenso den schönen Artikel von M. Birault (L'Onto-théo-logique hégélienne et la dialectique, in *Tijdschrift vooz Philosophie,* 1958).

31 Unter den Kritiken von Stirner bekannte Feuerbach: ich lasse die Prädikate Gottes stehen: „Allerdings läßt er sie bestehen, aber er *muß* sie auch bestehen lassen, sonst könnte er ja nicht einmal die Natur und den Menschen bestehen lassen; denn Gott ist ein aus allen Realitäten, d.i. Prädikaten der Natur und Menschheit zusammengestoppeltes Wesen" (Feuerbach, „Über das ‚Wesen des Eigentums' in Beziehung auf den ‚Einzigen und sein Eigentum'", in *Werke in sechs Bänden,* Bd. 4, Frankfurt/M. 1975, S. 69.

32 Stirner, *Der Einzige und sein Eigentum,* Leipzig 1893, S. 429. – Über Stirner, Feuerbach und deren Verhältnis, vgl. die Bücher von M. Arvon, *Aux Sources de l'existentialisme: Max Stirner; Ludwig Feuerbach ou la transformation du sacré* (P.U.F.).

33 Stirner, *l.c.* S. 44, 216.

34 *Z*, IV, „Der häßlichste Mensch".

35 Stirner, *l.c.* S. 213.

36 Stirner, *l.c.* S. 429.

37 M. Merleau-Ponty hat ein großartiges Buch über *Die Abenteuer der Dialektik* geschrieben (Frankfurt/M. 1968). Unter anderem brandmarkt er das objektivistische Abenteuer, das sich auf die „Illusion einer in der Geschichte und ihrer ‚Materie' verwirklichten Negation" (S. 110) stützt oder das „alle Negativität und den Gesamtsinn der Geschichte ausschließlich in ein vorhandenes geschichtliches Gebilde, die proletarische Klasse, legt" (S. 250). Diese Illusion zieht zwangsläufig die Bildung eines qualifizierten Korpus, „Beamte des Negativen" (S. 164) nach sich. – Freilich, ist man einmal gewillt, die Dialektik auf den Boden einer stets schwankenden Subjektivität und Intersubjektivität zu belassen, dann ist so sicher nicht, daß man damit dem organisierten Nihilismus entrinnt. Es gibt Figuren des Bewußtseins, die an sich schon die Beamten des Negativen sind. Die Dialektik hat weniger Abenteuer denn Verwandlungen zu überstehen; sie ist, ob naturalistisch oder ontologisch, objektiv oder subjektiv, prinzipiell nihilistisch, wie Nietzsche sagen würde – und das Bild, das sie von der Positivität entwirft, ist allemal ein negatives oder verkehrtes Bild.

38 *Z*, IV, „Vom höheren Menschen". Die Anspielung auf Stirner springt ins Auge.

39 *Z*, IV, „Die Begrüßung". – „Doch dünkt mir, ihr taugt euch schlecht zur Gesellschaft, ihr macht einander das Herz unwirsch, ihr Notschreienden, wenn ihr hier beisammen sitzt?".

40 Vgl. *Z*, II, „Vom Lande der Bildung": Der *Gegenwärtige* stellt zugleich den höheren Menschen wie den Dialektiker dar. „Aus Farben scheint ihr gebacken und aus geleimten Zetteln . . . Ja, wie solltet ihr glauben *können*, ihr Buntgesprenkelten! – die ihr Gemälde seid von allem, was je geglaubt wurde!"

41 *Z*, II, „Der Wahrsager"; IV, „Der Notschrei".

42 *Z*, IV, „Der Zauberer".

43 *Z*, IV, „Der häßlichste Mensch".

44 *Z*, IV, „Gespräch mit den Königen".

45 *Z*, IV, „Der Blutegel". – Man erinnere sich der Bedeutung des Gehirns in den Theorien Schopenhauers.

46 *Z*, IV, „Außer Dienst".

47 *Z*, IV, „Der freiwillige Bettler".

48 *Z*, IV, „Der Schatten".

49 *Z*, IV, „Die Begrüßung": „Nicht auf *euch* wartete ich hier in den Bergen . . . Und gehört ihr zu mir, so doch nicht als mein rechter Arm . . . Mit euch verdürbe ich mir jeden Sieg noch . . . Ihr selber seid die nicht, welchen mein Erbgut und Name zugehört . . ."; *Z*, IV, „Das Lied der Schwermut": „diese höheren Menschen insgesamt – *riechen* sie vielleicht nicht gut?". Über die Falle, die sie Zarathustra zu stellen versuchen, vgl. *Z*, IV, „Der Notschrei", „Der Zauberer", „Außer Dienst", „Der häßlichste Mensch". – *Z*, IV, „Die Begrüßung": „Dies hier ist mein Reich und meine Herrschaft: was

aber mein ist, für diesen Abend und diese Nacht soll es euer sein. Meine Tiere sollen euch dienen: meine Höhle sei eure Ruhestatt!". Die höheren Menschen werden „Brücken", „Stufen", „Vorzeichen" genannt: „Aus eurem Samen mag auch mir einst ein echter Sohn und vollkommener Erbe wachsen."

50 *Z*, IV, „Vom höheren Menschen": „Immer mehr, immer Bessere eurer Art sollen zugrunde gehn."

51 *Z*, II, „Von großen Ereignissen".

52 *GM*, I, 16.

53 *Z*, IV, „Das Zeichen".

54 *Z*, IV, „Vom höheren Menschen".

55 Zum Beispiel die Art und Weise, wie die zwei Könige an der Veränderung der „guten Sitten" in „Pöbel-Mischmasch" leiden.

56 *Z*, IV, „Der Schatten".

57 *Z*, II, „Von großen Ereignissen".

58 *Z*, IV, „Vom höheren Menschen".

59 Heidegger, *Vorträge und Aufsätze*, „Wer ist Nietzsches Zarathustra?", Pfullingen 1954, S. 123ff.

60 *Z*, II, „Von großen Ereignissen".

61 *Z*, IV, „Der Notschrei": „Meine letzte Sünde, die mir aufgespart blieb, weißt du wohl, wie sie heißt? – *‚Mitleiden!'* antwortete der Wahrsager aus einem überströmenden Herzen und hob beide Hände empor – ‚o Zarathustra, ich komme, daß ich dich zu deiner letzten Stunde verführe!'". – *Z*, IV, „Der häßlichste Mensch": „Du selber aber – warne dich selber auch vor *deinem* Mitleiden! . . . Ich kenne die Axt, die dich fällt". Und *Z*, IV, „Das Zeichen": Eines der letzten Worte Zarathustras lautet: *„‚Mitleiden! Das Mitleiden mit dem höheren Menschen!'* . . . ‚Wohlan! *Das* – hatte seine Zeit!'."

62 Vgl. *Z*, IV, „Die Begrüßung": Zarathustra sagt zum höheren Menschen: „Es gibt verborgenen Pöbel auch in euch".

63 *Z*, IV, „Vom höheren Menschen". – *Das Spiel:* „Ein *Wurf* mißriet euch. Aber, ihr Würfelspieler, was liegt daran! Ihr lerntet nicht spielen und spotten, wie man spielen und spotten muß!". – *Der Tanz:* „auch das schlimmste Ding hat gute Tanzbeine: so lernt mir doch euch selbst, ihr höheren Menschen, auf eure rechten Beine stellen!". – *Das Lachen:* „Das Lachen sprach ich heilig; ihr höheren Menschen, *lernt* mir – lachen!"

64 *Z*, IV, „Die Erweckung", „Das Eselsfest".

65 Vgl. *Menschliches, Allzumenschliches*, „Der Wanderer und sein Schatten".

66 *Z*, II, „Von großen Ereignissen".

67 *UaW*, 3. Buch. – *UaW*, 1. Buch, 22: „der den Nihilismus selbst schon in sich zu Ende gelebt hat, – der ihn *hinter sich, unter sich, außer sich* hat".

68 *Dionysos-Dithyramben*, „Klage der Ariadne".

69 *Dionysos-Dithyramben*, „Klage der Ariadne".

70 Zur aktiven Zerstörung, *UaW*, 3. Buch, 8 und 103. – Wie Zarathustra den Menschen, „der zugrunde gehen will", den letzten Menschen oder „den Predigern des Todes" gegenüberstellt: *Z*, Vorrede, 4 und 5; I, „Von den Predigern des Todes".

71 *Z*, Vorrede, 4.

72 *EH*, „Die Geburt der Tragödie", 3.

73 *Z*, II, „Auf den glückseligen Inseln".

74 *EH*, „Die Geburt der Tragödie", 3–4.

75 *EH*, „Also sprach Zarathustra", 6.

76 *Z*, III, Vor Sonnen-Aufgang".

77 *UaW*, 4. Buch 14: „Insgleichen gehört hierzu, die bisher allein *bejahte* Seite des Daseins abzuschätzen; zu begreifen, woher diese Wertung stammt und wie wenig sie verbindlich für eine dionysische Wertabmessung des Daseins ist".

78 *Dionysos-Dithyramben*, „Ruhm und Ewigkeit".

79 *EH*, „Warum ich ein Schicksal bin", 2.

80 *Z*, I, „Von den drei Verwandlungen".

81 Vgl. *EH*, Wie die Verneinung der Bejahung *folgt* „Jenseits von Gut und Böse": „Nachdem der jasagende Teil meiner Aufgabe gelöst war, kam die neinsagende, *neintuende* Hälfte . . .") – Wie die Verneinung der Bejahung *vorausgeht* („Also sprach Zarathustra", 8; und „Warum ich ein Schicksal bin", 2 und 4).

82 *Z*, III, „Vom Geist der Schwere".

83 *Götzen-Dämmerung*, „Streifzüge eines Unzeitgemäßen", 19: „‚O Dionysos, Göttlicher, warum ziehst du mich an den Ohren?' fragte Ariadne einmal bei einem jener berühmten Zwiegespräche auf Naxos ihren philosophischen Liebhaber. ‚Ich finde eine Art Humor in deinen Ohren, Ariadne: warum sind sie nicht noch länger?'".

84 *EH*, „Warum ich so gute Bücher schreibe", 3.

85 *Dionysos-Dithyramben*, „Klage der Ariadne": „Dionysos: ‚Du hast kleine Ohren, du hast meine Ohren: steck ein kluges Wort hinein!'".

86 *Z*, IV, „Gespräch mit den Königen". – Und IV, „Vom höheren Menschen": „Lange Pöbel-Ohren".

87 *EH*, „Warum ich so weise bin", 6 und 7.

88 *Z*, Vorrede, 6, 7, 8 (erste Begegnung mit dem Possenreißer, der zu Zarathustra spricht: „Du redest gleich einem Possenreißer"). – II, „Das Kind mit den Spiegeln" (Zarathustra träumt, sich im Spiegel betrachtend, das Gesicht des Possenreißers zu sehen. „Wahrlich, allzugut verstehe ich des Traumes Zeichen und Mahnung: meine *Lehre* ist in Gefahr, Unkraut will Weizen heißen! Meine Feinde sind mächtig worden und haben meiner Lehre Bildnis entstellt"). – III, „Vom Gesicht und Rätsel" (zweite Begegnung mit dem Possenreißer, nahe dem Torweg der ewigen Wiederkunft). – III, „Vom Vorübergehen" (dritte Begegnung: „Aber dein Narren-Wort tut *mir* Schaden, selbst wo du Recht hast!".

89 *Z*, III, „Vom Vorübergehen".

90 *EH*, „Die Geburt der Tragödie", „Also sprach Zarathustra".

91 *Z*, IV, „Die Erweckung".

92 *Z*, I, „Von den drei Verwandlungen".

93 Zwei Texte nehmen die Themen der Last und der Wüste wieder auf und liefern eine Erklärung: *Z*, II, „Vom Lande der Bildung", und III, „Vom Geist der Schwere".

94 *Z*, III, „Vom Geist der Schwere".

95 *Z*, II, „Vom Lande der Bildung".

96 *Z*, I, „Von den drei Verwandlungen", und III, „Vom Geist der Schwere".

97 Feuerbach, „Zur Kritik der Hegelschen Philosophie", und „Grundsätze der Philosophie der Zukunft", in *Kleine Schriften*, Frankfurt/M. 1966.

98 Heidegger unterbreitet eine Deutung der Philosophie Nietzsches, die eher sein eigenes Denken denn das von Nietzsche zum Ausdruck bringt. In der Lehre der ewigen Wiederkunft und im Übermenschen sieht Heidegger die Bestimmung des „Bezugs des Seins zum Lebewesen Mensch" *(Vorträge und Aufsätze*, Pfullingen 1954, S. 125). Diese Deutung läßt den gesamten kritischen Teil von Nietzsches Werk außer acht. Sie vernachlässigt all das, wogegen Nietzsche gekämpft hat. Dieser widersetzt sich jedem Begriff der Bejahung, der seinen Grund im Sein und im Wesen des Menschen seine Bestimmung finden will.

99 *UaW*, 2. Buch, 7.

100 *UaW*, 4. Buch, 8. Das „Buch", auf das Nietzsche anspielt, ist *Die Geburt der Tragödie.*

101 *Z*, II, „Auf den glückseligen Inseln".

102 *Z*, I, „Von den drei Verwandlungen".

103 *UaW*, 4. Buch, 8.

104 *GB*, 213.

105 In der Bejahung und Verneinung den Ursprung noch des Seins und des Nichts zu finden, ist nicht neu; diese These ist einer langen philosophischen Tradition eingeschrieben. Nietzsche aber erneuert und erschüttert zugleich diese Tradition durch seine Konzeption der Bejahung und Verneinung, durch seine Theorie ihres Verhältnisses und ihrer Veränderung.

106 *Z*, Vorrede, 10.

107 *EH*, „Also sprach Zarathustra", 8.

108 *Z*, II, „Von den Erhabenen": „Mit lässigen Muskeln stehn und mit abgeschirrtem Willen: das ist das Schwerste euch allen, ihr Erhabenen!"

109 *Z*, III, „Von der verkleinernden Tugend".

110 *Z*, I, „Von alten und jungen Weiblein".

111 *Dionysos-Dithyramben*, „Ruhm und Ewigkeit".

112 *UaW*, 2. Buch, 164.

113 *Z*, III, „Von den drei Bösen".

114 Friedrich Nietzsche, *Werke in drei Bänden*, Bd. III, Aus dem Nachlaß der Achtzigerjahre, S. 916f.: eine weitere Gestaltung des Bildes von der Vermählung und dem ehelichen Ring.

115 *Dionysos-Dithyramben*, „Klage der Ariadne".

116 *UaW*, III, 409: „Wir haben für das Labyrinth eine eigne Neugierde, wir bemühen uns darum, die Bekanntschaft des Herrn Minotaurus zu machen, von dem man Gefährliches erzählt: was liegt uns an Ihrem Weg *hinauf*, an Ihrem Strick, der *hinauf*führt? zu Glück und Tugend führt? zu Ihnen führt, ich fürchte es . . . Sie wollen *uns* mit ihrem Strick retten? – und wir, wir bitten Sie inständigst, hängen Sie sich daran auf! . . ."

117 *Dionysos-Dithyramben*, „Klage der Ariadne": „Seid klug, Ari-

adne! . . . Du hast kleine Ohren, du hast meine Ohren: steck ein kluges Wort hinein! – Muß man sich nicht erst hassen, wenn man sich lieben soll? . . . *Ich bin dein Labyrinth . . .*"

118 Zum ersten Aspekt des bösen Geistes, vgl. die Theorie des Esels und des Kamels. Aber auch *Z,* III, „Vom Gesicht und Rätsel", wo der böse Geist (der Geist der Schwere) sich auf die Schultern von Zarathustra setzt. Und *Z,* IV, „Vom höheren Menschen": „Wollt ihr hoch hinaus, so braucht die eignen Beine! Laßt euch nicht empor *tragen,* setzt euch nicht auf fremde Rükken und Köpfe!". – Zum zweiten Aspekt des bösen Geistes, vgl. die berühmte Szene in der Vorrede, in der der Possenreißer dem Seiltänzer nachgeht und schließlich über ihn springt. Diese Szene wird expliziert in III, „Von alten und neuen Tafeln": „Es gibt vielerlei Weg und Weise der Überwindung: da siehe *du* zu! Aber nur ein Possenreißer denkt: ‚Der Mensch kann auch *übersprungen* werden.'".

119 *Z,* II, „Die stillste Stunde".

120 *Z,* II, „Die stillste Stunde": „O Zarathustra, deine Früchte sind reif, aber du bist nicht reif für deine Früchte!". – Über das Zaudern und die Ausflüchte vor dem Aussprechen der ewigen Wiederkunft, vgl. II, „Von großen Ereignissen", und vor allem „Die stillste Stunde" („Es ist über meine Kraft!"); III, „Der Genesende".

Inhaltsverzeichnis

Erstes Kapitel – Das Tragische

Zweites Kapitel – Aktiv und reaktiv

Drittes Kapitel – Die Kritik

Im selben Verlag sind erschienen:

Georges Bataille, Die Aufhebung der Ökonomie. Eingeleitet von Gerd Bergfleth. 320 Seiten.
Bataille erforscht und kritisiert den Produktionswahn der kapitalistischen Aneignungsgesellschaften wie der „sozialistischen" Produktionsgemeinschaft.

Hans Bunge, Fragen Sie mehr über Brecht. Hanns Eisler im Gespräch. 394 Seiten, 23 Abbildungen.
Was diese Gespräche so aufregend macht, ist das Beispiel eines dynamischen Denkens, das frei ist von der Erpressung der Ideologie und das sich in Widersprüche geradezu stürzt, um weiterzukommen. (Wolfram Schütte)

André Breton, Die kommunizierenden Röhren. 196 Seiten, mit 8 Abbildungen.
Ein kapitaler Text, ein Einschnitt im Denken dieses Jahrhunderts. Breton versucht, Materialismus und Idealismus miteinander zu versöhnen. (Günter Metken)

André Breton / Paul Eluard, Die unbefleckte Empfängnis. Zweisprachig mit Zeichnungen von Salvador Dalí und einer Studie von Gisela Steinwachs. 224 Seiten mit Abbildungen.
Eine surrealistische Anthropologie. (Hanns Grössel)

Hugh Kenner, Von Pope zu Pop. Kunst im Zeitalter von Xerox. Nachwort Gert Mattenklott. 116 Seiten.
Der amerikanische Kunstkritiker H. Kenner untersucht die Probleme der Kunst im Zeitalter der Massenproduktion. Aus dem Inhalt: Der verfälschbare Mensch — Der vernunftbegabte Mensch: Buster Keaton — Die Fälscher — Das Gulliver Spiel — Gegenmaßnahmen.

Gustave Flaubert, Wörterbuch der Gemeinplätze. Zweisprachig. 184 Seiten mit Abbildungen.
Nach dem Muster des Konversationsbuches ist in Umrissen eine Enzyklopädie des Geschwätzes entstanden, die ohne Kommentar, allein durch die Technik des entlarvenden Zitats, die Stupidität der Gesellschaft kenntlich macht. (Dieter Wellershoff)